Die im Kreis stehenden Nummern bezeichnen die einzelnen Frontabschnitte = Abschnitte dieses Buches von Ost nach West. (Fortsetzung s. Buchende)
© Heinz Fleischmann KG, Geographischer Verlag, 813 Starnberg
Karnische Alpen
Julische Alpen
Karawanken
Wochein
Adriatisches Meer
Golfo di Trieste
Laguna di Marano
Lago di Grado
Golfo d' Panzano
Koperski Zaliv
KLAGENFURT
Villach
UDINE
Gorizia (Görz)
TRIESTE (TRIEST)
Tolmezzo
Cividale del Friuli
Palmanova
Monfalcone
Grado
Tarvisio
Pontebba
Bovec (Flitsch)
Kobarid (Karfreit)
Tolmin (Tolmein)
Idrija
Ajdovščina (Heidenschaft)
Postojna (Adelsberg)
Sezana
Koper
Piran
Portogruaro
Jesenice (Assling)
Bled
Kranj (Krainburg)
Škofja-Loka (Bischoflack)
Vrhnika
Triglav 2863
M. Grinta 2344
Krn 2245
Isonzo
1
2
12
13

Heinz von Lichem

Der einsame Krieg

Titelbild: Skipatrouille der Tiroler Hochgebirgstruppe auf den Buchensteiner Bergen gegen Marmolata.

1983

Eine erste Auflage dieses Buches erschien 1974 unter dem gleichen Titel im Hornung Verlag, München
Layout und Grafik (ausgenommen Einband): Sylvia von Lichem
Umschlaggestaltung: Roland Prünster, Bozen
Gesamtherstellung: ATHESIADRUCK, Bozen
ISBN 88-7014-174-8

Heinz von Lichem

Der einsame Krieg

Erste Gesamtdokumentation des Gebirgskrieges 1915–1918
von den Julischen Alpen bis zum Stilfser Joch

Zweite Auflage

VERLAGSANSTALT ATHESIA · BOZEN

Inhalt

Vorwort

Wir gehen in die Berge, weil wir sie lieben: wir lieben die Ruhe, die Einsamkeit, die Faszination des Erlebnisses und des Abenteuers, ob wir nun wandern oder uns im schweren Fels oder Eis bewähren müssen. Der göttliche Zauber so manchen Bergtages begleitet uns während des ganzen Lebens. Und wir erinnern uns in Dankbarkeit jener völkerverbindenden, unpolitischen und internationalen Kameradschaft, die es nur auf den Bergen gibt.

Wir denken an so manchen Kameraden, Seilgefährten, der in »seinen« Bergen für immer blieb, den uns die Berge genommen haben. Wir aber sind deshalb den Bergen nicht gram. Denn für die Bergsteiger aller Völker und Nationen sind die Berge die einzige, echte und wahre Heimat. Eine Heimat, frei von willkürlich gezogenen Grenzen, frei von Chauvinismus, Zank und Hader. Auf den Bergen benötigen wir keinen Paß. Wir Bergsteiger sprechen die gleiche Sprache und so verstehen sich auch unsere Herzen, obwohl wir vielleicht unterschiedliche Muttersprachen haben.

Bergsteigen heute: das ist Frieden, Freiheit und ein Leben miteinander, füreinander.

Doch dies war nicht immer so. Die Geschichte der Ostalpen ist mit Blut und Leid geschrieben worden. Vor über 50 Jahren tobte ein über dreieinhalb Jahre dauernder Krieg über die Gipfel, Felsen und Grate.

Kaum ein Gipfel, Grat oder Gletscher der südlichen Ostalpenberge, der nicht jahrelang Zentrum erbitterter Kämpfe gewesen war! Im Mai 1915 trat Italien in den Krieg gegen Österreich–Ungarn ein. In blitzschnellen Aktionen besetzten Steirer, Kärtner und Tiroler die hochalpinen Grenzen der alten Donaumonarchie: eine ununterbrochene Kette von Feldwachen, Kavernen, Gratposten zog sich über die Julischen und Karnischen Alpen, über die gesamten Dolomiten, über die Fleimstaler Berge zur Hochfläche der Sieben Gemeinden, stieg von hier ab ins Etschtal, ging quer weiter durch das zerklüftete Gebirgsland Judikarien, stieg hinauf auf Adamello-Presanella und reichte über alle Ortlerberge bis zum Stilfser-Joch, zur Schweizer Grenze.

Bergsteiger in Waffen! Vom heutigen Jugoslawien in einem sichelförmigen Bogen bis zur Schweiz! Über alle Gipfel, Jöcher, Grate und Gletscher hinweg! Winters wie im Sommer, tagaus, tagein, jahraus, jahrein . . .

Ein Tanz des Todes, der Vernichtung und höchster menschlicher Bewährung. Auf Ruf- und Sichtweite lagen sich die Gegner von einst oft monatelang gegenüber: Tiroler Kaiserschützen, Kaiserjäger, Kärtner Gebirgsschützen, steirische Freiwillige, Alpini und Bersaglieri. Wenige Männer besetzten Grate des Schwierigkeitsgrades V und VI, allein auf sich gestellt gegen den militärischen Gegner und gegen die Gewalten der Hochgebirgsnatur. Noch einmal zählte in der Geschichte der modernen Kriegsführung – bereits im Angesicht des apokalyptischen Grauens von Verdun – der einzelne Soldat.

So bleibt aus all dem Schrecken des Gebirgskrieges auch so mancher Lichtblick. Lichtblicke der Fairneß und Kameradschaft über die gegnerischen Höhenstellungen hinweg . . . Denn auch im Krieg vergaßen diese Männer nie, daß sie Bergsteiger waren.

Das Wissen um die damaligen Ereignisse auf vielen Gebirgsabschnitten ging im Dunkel der Geschichte unter. Nur von einzelnen Gebirgsgruppen sind uns teilweise Berichte überliefert worden, wurden publiziert. Über ein halbes Jahrhundert sollte vergehen, bis jemand versuchen sollte, die Gesamtdarstellung dieses größten Gebirgskrieges aller Zeiten zu wagen.

In jahrelanger, harter Forschungsarbeit hat mein Freund, Heinz von Lichem, Detail um Detail zum damaligen Geschehen zusammengetragen, gesichtet, analysiert und ausgewertet. Als leidenschaftlicher Bergsteiger und Fotograf suchte er die ehemaligen hochalpinen Kampfstätten auf. Er suchte das menschliche und sachliche Gespräch mit den Überlebenden dieses Krieges. Seine Arbeit umspannt den gesamten Ostalpenraum in übergeordneter, übernationaler und gesamteuropäischer Sicht. Unzählige Bergfahrten führte er dazu allein durch: Nächte im Zelt, im Biwaksack unter dem ewigen Sternenhimmel der Bergwelt.

So manches seiner Fotos entstand unter Lebensgefahr, allein in Felswänden und auf Graten.

Menschen aus allen Ostalpenstaaten unterstützten seine Arbeit und beweisen die Richtigkeit des eingeschlagenen Weges und die menschlich-korrekte Wahl seiner Methoden und Interpretationen.

Nach vieljähriger Arbeit liegt nun erstmals in der Geschichte der Ostalpenländer eine leichtverständliche Gesamtdarstellung des Gebirgskrieges 1915–1918 vor. Getragen von Sachkenntnis, neuesten Forschungsergebnissen und vom Herzen des Verfassers. Sein Gesamtbild dieses größten Gebirgskrieges ist geformt durch das Bestreben nach unpolitischer Berichterstattung. Der Mensch, der hier kämpfen mußte, steht bei ihm im absoluten Vordergrund. Dazu kommt die Sachinformation über die Ereignisse. Dem Leser bleibt es überlassen, die richtigen Schlüsse zu ziehen.

Der »Einsame Krieg« gibt detaillierte und umfassende Auskunft über eines der wichtigsten Kapitel der Ostalpenländer – erstmals nach mehr als einem halben Jahrhundert.

Ich persönlich halte diese Gesamtdarstellung für ein Grundlagenwerk der alpinen Literatur.

Eines meiner Hauptziele bei der Gründung der Alpinschule Innsbruck war und ist immer noch die Zusammenführung der Menschen aller Völker und Nationen auf dem Wege des Bergsteigens und Bergwanderns: in Freundschaft, Menschlichkeit und internationaler Kameradschaft. Ich freue mich, daß einer meiner langjährigen Freunde ein alpin-literarisches Werk in diesem Sinne geschaffen hat.

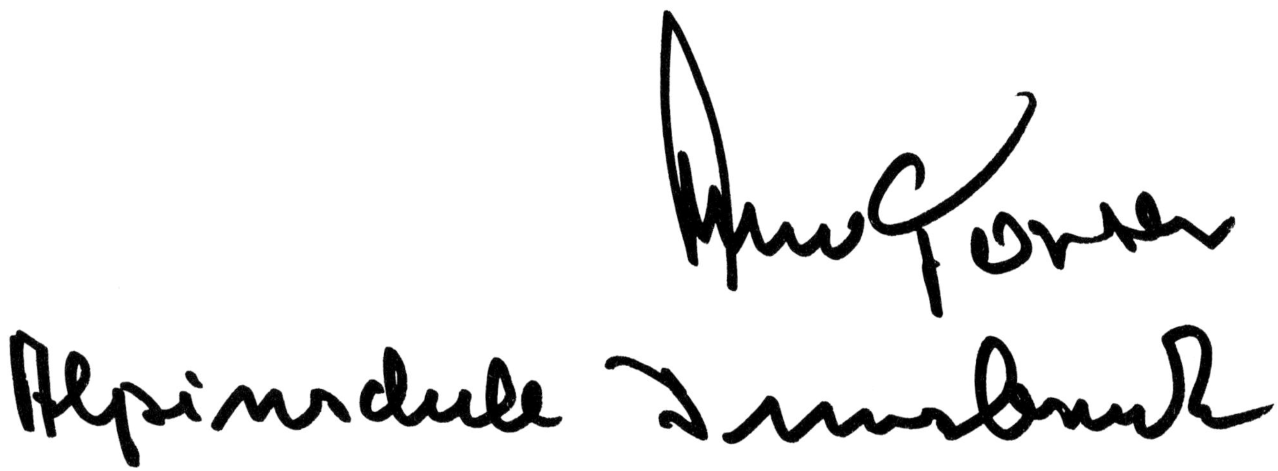

Hannes Gasser, Alpinschule Innsbruck

Widmung

Das Maß aller Dinge des Lebens ist in den Bergen anders. Anders als in allen anderen Regionen der Welt. Für die Berge und ihre Menschen gelten im Frieden wie im Krieg eigene Gesetze der Treue, der Liebe und des echten Menschseins. Für die Berge und ihre Menschen gibt es in allen Zeiten und Stadien des Lebens von der Geburt bis zum Tod ein Maß der Dinge, das einzigartig, einmalig auf der Welt ist.
So habe ich dieses Buch geschrieben für jenen Mann, der mir den Weg in diese Welt zeigte: Durch seine Freundschaft für mich, durch seinen Glauben an meine Arbeit; durch sein Beispiel als Mensch, Soldat und als Staatsmann, für:

Josef Anton Mayr (23. 10. 1895—17. 4. 1979)
Altlandeshauptmannstellvertreter von Tirol
Standschütze in den Sextener Dolomiten
Kaiserschützen-Bergführeroffizier
Kommandant am Passo Segni – Adamello/Presanella.

Danken möchte ich . . .

Von Herzen danken möchte ich meiner Frau Sylvia und ihren Familienangehörigen. Mein besonderer Dank gilt folgenden Damen und Herren: Oberst a. D. Karl-Albrecht von Bezold und Gemahlin (Mittenwald), Franz Broschek (†) und Gemahlin (†) aus Terfens, Anton Graf Bossi-Fedrigotti (Neufinsing), Bergführer Gerwin Eder (Hinterstoder), General der Österreichischen Bundesgendarmerie Peter Fuchs (Innsbruck), Franz Gigele (Innsbruck), Oberstleutnant Faber (Mittenwald), Hannes Gasser und Gemahlin (Alpinschule Innsbruck), Oberstleutnant Karl Hamerl (Innsbruck), Dr. Franz Heisjackl (Schwaz), Hofrat Dr. Albert Hackl (Innsbruck), Univ.-Prof. Dr. Helmut Heuberger (Innsbruck), Oberstleutnant Höppner (Füssen), Univ.-Prof. Dr. Hans Kramer (Innsbruck), Prof. Fritz Krcal und Gemahlin (Bregenz), Univ.-Prof. Dr. Hans Kinzl (†) (Innsbruck), Hauptmann a. D. Gustav Linert (†) (Innsbruck), Sepp Loicht (Wien), Hofrat Dr. Hermann Lechner (†), Solbad Hall; Dr. Inge Mayer (Innsbruck), Heinrich von Mast (Solbad Hall), Altlandeshauptmannstellvertreter Josef Anton Mayr (†) und Gemahlin (Innsbruck), Oberst der Österreichischen Bundesgendarmerie Josef Marchi (Innsbruck), Oberst d. G. Winfried Mathis (Innsbruck), Pater Superior Igo Mayr SJ (Zams), Dr. B. Miller (Innsbruck), Mag. pharm. Luis Oberrauch (Meran), Dr.-Ing. Commendatore Dante Ongari (Trient), Major a. D. Roland Pancheri (Innsbruck), Adam Pichler (Kitzbühel), Oberst im Bundesgrenzschutz a. D. Hans Jürgen Pantenius (München; er stellte Beiträge für die Abschnitte Monte Piano, XII. Isonzo-Schlacht; Sieben Gemeinden, Tonale- und Piave-Offensive 1918 zur Verfügung), Oberstleutnant im Bundesgrenzschutz Hans-Friedrich Putz (Rosenheim), Dr. Josef Prochaska (†), Innsbruck; Obstlt. Gerald Reisinger (Innsbruck), Adolf Seiler (Mannheim), Univ.-Prof. Dr. Dr. et Mag. Gustav Sauser (†), Univ.-Doz. Dr. Fritz Steinegger (Innsbruck), Società Alpinisti Tridentini SAT (Trient), Oberstleutnant Strasser (Landsberg), Hans Stutzig (†) und Gemahlin (Rottach-Egern), Hans von Vilas (Schwaz), Robert Vinatzer (Innsbruck), Hofrat Dr. Eduard Widmoser (Innsbruck), Direktor Ing. Hermann Weber (Innsbruck), Dr. Wolfhartstätter (Innsbruck), Prof. Dr. Heinrich Zettel (Kufstein), Ministerialrat Dr. Hubert Mielke, Bonn.

Anmerkungen des Verfassers zur Neuauflage dieses Werkes: Viele Freunde, welche die erste Auflage dieses Buches noch erleben konnten, sind nun bei Erscheinen der Neuauflage zur Großen Armee eingerückt. Diesen Freunden gilt der Dank und das ehrende Angedenken des Verfassers über alle Zeiten hinweg. Bei der nun vorliegenden Neuauflage wurde das Buch um Farbillustrationen sowie um eine textliche Ergänzung im Abschnitt Col di Lana (über Anton von Tschurtschenthaler) erweitert. Ansonsten blieb der Inhalt, da kein Anlaß zu Revisionen, gleich. Der Verfasser möchte an dieser Stelle allen Lesern für die durch Jahre bewiesene Treue herzlichst danken.

Einführung

»Der einsame Krieg«

Care Alto (3456 m), Südgrat, Juli 1917 Adamello: Im Schutze eines Felsens, notdürftig gedeckt durch eine Brustwehr aus Steinen kauert ein Soldat. Vor seinen Augen den Feldstecher. Zur Rechten griffbereit: der Stutzen. Am Kragenspiegel das Edelweiß, auf der Kappe ein zerzauster Spielhahnstoß: ein Tiroler Kaiserschütze!
Rund um ihn das gleißende Weiß der Gletscherwüsten des Adamello. Darunter das tiefe, satte Grün der Täler, ihrer Wälder, wo heute noch Bären hausen. Grün und weiß – das sind die Farben der Tiroler Schützenfahne, denn: grün sind die Wälder, aber weiß die Gletscher darüber (so erhielt nach der Legende die Tiroler Schützenfahne ihre Farben). Lautlos steht der Julitag um den Kaiserschützen. Plötzlich das Geräusch eines fallenden Steines. Hellwach wird der Schütze – doch er sieht niemanden. Zu seiner Rechten die steile Wand, verschattet.
Plötzlich taucht über der Kante eines Felsbandes die Feder eines Alpino auf – und noch eine Feder! Im Augenblick als der Kaiserschütze zum Stutzen greift, kommt die erste Handgranate geflogen. Bevor sie explodiert, fängt er sie auf, schleudert sie in die Tiefe. Gezieltes Feuer der Alpini schlägt gegen seine Brustwehr. Er muß weg, die Deckung ist zu gering. Hinunter geht es über den Grat in das schützende Blockwerk der Moräne. Wie ein Gespenst klettert er rasend schnell in die Tiefe, ist einmal hier, ist einmal dort. Kein Ziel für die beiden Alpini, die regungslos im Schatten kauern, Gewehr im Anschlag.
Unser Mann erreicht die Moräne, als plötzlich MG-Feuer aufgellt. Ein Sprung in eine Felsspalte rettet ihm das Leben.
Hier kauert er bewegungslos, deckt sich mit Steinplatten zu, bis die Nacht kommt. Barfuß, die Schuhe im Rucksack, klettert und schleicht er im Schutze der Nacht durch die Feldwachenlinie der Alpini. Ein plötzlich aufleuchtender Scheinwerfer droht ihn zu erfassen. Bewegungslos verharrt der Schütze, er wird zum Stein. Zum Stein, aus dem die Umgebung ist.
Nach 18 Stunden härtester Anspannung erreicht er die eigene Stellung. Doch diese Stellung ist nichts als ein winziger, feuchter Bretterverschlag. Hier warten drei Kameraden. Zu viert halten und besetzen sie nun schon seit drei Wochen den Grat. Erst in vier Tagen erwarten sie einen Zug Tiroler Kaiserschützen des I. Regiments, und dann werden sie den Grat kriegsmäßig ausbauen.
Im Eis des Gletschers werden Stellungen entstehen, um den Alpini den Zugang zum Grat verwehren zu können. Tag und Nacht ist dieses Häuflein Männer auf sich alleingestellt: in all ihren Taten, Entscheidungen. Verloren, winzig in einer ungeheuren Bergwelt. Ein Nichts im Kampfe gegen die Macht des Hochgebirges – eine Macht im Kampfe um den Fortbestand der Donaumonarchie, deren Schicksal nicht nur in der Ebene, sondern ebenso hier entschieden wird.
Dem gegnerischen Alpino sehen sie ins Weiße des Auges. Hoch über den Menschen, zwischen dem Himmel und den Dörfern spielt sich dieser Krieg ab.
Dieser einsame Krieg.
Getragen von einsamen, auf sich alleingestellten Männern, umgeben von der ewigen Einsamkeit der schönsten Berge der Welt.
Hier findet ein Ringen statt, Mann gegen Mann – auf Graten, die so schmal sind, daß nur einer jeweils zum Kampf antreten kann. Zum Kampf gegen den Gegner, gegen die eigene Schwäche, gegen den eisigen Sturm.
In diesen einsamen Krieg möchte ich Sie, den Leser, entführen. In einen Krieg, wo Freund und Feind sich ins Weiße des Auges blickten.
Weltentrückte Fernen, wo hoch über den Menschen, eine Handvoll der prachtvollsten Männer versuchen, dem Rad des Schicksals in die Speichen zu greifen. Wo sie versuchen, das schäbige Spiel der Politik am grünen Tisch zu korrigieren. Zu korrigieren zugunsten der Idee und jahrhundertelang erlebten Erfahrung des funktionierenden Vielvölkerstaates »Donaumonarchie«.
Sie wollen die Macht des Schicksals korrigieren, eines Schicksals, dem sie sich nie beugten und nie beugen werden:
Im einsamen Hochgebirgskrieg 1915–1918 waren sie stärker als die Gewalt des Hochgebirges, stärker als der Gegner und Sieger über jede menschliche Schwäche.
Bei Freund und Feind der Alpenfront herrschte das gleiche, große Gut höchster Menschlichkeit vor. Denn es war nicht irgendein Krieg in der alles gleichmachenden Ebene, sondern Kampf und archaisches Geschehen in Regionen arktischen Charakters, an goldenen Oktobertagen, im Rasen des Sturmes, unter dem Leichentuch der meterhohen Schneedecke . . .
Für jeden Krieg unseres Jahrhunderts gibt es Denkmäler, oft

gigantischer Art, riesigen Monumenten gleich. Zum Beispiel am Mamajew-Hügel in Stalingrad (Wolgograd).
Für den Krieg im Eis gibt es keine Denkmäler, nichts Monumentales, das daran erinnert. Und das ist auch besser so.
Denn es gibt nach über 50 Jahren noch die Gebeine der Toten in den Hochkaren, auf den Gletschern: Reste, die kein Mensch sieht, die nur noch wenige zu deuten wissen. Einsam waren diese Männer im Krieg, einsam im Tod und todeinsam sind die Reste der Gefallenen – hoch über den Tälern und deren Menschen, für die sie starben. Diese Erinnerung, dieses Wissen möchte ich hinuntertragen mit diesem Buche zu den Menschen, in die Täler.
Angefangen hatte das Ganze mit einer Bergtour vor 10 Jahren: Im März 1964 stehen Hans K. und ich zum ersten Male in unserem Leben als Bergsteiger auf dem Presana-Paß (Adamello). Wie ein Fenster tut sich der Blick auf die Adamello-Gletscher auf. Unberührt, ohne Spuren liegen sie im frischen Kleid des Hochwinters vor uns. Kilometer um Kilometer – nichts als Gletscher und Gipfel um Gipfel. Weiß wie Eiderdaunen. Wir sind die ersten in diesem Jahr! Nie hatte ich in meinem Leben – weder vorher noch nachher – jenes absolute Gefühl des Erlebens der Erstmaligkeit. Wir setzten uns auf unsere Ski und blicken in die Weite des Tages. Wir haben kein Geld, keine Schlafsäcke, keinen Biwaksack, aber Käse, Brot, Tee und Zitronen für 12 Tage. Und den Schlüssel für den Winterraum der Mandronhütte. Und Margarine. Diese sollte sich als idealer Sonnenschutz entpuppen – vergaßen wir doch, jegliche Creme mitzunehmen.
In diese Stille hinein, mitten in diesen königlichen Reichtum zweier junger Bergzigeuner, sagte Hans K. plötzlich: »Du Heinz, hier sollen doch im Krieg ungeheure Kämpfe stattgefunden haben?! Weißt Du etwas darüber?«
Selbstverständlich wußte ich rein gar nichts darüber, was Hans K. furchtbar enttäuschte, da ich doch gerade im Begriff war, Geschichte und Geographie zu studieren. Wenn ich damals gesagt hätte, daß ich darüber ein Buch schreiben würde, so hätte er mich sicher für verrückt erklärt – ich mich übrigens auch.
Mein Kamerad wußte aber einiges über den Adamello-Krieg zu erzählen. Und ich horchte ihm mit Faszination zu. In den einsamen Tagen danach sprachen wir noch oft darüber und versuchten uns vorzustellen, wie dies wohl gewesen sein könnte. Im Grunde genommen blieben wir in Spekulationen stecken, Detail-Wissen fehlte. Aber seit diesen Adamello-Tagen hängte ich mein Herz an das Thema »Berge und Krieg«.
Hans K. richtete damals an mich am Presena-Paß jene Frage, die ich nie vergessen werde. Kurze Zeit nach unserer Adamello-Tour hat er einen sehr tiefen Sturz getan, in einer riesigen Eiswand. Viele hundert Meter stürzte er und überlebte wie durch ein Wunder. In die Berge geht er seither nicht mehr. Ich habe ihn aber nie vergessen. Und so sind diese Zeilen auch für ihn geschrieben.

Meine Arbeiten . . .
. . . zu diesem Buch erstrecken sich nun auf sieben Jahre. Im Rahmen meiner Arbeiten über die Geschichte des Gebirgskrieges 1915–18, über die Geschichte der Tiroler Landesschützen-Kaiserschützenregimenter bei Herrn Univ.-Prof. Dr. Hans Kramer an der Universität Innsbruck, wünschte ich mir immer wieder, doch einmal ein Buch über den Gebirgskrieg schreiben zu können. Aber kein strenges Fachbuch, sondern ein Buch, das alle Komponenten in einer Form enthält, die nicht nur den Historiker oder Militärwissenschaftler interessieren können, sondern auch über den eigentlichen Kreis der Fachleute hinausgeht. So ist dieses Buch gleichsam entstanden durch meine jahrelangen Forschungsarbeiten. Jede neu auftauchende Frage zog unweigerlich eine weitere Frage nach sich.
Ich wühlte, ja fraß mich durch Aktenberge durch, erhielt unzählige Feldtagebücher zur Auswertung – und traf ehemalige Kriegsteilnehmer. Jeder von Ihnen kannte andere Kriegsteilnehmer und verwies mich an diese weiter. So trug ich Stein für Stein zusammen.
Plötzlich tauchten die ersten Kriegsfotos auf. Fotos von einzigartiger Qualität in Aussage und Anfertigung. Und so kam nun noch die Anlage eines inzwischen einmaligen Gebirgskriegsarchives (»Gebirgskriegsarchiv Lichem«) dazu. Das Bildmaterial – die Aktenforschungen – die Befragungen – unzählige Bergfahrten zu den ehemaligen Kampfstätten rundeten das Bild ab. Das Bild dieses Krieges.
Für mich entstand ein Gesamteindruck, der besonders durch die Bergtouren zu den hochalpinen Kampfstätten und durch das menschliche Erlebnis der Befragung ehemaliger Kriegsteilnehmer besonders intensiv wurde. Jede Zeile dieses Buches ist in vielfacher Weise belegbar, abgesichert und in ihrem Wahrheitsgehalt auf das strengste recherchiert. Jener

Leser, der an vielleicht so manchem Detail Zweifel haben wird, kann mich aufsuchen und in meine Quellen direkt Einblick nehmen. Er wird sich überzeugen von der Richtigkeit der Aussage. Denn Archivalien plus Befragungen plus Tagebuchauswertungen plus hochalpine Kampfstättenbesuche untermauern jede Aussage dieses Buches vielfach. So konnte ich auch wagen, es mit gutem Gewissen zu schreiben.

Die Donaumonarchie – was war das eigentlich?

Nie in der Geschichte der Menschheit hat ein Staatsgebilde durch seine Kraft im Augenblick des Unterganges demonstriert, wie stark, ausdauernd die Fundamente dieses Reiches sind, wie dies von Österreich Ungarn bewiesen wurde. Im Augenblick, da ich diese Zeilen schreibe, schwelgt »man« in einer Nostalgie-Welle ohnegleichen und Schnitzlers Werke sind wieder einmal hoch oben im Zeitgeschmack. Wenn wir heute von Donaumonarchie sprechen, so denken viele an »die gute alte Zeit«: a' bisserl Wehmut, a' bisserl Laszivität und Zuschaun, wie alles so recht morbid untergeht . . .
Dieses primitive, vereinfachende Klischee ist, gelinde gesagt, eine glatte Verleumdung für ein Staatswesen, das Europa und der Welt bewies, was ein Vielvölkerstaat sein mag, sein kann: als politische Macht, als kulturelle Größe und als wissenschaftlicher Faktor ersten Ranges. Und dies nicht durch vielleicht wenige Jahrzehnte, sondern durch den Zeitlauf der Jahrhunderte.
Ich möchte den Leser hier nicht mit Faktenwissen, Zahlenmaterial, Kultur-Daten langweilen (dies kann in jedem Lexikon nachgelesen werden), sondern versuchen, ein Bild zu zeichnen, das dem inneren Gehalt Altösterreichs gerecht wird.
Rein staatsrechtlich gesehen können wir von Österreich-Ungarn erst seit dem österreichisch-ungarischen Ausgleich (1867) sprechen. Gleichzeitig wurden damals bereits moderne demokratische, parlamentarische Formen der Regierung, des Regierens eingeführt. Rückblickend können wir sagen: vor über hundert Jahren legte das alte Österreich den Grundstein für ein zeitgemäßes Staatswesen. Für ein Staatswesen, das Platz für die Menschen vieler Nationalitäten – ohne Wertung oder Ansehens von Rasse, Herkunft und Geburt bot. Auch in diesem Zusammenhang erfreut sich das Geschichtsbild über die Donaumonarchie besonderer Irrtümer: angeblich seien dem Adel grundsätzlich die höchsten Ämter in allen Bereichen vorbehalten gewesen. Menschen »aus dem Volk« hätten nur geringe Chancen gehabt. Nun, wenn Sie Einblick nehmen wollen in die z. B. Schematismen (Standeslisten der alten Armee) oder in die Behörden-Schematismen – so werden Sie sehen, daß zum Großteil in den führenden Positionen Personen nicht-aristokratischer Herkunft wirkten. Sie finden Menschen aller Nationalitäten, aller Muttersprachen und jeder nur denkbaren gesellschaftlichen Herkunft. Jeder von ihnen fühlte primär nicht im Sinne seiner Nationalität, sondern im Sinne eines staatstragenden, universellen Gedankens. Auch war der Begriff der Nationalität nicht im Gehalt von Volk = Nation aufgefaßt worden, sondern im Hinblick auf die jeweilige Muttersprache als ideologisch-unpolitischer Begriff. Die alltägliche Praxis des Lebens in der Donaumonarchie belegte den Wert der Vielvölkerfamilie: Ungeachtet der nationalen Herkunft vereinigten sich Familien durch Heirat. Und nie ist Mitteleuropa so klein und eng geworden, wie es heute der Fall ist. Gegenüber dem großen, nie aber ideologisch formulierten Gehalt der Donaumonarchie als Völkerfamilie finden wir heute eine Vielzahl von Staatsgebilden, die gegenüber der Donaumonarchie wie Schrebergärten anmuten.

Im Augenblick des drohenden Unterganges der letzten Kriegsjahre suchten die verschiedenen Nationalitäten Altösterreichs ihr Heil im Zusammenhang der jeweiligen Nation. Der so entstandene Nationalismus wurde zum Totengräber Altösterreichs und bis heute zum Krebsschaden Europas. Das Los der Nachfolgestaaten Altösterreichs ist zum Teil so untragbar, wie in den kühnsten Träumen nicht vorhersehbar: die angebliche Freiheit der CSSR wurde 1968, die Ungarns 1956 mit Füßen und Panzern getreten. Die in den letzten Kriegsjahren entstandene »Los-von-Österreich-Bewegung« führte über in jahrzehntelange Sklaverei . . .
Im »Einsamen Krieg« aber errichtete die alte Armee Österreich-Ungarns ein zeitloses, ewiges Beispiel des noch einmal völkerverbindenden Gedankens der Donaumonarchie. Männer aller Nationalitäten standen Schulter an Schulter vereint im Schützengraben und widerlegten bis zum letzten Kriegstag die Behauptung, daß dieses Reich durch seine Nationalitätenvielfalt lebensunfähig sei.

Aber gerade durch diese lebte es. Als man sie zerstörte, versank der älteste Vielvölkerstaat der Welt in Schutt und Asche.

Der Kampfraum . . .

. . . in dem sich der Hochgebirgskrieg 1915–1918 abspielte, zog in einem sichelförmigen Bogen vom nordwestlichen Winkel des heutigen Jugoslawiens durch den gesamten Südalpen-Raum bis zur Schweizer Grenze im Bereich des Stilfser Joches.
Zur grundsätzlichen Orientierung zu diesem Punkte empfehle ich das Studium einer Karte im Maßstab 1:500000, deren Karten-Inhalt den Raum Oberitalien – Nordjugoslawien – südliche Landesteile Österreichs und die West-Schweiz umfaßt.
Wie grundsätzlich in diesem Buch, so möchte ich auch hier in diesem Abschnitt weniger auf politische, als auf rein sachliche Gesichtspunkte eingehen. Zu diesem Zwecke der Leser-Information im sachlichen Bezugspunkt seien auch die nachfolgenden Ausführungen zu verstehen und als kurzer Ausflug in die Geopolitik und Militärgeographie aufzufassen:
Im Falle eines Krieges, eines bewaffneten Konfliktes zwingen grundsätzlich die naturräumlichen Gegebenheiten des potentiellen Kampfgeländes zu bestimmten militärischen Folgerungen. Ob heute oder vor über 50 Jahren – Angreifer, wie Verteidiger werden sich primär in ihrem waffentechnischen wie menschlichen Potential den militärischen Grundforderungen des Geländes anzupassen haben.
Nun – der Name Südalpenraum – sagt es bereits: eine ununterbrochene Folge von Gebirgsketten, durchwegs zwischen Höhen von 2000 m und fast 4000 m (Ortler-Gipfel). Verteidiger wie Angreifer sorgten bereits in den Jahren vor dem Kriegsausbruch für eine Sperrung der natürlichen Einfalls-Linien mit Festungswerken, Talsperren und Fortifikationen verschiedenster Art (von der Straßensperre bis zur Flußsperre). Ein militärisches Durchbrechen innerhalb der Haupttäler dieses Alpenraumes im Krieg wurde mit Erfolg durch eben diese Festungswerke verhindert: Im Prinzip für beide Seiten – sowohl für Österreich-Ungarn, das Deutsche Reich und für Italien. Der Krieg mußte ausweichen und nach anderen Durchbruchslinien suchen. Es blieb nur das Hochgebirge.
Im Augenblick des Kriegseintrittes Italiens im Mai 1915 gegen Österreich-Ungarn besetzten in wenigen Tagen die Verteidiger in ununterbrochener Linie die Gipfel, Grate, Jöcher, Gletscher – vom heutigen Jugoslawien bis zur Schweizer Grenze im Raum des Stilfser Joches. Die Folge davon war: Gebirgskrieg bis zur letzten Konsequenz. Und bis heute sind sich die Fachleute nicht einig, ob ein Gebirgskrieg von Vorteil ist oder nicht, denn: einerseits bindet man eigene Truppenkräfte in (hochalpinen) Positionen, von wo ein Vorrücken gegen den Feind nur sehr schwierig, ja fast unmöglich ist. Es sei denn, es gehen Entlastungsoffensiven in den Tälern und Ebenen vorher, wie dies zum Beispiel im Rahmen der XII. Isonzoschlacht erfolgreich praktiziert wurde (siehe auch Abschnitt 13). Andererseits bindet man durch Errichten einer hochalpinen Frontlinie aber beachtliche Massen des Gegners, denen die unmenschliche Aufgabe des militärischen Vorgehens gegen hochalpine Stellungen einzig und allein übrigbleibt.
Und wie die Geschichte dieses Krieges zeigt: nur durch größte Anstrengungen war es Österreich-Ungarn möglich, aus den Bergen in die italienische Tiefebene vorzustoßen und weite Teile der italienischen hochalpinen Frontlinie zur Aufgabe zu zwingen. Jedoch so wie jeder große Vorstoß, war auch dieser von schweren Problemen belastet: man verläßt eigene, oft jahrelang wohlausgebaute Verteidigungssysteme, stößt erfolgreich vor und findet praktisch kriegsmäßiges Neuland: dieses muß militärisch raschest ausgebaut werden. An den Nachschub, Transport und Instandsetzung werden im Augenblick des Endes der Offensive Anforderungen gestellt, die nicht zuletzt über Erfolg oder Mißerfolg entscheiden.
Anforderungen, die letztlich über das Schicksal von Staaten und Völkern entscheiden. Zur Offensive gehört der momentane militärische Blitz-Erfolg, gepaart mit unerhörter Intensivierung in der Versorgung mit Mann und Material.

Grundsätzliches über den Gebirgskrieg

Den kriegführenden Parteien bleibt im Falle des Gebirgskrieges nur sehr wenig an militärischen Möglichkeiten übrig:
1. Ein direktes Überrennen der gegnerischen Höhenstellungen mit nachfolgenden Flanken-Angriffen im feindlichen Fronthinterland und somit Aufrollen der gegnerischen Hauptkampflinie zuletzt von hinten oder
2. ein mehr oder wenig militärisches Ignorieren der gegnerischen Höhenstellungen, die zwar durch kleinere Gefechtsaktionen gebunden werden, während der Hauptvorstoß durch die Täler erfolgen soll.
Selbstverständlich wurden im Falle des Gebirgskrieges 1915–1918 beide Möglichkeiten realisiert. Auch in direkter Kombination: hochalpine Elite-Einheiten überrennen die hochalpine Kampflinie, während gleichzeitig starke Infanterie-Massen durch die Täler vorstoßen. Beide Angriffsgruppen vereinigen sich dann im eroberten Raum zu weiterem Vorrücken. Nun, am Papier hören sich diese grundsätzlichen Erwägungen sehr klar und einfach an. Die militärische Praxis dagegen war von schier unüberwindlichen Problemen belastet. Unzählige Angriffspläne scheiterten im plötzlich auftretenden Wettersturz. Dieser nahm im Hochgebirge sofort »arktische Formen« an, wie in den Tagebüchern permanent wiederholt wird. Ein erfolgreiches Vorstoßen zweier Angriffsgruppen bedingte aber auch ein Höchstmaß an vorher zu leistender Organisations- und Planungsarbeit. Zu dieser kamen noch die speziellen gebirgssoldatischen Anforderungen, die eben nur von Gebirgstruppen erfüllt werden konnten.
Das Gelingen so mancher Angriffsaktion dieses Krieges kommt mir wie ein Wunder vor: ein Wunder menschlicher Leistungsfähigkeit, perfekter Organisation und größten persönlichen Einsatzes. Wie der Leser dann in den einzelnen Abschnitten dieses Buches sehen wird: sämtliche Angriffsaktionen beider Seiten sind entweder getragen vom Bestreben nach dem Durchbruch durch die Täler oder vom Überschreiten der feindlichen Höhenstellungen im direkten Angriff.

Die altösterreichische Gebirgstruppe

Völlig neue Aufgaben in der Bewältigung des immer dringlicher werdenden Grenzschutzes an den gebirgigen Grenzen der Donaumonarchie gegen Italien entstanden durch die Umwandlung von Truppenteilen der k. k. Landwehr zu Gebirgstruppen im Jahr 1906. Noch um die Jahrhundertwende herrschte in militärischen Kreisen die Ansicht vor, daß das Hochgebirge als wahrscheinliche Kampfstätte nicht in Betracht zu ziehen sei. Es ist das Verdienst weniger Männer wie Czant, Zdarsky, Bilgeri, Hötzendorf, das Augenmerk auf die Dringlichkeit des Problems der Grenzverteidigung im Hochgebirge gelenkt zu haben. Unter dem Einfluß der expansiven Politik Italiens kam es zu grundlegenden Umschichtungen der Denkweisen über die Sicherung und Verteidigung einer Gebirgsgrenze.
Das Jahr 1906 ist somit in der Geschichte der österreichischen Gebirgstruppe (der ältesten im deutschsprachigen Raum) ein denkwürdiges Jahr.
Hatte doch Conrad von Hötzendorf, als Kommandant der 8. Infanterietruppendivision zu Innsbruck, in Form einer Denkschrift über die Sicherung der hochalpinen Grenze den ausschlaggebenden Schritt unternommen.
Das Kriegsministerium in Wien sah sich dadurch veranlaßt, Ende Februar 1906 eine diesbezügliche Sitzung einzuberufen.
Es war ein reiner Zufall, daß Feldmarschalleutnant Eduard Tunk an dieser Sitzung teilnahm. Tunk hatte Gelegenheit, eigene Vorschläge über den hochalpinen Grenzschutz vorzubringen.
Feldmarschalleutnant Eduard Tunk war bis zu diesem Zeitpunkt als Generalstabsoffizier der k. k. Landwehr in Innsbruck in Dienstverwendung gestanden. Außerdem war er mit den Eigentümlichkeiten der Grenzverteidigung im Hochgebirge vertraut.
Von allem Anfang an plante Tunk ein umfassendes Verteidigungssystem, das z. B. auch die k. k. Gendarmerie umfaßte. So legte Tunk u. a. dar: »Im Frieden entsprechend ausgerüstet und ausgebildet hätten die Tiroler Landesschützen-Regimenter im Kriegsfalle sogleich mit ihren erhöhten Friedensständen im Verein mit den Besatzungsdetachements der Sperren, welche gleichfalls von diesen Regimentern beigestellt wurden, den Rahmen für die durch die Landsturm-Grenzschutzkompanien, Eisenbahnsicherungsabteilungen und Gendarmerie-Assistenzen verstärkte Grenzverteidigung zu bilden. Dadurch würde man in Tirol über eine Truppe verfügen, welche sich territorial ergänzt, im Gebirgskrieg besonders ausgebildet, Land und Leute kennt und mit den

oben erwähnten Landsturm-Grenzschutzkompanien und Gendarmerieassistenzen durch Gleichartigkeit von Sprache und Sitten im steten Kontakt steht und bei welcher das nicht zu unterschätzende Moment historischer Tradition der Landesverteidigung hinzukommt.«
Das war die denkwürdige Äußerung Tunks und praktisch die Geburtsstunde der altösterreichischen Gebirgstruppe!
Wichtigsten Einblick in die militärischen Leistungen gewährt bereits eine kartographische Darstellung aus dem Jahre 1906.
»Friedensvorsorge für die Grenzverteidigung«: Hier sind sämtliche Institutionen des Grenzschutzes an Tirols Grenze gegen Italien eingetragen. Den potentiellen feindlichen Einfallslinien und Einbruchszonen entsprechend, ist die Grenze Tirols gegen Italien in 10 Abschnitte gegliedert. Jeder Grenzabschnitt ist bestimmten Truppenkörpern übertragen: und zwar den Landesschützen-Regimentern. Zusätzlich stehen diesen für den Ernstfall Assistenzen der Gendarmerie und der Tiroler Standschützen zur Seite.
Drei Institutionen stellten somit die tragenden Elemente des Grenzschutzes im Hochgebirge dar:
Tiroler-Landesschützen-Regimenter, Tiroler Standschützen und Assistenzen der k. k. Gendarmerie.
Diese drei Einrichtungen ergänzten sich in ihren friedensmäßigen Aufgaben, sowie in ihren kriegs- und reservemäßigen Einrichtungen.
Alle drei Instanzen des hochalpinen Grenzschutzes legten im Krieg – wie viele Abschnitte dieses Buches beweisen – ihre höchste Bewährungsprobe ab.
Das geniale Konzept solcher Männer wie Tunk oder Hötzendorf verlangte schon damals: eine Gebirgstruppe darf nicht als einzelner Truppenkörper gesehen werden, sondern muß militärisch in weitere entsprechende Verteidigungsorganisationen eingebaut werden. Somit ergibt sich dann im Ernstfall eines plötzlich auftretenden Hochgebirgskrieges ein funktionelles, erfolgreiches Zusammenwirken.

Für den Ernstfall: Vorsorge im Frieden

Unter dem Namen »Friedensvorsorge« ging in die Archivalien der Begriff für die entsprechende hochalpine soldatische Ausbildung ein. Wie im vorherigen Abschnitt dargelegt, sind die Tiroler Landesschützen-Regimenter (seit 1917: Kaiserschützen-Regimenter) ausgewählt worden, zur ersten hochalpinen Truppe des deutschen Sprachraumes zu werden. Über die detaillierte Ausbildung – die zahlreiche Schmankerl aufweist (den Bergsteiger besonders interessierend) – möchte ich mich in späteren Abschnitten auslassen (siehe jeweils unter: Kaiserschützen). Hier an dieser Stelle, seien grundsätzliche Dinge angesprochen.
In einer Zeit, da der Alpinismus erst in breitere Kreise eindringt, wird eine hochalpine Truppe aufgestellt. Zahlreiche Probleme galt es zu lösen: Angefangen von der Ausrüstung, über die Ausbildung und auch selbstverständlich Finanzierung.
Über einen Punkt aber hatten sich die Verantwortlichen nie zu sorgen: über den Zuzug zur neugegründeten Gebirgstruppe! Das lief von selber und so reichlich, daß bei der Aufnahme nach verschiedensten Gesichtspunkten, körperlicher, geistiger, charakterlicher Eignung selektiert werden konnte. Na ja, das waren eben noch wirklich andere Zeiten . . . Bei der Ausrüstung gab es gravierende Probleme, z. B.: nach verschiedenen Versuchen wurde letztlich das kurzläufige Gewehr eingeführt – der Stutzen, ganz im Sinne alpenländischer Jäger- und auch Wildderertradition. Denn nur der Stutzen verursachte beim Klettern die minimalste Behinderung gegenüber dem langläufigen Gewehr, das zusätzlich ein beachtliches Gefahrenmoment hervorrief.
Analog zur Entwicklung entsprechender hochalpiner Ausrüstung setzte ein reges Ausbildungsprogramm ein. Über einen diesbezüglichen Skikurs in den Hohen Tauern 1908, lassen wir hier Hauptmann Rudolf Wahl sprechen: »Bis vor wenigen Jahren stak die Verwendung der Skier in der Armee noch in den Kinderschuhen. Es fehlte vor allem an einem für unsere Verhältnisse geeigneten Skityp, dann an klarstellenden Erfahrungen und einer entsprechenden Instruktion. Diese Mängel machten die verbreiteten Zweifel an der militärischen Brauchbarkeit dieses Gerätes begreiflich.

Seitdem der Privatgelehrte in Ski- und alpinen Fragen, der bahnbrechende Sportsmann Mathias Zdarsky seinen auch für sehr schwieriges Terrain geeigneten Alpenski und seine bezügliche Lauftechnik (Schule) schuf, findet der Skilauf auch in der winterlichen Hochtouristik zunehmend Verwendung . . .

Zur Erlangung einer sicheren Basis hierfür ließ die Heeresverwaltung in den letzten Jahren . . . Ski- und alpine Kurse in schneereichen Gebirgsgegenden aktivieren. In mehreren dieser Kurse hat Herr Zdarsky in selbstloser Weise persönlich und sehr förderlich mitgewirkt und es wurden mit seinen Skiern und seiner Schule überraschend günstige Resultate erzielt.
Um nun eine entsprechende Anzahl von Offizieren einheitlich als Instruktoren für die Ausbildung und Verwendung von Skipatrouillen heranzubilden, hat das Reichskriegsministerium im Winter 1908 einen Offiziers-Skikurs in Bad Gastein aufgestellt.
Tätigkeit des Kurses: Die Übungen im Terrain wechselten mit Vorträgen über alpine Gefahren, Verwendung von Skipatrouillen (-detachements), über besondere Verhaltensmaßregeln, Hygiene und erste Hilfe, Ausrüstung und Verpflegung ab.
Dauer dieser Touren anfangs 10, dann 12–14 Stunden pro Tag. Als Abschluß des Kurses und als viertägige freizügige Detachementübung wurde der Übergang vom Gasteiner Tal ins Rauris-Tal und Sonnblick-Gebiet beschlossen, zumal hier auch Gletscher zu überqueren waren.
Die Ausrüstung war vollständig alpin: Verpflegung für drei Tage im Rucksack, Tee und Zucker für vier Tage. Jedermann hatte Konserven etc. mit. Jeder Teilnehmer hatte . . . netto 17–19 kg zu tragen, wobei Bergschuhe und Kleider nicht eingerechnet sind.«
Dieser Bericht des Hauptmannes Rudolf Wahl aus dem Jahre 1908 belegt eindrucksvoll die hohen Ausbildungs-Anforderungen und gibt darüber einen Hinweis auf die generelle Erschließertätigkeit der Hochgebirgstruppe: wirtschaftliche, industrielle, kulturelle und touristische Hauptakzente für die Alpentäler und ihre oft sehr armen Siedlungen wurden gesetzt: Ausstrahlen der militärischen Bemühungen in das zivile Leben und umgekehrt. Davon aber mehr in den anderen Abschnitten (siehe unter Kaiserschützen).

Die italienische Gebirgstruppe

Bekannt unter ihrem Truppen-Namen Alpini, bildeten sie aufgrund ihres längeren Bestandes einen wichtigen Gesichtspunkt jeder österreichisch-ungarischen Friedensvorsorge für den militärischen Ernstfall im Hochgebirge. Über die Geschichte der Alpini-Truppe, deren Leistungen im Kriege und über die diesbezüglichen Aspekte findet der interessierte Leser detaillierte Angaben unter dem Abschnitt »Alpini« dieses Buches. Vor dem Krieg 1915–1918, danach und heute gilt für diese Alpini-Truppe dasselbe wie für jeden Gebirgstruppenkörper eines Staates: sie waren, sie sind der Stolz der (italienischen) Armee. Dementsprechend war zu allen Zeiten ihre militärische wie alpinistische Ausrüstung auf der Zeit entsprechend höchstem, allerneuestem Stand. Desgleichen beträgt die Entlöhnung des aktiven Soldaten innerhalb der Alpini-Regimenter zu allen Zeiten mehr, als jeder Mann eines beliebigen anderen Regimentes von sich behaupten kann. Dies galt übrigens auch für die Kaiserschützen-Landesschützen Tirols: die Entlöhnung (Gage) jedes aktiven Soldaten war wesentlich höher als bei allen anderen Truppenkörpern der Donaumonarchie. Desgleichen war er in Kleidung, Uniformierung und militärisch-alpinistischer Ausstattung besser gestellt.

Hier wie dort waren eben die Gebirgstruppen schon wegen des anstrengenden Gebirgsdienstes – besser versorgt.

Die Tradition der Alpini ist ungebrochen bis in die heutige Zeit als vorbildlich anzusehen für jede Gebirgstruppe. Hier ist der Geist des Gebirgs-Soldaten lebendig geblieben. Im »Einsamen Krieg« schlugen sich die Alpini, besonders auch im Verein mit den Bersaglieri, tapfer, ritterlich und fair.
Nicht zuletzt deshalb empfinden die beiden Gegner von damals – die Kaiserschützen und die Alpini – füreinander Hochachtung und aufrichtige Zuneigung. So manche Freundschaft resultiert aus dieser Zeit gegenseitiger Kämpfe auf verlassenen Bergwelten. Der Name »Alpini« hat in der Welt des Gebirgskrieges einen vorbildlichen, zeitlosen Ruf.

Der Erste Weltkrieg: 1914–1915–1918

Sämtliche hier von mir dargestellten großen Kampfhandlungen sind im Zusammenhang mit den anderen Fronten des großen Weltbrandes zu sehen. Großoffensiven gegen Italien waren z. B. nur möglich unter Abziehung von Truppen aus Verdun. So besteht ein wechselseitiger Zusammenhang zwischen allen großen Fronten des Ersten Weltkrieges. Ich werde im jeweils notwendigen Fall auf diese Gesichtspunkte hinweisen, möchte aber schon hier diese Funktionen zwischen den Fronten betonen. Während des ersten Kriegsjahres 1914/1915 verhielt sich Italien als neutraler Staat. Andererseits kam es aber auch nicht dadurch seiner Bündnispflicht im Sinne des Dreibundvertrages nach. Am 4. Mai 1915 kündigte Italien den Dreibundvertrag. Am 23. Mai 1915 erklärte Italien den Krieg an Österreich-Ungarn.

An seine Völker richtete Kaiser Franz Josef nachstehendes Manifest:

»Der König von Italien hat mir den Krieg erklärt. Ein Treubruch, desgleichen die Geschichte nicht kennt, ist vom Königreich Italien an seinen beiden Verbündeten begangen worden. Nach einem Bündnis von mehr als dreißigjähriger Dauer, hat uns Italien in der Stunde der Gefahr verlassen und ist mit fliegenden Fahnen in das Lager unserer Feinde übergegangen. Wir haben Italien nicht bedroht, sein Ansehen nicht geschmälert, seine Ehre und seine Interessen nicht angetastet. Wir haben unserer Bündnispflicht stets getreu entsprochen und ihm unseren Schirm gewährt, als es ins Feld zog. Wir haben mehr getan:
Als Italien seine begehrlichen Blicke über unsere Grenzen sandte, waren wir, um das Bundesverhältnis und den Frieden zu erhalten, zu schmerzlichen Opfern entschlossen. Aber die Begehrlichkeit Italiens, das den Augenblick nützen zu sollen glaubte, war nicht zu stillen. Den Allmächtigen bitte ich, daß er unsere Fahnen segne und unsere gerechte Sache in seine gnädige Obhut nehme.«

Der Krieg gegen Italien, der Gebirgskrieg war eine unvermeidbare Sache. Italien verriet seine Büdnispartner, die expansionistische italienische Politik scheute sich nicht, ohne Grund, ohne Anlaß das eigene Volk auf die Schlachtbank zu führen.
Wir können im nachhinein längst sagen: ohne italienische Kriegserklärung wäre der »Einsame Krieg« zu vermeiden gewesen. Aber die machtpolitischen Interessen einiger weniger Kreise zwingen ganze Völker in den Krieg.
Nach der Kriegserklärung Italiens besetzen in wenigen Tagen die Verteidiger (Österreich-Ungarn) die Gipfel, Kämme, Gletscher, Jöcher und Grate auf den Bergen der bedrohten Südgrenze: Julische Alpen, Karnische Alpen, quer durch die gesamten Dolomiten, Fleimstaler Berge, Hochfläche der Sieben Gemeinden, quer durch das Etschtal, über die Berge von Judikarien, über Adamello-Presanella bis zum Ortler und zur Schweizer Grenze am Stilfser Joch! Italien kam zu spät! Die Höhen waren besetzt und blieben es bis zum letzten Kriegstag. Anfang November 1917 mußte Italien als Folge der XII. Isonzo-Schlacht sogar die hochalpine Front auf den Julischen-, Karnischen Alpen und in den Dolomiten einschließlich Fleimstaler Bergen räumen.

Im November 1917 standen öst.-ung. und deutsche Truppen am Piave. Die hochalpine Front westlich der Etsch (Judikarien – Adamello – Presanella – Ortler-Gruppe) hielten die österreichisch-ungarischen Verteidiger bis zur letzten Minute des Krieges, und zwar souverän. Italien konnte in über dreieinhalb Jahren die Donaumonarchie nicht bezwingen. Auch nicht einen Fuß breit.

Obwohl der Krieg gegen Italien von Österreich-Ungarn mit Hilfe seines deutschen Verbündeten gewonnen wurde – und zwar militärisch, wurde der militärische Erfolg politisch verspielt, vertan, verloren. Wie man sieht: Kriege werden zwar militärisch geführt, aber politisch geschlagen. Die österreichisch-ungarischen und deutschen Opfer waren umsonst. Militärischer Meisterleistung stand politische Ignoranz gegenüber. Damit wurde (auch) dieser Krieg im nachhinein ad absurdum geführt.
Einen Krieg zu führen lohnt sich, wenn überhaupt, nur dann, wenn man ihn gewinnt. Dies wäre die einzig mögliche Rechtfertigung, die aber letzten Endes durch das Maß der Geschichte permanent widerlegt wird.
Dieser tragische Ausgang war für die Männer der Alpenfront der Donaumonarchie ein seelischer Schock.
Ich möchte daher berichten über die menschlichen, soldatischen, alpinistischen Schicksale dieser verlorenen Armee.
Dieser Armee, die sich so tapfer schlug und die die schönste, beste und edelste Armee in der Geschichte der Menschheit war.

Meilensteine des Gebirgskrieges

Der Krieg leitete über von der militärischen Theorie zur schrecklichen Praxis. Vieles, was vor dem Krieg gebirgsmilitärisches Standardwissen war, wurde unter dem direkten Eindruck des hochalpinen Kampfes reformiert, geändert und mit neuen »Instruktionen«, »Dienstanweisungen« der kämpfenden Truppe mitgeteilt.
In diesen dreieinhalb Jahren Gebirgskrieg werden grundsätzliche Vorgangsweisen für hochalpine Gefechte geschaffen. Meilensteine des Gebirgskrieges, die auch unter heutigen Gesichtspunkten ihre zeitlose, völlige Berechtigung haben. Auch dann, wenn wir moderne Waffen und Wafffensysteme zugrunde legen, wie zum Beispiel den Einsatz von Luftwaffe, Kampfhubschraubern und höchster Technisierung.
Im Grunde genommen zählt im Gebirgskrieg nur der einzelne Mann. Sein physisches, psychisches Vermögen, seine charakterlichen Eigenschaften bestimmen über den Ausgang hochalpiner Gefechtsmomente. Im Einfluß schlechten Wetters reduzieren sich alle modernen Waffensysteme auf einen einzigen Gesichtspunkt: sie sind nur so gut, wie sie auch unter schlechtesten klimatischen Bedingungen transportierbar sind und ihren einwandfreien Dienst leisten. Im Toben der Stürme muß der Hubschrauber ersetzt werden durch Tragtiere und schnell aufstellbare Drahtseilbahnen. Waffen und Systeme kann dann nur der hochalpin geschulte Soldat (Bergsteiger) erfolgreich bedienen.
Bereits kurz nach Kriegsausbruch kristallisieren sich an der Gebirgsfront bestimmte Kampf-Formen heraus. Diese sind geblieben bis heute und gebirgs-militärisches Standardwissen geworden:
Angriffe werden nach Möglichkeit im Schutze schlechten Wetters durchgeführt. Lautlos schleichen die Angriffsgruppen gegen die feindliche Stellung vor. Diese wird durch eigenes MG- oder Geschützfeuer niedergehalten. Währenddessen klettern die Angriffsgruppen durch Wände, über Grate gegen die gegnerische Wandstellung hinan. Auf ein vorher verabredetes akustisches, optisches Zeichen verstummt die eigene Feuertätigkeit und im Sprung dringen die Angreifer in die Stellung ein.
Gegen kleinere gegnerische Abteilungen, Feldwachen, Spähposten, Klein-Patrouillen werden gezielte Stoßtruppunternehmen geführt. Nach Möglichkeit unter Ausnützung schwierigster alpiner Geländeverhältnisse erfolgen die Angriffe dort, wo sie nicht erwartet werden. Im Schutze der Dunkelheit, des Nebels oder des Schneesturmes.
Eisstollen werden in völliger Lautlosigkeit in monatelanger Bohrarbeit bis unter die gegnerischen Gletscherstellungen getrieben. Mit einem Flammenwerfer wird zur Stunde X die Eisdecke durchschmolzen und im Nu dringen die Angreifer in die feindliche Stellung ein. Sprengstollen – ähnlich wie die Eisstollen unter die Stellung des Gegners getrieben, verrichten ihr mörderisches Werk. Über ihre militärische Effektivität im Gebirgskrieg sind sich die Fachleute allerdings nicht einig. Denn Horchposten des Angegriffenen vermochten den Zeitpunkt der Sprengung vorherzusagen. Sobald die Bohrgeräusche ausblieben, mußte mit der Sprengung gerechnet werden. Die angegriffene Mannschaft verließ die Stellung und kehrte kurz nach der Sprengung zurück.
Von wesentlicher Bedeutung ist die Errichtung von ausgedehnten Feldwachen, die den gesamten Kampfabschnitt überziehen. Besetzt von wenigen Männern, vermögen diese rechtzeitig Angriffsunternehmen zu erkennen und weiterzumelden. Zusätzlich können Feldwachen-Besatzungen Angriffe so lange abwehren, bis eigener Entsatz eintrifft.
Sicher, der Leser wird vielleicht einwenden, daß dies Theorie sei. Aber in Wirklichkeit sind diese hier nachskizzierten Prinzipien Fundamente hochalpinen Kampfgeschehens. Damals und vielleicht auch in Zukunft wieder.
Wie immer es sei, der Gebirgskrieg erfordert den ganzen Mann als starke Einzelpersönlichkeit, die frei und schnell entscheiden können muß, was im Augenblick das Richtige ist. Im Grunde genommen erfordert der Gebirgskrieg den Einzelkämpfer, vertraut mit Einsamkeit, Sturm, Lawinen und den militärischen Möglichkeiten des Geländes.
Er muß perfekt alle alpinistischen Techniken beherrschen und für den Krieg interpretieren können. Damals wie heute – die Grundlagen und Anforderungen eines Krieges im Fels oder Eis sind dieselben. Denn auch die Berge sind gleichgeblieben.

Das Phänomen des Todes

Geburt – Leben – Tod: sie sind die großen, ewigen Fragezeichen, deren Ergründung keinem Menschen gegeben ist. Der Tod als ewiges, grenzenloses Phänomen in all seinen Erscheinungsarten, eben auch im Krieg. Ich habe mich im Zuge meiner jahrelangen Forschungsarbeiten gerade mit dieser Frage intensivst befaßt und mit sehr vielen Kriegsteilnehmern, deren Vertrauen ich mir erwarb, darüber gesprochen. Keiner wußte eine Antwort darauf. Heute, nach über 50 Jahren, sind sich alle Überlebenden einig, daß dieser Krieg im Grunde genommen ein sinnloser war.
Wir wissen die Ursachen des Krieges und doch wissen wir sie nicht. Oder wir können die wahren Ursachen nicht deuten, weil wir sie nicht zu sehen vermögen, weil wir mit Blindheit geschlagen sind.
Die Frage nach dem Krieg und dem Tod als »unvermeidbares Phänomen« muß ich bejahen: Der Krieg scheint unvermeidbar zu sein. Ist er eine Art von urweltlichem Populationsregulativ? Wenn dies so wäre, dann wäre es die wohl grausamste Perspektive menschlichen Lebens. Anscheinend ist der Krieg etwas, das wir nie in den Griff bekommen werden?!
Mit Sicherheit ist anzunehmen, daß die Menschheit dann ihre höchste Kulturstufe erreicht hat, wenn sie den Krieg auf ewig vermeiden kann. Alles andere verblaßt dagegen. Der Krieg und der Tod im Krieg werden – zumindest vorerst – noch lange die Menschheit begleiten.
Trotzdem: wir alle sollten uns bemühen, ihn zu vermeiden. Nur wie, das ist die Frage!
Jeder Krieg hat aufs Neue bewiesen, daß der einzelne Mensch nicht gefragt wird, ob er den Krieg will oder nicht. Denn Menschen und Mächte entscheiden über das wahre Schicksal der Völker. Auf Entscheidungsebenen – damals wie heute –, die keinem Normal-Bürger zugänglich sind. Daran hat auch keine Demokratisierung etwas geändert. Im Prinzip ist alles gleich geblieben. Nur die Instanzen der Entscheidung haben sich verlagert.
Gerade in jüngster Zeit mußten wir erleben, von welchen fragwürdigen Imponderabilien die Friedensschlüsse im Falle Vietnams oder Nahost abhängig gemacht wurden. Wie immer es sei: das Volk, die Menschen werden nicht gefragt!
Mit Beginn des Krieges scheint dieser für viele der Beteiligten eine gerechte Sache zu sein. Mit zunehmender Kriegsdauer wird dies aber schon immer mehr in Frage gestellt. Und bereits einige Jahre nach dem Kriegsende steht die Vermeidbarkeit des betreffenden Krieges schon fast außer Zweifel. Jahrzehnte danach sind Ursachen, Motivationen, Manipulationen der betreffenden Kriegspartner offensichtlich, für jeden Menschen klar und deutlich zu sehen. Jeder halbwegs vernünftige Mensch wird nur sagen »welch ein Wahnsinn!«.
Das sind Dinge, die uns allen zu denken geben sollten. Es sind Dinge, auf die ich zwangsweise gestoßen bin, über die ich seit Jahren, oft wie unter Zwang, nachdenken muß.
Es sind Fragen, die bei einer solchen Dokumentation im Vordergrund stehen müssen. Auch und besonders für den Leser.
Ich habe mich bemüht, im Rahmen aller Abschnitte dieses Buches nicht oberflächlich über diese welt- und menschheitbewegenden Probleme hinwegzugehen. Für mich gäbe es einen eventuellen Weg, den Krieg in aller Zukunft zu verhindern:
Jene Entscheidungen, die Völker, Staaten und Kontinente berühren, sollten in aller Öffentlichkeit getroffen werden. Es muß möglich sein, daß maßgebende Entscheidungs-Instanzen nicht unter Ausschluß der Öffentlichkeit wirken können.
Jedes Leben ist im Grunde genommen fragwürdig, wenn wir wohl über sehr vieles frei entscheiden können, wenn aber solche Grundfragen wie der Krieg außerhalb jeder Einflußmöglichkeit liegen . . .

In diesem Sinne ist jede Art von Friedensforschung der Vereinten Nationen zu bejahen, zu begrüßen und von allen Menschen zu fördern.

Vielleicht werden wir alle einmal lernen zu sehen, zu verstehen.

Vielleicht gelingt es der Menschheit, dem Krieg als unvermeidbares Gesetz auf die Spur zu kommen und uns auf ewig von ihm zu befreien.
Wer vermag die Frage nach dem »Wann« zu beantworten . . .

Die Folgen des Gebirgskrieges 1915–1918 . . .

. . . sind aus dem Zusammenhang mit den Gesamtfolgen des Ersten Weltkrieges nicht auszuklammern.
Trotzdem ergaben sich für den Ostalpenraum schwerwiegende Änderungen in der politischen und menschlichen Landschaft. Änderungen, die noch heute die erst wieder aufkeimende Freundschaft der Völker und Menschen zu stören vermag.
Unter dem bedrückenden Geschehen des besonders letzten Kriegsjahres konnte es geschehen, daß die einzelnen Nationalitäten der Donaumonarchie ihr Heil im engstirnig nationalistischen Zusammenschluß sahen.
Im Grauen des Unterganges 1918 entstand eine Vielzahl von Nachfolgestaaten, streng und chauvinistisch darauf bedacht, die eigene Nation als die einzig wahre, richtige und beste der Welt hinzustellen. Das Zeitalter des Nationalismus begann erst richtig aufzublühen. Seine Saat begann nach anfänglichem zaghaftem Wuchern ins Unkraut zu schießen. Engstirnigkeit, Gewalt lösten das familiäre Miteinander des alten Österreichs ab.
Der Weg jener Nachfolgestaaten, die in das Segensreich des Kommunismus eingingen, ist uns allen zur Genüge bekannt. Zu kurz noch liegen Ungarn 1956, Prag 1968 zurück. Nur das moderne Jugoslawien unter seinem Führer Tito, dem ehemaligen k. u. k. Unteroffizier, scheint im Rahmen kommunistischer Beglückung bescheidene Freiheiten zu genießen.

Die alte Donaumonarchie wurde zerschlagen, zerfetzt und auf ihren Trümmern freute sich so mancher, der von eben diesem Reich die größten Wohltaten vorher erhielt. Alle Nationalitäten der Monarchie erhalten nach dem Krieg im Prinzip volles geographisches und politisches Entfaltungsrecht zugebilligt. Mit Ausnahme einer einzigen: der deutschen Nationalität. Auf Kosten dieser bereicherten sich die anderen. Tirol, das Land im Gebirge wurde von seinem ältesten, edelsten Teil abgetrennt. Dasselbe geschah mit Unterkärnten und der Untersteiermark. Die Wunden vernarbten nur schwer und erst heute können wir sagen, daß der Ostalpenraum in dieser Hinsicht zur Ruhe kommt. Allerdings nur sehr langsam. Denn zu frisch in Erinnerung ist die Zeit nach dem verlorenen Krieg.
Jeder von uns muß bereit sein, zu wissen, zu verstehen, was damals geschah und er muß bereit sein zu verzeihen, nachzugeben.
Die Zeit nationalistischen Denkens muß vorbei sein. Wir müssen zu einem Miteinander, zu einem Füreinander kommen.
Das ist die Aufgabe der Jugend, unsere Pflicht. Durch das Verstehen der Geschichte zu praktikablen Lösungen zu kommen! Ansätze von Chauvinismus und engstirnigem Rassendenken im Keim zu erkennen, zu ersticken! Denn was sind Nationalitäten im Angesicht menschlicher Werte? Nichts!
Jene Staaten, die völkische Minderheiten als Folge des Krieges in ihr neues Staatsgebilde aufnahmen, sollten lernen, was demokratische, staatsbejahende Minderheiten-Autonomie bedeutet. Nicht Unterdrückung, nicht moralische Pression, sondern menschlich-freie Integration. Bis dorthin ist es aber noch ein langer, mühsamer Weg.
Als Beispiel bester Prägung dafür bietet sich die Schweiz mit ihrem bewährten Nationalitäten-Leben an. Sicher, dieses Modell ist nicht grundsätzlich auf andere Menschen übertragbar. Aber jedes Prinzip ist modifizierbar. In Ehrlichkeit, Anständigkeit und Ritterlichkeit.
Auf dem Spiel steht mehr denn je: es gilt eine überregionale Zusammenarbeit der Ostalpenländer zu schaffen. Die Ostalpen als wirtschaftlicher, menschlicher und politischer Großraum. Die wirtschaftlichen Anliegen sind für alle Beteiligten ähnlich geartet. Nur in einer Zusammenarbeit liegt die Zukunft, so wie die Geschichte der Ostalpenländer sehr viele Gemeinsamkeiten aufweist. Und sei es der Hochgebirgskrieg, den wir dazu zählen müssen.

Die menschliche Bewältigung

Auf den Gipfeln und Graten lagen sich die einstigen Gegner auf Sicht- und Rufweite oft monatelang gegenüber. Jeder kannte vom anderen die privatesten Gewohnheiten: ob er vielleicht Zigarrenraucher oder Pfeifenraucher ist, wie seine alpinistischen Fähigkeiten sind und vieles mehr. Trotzdem kämpften die Männer vielleicht schon wenige Tage später erbittert gegeneinander, aber nie ohne Ritterlichkeit, nie ohne Fairneß und nie ohne echte bergsteigerische Kameradschaft. Beide Seiten bergen gegnerische Verwundete, versorgten sie wie die eigenen Kameraden und so mancher Kaiserschütze trug einen schwerverletzten Alpino stundenlang ins Tal, ins rettende Lazarett. Und mancher Alpino machte dasselbe. Es gab grundsätzlich keine Gefangenendemütigungen, keine Folterungen. Sieger und Besiegte teilten das eigene Essen in den Höhenstellungen. Soldaten, die sich ergaben, wurden grundsätzlich geschont und nicht getötet, wie es zum Beispiel an der Westfront gang und gäbe war. Immer wieder tauschten Österreicher mit den Italienern durch Zuwurf Tabak gegen Brot aus.
Einst lagen sich im Corno-di-Cavento-Abschnitt (Adamello) auf zwei Felsgraten zwei feindliche Züge gegenüber. Plötzlich ruft der Alpini-Leutnant zum Kommandanten der Österreicher herüber: »Bist du ein Steirer? Ja, warum meinte dieser! Weil ich in Leoben als Steinmetz vor dem Krieg arbeitete, meinte der Alpini-Leutnant und schlug in waschechtem Steirisch vor: du, paß auf, solange wir einander gegenüberliegen, so schießen wir aneinander vorbei. Aufeinander vorbeischießen meinte der Steirer – das ist gut.«
So hielten es die beiden durch mehrere Wochen. Plötzlich rief eines Tages der Alpino herüber: »Ab morgen müßt ihr aufpassen. Ich werde abgelöst«. –
So leuchtete über die einsamen Stellungen im Eis so manches Licht der Brüderlichkeit, einer Brüderlichkeit, die nur unter Bergsoldaten möglich war.
Nach dem Ende des Krieges blieb die Erinnerung an die gegenseitige Anständigkeit bestehen. Tiroler Kaiserschützen und Alpini legten in diesem ersten und bisher letzten Hochgebirgskrieg aller Zeiten die Grundlage für den heute noch gültigen Ruf, daß der Gebirgssoldat durch hohe menschliche und charakterliche Eigenschaften gekennzeichnet ist.
Dieser Ruf erleichterte in den ganzen Jahren nach dem Ende des Gebirgskrieges das Zueinanderfinden der einstigen Gegner. Auch dieser Gesichtspunkt verschafft dem hochalpinen Kampfgeschehen eine Sonderstellung in der Bewältigung der Feindschaft. Dies ist innerhalb der Kriegsgeschichte einmalig und einzigartig. So möchte ich dies aus eigener Sicht, aus eigenem Erleben schildern.
Hier kämpfte man um Gipfel und Gletscher, deren Namen schon vor dem Krieg mit bergsteigerischem Leuchten umgeben waren. Man kämpfte nicht um namenlose Flachlandhöhen, um Hügel (Kote 212), die erst durch den Krieg einen grausigen Sinn erhielten.
Der Name der umkämpften Berge blieb auch nach dem Krieg bestehen. Der Ruf der Berge blieb.
Schon bald begannen die einstigen Gegner sich zu treffen. Zuerst in den Tälern, in Wirtshäusern und später an Ort und Stelle. Gemeinsam besuchte man die Grate, auf denen man in Sichtweite lag. Die Gegner von einst schilderten die Situation aus eigener Sicht und manch unverständliches Ereignis erhielt nachträgliche kameradschaftliche Deutung.
So verging Jahr für Jahr, wo man sich traf. Im Berggewand, auf einsamen Gipfeln. Nachdenklich saßen sie oben und dachten nach über das, was damals war. Gemeinsam am Seil stiegen sie ab. Im Kriege getrennt, im Frieden eine Seilschaft.
Über 50 Jahre sind vergangen. Immer weniger wurden es, die ihre Schritte hinlenkten zu vergangenem Geschehen. So mancher Alpino fuhr zum Begräbnis eines Kaiserschützen noch Nordtirol und umgekehrt. Tränen standen in den Augen der Männer.
Ich durfte bei mehreren solcher Treffen dabei sein. Es dauerte Jahre, bis sie Vertrauen zu mir faßten. Immer im Ungewissen, ob ich es verstehen würde. Aber schließlich gehörte ich dazu. War ich doch weit und breit der einzige Mensch, noch dazu ein junger, der darüber schreiben wollte. Ja, ich war sogar jemand, der alle Stellen von damals kannte. Mit dem man reden konnte. So schenkten sie mir ihre Freundschaft und das Glück des Miterlebendürfens.
Doch der Tod lichtet die Reihen dieser Männer. Wo sich vor 10 Jahren noch zwanzig trafen, sind es heute drei oder vier. Und schon manchen begleitete ich allein zurück in diese vergangene Welt des »Einsamen Krieges«.
Einsam lenkten wir die Schritte in Kare, für die Gipfel war die Zeit bereits für immer vorbei. Mein Kamerad blickte hinauf. An seinem Gesicht konnte ich lesen, was er dachte, fühlte, was in seinem Herzen vorging.
»Ja, ja, Heinz, da wärn wir wieder einmal, gelt . . . und nächstes Jahr da packen wir's wieder . . . aber kommst sicher.«
Bergfahrten, wie ich sie in meinem Leben nie mehr vergessen

werde, Bergfahrten voller Schönheit und gleichzeitig tiefer Trauer. Bergfahrten, die mein Leben für alle Zeiten geprägt haben. Tief in meinem Herzen schlummern sie wie ein Edelstein aus König Laurins Rosengarten. Diese Bergfahrten halfen aber auch mir, das Wissen um das Kriegsgeschehen innerlich zu verkraften und in neuer Sicht zu sehen.
Die gemeinsamen Treffen an Ort und Stelle der einstigen Gegner erst schufen die menschliche Begegnung und bereinigten das düstere Kapitel der Vergangenheit.
Und während schon kurz nach dem Krieg Politiker (Zivilisten, die nie einen Schützengraben von innen sahen), nach Krieg riefen, da freuten sich die einstigen Soldaten, daß sie still in einem Kar sitzen dürfen, daß sie nicht mehr aufeinander schießen müssen und daß sie am Abend beim Rötl in Frieden und Freundschaft sein können.
Ihre stillschweigende Gemeinsamkeit ging unter im Lärm der gerade gängigen Ideologien. Doch von keinem Krieg gibt es eine solche, nachträgliche Bewältigung des Kriegsgeschehens zu berichten.

Gebirgskrieg heute?

Die Frage mag vielleicht auf Anhieb sehr abwegig erscheinen – sie ist es aber nicht. Ein Krieg kann leider nicht ausgeschlossen werden und wie die geschichtliche Erfahrung zeigt: Gründe dafür gibt es immer. Notfalls wird ein plausibel erscheinender Grund eben schnell konstruiert.
Der Ostalpenraum wird in seiner Gesamtheit den gleichen militärischen Gesetzen unterliegen wie 1915–1918. Daran würde sich nichts, aber absolut nichts ändern.
Die geopolitische Landschaft hat sich natürlich seither grundlegend geändert: Europa ist geteilt in einen Westen und in einen Osten. Wenn man es genau betrachtet – eine menschenunwürdige, häßliche und ganz erstaunliche Trennung. Gekünstelt, gewaltsam und so unecht wie ein frisches Hühnerei am Mond. Aber anscheinend müssen wir damit noch für längere Zeit leben.
Als gegenseitige Aggressoren betrachten sich die Staaten des Warschauer Paktes und die NATO-Staaten. Im Falle eines bewaffneten Angriffes der Warschauer-Pakt-Staaten sieht die voraussichtliche Entwicklung wie folgt aus (diese Entwicklung, Basis aller militärischen Überlegungen, sei kurz umrissen): Panzerverbände dringen in Süddeutschland ein. Im Raum Salzburg entsenden sie einen flankierenden Keil nach Österreich, bis nach Tirol. Mit dem Zwecke, einen Entlastungsvorstoß der NATO-Gruppe Süd (Italien) zu unterbinden.
Und schon befinden wir uns in einem äußerst gebirgigen Kampfraum. Und wieder würde es sich um die Sperrung der Täler-Einbruchslinien drehen. Im Falle eines längeren Konfliktes ist mit einem Ausweichen auf die Kämme der begleitenden Gebirge zu rechnen. Ein längeres Ausharren dortselbst ist durchaus wahrscheinlich, wenn im Verein mit schlechter Witterung, eine eventuelle Luftüberlegenheit nicht ausgespielt werden kann. Dann gelten dieselben Gesetze wie vor mehr als einem halben Jahrhundert.
Und gerade heute, da ich diese Zeilen schreibe, berichtet in der Münchener »Abendzeitung« vom 17. April 1974 Carl Schmidt-Polex: »Im Schneesturm röhren die Granaten . . . Berg Hermon (Front zwischen Israel und Syrien; Anm. d. Verf.) ist stärker denn je umkämpft . . . hier, auf dem Gipfel des 2814 m hohen Berges Hermon, wird seit einer Woche erbittert gekämpft . . . über das kahle Felsplateau fegt ein eisiger Schneesturm . . . hinter Vorsprüngen kauern vermummte Gestalten . . . wird um den höchsten Berg des Nahen Ostens fast pausenlos gekämpft.«

Zur übersichtlichen Gliederung dieses Buches

Dieses Buch ist eine erstmalige Gesamt-Dokumentation des Gebirgskrieges 1915–18. Aus Tausenden von Fotos, aus ca. 90000 schriftlichen Belegen habe ich das ausgewählt, was für das Geschehen wichtig, repräsentativ ist. Eine Dokumentation kann nur eine Auswahl sein. Ich könnte zum Beispiel über die Kämpfe um die Drei Zinnen ein fünfhundertseitiges Buch schreiben. Aber weniger ist oft mehr. Und so ergibt sich vielleicht aus der Straffung, Reduzierung eine bessere Übersicht über das Gesamtgeschehen.
Dies ist zumindest die Hoffnung des Verfassers. Die Auswahl der einzelnen Gefechte erfolgte in vielfacher Abstimmung mit Experten aus Alpenländern aller Staaten. Es handelt sich nicht um meine »einsame Entscheidung«. Ich wollte und suchte den Rat erfahrener Männer und Experten vom Fach. Ich habe aber sämtliche Front- und Kampfabschnitte aufgenommen. Hier gibt es keine Lücke. Der Kreis der Front ist geschlossen. Innerhalb der einzelnen Frontabschnitte behandle ich schwerpunktartig alle wichtigen Ereignisse, Gefechte, Kämpfe. Unwesentliches (das es eigentlich nicht gibt) mußte ich aus Platzgründen einschränken, weglassen.
In gewissen Fragen mag dies immer ein Problem der persönlichen Wertung sein. Ich bemühte mich aber in dieser Hinsicht um Objektivität und ich glaube, daß als Ganzes die getroffene Auswahl Zustimmung finden wird. Und noch etwas: verwenden Sie bitte unbedingt zur genauen Information Landkarten des Maßstabes 1:100000, wie sie jeder Interessierte besitzen wird.

Zu den Bildern möchte ich etwas – mit Stolz – sagen: mit Ausnahmen einiger weniger Bilder aus Büchern (siehe Register-Teil), sind sämtliche Bilder Originalfotos des Ersten Weltkrieges. Es handelt sich durchweg um Fotografien, die einmalig und erstmalig in der Literatur der Ostalpen sind: Sie halten einen fotografischen Schatz in ihren Händen. Die meisten dieser Original-Fotos sind erstmals in diesem Buch veröffentlicht.
Für sehr viele dieser Bilder arbeitete ich wochen- und monatelang. Bestimmten Motiven bin ich jahrelang nachgejagt. So beliefen sich die Kosten für verschiedene Bilder auf mehrere Monatsgehälter ... Alle aber sind das Ergebnis des Vertrauens, das mir die Besitzer gewährten, indem sie mir die Bilder übereigneten. Des Vertrauens in meine Arbeit und in die richtige Interpretation. Erst dieses einmalige Bildmaterial schafft die heutzutage wesentliche (fotografische) Grundlage zu einer erstmaligen Gesamt-Dokumentation des Krieges.

Das Buch ist untergliedert in einen einführenden Teil (an dessen Ende Sie bereits angelangt sind) und in die eigentliche Dokumentation. Vor den einzelnen Frontabschnitten finden Sie grundsätzliche Bild- und Textinformationen zum Thema »Gebirgskrieg 1915–18«.
Die Frontabschnitte aber sind gereiht:

1. Alpengeographisch – das heißt, in Identität zu den einzelnen Gebirgsgruppen.
2. In streng geographischer Reihung von Ost nach West. Beim Durchblättern, Lesen durchwandern sie die gesamte Gebirgsfront von Ost nach West. Die alpengeographisch strenge Reihung an Hand der Gebirgsnamen erleichtert Ihnen die gedanklich-geographische Zuordnung.
3. Innerhalb jedes Frontabschnittes sind die Ereignisse in sich geordnet, und zwar:
   a) Wieder von Ost nach West innerhalb der jeweiligen Gebirgsgruppe und
   b) chronologisch von 1915 bis 1918.
4. Jeder Frontabschnitt/Gebirgsgruppe ist mit einer Signatur-Nummer versehen. Diese wiederholt sich auf den Landkarten der Bucheinband-Innenseiten (vor dem Textteil und danach).

DOKUMENTATION

Kaiser Franz Josef I.

Kaiser Franz Josef I. Nach einer Original-Radierung von W. Unger. Ein eindrucksvolles, authentisches Bild des großen Monarchen. Es stellt ihn in nicht höfisch-idealisierter Weise dar.

Seine Regierungszeit überdauerte Epochen, Jahrzehnte und umspannte ein derart großes Maß kulturgeschichtlicher Bedeutung, daß dieser hier mehr an Raum gegeben werden soll. 1848–1916 oder umgerechnet 68 Jahre! Jahre, in denen die entscheidendsten Grundlagen und Ansätze für die moderne, heutige Zeit gelegt wurden. In allen Bereichen öffentlichen Lebens, in allen Bereichen von Wissenschaft, Forschung, Kunst.

Staatspolitisch gesehen führte Franz Josef den Übergang vom Absolutismus zum Zentralismus und zum Dualismus (Österreich-Ungarn) durch und legte durch letzteren erstmals demokratische Regierungsformen fest.

Die Daten seiner Regierungszeit mögen hier weniger zitiert werden, sondern mehr auf seine kulturgeschichtliche Bedeutung von Weltrang eingegangen werden.

Als oberster Kriegsherr der alten Armee kommt ihm, dem alten Kaiser, ein Ehrenplatz in einer Gesamtdokumentation des Gebirgskrieges zu. Die Armee – das war seine Liebe – seine Soldaten waren seine Freunde und sein Stolz. In seiner Armee und ihren Großtaten verkörperte sich in ununterbrochener Kontinuität der Gedanke des Habsburger Großreiches. In eben dieser Armee lebte der Gedanke tagtäglich aufs Neue, hier verblaßte er nie. Die Ehre – die Anständigkeit – die Civilcourage waren der Wesenskern seiner Soldaten. Sie waren aber auch Wesenskern des großen Kaisers, der in das Bewußtsein der österreichischen Völker als der »alte Kaiser« einging.

Da ich diese Zeilen verfasse, schreiben wir das Jahr 1974. In zwei Jahren jährt sich der Todestag Kaiser Franz Josefs I. zum sechzigsten Mal. Es gibt keinen Monarchen in der jüngeren Geschichte Europas, der so sehr im Herzen seiner Völker verblieben wäre. Trotz aller Schmähungen, Verzerrungen des Geschichtsbildes, trotz größter Anstrengungen von Kreisen, die sein Zeitalter gehässig darstellten, leben der alte Kaiser – seine Zeit – sein Wirken in den von ihm ehemals regierten Ländern weiter.

Und zwar in den Herzen der Menschen. Ohne fördernde Propaganda, ohne jedes Zutun ist seine Größe über jeden Zweifel erhaben. Wie sehr muß das Volk ihm zu Lebzeiten Hochachtung, Liebe und Treue entgegengebracht haben, daß diese im Prinzip die Jahrzehnte überdauerten . . . Sein Zeitalter war getragen durch einen unerhörten Höhepunkt kultureller, wissenschaftlicher, wirtschaftlicher Leistungen. Einige davon seien hier genannt: Semmeringbahn (1854), Benzin-Kraftwagen (1864), Mendelsche Vererbungsgesetze (ca. 1860), Schreibmaschine (1866), Brennerbahn (1867), Hochschule für Bodenkultur (1862), Alpine Montangesellschaft, größter Industriekonzern der Alpenländer (1881), Arlbergbahn (1884), Telefonverkehr zwischen Wien und Brünn (1884), Karawankenbahn (1906), Tauernbahn (1909) (auszugsweise entnommen aus: Österreichische Geschichte von Gottfried Franz Litschauer; Wien 1965). In sämtlichen Disziplinen der Wissenschaft, des Bildungswesens, der Verwaltung, der Kunst, in allen Bereichen erlebte Österreich einen Höhepunkt, der einmalig in der Geschichte dasteht.

Gleichzeitig aber war das persönliche Leben Kaiser Franz Josefs I. von schwersten Schlägen überschattet: Sein einziger Sohn, Kronprinz Rudolf, starb 1889 durch Selbstmord. Seine Gemahlin, Kaiserin Elisabeth, sein Bruder Maximilian (Kaiser von Mexico), sein Thronfolger Erzherzog Franz Ferdinand starben durch Mord.

Der Kaiser wurde im Laufe der Jahrzehnte Garant für die friedliche Dauer des Habsburger-Großreiches. Er war nicht nominell Kaiser, Monarch von eigenen Gnaden, nein: er war ein im Volk verwurzelter Mann, der über allen Wogen und Strömungen der Geschichte stand.

Seine Besuche bei der Armee bildeten mitsamt dem Aufenthalt in den Alpen und bei deren einfachen, treuen Menschen, den bevorzugten Aufenthaltsort. Hier wie dort fühlte er sich verstanden.

Den Eid, den seine Soldaten ihm einst geschworen hatten – den haben sie nie gebrochen. Damals wurden Menschen mit Eid zur Treue verpflichtet und nicht durch Gewährung von Ämtern, Pfründen, Funktionen – so wie heute mit nur mäßigem Erfolg. Mit dem Ende seiner Regierungszeit und der seines Nachfolgers, Kaiser Karl, erlosch die Bedeutung des Eides, der Treue und neue Ersatzwerte sollten an deren Stelle treten. Ohne aber bis heute ihre volle Existenzberechtigung nachzuweisen.

Kaiser Karl I.

Am 21. November 1916 schloß Kaiser Franz Josef I. in Schönbrunn für immer die Augen. Sein Tod war ein entscheidender Schlag für die Dauerhaftigkeit Altösterreichs – ein willkommener Grund zur Freude für dessen militärische Feinde. Mit dem Tode des Kaisers wurde das »alte Österreich zu Grabe getragen« (Gottfried Franz Litschauer).
Der Nachfolger Kaiser Franz Josephs I., Kaiser Karl I., stand ungeheuren Aufgaben, Pflichten, Lasten gegenüber, als er mitten im Krieg die Regierungsgewalt übernahm. Er sah die einzige Rettung der Donaumonarchie in einem möglichst rasch zu erfolgenden Friedensschluß, der auch unter größeren Verzichten unbedingt zu bewirken sei.
Seine Versuche, anfangs 1917, mit Hilfe seines Schwagers, Prinz Sixtus von Bourbon-Parma, mit Frankreich einen Separat-Frieden zu erzielen (»Sixtus-Briefe«), waren einzig und allein von der Sorge und Erkenntnis getragen, daß ein rascher Friede, auch unter territorialen Verlusten, notwendig sei.
Die Rolle seines Schwagers in dieser Angelegenheit ist bis heute nicht geklärt. Die sogenannten »Sixtus-Briefe« als Botschaften des Kaisers, sind bis heute verschwunden, verschollen. Auch wenn immer wieder behauptet wurde, die Originale seien nun vorhanden, so konnte die Authentizität nie nachgewiesen werden. Welche Rolle sein Schwager nun immer in dieser Bemühung um Frieden spielte: sie ist überschattet von Verdächtigungen, Spekulationen und so manche Kreise scheuen sich bis heute nicht von »Verrat« zu sprechen.
Verständlicherweise wurde unter diesem Eindruck auch die Gemahlin Kaiser Karls, die Kaiserin Zita (voreheliche Prinzessin Zita von Parma) in den Kreis der Verdächtigungen einbezogen.
Wie immer es sei: es handelt sich um ein ungeklärtes Kapitel in der Geschichte Österreichs. Solange die Frage, auf welcher Seite nun eigentlich Prinz Sixtus stand, nicht definitiv geklärt werden kann, so lange wird über ihm und seiner Schwester der Schleier der Verdächtigungen hängen.
Geheimdiplomatie, Geheimdienste und ihre Ausführenden bildeten den ungewollten Mittelpunkt der gutgemeinten Friedensbemühungen Kaiser Karls. Fest steht auch, daß sein Vertrauen mißbraucht wurde und daß seine Neigung, zu so delikaten Friedensbemühungen nächste Angehörige heranzuziehen, nur sehr skeptisch beurteilt werden müssen.
Dem Kaiser zugute gehalten werden muß aber die Tatsache, daß die Gegner Österreich-Ungarns mit allen Kräften einen vorzeitigen Friedensschluß vermeiden wollten. Die vollkommene politische wie territoriale Zerschlagung der Donaumonarchie war ihr Ziel. Dieses verfolgten sie rücksichtslos unter grenzenloser Negierung menschlichen Lebens, unter Mißachtung des Lebens der eigenen Völker. Menschen wurden zu Kanonenfutter im Sinne gewaltsamer Expansions-Politik.
Die großzügigen, feinfühligen und ritterlichen Friedensbemühungen Kaiser Karls wurden in den Wind geschlagen. Der Krieg mußte um jeden Preis weitergehen. Koste es, was es wolle.
»Die Welt ist groß genug, daß die Völker sich darin vertragen können« (Kaiser Karl I. in der 11. Isonzoschlacht) und »Den Krieg tötet nichts als der Krieg . . .« (Georges Clemenceau), entnommen aus Reinhold Lorenz »Kaiser Karl« – diese beiden Aussprüche beleuchten schlagartig die Situation.
Nach dem Zusammenbruch verzichtete Kaiser Karl I. auf Österreich und Ungarn. Aus seiner Heimat vertrieben, ging er in die Schweiz. Als Folge zweier durchaus legitimer Restaurationsversuche der Monarchie wurde er nach Madeira verbannt. In Armut, Not und schwerer Krankheit starb der letzte Monarch Altösterreichs in Funchal, Madeira, am 1. April 1922, im Kreise seiner Familie. Seine Lebensbeichte legte er auf dem Sterbebett in deutscher und ungarischer Sprache ab . . .
Nie mußte ein Monarch die ihm aufgetragene Regierungsgewalt so büßen: ungerechtfertigt, verstoßen, verdammt, total verarmt, monatelang unter Essensmangel leidend. Nie hat ein Monarch durch seinen Tod derartig bewiesen, daß er würdig war, in besseren Zeiten »Kaiser und König« gewesen zu sein – wie Kaiser Karl I. So wie seine Soldaten gab auch er sein Leben hin. Bis zuletzt einer aus der großen, alten Armee . . .

Frühjahr 1917: Kaiser Karl I., in der Uniform der Tiroler Kaiserschützen, »belobigt einen hochdekorierten Bergführer«.

Tiroler Landesschützen-Kaiserschützen: Friedensausbildung der altösterreichischen Hochgebirgstruppe

Hervorgegangen aus den freiwilligen Schützenkompanien Tirols, werden die Landesschützen-Regimenter am 1. Mai 1906 zur Hochgebirgstruppe ernannt. Ab sofort treten neue Aufgaben, Funktionen für die neu gegründete, erste hochalpin auszubildende Truppe in Kraft. Der 1. Mai 1906 aber ist ein denkwürdiges Datum in der Geschichte des Gebirgskrieges. Bereits kurz nach der Ernennung wird ein drittes Landesschützenregiment, 1909 errichtet, das in Innichen lag. Somit waren die Stabsstationen der drei Regimenter: Innichen, Bozen, Trient.

Die gesamte Ausrüstung, Uniformierung und Ausbildung wird für den Krieg im Hochgebirge abgestimmt. Der Spielhahnstoß auf der Kappe, das Edelweiß am Kragenspiegel wird zum Zeichen der neuen Gebirgstruppe. Gleichzeitig erfolgt ab sofort der Einsatz der drei Regimenter als tragendes Element des Grenzschutzes gegen Italien. In einer ununterbrochenen Kette leisten sie Dienst im Hochgebirge: von den Bergen Kärntens, über die Dolomiten, bis zu den Eisriesen von Adamello-Presanella, Ortler, bis zum Stilfser Joch. Das Winter- und Sommerbergsteigen, der Skilauf, das Bergrettungswesen, die Lawinenkunde und alle damit befaßten Bereiche werden durch die Alpinsoldaten der Landesschützen stark beeinflußt und gefördert. Zahllos ist die Reihe der Namen Südtirols und Oberitaliens deren Ruf als Sommer- und Wintersportorte erst durch die hochalpine Erschließertätigkeit der Landesschützen ermöglicht wurde. Landesschützen waren es, die im Rahmen ihrer hochalpinen Übungen, Skierstbefahrungen, Gipfelerstbesteigungen rund um die Talorte ihrer Einsätze durchführten. Die aus dieser Tätigkeit resultierenden ersten Ansätze des Fremdenverkehrs in den blutarmen Bergdörfern sind das Verdienst der drei Regimenter, ihrer Bergführer, Skilehrer und Alpinsoldaten. Zahllos sind die Namen der Orte, deren heutige Berühmtheit auf die Landesschützen zurückgeht: Ob der Rollepaß (Pala) oder Cortina, ob das Sommerskigebiet am Tonalepaß oder Stilfser Joch oder ob Madonna di Campiglio: Landesschützen waren es, die erstmals von den Steilhängen der Brenta mit den Skiern abfuhren! Auf jenen Strecken, wo heute zum Teil die weltberühmten Skirennen der FIS stattfinden.

Es gibt kaum ein grundsätzliches alpines Ausrüstungsstück, dessen Entwicklung nicht von den Landesschützen initiiert wurde. Seilklemmen, vor wenigen Jahren als sensationelles Mittel zum Aufstieg am hängenden Bergseil gepriesen, gab es bei den Landesschützen bereits 1912! Vom ersten Tag des Bestehens der Landesschützen als Hochgebirgstruppe erhielten sie starken Zuzug aus allen Teilen der Monarchie: und so befanden sich Salzburger, Ungarn, Böhmen, Steirer neben den Tirolern und Gebirgsitalienern, Oberösterreichern u. v. a. Nationalitäten in den Reihen der Männer mit dem Spielhahnstoß und Edelweiß. In ihren Reihen lebte jene legendäre Kameradschaft, welche seit Radetzky die alte Armee erfüllte. Ihre höchste Ehrung erhielten die drei Regimenter, als ihnen Kaiser Karl I. am 16. Jänner 1917 den Ehrennamen »Kaiserschützen« verlieh. (Siehe auch unter »Tiroler Landesschützen-Kaiserschützen im Krieg«.) Im Rahmen der hochalpinen Ausbildung lernten die Regimentsangehörigen jeweils den gesamten gebirgigen Raum an der Grenze gegen Italien kennen. Im Winter, wie im Sommer! Zu einer Zeit, da das Winter- und Sommerbergsteigen erst in seinen breiten Anfängen steckte, wurden beachtliche bergsteigerische Leistungen vollbracht.

Im Sommer 1913 überschritten zum Beispiel gleich mehrere Kompanien mit kriegsmäßiger Ausrüstung die gesamte Ortlergruppe von Sulden bis nach Pejo/Cogolo im Val di Sole (Sulzberg). Unter feldmäßiger Besteigung aller am Wege liegenden Eisgipfel, unter Abhaltung von übungsmäßigen Bergungen aus Gletscherspalten, Freilagern auf über 3500 m Höhe und völlig unfallfrei.

Nachträglich erkennen wir an diesem Beispiel den sehr hohen Ausbildungsstand der Truppe bereits im Jahre 1913. Sehr viele der Dienstpflichtigen blieben nach Ableistung der Militärpflicht bei der Truppe, sie hatten »angebaut«, wie man sagte. Der Dienst bei der Gebirgstruppe war abwechslungsreich und interessant. Skifahren, Bergsteigen, in den Dolomiten, am Ortler und als Sommer-Stationen dienten Wirtshäuser und nicht graue, eintönige Kasernen . . .

1906: Landesschützen-Gruppe in hochalpiner Adjustierung und (ganz links) in Ausgehuniform.

Bild unten:
Die Karte eines unbekannt gebliebenen Landesschützen anläßlich einer Alpin-Übung am 8. 8. 1911. Ein Dokument zeitlosen Soldaten-Humors!

Das Deutsche Alpenkorps

Nach der Kriegserklärung Italiens im Mai 1915 entstand für die bedrohte Südgrenze der Monarchie eine extrem bedrohliche Situation: von Ausnahmen abgesehen (Werksbesatzungen) befanden sich die aktiven Truppen, besonders die zur Verteidigung im Hochgebirge vorgesehenen Tiroler Landesschützen, an der Ostfront in Galizien. Italien hoffte also, auf ein militärisches Vakuum zu stoßen. Daß dies nicht der Fall war, ist neben den Standschützen, anderen freiwilligen Formationen, besonders dem Deutschen Alpenkorps zu verdanken. Eine sehr treffende Schilderung über das Deutsche Alpenkorps stammt von Viktor Schemfil (Schlern-Schriften Nr. 177): »Die Deutsche Oberste Heeresleitung war sich bewußt, daß bei den geringen Kräften, die die Österreichisch-Ungarische Monarchie zur Verteidigung der Tiroler Grenze stellen konnte, die Gefahr für Süddeutschland sehr groß werden konnte ... die beste Sicherung Bayerns war also die Tirols ... schon anfangs Mai (1915; Anm. d. Verf.) hatte man begonnnen, aus den besten, kampferprobten Truppen Deutschlands, hauptsächlich aus Bayern, das divisionsstarke Alpenkorps zusammenzustellen, das nach seiner künftigen Verwendung im Hochgebirge eine Gebirgsausrüstung erhielt. Es bestand aus der 1. Jägerbrigade (Generalmajor von Tutschek) und der 2. Jägerbrigade (Oberst von Below). Zur ersteren gehörte das Bayerische Infanterie-Leibregiment und das 1. Bayerische Jägerregiment (1. und 2. Bayerisches Jägerbataillon und Reserve-Jägerbataillon 2). Zur 2. Jägerbrigade gehörten das Jägerregiment 2 (10. Preußisches Jägerbataillon, Preußisches Reserve-Jägerbataillon 10 und das Mecklenburgische Reserve-Jägerbataillon 14) und das 3. Jägerregiment, bestehend aus den früheren vier Schneeschuhbataillonen. Außerdem hatte es im Stande: 6 Radfahrkompanien, 22 Maschinengewehrabteilungen, 48 Feld- und Gebirgsgeschütze und je eine Batterie 10-cm-Kanonen und 15-cm-Haubitzen, ferner Minenwerferabteilungen, Pionierkompanien, Nachrichtentruppen usw.«
Generalleutnant Konrad Krafft von Delmensingen wurde zum Kommandanten des Deutschen Alpenkorps ernannt. Er war ein besonders bergkundiger Mann: viele Tage seiner Jugend verbrachte er als Bergsteiger in den Dolomiten. Übrigens sind seine Eltern in Meran begraben.
Für Krafft von Delmensingen und sein Deutsches Alpenkorps bestanden äußerst schwierige Aussichten: hochalpine Front, ein zahlenmäßig überlegener Gegner und die Frage nach alpiner Tauglichkeit seiner Männer. Die Geschichte beantwortete diese Fragen: die für Tirol herbeigeeilten Bayern, Preußen, Mecklenburger übertrafen alle in sie gestellten Erwartungen. Ihr gebirgssoldatischer Einsatz auf den ganzen Dolomitengipfeln zählt zum besten, was die Geschichte des Gebirgskrieges kennt! Ich werde in den einzelnen Frontabschnitten näher darauf hinweisen. Besonders hervorgetan haben sich Männer vom Alpenkorps in den Sextener Dolomiten, auf den Tofanen, in der Fanes-Gruppe und bei zahlreichen hochalpinsten Kommando-Unternehmen.
»Aus den Gasthäusern heraus (in Tirol; Anm. d. Verf.) ertönte das deutsche Kriegslied »Gloria, Viktoria«, die Bayern ... übten sich im Tiroler Liede »Dort, wo die Etsch aufbraust ...«. Weniger trafen die Mecklenburger die Tiroler Mundart, wenn man sie etwa singen hörte »Auf der Alm, da gibts kao Sünd«. (Dr. G. Burtscher: Die Kämpfe in den Felsen der Tofana.) Eine enge, gute und menschlich wunderschöne Freundschaft zwischen Tirolern, Bayern, Preußen und Mecklenburgern entstand in den einsamen Höhenstellungen. Schon kurz danach nannte man die Bayern von den Leibregimentern einfach »Die Leiber« und als solche gingen sie in die jüngere Tiroler Geschichte ein.
Ohne das entscheidende Wirken des Deutschen Alpenkorps wäre Italien im Dolomiten-Raum durchgebrochen. Die Erinnerung an die Bayern, Preußen und Mecklenburger auf den Dolomitenzinnen bleibt ein denkwürdiges Beispiel hochalpiner Waffenbrüderschaft. Als das Deutsche Alpenkorps im Herbst 1915 – schweren Herzens – abrücken mußte, nahm es das Edelweiß als Ehrenzeichen der Tiroler Landesschützen und als Sinnbild der Gebirgstruppe mit. Aus den Dolomiten mußten sie an die Westfront: aus den herrlichen Bergen in die Giftgaswolken.

Für die von der Ostfront in den Dolomiten einlangenden öst.-ung. Gebirgstruppen, ließ das Deutsche Alpenkorps eine von ihm perfekt errichtete hochalpine Verteidigungslinie, wohl ausgebaut mit Stellungen etc. zurück. Nahtlos konnten so die Österreicher von den »Leibern«, Preußen, Mecklenburgern die hochalpine Stellungslinie übernehmen.

Sommer 1915 in Kartitsch, Osttirol: Prinz Heinrich von Bayern dekoriert Tiroler Landesschützen (rechte Bildhälfte). Unter der Fahne links deutlich zu sehen: Bayerische »Leiber« in ihren charakteristischen Uniformen mit der Tellerkappe.

Tiroler Kaiserjäger

1917: Kaiserjäger-Oberleutnant
Dr. Klemens Mayr.

Wir Jäger lassen schallen, ein froh, gewaltig Lied
und gelten soll es allen, zerstreut in Nord und Süd;
im Osten und im Westen, wo unsere Fahne weht,
wir zählen zu den besten, so lang die Treu besteht, –
wir zählen zu den besten, so lang die Treu besteht.
Sieht man uns, sagt ein jeder, und alles lauft und rennt:
Das sein die Kaiserjäger vom 1. (2., 3., 4.) Regiment.
Das sein die Kaiserjäger vom 1. (2., 3., 4.) Regiment.

Wenn wir hinausmarschieren ins weite, freie Feld
Und stramm dort exerzieren, es jedem wohlgefällt; –
Da schauen uns die Madln auch immer gerne zua
Und jede möcht im stillen a so an Jagersbua.
Z'nachts gibts an feinen Drahner mit seiner Jagerin,
Mir sein die Kaiserjäger vom 1. (2., 3., 4.) Regiment.

Wenn vor dem Feind wir stehen mit mutgeschwellter Brust,
Muß alls in Scherben gehen bei unsrer Kampfeslust;
Es gibt bei uns kein Weichen, wir stehen Mann für Mann,
Stark wie die deutschen Eichen, die niemand brechen kann.
Fällt auch so mancher nieder, im Herz die Kugel brennt,
Er stirbt als Kaiserjäger vom 1. (2., 3., 4.) Regiment.

*

Max Depolo schuf dieses berühmteste aller Soldatenlieder des Ersten Weltkrieges, jenes unsäglich schöne Kaiserjägerlied, das ebenso berühmt wurde wie der Ruf der Regimenter, den es besingt.
Im gesamten Kampfgeschehen an der Front gegen Italien standen die Kaiserjäger an vorderster Stelle.
Die Verteidigung Tirols und der Donaumonarchie ist untrennbar mit dem Begriff »Tiroler Kaiserjäger« verbunden.
Zusammen mit den Tiroler Landesschützen-Kaiserschützen, mit den Männern des Deutschen Alpenkorps, mit den Standschützen, mit den verschiedensten Freiwilligen-Abteilungen und mit den Assistenzen der k. k. Gendarmerie stellten die Kaiserjäger ein niemals zu durchschlagendes Band bester, tapferster Männer in Fels und Eis dar.
Unter den vielen Höhepunkten der Geschichte der Tiroler Kaiserjäger bildet der Kampf um den Pasubio eines der herausragendsten Kapitel. Im Inferno, im Toben der Granaten, im Donnern der Lawinen, im unerbittlichen Nahkampf hielten die Kaiserjäger den Pasubio als Eckpfeiler der Front gegen Italien bis zum letzten Kriegstag. Gegen ebenso tapfere kämpfende Alpini und Bersaglieri tobte der Kampf um wenige Meter karstigen Felsbodens Tag und Nacht.
Der Berg (Pasubio) – seine Verteidiger, die Kaiserjäger verschmolzen zu einer geschichtlichen Einheit. Aus dem Pasubio wurde der »Kaiserjägerberg« und ist es bis heute im Volksmund geblieben.
Unerhört war der Blutzoll der Regimenter, nur wenige Männer verblieben und überlebten das Grauen der einzelnen Frontabschnitte.
In sämtlichen Frontabschnitten, sowohl im Hochgebirge, wie auf der Hochfläche der Sieben Gemeinden oder im Rahmen der Isonzo-Schlachten: Kaiserjäger standen an vorderster, gefährdetster Stelle.
Zahlreich sind auch die italienischen Quellen, die über diese außergewöhnliche Tapferkeit der Kaiserjäger – bereits zu Kriegszeiten berichteten: »Die wahrhaft überragende Widerstandskraft der Tiroler Kaiserjäger, die unerhörten Opfer, das unausgesetzte Hin- und Herfluten des Kampfes beweisen besser als jede andere Beschreibung die wirklich wunderbare Tapferkeit der Kämpfer« (Corriere della Sera vom 21. Oktober 1916).
Im Rahmen hochalpiner Angriffsunternehmungen wirkten Kaiserjäger meistens in Form kleiner Gruppen: hochalpiner Detachements, Bergführerkompanien und besonders der Streifkompanien (blitzschnelle, im alpinen Gelände sehr bewegliche Hochalpin-Soldaten, deren Gefährlichkeit von den Alpini gefürchtet war).
Die Leistungen von Kaiserjäger-Einheiten im schwierigsten alpinen Gelände ist in diesen Fällen als besonders hoch einzuschätzen: handelte es sich doch nicht um eine Hochgebirgstruppe. Sicher, bereits vor dem Krieg und dann im Krieg besonders, wurden ganze Einheiten der Kaiserjäger einer hochalpinen Spezialausbildung zugeführt. Trotzdem, das Gros der Truppe war keine Hochgebirgstruppe. Desto größer ist die Bewunderung, die uns ihre Einsätze auf Graten, Gipfeln und in Eisstollen abverlangen.

Standschützen Tirols – k. k. Gendarmerie – Freiwillige Formationen

»Zu Pfingsten 1915 geschah ein militärisches Wunder« (Anton von Mörl). – Italien glaubte durch den günstig gewählten Augenblick seiner Kriegserklärung eine entblößte Hochgebirgsgrenze gegen Tirol, Kärnten vorzufinden. Es glaubte, leichtes Spiel zu haben. Doch als die italienischen Angriffsgruppen die hochalpinen Einsatzräume erreichten, da schlug ihnen von allen Zinnen und Graten ein wohlgezieltes Abwehrfeuer entgegen. Was war geschehen, wie konnte es dazu kommen? Noch dazu zu einem Zeitpunkt, da die aktiven Truppen in Galizien verbluteten, wo Tausende Kaiserjäger und Tiroler Landesschützen-Kaiserschützen starben und Regimenter, die zu 15000 Mann ausrückten, um 5000 Mann weniger zurückkehrten (Tiroler Landesschützen-Kaiserschützen). Die Italiener wähnten die hochalpine Grenze aufgrund des Abwehrfeuers gut besetzt. Cadorna, italienischer Feldmarschall, zögerte den Angriff hinaus und versäumte die entscheidenden ersten Tage. Was aber war in den Bergen los? Nur wenige Männer hielten die Grate besetzt. In ständigen Patrouillen gaben sie regelmäßig, von rasch hintereinander wechselnden Standorten, Schüsse gegen die Alpini ab. Tag und Nacht eilten, kletterten die Männer über Gipfel, Grate – entlang der ganzen Alpenfront. Der Feind wurde in den entscheidenden ersten Tagen hingehalten, getäuscht. Durch wen?

Durch Tiroler Standschützen, durch k. k. Gendarmerie, durch öst.-ung. Finanzwache und durch zahlreiche Freiwilligen-Formationen: die wichtigsten dieser Freiwilligen-Einheiten seien hier stellvertretend genannt: die k. k. Freiwilligen Schützen Salzburgs und das Freiwillige Schützenbataillon Rittmeister von Lichem (später Steirisches Freiwilliges Schützenbataillon unter Hauptmann Karl Gressel).

Die Freiwilligen Schützen Salzburgs untergliederten sich in die Bataillone: Oberpinzgau, Unterpinzgau, Pongau, Lungau, Stadt Salzburg, Flachgau.

In den Karnischen Alpen beziehen die Salzburger hochalpine Stellung. Ein Teil des Bataillons Flachgau wird mit dem Freiwilligen Schützenbataillon Rittmeister von Lichem (nur aus steirischen Gendarmen bestehend) zu einer Einheit vereinigt. Ansonsten behielten die Freiwilligen Schützen Salzburgs auch im Feld in der ersten Zeit ihre heimatliche Untergliederung nach Gauen bei. Die Musik der Salzburger stellten die Oberpinzgauer, die auch ihre Fahne von 1809 ins Feld mitführten. Gemeinsam mit den Steirern und Kärntner Kriegsfreiwilligen besetzten die Salzburger die Kette der Karnischen Alpen und hielten diese gerade in der ersten Zeit gegen drückende italienische Übermacht. Im Laufe des ersten Kriegsjahres wurden die Männer der Freiwilligen Formationen in aktive Truppenkörper eingegliedert. Das Halten der Front auf den höchsten Bergen der bedrohten Front in den allerersten Kriegszeiten ist nur diesen Freiwilligen zu verdanken gewesen.

Tirol aber hatte innerhalb von drei Tagen 45 Bataillone Standschützen, insgesamt 38000 Mann auf die Beine gestellt und an die Front entsandt.

Blutjunge, alte und sehr alte Männer, die bei Kriegsausbruch nicht mehr der allgemeinen Wehrpflicht unterlagen – oder noch nicht. So zeichnen sich die Fotos der Standschützen Tirols durch eine oft ergreifende Aussage aus: alte Männer, neben ganz jungen Burschen, mit weichen, oft noch kindlich anmutenden Gesichtszügen: Jünglinge mit 17 Jahren, Männer mit 70 und mehr Jahren . . .

Es war das letzte Aufgebot des Landes im Gebirge. Das Aufgebot wählte sich seine Offiziere durch direkte Wahl aus den Reihen der eigenen Schützenbrüder. In ihren Reihen lebten uralte Schützentraditionen angesichts der Gefahr auf: Präzises Scharfschießen, Sparen mit der Munition, frei und unabhängig zu sein im Kampf, selbst entscheidend und mit eiskalter Hingabe dem Feind entgegentretend.

Als nichtmilitärische, nichtaktive Landesverteidiger hielten sie jedem Vergleich mit aktiven Truppen stand. Innerhalb der modernen Kriegsgeschichte nehmen die Standschützen Tirols eine Sonderstellung ein: durch das besonders starke Freiheits- und Unabhängigkeitsgefühl innerhalb der Kompanien, durch ihre Kaltblütigkeit im Kampf und in erster Linie durch die alles überragende Tatsache, daß 38000 Mann freiwillig zu den Waffen griffen. So wie in den Jahrhunderten ihre Vorfahren, so wie damals 1809. So auch im Augenblick jenes denkwürdigen Tages im Mai 1915, als in größter Not noch einmal die Heimat nach den freiwilligen Schützenkompanien des Landes im Gebirge gerufen hatte . . .

»Zur Erinnerung an das Kriegsjahr 1914–15 Gend.-Assistenz Sillian« (Gend. = Gendarmerie; Anm. d. Verf.).
Man möge bei dem Wort »Assistenz« nicht in den Fehler verfallen und sich Einsätze im Fronthinterland vorstellen. Im Gegenteil, die Assistenzen der k. k. Gendarmerie kämpften bereits in den ersten Kriegstagen an vorderster Stelle und mit größtem Geschick. So eroberten Gendarmen sofort nach Kriegsausbruch den Monte Scorluzzo am Stilfser Joch, den ersten Dreitausender, der in der Geschichte des Gebirgskrieges eingenommen wurde. Einer gemischten Angriffsgruppe von k. k. Gendarmerie, Finanzwache und Tiroler Landes-Schützen-Kaiserschützen unter Leitung des Gendarmerie-Rittmeisters Steiner gelang das kriegsgeschichtlich einmalige Unternehmen (siehe auch: Abschnitt 26).

»Standschützenkompanie Prad« aus Südtirol, 1915. Eine Gruppe Standschützen – für sich gesehen nur eine kleine Kampfgruppe – in Verbindung mit 38 000 freiwilligen Schützen eine Macht an Treue und Opferbereitschaft . . .
Einmalig und einzigartig in der Geschichte der Menschheit: eine funktionierende, völlig autonome Selbstverteidigungs-Organisation.

Alpini

1915: Alpini an der Kärntner Front. Notdürftig unter einer überhängenden Felswand vor Sturm und Regen geschützt, erblicken wir die Zelte dieses im Grunde genommen kleinen Häufleins, von dem jeder für sich ein hervorragender Einzelkämpfer war . . .

Wie ein archaischer Mythos mutet die tragische, aber heldenhafte Verknüpfung der beteiligten Hochgebirgstruppen an: Hier Tiroler Landesschützen-Kaiserschützen – hier Alpini. Ein ununterbrochener, über dreieinhalb Jahre währender Zyklus von Tod, Vernichtung, Kampf im Fels, Kampf im Eis, Tod im Sturm, Vernichtung durch Lawinen. So sei hier, bei dieser Gelegenheit der Alpini-Truppe gedacht, dem Hauptgegner der öst.-ung. Hochgebirgs-Soldaten entlang der vielen Berge, Gipfel und Gletscher.

Bereits 1872 gründete Italien in Form von 15 Kompanien die Alpini-Truppe. Schon früh erkannte man die Notwendigkeit einer Hochgebirgstruppe und eilte damit in hervorragender Voraussicht der allgemeinen militärischen Entwicklung voraus. Bis 1879 wurde laufend der Friedensstand der Alpini-Truppe erhöht: auf 10 Bataillone. Gegen Ende des ersten Jahrzehntes dieses Jahrhunderts erhöhte sich der Stand auf 26 kampfstarke Bataillone. Diese erhielten im selben Atemzug eine laufend verbesserte alpine Ausbildung. Aber bereits seit dem Jahre 1902 wurden innerhalb der einzelnen Alpini-Bataillone Ski und zugehörige Ausrüstung verwendet.

Der Einsatz des Schneereifens, bis zu diesem Datum für die Alpini einziges hochwinterliches Fortbewegungsmittel, wurde aber trotz Einführung des Skifahrens auch weiterhin im alpinen Ausbildungsprogramm beibehalten.

Im Laufe des Krieges 1915–1918 erhöhte sich der Stand der Alpini-Bataillone von 50 (bei Kriegsausbruch) bis auf 88 (bei Kriegsende). Im Laufe der letzten beiden Kriegsjahre wurden die einzelnen Bataillone zusätzlich durch Ski-Bataillone verstärkt: sogenannte Bataillone Sciatore. Ihre Namen haben Klang und Ruhm erlangt. Eines der berühmtesten Alpini-Skibataillone war das Bataillon »Cavento« des Adamello-Krieges (siehe Abschnitt 25).

Aber auch der Name jedes anderen Ski-Bataillones der Alpini ging in die Geschichte des Gebirgskrieges ein.

So wie die Tiroler Landesschützen-Kaiserschützen operierten die Alpini, besonders die der Ski-Bataillone in Form kleiner Angriffsgruppen, dem Gelände und den hochalpinen Schwierigkeiten entsprechend. Hüben wie drüben waren die Kampfhandlungen im Fels, im steilen Eis jeweils durch eine Handvoll Soldaten getragen worden.

Im Verlaufe des Krieges konnten die Alpini zwar sehr kühne Einzelleistungen erbringen, der entscheidende gebirgsmilitärische Vorstoß blieb der Truppe als Ganzes versagt. Einzelerfolgen, ausgezeichnet durch allerhöchsten, bewundernswerten Einsatz, wie zum Beispiel im Raum Tofanen–Fanes–-Falzarego, blieb der entscheidende Vorstoß bis in die Täler ebenfalls versagt. Im Gegenteil: als Folge der 12. Isonzo-Schlacht und des öst.-ung.-deutschen Vorstoßes bis zum Piave im Spätherbst 1917 mußten die Alpini die gesamte Hochgebirgsfront in den Julischen-, Karnischen Alpen, sowie in den gesamten Dolomiten, von den Sextenern bis ins Fleimstal räumen. Die Hoffnungen der italienischen Gebirgstruppe erfüllten sich nicht. Ähnlich war die Situation in den Hochgebirgen westlich der Etsch und in den Bergen Judikariens: Hier, weiters auf Adamello-Presanella, Tonale und in der gesamten Ortlergruppe konnten die Alpini keinen entscheidenden Durchbruch landen. Obwohl sie gerade in der Gletscherregion eine Reihe hervorragender und siegreicher Gefechte durchführten. Die altösterreichische Hochgebirgstruppe konnte die Hauptkampflinie im Eis, unterbrochen von einzelnen Alpini-Positionen halten. So lagen sich Freund und Feind über dreieinhalb Jahre regelrecht gegenüber: auf Gletschern, Eisjöchern, Firngraten und oft winzigsten Gipfeln – bis auf fast 4000 m Höhe im Bereich des Ortler-Hauptgipfels. Hin und her wogte der Kampf, Angreifer wie Verteidiger in mehr oder weniger starren Positionen. Aus diesem Hin und Her resultiert ein kaum glaubliches Maß hochalpiner Kämpfe und Gefechte, die der besondere Inhalt dieses Buches sind. In all den Jahren auf eisigen Höhen unterwarfen sich Freund wie Feind den Gesetzen der Menschlichkeit, und so kann trotz des kriegerischen Geschehens im Rahmen der Gletscherfront auf eine Zeit absoluter Ritterlichkeit, Anständigkeit und Fairneß beider Seiten der beteiligten Hochgebirgstruppen zurückgeblickt werden. Bei den Tiroler Landesschützen-Kaiserschützen, wie bei der Alpini-Truppe.

Tiroler Landesschützen-Kaiserschützen im Krieg

Es lebt der Schütze froh und frei, ja froh und frei, ja froh und frei. Mit ihm die ganze Jagerei, die ganze Jagerei!
Und kommt der Feind ins Land herein, und solls der Teufel selber sein,
es ruhen unsre Stutzen nicht, bis daß das Auge bricht, ja bricht. Es ruhen unsre Stutzen nicht, bis daß das Auge bricht.
–
Und ist das Schwarze noch so klein, ja noch so klein, ja noch so klein,
es muß ein jeder Schuß hinein, ein jeder Schuß hinein.
Und kommt der Feind . . .
Der Hauptmann, der uns kommandiert, ja kommandiert, ja kommandiert,
der uns vom Kampf zum Siege führt, vom Kampf zum Siege führt.
Und kommt der Feind . . .

*

Neben dem Kaiserjägerlied, wurde das obige Kaiserschützenlied, abgeleitet von einem uralten Tiroler Schützenlied, ebenfalls eines der bekanntesten Soldatenlieder im Ersten Weltkrieg und heute ist es längst in das alpenländische Liedgut eingegangen.
Die drei Regimenter, von deren Ehre das Lied kündet, gingen ein in die Geschichte des Gebirgskrieges, nicht nur als älteste Gebirgstruppe im deutschen Sprachraum, sondern als jene Regimenter, die die sensationellsten, einmaligsten und epochalsten Kampfhandlungen im Hochgebirge durchführten:
4. 6. 1915:
Eroberung des Mt. Scorluzzo (3094 m), Ortlergruppe, am Stilfser Joch (im Zusammenwirken mit Gendarmerie, Finanzwache). Erster eroberter Dreitausender der Kriegsgeschichte.
9. 6. 1915:
Gletschergefecht am Presena-Gletscher (Adamello-Presanella). Erstes Gletschergefecht in der Kriegsgeschichte; siegreich von Landesschützen-Kaiserschützen geschlagen.
Mai 1916:
Gegner der Alpini im Rahmen der ausgedehntesten Gletschergefechte aller Zeiten (bezüglich Zeitdauer, geographischer Ausdehnung und Anzahl der Kämpfenden) auf dem Mandron-Gletscher (Adamello-Gruppe).
Kriegsjahr 1918:
Kaiserschützen halten mit dem steirischen Feldjägerbataillon Nr. 9 die längste, ununterbrochene Frontlinie im Eis, die es je in der Geschichte der Menschheit gab: Vom Care Alto (Adamello) bis quer durch die gesamte Presanellagruppe zum Tonale-Paß: über 50 Kilometer; Durchschnittshöhe: 2950 m; Maximalhöhe: ca. 3500 m (im Abschnitt Cima Presanella bzw. Care Alto).
3. 9. 1918:
Rückeroberung der Punta San Matteo (3692 m) in der südlichen Ortlergruppe durch Kaiserschützen: höchstgelegenes Gefecht aller Zeiten!

Fünf Landesschützen-Kaiserschützen Tirols wurden mit dem Ritterkreuz des Militär-Maria-Theresien-Ordens ausgezeichnet – der höchsten Auszeichnung der Donaumonarchie! (Major Robert Prochazka, Major Konstantin Valentini, Oberleutnant Alfred Enrich, Oberleutnant Wilhelm Licka, Leutnant Peter Scheider.) Kein Truppenkörper der alten Armee konnte in seinen Reihen so viele Inhaber des höchsten Ordens der alten Armee verzeichnen, wie die drei Tiroler Landesschützen-Kaiserschützen-Regimenter. Die Namen der Ordensinhaber aber sind ein ergreifendes Beispiel für die übernationale soldatische Gemeinschaft.
Im Jänner 1917 zeichnete Kaiser Karl I. die drei Regimenter mit dem ehrenvollen Beinamen »Kaiserschützen« aus.
Von den Julischen Alpen bis zur Schweizer Grenze leuchteten der Spielhahnstoß und das Edelweiß dieser unerhörten Hochgebirgstruppe über alle Notzeiten der Kriegsjahre hinweg.
Aus dem Krieg kehrten 15000 Kaiserschützen nicht mehr heim. Gefallen, verschollen, vermißt, von Lawinen begraben, im Schneesturm von meterhohem Schnee auf ewig zugedeckt. Unzählige von ihnen ruhen im Eis der Gletscher, in Eis- und Firnhängen – über die heute der Bergsteiger seine Schritte lenkt.

Nach der Erstürmung der Ortigara-Lepozze (Sieben Gemeinden).
Die Gesichter der Männer sind gezeichnet von Anstrengungen und von Dimensionen, die nur der verstehen dürfte, der dabei war. Die Freude, das Lachen – das Leben ist schöner denn je.

Alpine Sondereinheiten

Aus den Truppenkörpern, die an der Italien-Front eingesetzt wurden, entstanden eine Reihe weiterer Elite-Einheiten für den hochalpinen Extrem-Einsatz. Extrem-Einsatz hier nicht im militärischen Sinn, sondern bezüglich der alpinen Schwierigkeiten:
Kämpfe im alpinen Gelände des Schwierigkeitsgrades V und VI (entsprechend der Schwierigkeitseinteilung der modernen Beurteilungsskala)!
Die Literatur über diese Elite-Einheiten ist bis heute nur unvollständig und mangelhaft geblieben; sie nennt im wesentlichen lakonisch nur: Bergführerkompanien, Hochgebirgskompanien und die Institution des »Alpinen Referenten«. Zusätzlich aber gab es noch: Sturmbataillone, Bergführer-Sturmkompanien, Alpine Detachements und Hochalpine Detachements.
Die Männer dieser Einheiten wurden grundsätzlich primär nach ihrer alpinistischen Eignung plus soldatischen Qualifikation ausgewählt aus allen Truppenkörpern, die an der Hochgebirgsfront standen. Entsprechend der bereits friedensmäßigen Ausbildung der Tiroler Landesschützen-Kaiserschützen als einziger Hochgebirgstruppe, finden wir dann später im Krieg im Rahmen o. a. Sondereinheiten klarerweise besonders viele Kaiserschützen. Fast grundsätzlich wurden die Kommandopositionen der Einheiten mit Kaiserschützen besetzt: vom Kommandanten der Einheit bis zu deren Unterführern. Wir sehen also: Tiroler Kaiserschützen nicht nur im Rahmen der Regimenter, sondern ebenso in viele andere Elite-Einheiten »abdetachiert«, wie man damals in der Soldatensprache sagte.
Sofern hochalpine Angriffsunternehmungen nicht ohnedies nur von Kaiserschützen durchgeführt wurden, so bildeten diese immer, auch im Rahmen anderer Einheiten, das Rückgrat für den alpinen Extrem-Einsatz.
Bergführerkompanien: Ihre Ausbildung erfolgte zum Beispiel in der Geisler-Gruppe (Grödner Tal), in Kartitsch (Osttirol) und diente – abgesehen vom Alpin-Training – vor allem der Schulung ihrer Angehörigen, die sich ja vor der Aufstellung der Kompanie noch nicht kannten.
Hochgebirgskompanien: Die Bergführerkompanien waren grundsätzlich nur für einen ganz bestimmten, engbegrenzten Abschnitt vorgesehen. Die Hochgebirgskompanien dagegen konnten in x-beliebigen Abschnitten eingesetzt werden. Hier fanden wir vor allem sehr viele Freiwillige, vorwiegend Hochalpinisten. Ausbildung, Ausrüstung war so wie bei den Bergführerkompanien bzw. bei den Landesschützen-Kaiserschützen Tirols, die ja auch meistens die Ausbilder stellten.
Besonders interessant war die Einrichtung der Alpinen-, Hochalpinen Detachements: diese wurden in erstaunlicher Schnelligkeit von Fall zu Fall aus den bereits in den Höhenstellungen kämpfenden Truppen rekrutiert. Sie operierten in Form blitzschneller, äußerst beweglicher, völlig autarker Aktionen. Gleichsam als gebirgssoldatische Feuerwehr. Heute würden wir sagen: Kommandounternehmen.
Der Alpine Referent: Seine Spezial-Position sah ihn als Berater für jede hochalpine Problemstellung vor: An die Seite des jeweiligen Kommandanten gestellt.
Die Sturmbataillone wurden erstmals Ende 1916 an der Italien-Front aufgestellt. Und zwar nach dem Muster der Westfront: so gab es in den Sturmbataillonen Spezialisten für jede Art von Einsatz. Flammenwerfer, Handgranatenwurf, Scharfschützen, Spezial-Nahkämpfer, Extrem-Alpinisten usw. Wie ich schon sagte, meldeten sich zu den Alpinen Sondereinheiten besonders viele Freiwillige aus allen Teilen der Donaumonarchie.
An dieser Stelle möchte ich auf die vielen, jüdischen Freiwilligen hinweisen. In großer Zahl eilten sie freiwillig zu den Waffen, die Männer mosaischen Glaubens. Besonders viele Ärzte, Rechtsanwälte und Angehörige von Intelligenz-Berufen fanden sich unter ihnen. Im Krieg waren sie an sehr vielen, harten Alpineinsätzen beteiligt und leisteten Überdurchschnittliches. Hier zeigten sie, daß die Donaumonarchie ihre echte Heimat war. Wer die Akten kennt, so wie ich, der ich die Namen und Religionsvermerke sah, weiß, daß ein beachtlicher Prozentsatz von Alpinsoldaten mosaischen Glaubens äußerst tapfer und klug kämpfte. Sosehr später im Dritten Reich die Soldaten-Tugenden beschworen wurden, so sehr klammerte man die jüdischen Frontteilnehmer davon aus. Neben vielen anderen, war dies eine weitere Ungerechtigkeit, die dem jüdischen Volk widerfuhr: Die Verleumdung, daß es über keine Soldaten-Tugenden verfüge. Der Erste Weltkrieg und die jüngste Geschichte beweisen das Gegenteil. In den Gaskammern des Dritten Reiches aber starben viele der einstigen jüdischen Verteidiger der Hochgebirgsfront . . .

Beide Bilder zeigen Einheiten von Sturmbataillonen. Oben, 1917, in Dimaro, bei der Inspizierung durch Kaiser Karl (Val die Sole = Sulzberg).
Unten, 1918, am Presena-Gletscher in der Presanella-Gruppe kurz vor der Erstürmung der Busazza (siehe auch Abschnitt 25). Auf beiden Bildern sieht man deutlich die Säcke, die die Männer umgehängt haben. Sie dienten zum – rasch zugänglichen – Transport der Handgranaten im alpinen Gelände. Das untere Bild zeigt weiters im Hintergrund das einzige österreichische Gebirgsgeschütz am Presena-Gletscher in der Presanella-Gruppe.
Im oberen Bild steht Kaiser Karl direkt vor der Truppe und unterhält sich mit einem der Soldaten.

Edelweißtradition

Viermal Edelweißtradition: Deutsche Bundeswehr (Oberst a. D. Karl-Albrecht von Bezold) – Hans Weiß, Wald im Pinzgau (Weltkrieg-II-Gebirgsjäger) – Elbrus-Haus 4200 m; Kaukasus) – Alpini-Offiziere und Gebirgsjäger-Offiziere im Kaukasus 1942.

Die Landesschützen-Kaiserschützen Tirols führten seit ihrer Umwandlung zur Hochgebirgstruppe im Jahre 1906 neben dem Spielhahnstoß auf der Kappe, das Edelweiß am Kragenspiegel als äußere Ehrenzeichen der Regimenter. Und während diese noch bis zum Herbst 1915 in Galizien kämpften, eilten die Männer des Deutschen Alpenkorps den Tirolern bei der Verteidigung der Dolomitenfront zu Hilfe. Mit dem Eintreffen der ersten Truppen von der Ostfront in den Dolomiten, wurde das Deutsche Alpenkorps abgezogen (5. bis Mitte Oktober 1915).
»Wehmütigen Herzens schieden die deutschen Offiziere und Mannschaften aus den Bergen Tirols . . . in den Regimentsgeschichten der deutschen Truppenkörper, die in Tirol gestanden waren, sind warme Abschiedsworte gewidmet den herrlichen Dolomiten-Gipfeln, der Landschaft mit der märchenhaften Pracht. Da konnte der deutsche Jäger kühne Patrouillen unternehmen; er war nicht wie im Westen oder in Polen in feuchte, lehmige Unterstände und Erdlöcher gesperrt. Aus der Pracht der Berge, wo nach einem heißen Sommer ein ruhiger und friedlicher Winter winkte, ging es einer ungewissen Zukunft entgegen . . . Wehmütig, schreibt Oberstleutnant Spiegel, lenkte ich am 16. Oktober nach einem letzten Abschiednehmen von den wunderbaren Gipfeln und Türmen des Travenanzes, die nochmals im herrlichsten Morgenglanze erstrahlten, meine Schritte von der Fanisscharte hinab zum Sarebach. Aber eine der schönsten Erinnerungen für mein ganzes Leben ist mir geblieben.« (Dr. Guido Burtscher: Die Kämpfe in den Felsen der Tofana.)
Die Bayern, Preußen und Mecklenburger aber erhielten zum Dank für Hilfe in größter Not von den Tiroler Landesschützen-Kaiserschützen das Edelweiß als Abschiedsgeschenk. So kehrte das Deutsche Alpenkorps aus den Tiroler Kämpfen mit dem Edelweiß als Ehrenzeichen, getragen wie bei den Landesschützen-Kaiserschützen Tirols, aus den Dolomiten zurück. Auf diesem Weg gelangte das Edelweiß nach Deutschland und blieb auch hier bis heute das äußere Zeichen der Gebirgstruppe. Es ist das Edelweiß der altösterreichischen Gebirgstruppe!
Es wurde zum Sinnbild für hohe Tugenden des Gebirgssoldaten, für seine physische und psychische Festigkeit und für sein menschlich-integres Verhalten in allen Zeitläufen, im Frieden und im Krieg.
Nach dem Ende des großen Weltbrandes dienten später wieder viele ehemalige Soldaten der Gebirgsfront in den neugegründeten Armeen. In Österreich im Rahmen des Heeres der I. Republik, in Deutschland bei der Wehrmacht. Und wieder führten die Gebirgssoldaten jenes Edelweiß, vom Deutschen Alpenkorps übereignet.

Bei Ausbruch des Zweiten Weltkrieges traf es wieder die Gebirgstruppe, die deutschen Gebirgsjäger, besonders hart im Vergleich zu sehr vielen anderen Truppenkörpern von Heer, Marine und Luftwaffe der Deutschen Wehrmacht.
Im Norden und im Süden, im Osten und im Westen – überall wo Not am Mann war, wurden Gebirgsjäger eingesetzt. Und so bewiesen sie auch hier, daß der Gebirgssoldat – im Flachland eingesetzt – Überdurchschnittliches zu leisten vermag.
So zieht sich durch die Jahrzehnte der Geschichte wie ein roter Faden jene Tradition, die ich als Edelweißtradition bezeichnen möchte.

Weltkrieg-I-Gebirgssoldaten und Weltkrieg-II-Gebirgssoldaten haben mir in Freundschaft und Kameradschaft selbstlos bei dieser Arbeit geholfen und so rundet sich für mich auch in dieser Hinsicht der Kreis der Geschichte.
Die Bildseite rechts zeigt: Viermal alpenländisches Gebirgs-Soldatentum:
Karl-Albrecht von Bezold (links oben), Oberst a. D. der 1. Gebirgsdivision der Deutschen Bundeswehr. Ein Schritt zurück in die Geschichte (rechts oben): Einer der vielen Gebirgsjäger des II. Weltkrieges aus den Alpenländern; Hans Weiß (EK-I-Träger) aus Wald im Pinzgau (Salzburg).

Und nochmals ein Sprung zurück in die Militärgeschichte: August 1942 bis Frühjahr 1943: Deutsche Gebirgsjäger im Kaukasus, wo sie u. a. auf dem Elbrus die Reichskriegsflagge hissen! Karl-Albrecht von Bezold (links unten) vor dem Elbrushaus (4200 m) im Kaukasus. Zwei Alpini-Offiziere und zwei Gebirgsjäger-Offiziere (rechts unten), ebenfalls im Kaukasus, vor der »Innsbrucker Hütte«: Alpini-Oberstleutnant Bellani, Karl-Albrecht von Bezold (Bataillonskommandeur in der 1. Gebirgsdivision im Kaukasus), Gebirgsjäger-Hauptmann Schmidt, Alpini-Major Tessitore. So schließt sich die Tradition des Edelweiß: Von den Landesschützen-Kaiserschützen Tirols zum Deutschen Alpenkorps, zu den Deutschen Gebirgsjägern des II. Weltkrieges und zu den Gebirgstruppen heute im Rahmen der Deutschen Bundeswehr und des Österreichischen Bundesheeres.

Das höchstgelegene (Skoda-)Geschütz in der Geschichte des Hochgebirgskrieges: 4300 m, Elbrus, Kaukasus 1942.

In zwei Weltkriegen kämpften Gebirgssoldaten, in zwei Weltkriegen demonstrierten sie den hohen Wert der Gebirgstruppe an sich. So möchte ich an dieser Stelle – im Rahmen der Edelweißtradition – der Deutschen Gebirgstruppe des Zweiten Weltkrieges ebenfalls ein Denkmal setzen: den Gebirgsjägern von Narvik, von Griechenland, von Kreta, von der Eismeer-Front und von allen anderen heißumkämpften Fronten des Zweiten Weltkrieges:
Polen – Norwegen und Narvik – Westfront – Kreta und Griechenland – Rußland – Eismeer – Kaukasus – Ostfront!
Eines der gebirgsgeschichtlich interessantesten Kapitel davon aber stellen die Angriffsaktionen im Kaukasus dar.
Das Angriffsziel ist das Schwarze Meer, das als Folge einer hochalpinen Angriffsbewegung über das Kaukasus-Massiv erreicht werden soll.

Im Spätsommer und Frühherbst 1942 erreichen die Gebirgsjäger nach über 800 km langem Fußmarsch den gebirgigen Angriffsraum.
In mühsamsten Märschen geht es durch dichte Waldzonen des Gebirgsmassivs vorwärts. Bereits am 15. August 1942 gelingt es Teilen des Gebirgsjägerregimentes 98 den Zugang in das Gebirge – nach heftigen Gefechten – zu erlangen.
Schon nach wenigen Tagen stehen die Männer des Gebirgsjägerregiments 98 auf 4200 m Höhe und erobern das »Elbrushaus« (siehe Bildseite vorher).
Am 21. August 1942 besteigen Gebirgsjäger den Elbrus-Gipfel (5633 m) und hissen hier die Reichskriegsflagge.
Im Verlaufe der weiteren Kaukasus-Unternehmungen kommt es zu besonders schweren Kampfhandlungen auf:
Kluchor-Paß (2815 m), im Klydschtal, Nachar-Paß, Dombai Ulgen-Paß, Maruckoj-Paß (2770 m), Ssantscharo-Paß (2720 m), Allistrachu-Paß, Umpyrskij-Paß (2521 m), und auf weiteren Pässen des Kaukasus, die schließlich in den Besitz der Gebirgsjäger übergehen. Schließlich befindet sich die deutsche Front auf den Hauptkämmen des Kaukasus und steht vor dem Problem der Überwinterung. Der Großteil der Gebirgsjäger wird aus den Höhenstellungen abgezogen, nur ein kleiner Teil bleibt zurück und hält im Toben des Winters die eisige Frontlinie. Für die abgezogenen Einheiten kommt die Kaukasus-Unternehmung im Schlamm, im Dreck, im strömenden Herbstregen zum Stehen (frei übernommen aus »Die deutsche Gebirgstruppe 1930–1945« von Alex Bucher).

So wie im Ersten Weltkrieg im Hochgebirge, zeigte sich auch am Beispiel Kaukasus, was eine Gebirgstruppe zu leisten vermag: im schnellen Zugriff Eishöhen zu erobern, Gletschermassive zu überschreiten und sich in Höhenstellungen zu verschanzen.
Erstmals in der Geschichte des Gebirgskrieges, setzte im Kaukasus der Verteidiger (Rußland) massiert die Luftwaffe im Gebirgskrieg ein. Begünstigt durch hervorragendes Herbstwetter (1942) gelingt es den sowjetischen Kampffliegern mit gezieltem Splitter-Bombeneinsatz, verheerende Verluste unter den Gebirgsjägern hervorzurufen. Die russische Luftüberlegenheit ist nur schwer zu bekämpfen, angesichts der wenigen deutschen Flak-Geschütze, die in die Höhenstellungen transportiert werden konnten.

»Schon unsre Väter kämpften für des Reiches Wehr.
Das Reich, es ist zerfallen, es blieb uns nur die Ehr.
Als altes Siegeszeichen blüht uns ein kleines Reis:
Die schönste Bergesblume, das stolze Edelweiß, die schönste Bergesblume, das stolze Edelweiß . . .

Fern der Heimat übers weite Meer fährt durch Nacht und Sturm ein graues Heer.
Wenn uns einer fragt, woher wir sind, klingt zur Antwort unser Lied im Wind. Aus dem Steirerland und von Tirol, aus den Bergen Kärntens sind wir wohl . . .«

So wehmütig, so manchmal vielleicht sentimal klingend, die Gebirgsjäger-Lieder sind: in ihren Strophen, in ihren Weisen steckt ein viel tieferer Sinn, als es bei flüchtigem Lesen erscheint. Die Lieder entstanden in den verlassenen, einsamsten Höhenstellungen, oft von wenigen Berggefährten getextet, komponiert. Sie sind ein Zeichen des Zusammenhalts, der Kameradschaft und der Treue untereinander. Sie sind nicht zuletzt ein Zeichen menschlicher Einsamkeit und Sehnsucht. Sie sind ein Symbol für zeitlose Tugenden, für die »großen Tugenden« der Menschheit, die heute mehr denn je wieder von uns allen gefordert werden. In den Liedern vom Edelweiß erkennen wir sie wieder . . .

braun

Militärfotografie

Militärfotografie – Beispiel I:
1917: Übersichtsbild (oben) und Fernaufnahme (unten). Das untere Bild ist identisch mit jenem Gebiet, das im oberen Bild innerhalb des Kreises liegt.

»Hochgeehrter Herr Oberst! Die zur Verewigung der Ereignisse dienende fotografische Kamera ist ein untrennbarer Begleitfreund des Alpinisten sowohl, als auch ein unentbehrliches Requisit des Aufklärungsdienstes im Kriege. Erlauben Sie, daß ich als Fernfotograf des Weltkrieges Ihnen einige Daten zwecks Verwertung mitteile. Im Weltkrieg fiel der Fotografie eine sehr wichtige Rolle zu, nicht bloß um die Ereignisse getreu zu verewigen, sondern hauptsächlich im Dienste der technischen Wissenschaften. Mit der staunenswerten Entwicklung der Aviatik entwickelten sich gleichzeitig auch die fotografischen Instrumente und Verfahren und es ward möglich, all das, was der Beobachter vom Flugzeug nur annähernd pünktlich zu melden im Stande war, mittels Fotografie festzustellen und laut dieser all das zu mappieren, was auf anderem Wege nicht hätte aufgeklärt werden können. Den Aufklärungsdienst der Flugapparate haben im Hochgebirge einerseits die Eigenschaften der Luftschichten, andererseits die Abwehrbatterien erschwert, weshalb die Fernfotografie breite Anwendung fand. In dieser Hinsicht habe ich Gelegenheit gehabt, an der Siebenbürgischen und Südtiroler Front ausgiebige Erfahrungen zu sammeln und mit verschiedenen Apparaten Aufklärungen zu machen. Der Krieg hat auch auf dem Gebiete der fotografischen Geräte und Erzeugnisse viel Neues geschaffen, namentlich die eine große Lichtstärke besitzenden Fernobjektive, mittels welcher ermöglicht wurde, aus Ballons oder Flugzeugen, also aus größeren Entfernungen, kurze Momentaufnahmen zu machen. Die 70–80, ja sogar 300 cm brennweitigen Fernkameras haben das festgestellt, was man mit freiem Auge überhaupt nicht und auch mit Feldstecher nur oberflächlich feststellen konnte. Mit solchen Apparaten aufgenommene Panoramen, die auf 40×180 Platten aufgenommen wurden, haben die Aufklärung des mehrere Kilometer tiefen Vorterrains ermöglicht.

. . . Die Feststellung der in den Dolomiten und in der Region des ewigen Schnees: Ortler, Presanella, Adamello, mit Anwendung aller technischen Bravour gebauten feindlichen Stellungen, Kavernen, Lager, Batteriestellungen, ist beinahe ausschließlich (als wunderbare) Leistung der Fotografie zuzuschreiben. Die Leistungen können nur dann genügend hoch bewertet werden, wenn wir bedenken, mit welch außergewöhnlichen Schwierigkeiten in den höheren Regionen der Transport der großen und gewichtigen Apparate und Platten, weiter deren Schutz gegen Kälte und Feuchtigkeit, dann das Wechseln der Platten in irgendeiner Schnee- oder Eishöhle verbunden waren und wie gefährlich es war, mit diesen riesigen Apparaten stundenlang im feindlichen Feuerbereich zu arbeiten . . . und in Erfüllung solch schwerer Aufgaben, habe ich die Tiroler Bergführer (Ingenieur Leo Handl, Innerkofler, Oberleutnant Rudolf Randa usw.) zu bewundern gelernt, deren Liebe für die Natur, besonders für die Alpen kein Hindernis kannte . . . schließlich habe ich die Leistungen der Alpini zu bewundern gelernt, welche wirklich achtungswürdig sind, was ich von diesen als besonders würdig gewesenen Gegnern hier zu erwähnen nicht unterlassen kann.

Das Übersichtsbild (Seite 49 oben; Anm. d. Verf.) wurde mit einer Reisekamera, Brennweite 18 cm, die beiden Fernaufnahmen (Seite 49 unten; Seite 51; Anm. d. Verf.) mit der Dreimeterkamera aufgenommen.«

Budapest, am 28. Februar 1921; Ladislav Gerö, Hauptmann a. D. kgl.-ung. Ingenieur (Briefwechsel zwischen Oberst Hermann Czant und obigem Unterzeichner in Fragen Militärfotografie).

Hochinteressant und fotohistorisch überaus wertvoll ist diese obige Stellungnahme des königlich-ungarischen Hauptmannes. So interessant, wie die Geschichte der Militärfotografie überhaupt, die ich hier an Hand einer von mir bereits veröffentlichten Studie, kurz in puncto Weltkrieg I nachzeichnen möchte:

Die kommenden Leistungen der Fotografie ahnend (E. Stenger), erklärt Gay-Lussac 1839: »Ein Schlachtfeld mit seinen aufeinanderfolgenden Phasen kann mit einer, für jedes andere Mittel unerreichbaren Vollkommenheit dargestellt werden«. Und bereits 1855 veröffentlichte der Kunstmaler Roger Fenton 360 Fotografien über den Krimkrieg. Fenton gilt somit in der Geschichte der Fotografie als der erste Kriegsfotograf. 1856 finden wir in Chatham (England) die erste militärfotografische Ausbildungsstätte. Das weltberühmte und bahnbrechende militärgeographische Institut in Wien ensteht aus einer typographischen Anstalt. In dieser, die im Jahre 1806 gegründet wurde, werden bereits 1862 fotografische Arbeitsweisen eingeführt mit dem Zwecke der Reproduktion von Landkarten. Der einzigartige Ruf des militärgeographischen Institutes zu Wien gründet daher auf der Verbindung von Militärfotografie und Militärkartografie. Während im angelsächsischen und im gesamten deutschen

Übersichtsbild
zur Fernaufnahme

aufgen. Oblt. Randa
Mai 17.

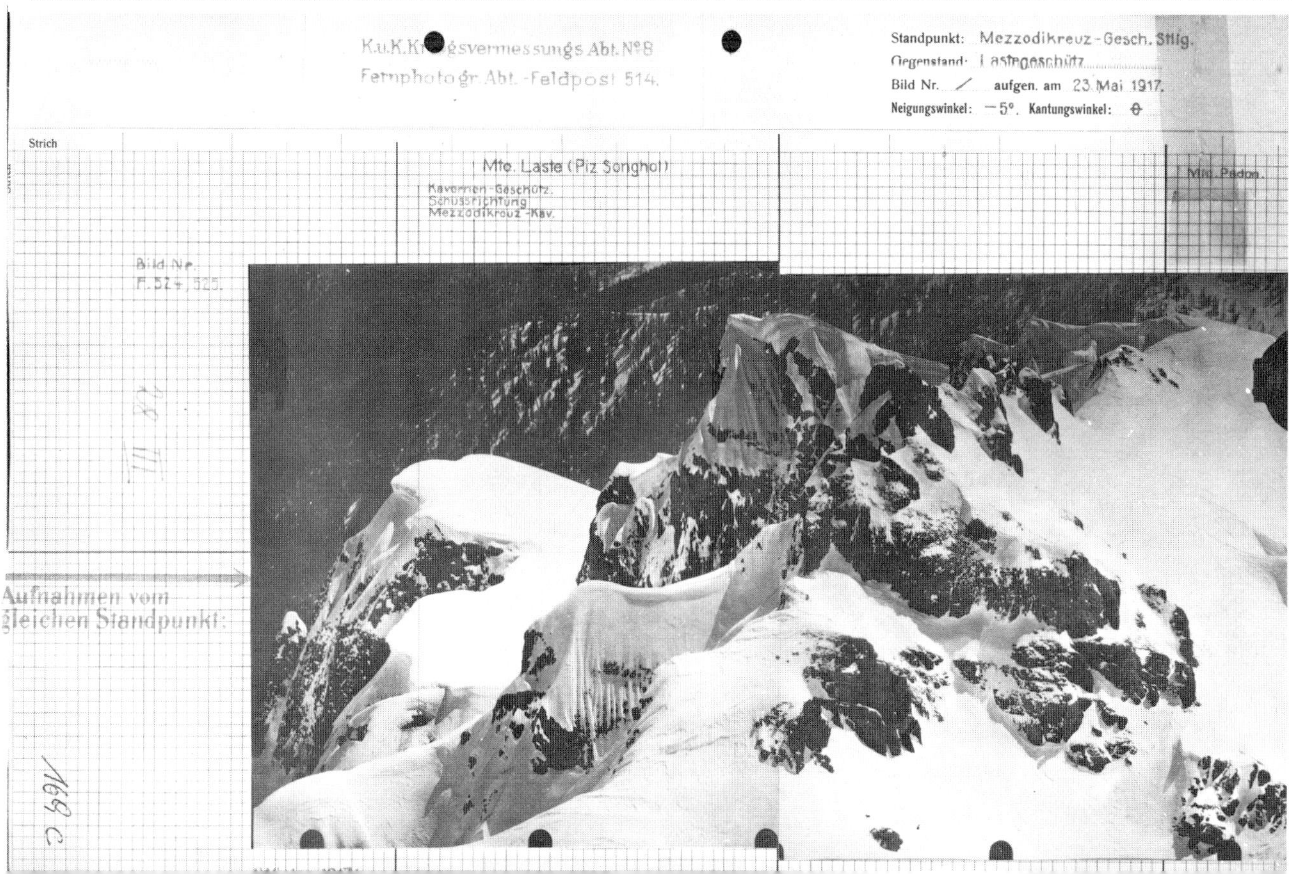

Militärfotografie – Beispiel II:
1917: Nochmals die im Übersichtsbild (Bildseite vorher) mit Kreis eingefaßte Geländepartie, diesmal im Sommer. Hervorragend zu erkennen: die italienischen Geschützpositionen.

Sprachraum der Wert der Militärfotografie bereits anerkannte Lehrmeinung war, finden wir noch 1876 folgendes belgisches Urteil (E. Stenger): »Die Fotografie kann im Felde den Armeen keine Hilfe gewähren. Sie erscheint weder in der Schlacht noch bei Operationen vor derselben berufen, ihnen einen Dienst zu erweisen.«
Schwier, Leiter des ersten »Feldphotographiedetachements« des preußischen Generalstabs im Deutsch-Französischen Krieg, kontert und weist auf den hohen Wert der Militärfotografie hin. Noch vor Beginn des Ersten Weltkrieges dachten noch wenige Militärs an den Einsatz der Militärfotografie. Doch gerade der Einsatz kleiner Angriffsgruppen sollte dann im Kriege erst durch die Fotografie entscheidend ermöglicht werden. Der im Krieg erfolgende rasche Durchbruch der Militärfotografie bedeutete, daß erstmals objektive Darstellungen von Angriffsräumen ermöglicht wurden. Nun war man nicht mehr auf mündliche, schriftliche, zeichnerische = subjektive Aussagen angewiesen. So bewirkte die Militärfotografie eine nachhaltige Änderung des Rekognoszierungswesens. Der Erste Weltkrieg aber wird jener Krieg, in dem erstmals und umfassendst die Mittel der Fotografie eingesetzt werden. Sieg oder Niederlage werden entscheidend von der Fotografie mitgestaltet. 1914 baut Barnack seine erste Leica, erprobt diese im Weltkrieg. Und neben den bisher bewährten Kameratypen finden wir Geheimkameras (zum Beispiel ein modifziertes Modell der Westenknopfkamera von Stirn).

Weitgehend unbekannt blieb auch die Tatsache, daß unter den Kriegsfotografen prozentuell mehr Opfer zu beklagen waren, als unter den Kampftruppen. Dies hat sich inzwischen als kriegstypisch herausgestellt.
Im Gebirgskrieg 1915–18 bleiben Sommer wie Winter die Soldaten in den eisigen Höhenstellungen und mit ihnen die Kameras. Das höchste Foto-Labor in der Geschichte der Menschheit befand sich im Gipfeleisstollen am Ortler-Gipfel, auf fast 4000 m Höhe: in einer Ecke des Eisstollens im Eis, in der Feuchtigkeit und oft bei 40 Grad Minus wurde entwickelt, kopiert. Einzigartige Leistungen wurden von der Militärfotografie an sich und von Tausenden Fotoamateuren innerhalb der kämpfenden Parteien vollbracht. Durch den kriegsmäßigen Einsatz kommt es zu wesentlichen Verbesserungen der Fotoapparate in mechanischer Hinsicht. So stellt die öst.-ung. Armeeführung ein spezielles Kältefett zur Verfügung. Den militärischen Dienstanweisungen ist zu entnehmen, daß jede Art von Aufklärungstätigkeit möglichst mit Hilfe der Fotografie durchzuführen ist. Und so führen zumindest die Kommandanten hochalpiner Sturmpatrouillen und Spähtrupps Fotoapparate mit sich. Fast immer gelingt es den beabsichtigten Angriffsraum zu fotografieren. Anhand der so entstandenen Fotografien werden dann die Angriffsgruppen instruiert. Bei besonders wichtigen Unternehmungen, wurden mit Hilfe der geschaffenen Fotografien die feindlichen Verteidigungsanlagen nachgebaut, im Modell, und dienten als präzise Vorbereitungsgrundlage für die jeweiligen Kampftruppen. So entstanden oft unter Lebensgefahr, unter schwierigsten klimatischen Verhältnissen und unter ungünstigsten bergsteigerischen Bedingungen wertvollste Bilder.
Die Fotos dieses Buches sind einmaliges Zeugnis dafür und in der einschlägigen Literatur ein erstmaliger Beweis, für das große Können der Kriegsfotografen 1915–18.
Als ideales Beispiel, wie fotografiert wurde, mögen diese drei Aufnahmen vorgestellt werden:
Auf Seite 49 (oben) sehen Sie ein mit 18 cm Brennweite aufgenommenes Übersichtsbild in Richtung Osten. Der Aufnahmestandpunkt lag im Bereich Pordoijoch–Sella-Gruppe. Rechts im Bild die Civetta mit ihrer dunklen Nordwestwand. Deutlich links im Bild: der Monte Pelmo. Diesem vorgelagert zum Betrachter, auf dem weißen Schneekamm ein Feld, das mit einem Kreis umrandet ist. Auf diesem kleinen Plateau befanden sich italienische Geschützstellungen, die es aufzuklären galt.
Das untere Bild auf Seite 49 sowie die Aufnahme auf Seite 51, stellen nun dasselbe Plateau dar: einmal im Hochwinter, einmal im Sommer. Deutlich zu erkennen auf diesen – mit 300 cm Brennweite entstandenen Aufnahmen – die Anzahl der im Winter, im Sommer besetzten italienischen Geschützpositionen.
Die Bilder sprechen wohl für sich selbst. Fotografiert hat sie der kgl.-ung. Hauptmann Ladislaus Gerö.

Standpunkt: Mezzodikreuz-Gesch.-Stllg.

Gegenstand: Lastegeschütze

Bild Nr. ./. aufgen. am ./. /

Neigungswinkel: ./. Kantungswinkel: ./.

Mte. Laste (Piz Songhol)
Inf. Linie ⌐ Grössenverhältnis: Gebeugtstehender Italiener!

Kavern.-Gesch.

Bild Nr.
F 41

Sommer 1916.

3 besetzte Gesch. Stände.

Bau von Stellungen

Mai 1916: Spreng- und Bohrarbeiten in einer Kaverne. Ein typisches, von der Kriegspressestelle in Wien, veranlaßtes Foto: bilderbuchartig, idealgesehen. Die Wirklichkeit war ganz anders.
Nur selten standen Preßluftgeräte z. B. zur Verfügung.

Unter Stellungen haben wir im Hochgebirgskrieg grundsätzlich jegliche Art von Unterkunfts-, Verteidigungs- und Angriffsanlagen zu verstehen.
Stellung kann somit bedeuten: Kampfgraben wie Unterkunftsräumlichkeiten. In der Soldatensprache sagte man »übermorgen gehe ich in Stellung« und meinte damit das Abrücken an die Front.
Je nach dem alpinen Gelände können wir Stellungen im Fels, im Eis unterscheiden: Überirdische und unterirdische Stellungen!

»Für die Wahl der Stellungen haben nur taktische Gründe ausschlaggebend zu sein. Schwierigkeiten im Gelände sollen nie ein Grund sein, eine taktisch richtige Stellung aufzugeben, denn die moderne Technik vermag alle Schwierigkeiten zu überwinden. Der Verteidiger braucht überhöhende Stellungen die Einsicht in die Bewegungen des Feindes gewähren, für die Kampfmaschinen unbegrenzte Flankierungsmöglichkeiten, natürliche, leicht zu verstärkende Hindernisse, zahlreiche Deckungen gegen Schuß und Sicht, schwieriges Angriffsgelände für den Feind. Verteidigungswerke auf Höhen angelegt haben den Vorteil, daß sie eine geringere Ausdehnung und dadurch Kräfteersparnis ermöglichen. Solche Stellungen gewähren den rückwärtigen Verbindungen eine größere Sicherheit, die Möglichkeit eines zuverlässigen und zeitgerechten Eingreifens der Reserve. Sie sind dem Zerstörungsfeuer der Artillerie weniger ausgesetzt als Talstellungen . . . Höhenstellungen mußten nach rückwärts ebenso stark mit Geschütz-, Maschinengewehrkavernen usw. eingerichtet sein, wie in der Front und Flanke. Sie mußten mit Verpflegungsvorräten wie eine Festung versehen werden . . . Es sollen daher nicht nur (aufrollbare) Linien allein gebaut werden, sondern recht viele, selbst bei Zernierung haltbare Stützpunkte. Zum Stellungsbau in und über den Gletscherregionen oder im Hochgebirgswinter überhaupt, gehören speziell noch die Anlage von Schnee- und Eiskavernen, dann kilometerlange Stollen als Verbindungswege im ewigen Eis der Gletscher und im ewigen Schnee der Firnfelder oder in oft 4–15 m hohem Normalschnee. Solche Bauten wurden mit Spitz- und mit Rundbogenprofil hergestellt.
Die Erfahrung lehrte, daß das spitzbogige Stollenprofil dem rundbogigen unbedingt vorzuziehen sei. Mit dem gespitzten Eishacken können drei Leute in einem Tag fünf Kubikmeter im Eis ausheben, im Firnschnee acht Kubikmeter; Gletscherspalten werden an deren Rande zu verdeckten Kommunikationen und zu Deckungen ausgenützt. Stollen wurden vielfach im Schnee und Eis bis an und unter die feindlichen Stellungen herangetrieben. Beispiele von Eisminenkrieg, wie jener auf der Hohen Schneid (siehe Abschnitt 26, Anm. d. Verf.), deren kolossaler Eisgipfel durch Eisstollen aller Art arg durchwühlt war, gab es in den Gletschergebieten des Ortler, Adamello, der Presanella und Marmolata viele.
Es entwickelte sich im Eis und Schnee stellenweise ein regelrechter Minenkrieg, der an die Wachsamkeit beider Gegner die größten Anforderungen stellte« (Oberst Herman Czant).

Nun, bereits aus diesen Ausführungen vermag man zu ermessen, welches grenzenlose Maß an körperlicher Schwerarbeit im Gebirgskrieg vollbracht wurde.

In den Eisstollen arbeiteten die Männer und wechselten sich stündlich ab. Oft standen sie knietief wochen-, monatelang im Eisaushub – bis zu den Knien. Im Dunkel des Gletscherinnern herrschte eisige, klamm-feuchte Luft. Nach Absolvierung des täglichen Aushub-Pensums verließen sie die Stollen, um total durchfeuchtet in sturmumtobte Unterkünfte überzuwechseln. Wochenlang blieben die Kleidung, das Schuhwerk feucht und eisig.

Erst ein Besuch im Tal ermöglichte eine kurze Erholung, ein warmes Bad in der »Entlausungsstation«. Hier gab es dann endlich die lange ersehnten, frischen Kleidungsstücke. Ob unterirdische Stellungsbauten im Fels oder Eis oder ob Unterkunftsbauten und Verteidigungsanlagen:
jedes dafür benötigte Arbeitsgerät mußte hinaufgetragen, gezogen, geschleppt werden. Jedes Brett für den Bau einer Unterkunft wurde mit menschlicher Kraft auf die Adlernester der Stellungen getragen . . . Oft genug mußten sie im Schutze schlechten Wetters den gefahrvollen Weg antreten. Sehr viele erreichten nie ihr Ziel.

Militärseelsorge

31. März 1916: »Auf dem Toblinger Knoten (Drei Zinnen; Anm. d. Verf.). Das Wetter hat aufgerissen. Nun kommt Pfarrer Hosp und bringt die Nachricht, daß heute noch die Wiederbesetzung des Knotens durchgeführt werden soll. Als erste Besatzung sind Dr. Flatscher und mit ihm wir zwei ausersehen, zu unserer allergrößten Freude. Abends 8 Uhr ist Aufbruch. Hinauf zum Maschinengewehrposten, der in den Felsen eingehauen ... von dort geht's die ersten Leitern, weil sonnenseitig und doch etwas schneefrei, leichter hinauf. Dann geht's immer härter. Unser Feldkurat ist immer voran. Mit dem Pickel arbeitet er, Leitern und Seile freizulegen. Er arbeitet, arbeitet, ohne Unterbrechung, Stufe für Stufe wird gewonnen. Zischend fahren die Schneebrocken an uns, die wir den Schluß bilden, vorbei in die Tiefe. Wie ein schrittweises Einbeißen ist der Aufstieg. Wir säubern nach hinten die Leitersprossen und schauen nach vorn. Hosp (der Feldkurat; Anm. d. Verf.) pickelt an einer Stelle lang, lang, dann sagt er: ›Ich finds Seil nit, da hats ja an furchtbarn Schnee.‹

Noch langsamer geht's jetzt voran, ein sehr steiles und ziemlich langes Stück ist jede Sicherung verschneit. Ich bohr mich immer zuerst mit dem Arm bis zum Ellbogen fest, das ist meine Sicherung, dann suche ich mit dem Fuß eine wenigstens etwas sichere Stufe auszustoßen, und so geht's vorsichtig weiter, steil, schief aufwärts ...

Dann ist doch wieder das Seil zu bekommen und verhältnismäßig bald kommen wir zu einem kaum mannsbreiten, hohen Schartl. Schon zuerst macht uns Hosp aufmerksam, daß dort ein wunderlich romantisches Plätzchen sei, wie er kaum ein anderes wisse. Wie durch einen hohen Spalt, den senkrechte Wände begrenzen, schaut man auf den sternenbesäten Himmel und auf die zauberhaft schimmernden Zinnen (die Männer unter alpiner Führung ihres Feldkuraten Hosp stiegen ja um 8 Uhr am Abend in die Wände des Toblinger Knotens ein. Sie machten also eine Winterbegehung! Anm. d. Verf.). Kurz stehen wir still und schauen. Die nächste Leiter geht senkrecht empor, rechts hinaus greift man mit dem Fuß die nächste und nun stehen wir auf der Höhe des Grates. Noch ein Stück über den verwächteten Reitgrat, der links und rechts steil abfällt, in unsichtbaren Stapfen, dann stehen wir aufatmend auf dem Gipfel. Ein freudiger Ruf Hosps sagt uns, daß wir hier die Hütte zu suchen haben. Wissen konnte man es nicht, denn es war alles gleichförmig vom Schnee überdeckt. Der Feldkurat verschwindet in einem Schneeloch, ruft uns noch zu, daß er die Tür gefunden, und bald dringt dämmernd der Kerzenschein aus der Hütte. ›Jetzt hol ich die Träger‹, sagt er und bringt sie auch schon bald über den Grat daher. ... in der Hütte ist Schnee bis zu 1 Meter beim Eingang. Diese Freude vom Pfarrer Hosp. Strahlend, mit dem ganzen Gesicht lachend, gibt er uns Anweisungen, wie wir uns verhalten sollen. Voll Selbstbefriedigung erklärt er uns alles. Ist ja alles sein Werk, von ihm stammt die Anregung, diesen ... prächtigen Beobachtungsposten zu besetzen. Unter seiner zielbewußten Leitung ist alles gebaut und eingerichtet worden« (Feldtagebuch Josef Anton Mayr).

Diese Schilderung über einen der vielen Feldgeistlichen sagt mehr aus, als alle Worte: nach dem Hochwinter 1915–1916 gilt es zum ehest möglichen Zeitpunkt, den Toblinger Knoten wieder zu besetzen. Jede Stunde zählt. Denn die Alpini konnten zuvorkommen. Die Männer, mit denen der viel ältere Feldkurat Hosp unterwegs war – bei einer hochalpinen Winterbegehung – waren blutjunge Standschützen. Hosp, auf deren Sicherheit bedacht, kletterte als erster im steilen, vereisten Fels voran. Er ebnete den äußerst gefährlichen Anstieg unter Einsatz seines Lebens. Niemand hätte ihn bei einem Sturz in die Tiefe zu halten vermocht ...
Aus diesem Holz waren die Feldgeistlichen der Hochgebirgsfront geschnitzt. Sie waren nicht nur geistlicher Beistand, sondern ebenso Berggefährten, Seilkameraden, die jede Gefahr teilten. Weniger durch pathetische Predigten, sondern durch ihr Miteinander, Füreinander standen sie zu ihren Männern.
Angesichts des Todes konnten sie vielen den Gang in die andere Welt erleichtern. Besonders verdient machten sich die Feldgeistlichen in der Pflege und im unerhört mühsamen Abtransport der Verwundeten.
Die Militärseelsorge im Hochgebirgskrieg zeichnete sich durch besondere Dimensionen aus: bestimmt durch das enge Beisammensein in exponierten Lagen und durch die weltenferne Einsamkeit.

Drei kirchenhistorische Dokumente erster Ordnung!

Links oben 1916: Begräbnis in Fucine, Val di Sole (Sulzberg), unter den Abhängen der Presanella. Kaiserschützen begraben einen gefallenen Kameraden. Ein Bild grenzenloser Traurigkeit.

Links unten 1915: das einzige Bild, aufgenommen von der ersten Feldmesse in der Geschichte des Christentums, die anläßlich des ersten Gletschergefechtes in der Geschichte der Menschheit gelesen wurde: Dankmesse für das Gefecht am Presena-Gletscher am 9. 6. 1915.

Hochstehendes Bild 1915: Feldkurat Hosp liest eine Messe am Fuß des Toblinger Knoten (Drei-Zinnen-Gebiet). Im Bild links die Morgenalpenspitze, talauswärts Blick gegen den Raum Fischleinboden.

Totentanz – Opfer – Gefallene

Es zählt zu den schwierigsten und nahezu unlösbaren Aufgaben, Zahlen zu nennen, wie viele Männer von der Hochgebirgsfront nicht mehr heimkehrten. Ich möchte mich daher nicht in Spekulationen ergehen, sondern lieber Grundsätzliches zu diesem tragischen Punkt des vorliegenden Buches sagen:
Mit zunehmender Dauer, Intensivierung des Krieges, fielen von Jahr zu Jahr mehr Männer in kürzeren Zeiträumen. In den Akten taucht immer wieder die zeitgenössische Wendung auf »der Tod hielt grausige Ernte« . . .
Eines steht weiter fest und ist eine vielfach belegbare Angabe: $^2/_3$ der Gesamtopfer kamen durch Einwirkung der Hochgebirgsnatur, ca. $^1/_3$ der Opfer durch direkte militärische Kampfhandlungen um.

Das Ausharren in den Höhenstellungen, wenn der Wintersturm auf 3500 m Höhe waagrecht über den Grat tobte, die fürchterlichen Sommergewitter, der Blitzschlag zählten zu den größten Schwierigkeiten. Ich möchte mich daher hier auch nicht in der Schilderung von Stürmen und Gewittern ergehen, denn – verstehen, nachfühlen kann diese nur jener Bergsteiger, der einmal im Spätherbst vom Wintereinbruch überrascht wurde oder jene Extrembergsteiger, die schwierigste Winterbegehungen durchführen . . .
Und wer einmal auf messerscharfem Grat vom Gewitter überrascht wurde, weiß was ich meine.
Fürchterliche Opfer forderten die Lawinenabgänge: die Mindestzahl an Lawinenopfern in den dreieinhalb Jahren beträgt für beide Seiten insgesamt 60000 Lawinentote. Doch dürfte diese Zahl noch zu gering sein. Der schrecklichste der drei Kriegswinter war der Winter 1916/17, der zu den schneereichsten Wintern in den Alpen in diesem Jahrhundert zählte.

Am 12. und 13. Dezember 1916 starben allein auf der öst.-ung. Frontlinie mindestens 6000 Soldaten durch Lawinen. Aber auch diese Zahl dürfte wesentlich höher sein: hatte doch die Zensur nach Möglichkeit versucht, das volle Ausmaß dieser Katastrophentage – wegen der demoralisierenden Wirkung –, zu vertuschen. Immerhin: die Zahl von 6000 wurde mitgeteilt.
Bereits in den ersten Wochen des Dezember 1916 waren in allen hochalpinen Frontabschnitten Neuschneemengen von ca. 10 und mehr Meter verzeichnet worden.
Ein Warmlufteinbruch, verbunden mit Föhn, bewirkte eine derartige Temperaturumkehr, daß riesige Lawinenabgänge in allen Frontabschnitten die Folge waren.
In der Nacht zum 13. Dezember löste sich die berüchtigte Marmolata-Lawine und begrub das Lager Gran Poz zur Gänze.
Annähernd 290–300 Soldaten kamen um. Noch bei den letzten Ausgrabungsarbeiten fand man Tote, deren Finger zur Gänze bis auf die Knochen abgeschabt waren: bis zuletzt versuchten die Eingeschlossenen, sich mit den Händen nach außen durchzugraben. Die Grabwerkzeuge mußten auf Dienstanweisungs-Befehl bei den Unterständen außen angebracht werden . . . Als Folge dieser Katastrophen wurde die Anweisung sofort geändert: Grabwerkzeuge mußten auch im Inneren der Unterkünfte bereitgestellt werden. Aber wie blutig wurden diese Erkenntnisse erkauft!
In den letzten Kriegswochen waren die Soldaten auf dem Presanella-Hauptkamm derartig erschöpft, unterernährt, daß sie die gefallenen Kameraden nicht mehr zu Tal tragen konnten. Man schnallte die Toten auf Bretter und ließ sie an Seilen über die Gletscherfelder hinab, ohne Uniform, da in den Höhenstellungen grenzenloser Mangel an Kleidung herrschte. In der Gletschermoräne bestattete man dann später die Gefallenen . . .
Wenn wir also davon ausgehen, daß allein 60000 Soldaten (auf beiden Seiten) durch Lawinen mindestens umkamen, andererseits die Tatsache berücksichtigen, daß $^2/_3$ der Toten ohnedies auf die Hochgebirgsnatur zurückzuführen waren, so können wir feststellen: unter Einbeziehung der anderen alpinistischen Gefahren, von Erkrankungen mit Todesfolge und infolge Hungers dürften mindestens 100000 Tote aufgrund nicht-militärischer Einwirkung zu beklagen sein. Im Verein mit dem Tod im Krieg kommen wir daher bei dieser grausigen Hochrechnung auf ohne weiteres gegen 150000–180000 Tote der eigentlichen Hochgebirgsfront. Eine höhere Zahl aber ist durchaus denkbar. Diese angegebenen Werte sind Mindestwerte und das Ergebnis jahrelanger Recherchierung.
Sehr viele dieser Opfer liegen noch heute im Hochgebirge, verschüttet, abgestürzt in Felsklüften, »begraben« in inzwischen zu Eis gewordenen Firnhängen, in der Tiefe der Gletscher, die noch bis in die jüngste Zeit immer wieder Opfer des Krieges freigeben. Eine erschütternde, traurige Bilanz, die allen Menschen zu denken geben sollte.

Bild oben 1918: Exhumierung der sterblichen Überreste des Leutnants H. (Name ist dem Verfasser bekannt) aus München. Bestattet am 1. 10. 1918 auf dem Militärfriedhof zu Sexten.

Bild links unten 1917: Tod als Folge einer Verschüttung nach einer Minensprengung.

Bild rechts unten: Lawinentote auf der Malga Strino (Val di Sole = Sulzberg) am 3. 3. 1916.

1 Julische Alpen

1917: Stellung am Großen Rombon (2208 m) in den Julischen Alpen. Das hier im Sonnenlicht liegende Karstgelände verwandelte sich bei Regen oder Schnee zu spiegelglattem Gestein . . .

Wer heute in das Dreiländereck zwischen Kärnten, Italien und dem nordwestlichen Jugoslawien reist, um dort in den Julischen Alpen auf Dr. Julius Kugy's Zauberbergen stille Bergtage zu verbringen, wird eine Welt des Friedens, der Einsamkeit und zünftiger Klettertouren im steilen Kalk der Julischen Alpen erwarten können.
Im Jahre 1915 bildeten die Julischen Alpen den Eckpfeiler im Osten, im Rahmen der öst.-ung. hochalpinen Front. Von der Schweiz reichte sie entlang der südlichen Berge des alten Tirol über die Kärntner Berge bis zu den Julischen Alpen. Diese endlos lange Hochgebirgsfront unterteilte man in Tiroler Front und in die Kärntner Front: letztere umfaßte die Julischen und die Karnischen Alpen. So wie die Tiroler zu den Waffen griffen, eilten auch die Kärntner, allen voran die Freiwilligen Schützen Kärntens, zu den Frontbergen im Süden.
In der Donaumonarchie »verlief die österreichisch-italienische Grenze (in den Julischen; Anm. d. Verf.) aus dem Seebachtal über Cima Cregnedul – Punta Plagnis – Cima delle Potate – Buinz – Gambon – Cima di Terra Rossa – . . . zum Hauptgipfel des Montasch, von dort direkt zum Somdogna-Sattel herunter, wieder ansteigend zu den Due Pizzi (Zweispitz) und von dort nach Pontebba ins Fella-Tal«. (Hellmut Schöner, Führer durch die Julischen Alpen. Diesen empfehle ich als ideale Orientierungsgrundlage und Informationsquelle für diesen geographischen Abschnitt des Buches. Kartengrundlage: Freytag-Berndt, Touristenwanderkarte, Blatt 14.)
Im Laufe der Kämpfe auf den Julischen Alpen bis zur Auflösung der Front dortselbst als Folge des Piave-Vorstoßes hielten Italiener wie Kärntner die Berge in einem zähen Ringen fest. Die öst.-ung. Verteidiger konnten ihr Ziel – das Halten der Grenzberge – völlig errreichen und die Durchbruchsversuche der Italiener abwehren.
Wir können feststellen, daß die Konzeption der Kärntner Landesverteidigung im Krieg sich als richtig herausstellte und daß mehr erreicht wurde, als zu erwarten war: Durchbruch in die Tiefebene Italiens.
Hauptpunkte des Kampfgeschehens bildeten der Krn (2245 m) bei Karfreit, der Rombon (2208 m), die gesamte Gruppe von Montasch (2752 m) und Wischberg (2666 m) mit dem danebengelegenen Großen Nabois (2313 m).
Im Rahmen des Abschnittes Julische Alpen seien daher diese Kampfereignisse gleichsam stellvertretend in den Mittelpunkt meiner Darstellungen gestellt. Der vom Hauptkampfgebiet etwas entfernter stehende Canin (2585 m) blieb bis zu den Tagen der Offensive von Flitsch-Tolmein in den Händen der Alpini.
Insgesamt hatte die Kärntner Front eine Gesamtausdehnung von über 100 Kilometer.
Im Augenblick des Kriegseintrittes Italiens im Mai 1915 verfügte die öst.-ung. Front in diesem Abschnitt über nur 28–30 Maschinengewehre, knappe 15000 Gewehre und nur 48 transportable Geschütze. An Verteidigern standen Marsch- und Landsturmbataillone zur Verfügung. Diese wurden verstärkt durch die große Zahl der Freiwilligen Schützen Kärntens.
Anfangs unterstanden diese Verteidigungskräfte dem General der Kavallerie Franz Rohr. Ab Sommer 1916 bis Frühjahr 1917 war Feldmarschalleutnant Karl Scotti der Kommandant. Sein Nachfolger war Generaloberst Freiherr von Krobatin.
Der südöstliche Eckpfeiler der Front in den Julischen war der Krn. Das Massiv ist durch alle Seiten mit steilen Schluchten und tiefeingeschnittenen Tälern zergliedert. Die eigentliche Hauptkampflinie am Gipfel selbst hatte eine Breite von nur 80 m und Freund wie Feind lagen sich auf oft nur 30 m gegenüber.
Der Krn bildete im Rahmen der Isonzo-Front den tatsächlichen Eckpfeiler und wurde daher von der Heeresleitung hervorragend ausgebaut.
Allein für diesen kurzen Frontabschnitt wurden 24 km Nachschubwege errichtet. Das Armeekommando stellte sich vorwiegend die Aufgabe der Frontversorgung in diesem Abschnitt, des Aufrechterhaltens der Kampffähigkeit der Truppe auch unter extremsten Stürmen im Hochwinter.
Ein Zusammenbrechen der Front im Bereich des Krn hätte die gesamte Kärntner Front gefährdet. So wurde der Krn zu einem der bestausgebauten Kriegsberge in den Julischen Alpen. Immer wieder kam es zu prekären Situationen. Als Folge eines zehntägigen Schneesturmes überlebte die Mannschaft (Nahrungsmangel) nur mit letzter Kraft. Man entschloß sich zum Aufbau einer Seilbahn. Trotzdem konnten die Nahrungsmittelverluste erst nach vielen Wochen wieder ergänzt werden und »unser Leben war daher ein ewiges Weiterfretten«. Im günstigsten Fall gelang es für maximal zehn Tage Proviant hinaufzuschaffen. Im Hochwinter durchzogen zahlreiche Schneetunnels den Krn und bewährten sich

Abbildung S. 61:
1917: Stellungen am Rombon. Im Kalkgestein erhöhte sich die Wirkung der Granaten für Freund und Feind katastrophal: zu den eigentlichen Granatsplittern kam noch die Wirkung der abgesprengten, messerscharfen Kalksplitter

glänzend. Allerdings stellten sie bei Einbruch der Schneeschmelze eine große Gefahr dar, und so mancher Soldat ist in ihnen verschüttet worden. In diesem Abschnitt wirkte der Gendarmerie-Rittmeister von Meyssner als Alpinreferent. Die am Krn eingesetzte Hochgebirgskompanie bestand vorwiegend aus Ungarn und Rumänen, die erst vor kurzem im Hochalpineinsatz ausgebildet wurden. Eine sehr interessante Schilderung über die Lage am Krn im Hochwinter vermittelt das folgende »Merkblatt für das Verhalten der Plateaubesatzung während eines Schneesturmes«:

1. Bei Ausbruch des Schneesturmes sind die Endpunkte der Stellung durch hohe Stangen zu markieren . . .
2. Es sind nur sechs Kavernenausgänge freizuhalten . . .
3. Beobachter sind nur in diesen zu unterhalten.
4. Gleich bei Beginn der Schneesturmperiode ist auch das Füllen der Sandsäcke und Schanzkörbe zu beginnen . . .
5. Der Mannschaft ist reichlich Ruhe zu gönnen.
6. Sobald der Schneesturm abläuft, mit dessen Wahrnehmung ein eigener Offizier zu betrauen ist, sind die vorbereiteten Hindernisse auszulegen, ein Graben zu ziehen und die vordere Grabenwand mit den Sandsäcken, Schanzkörben doppelt oder dreifach zu bekleiden . . .

Der Rombon bildete gleichsam das Gegenstück zum Krn und stellte im selben Sinne wie dieser den anderen Eckpfeiler der hochalpinen Front im Raum Flitsch dar. Bereits im August 1915 eroberten die Alpini die Kuppe des Rombon und stießen gegen Ende August 1915 mit zwei Bataillonen gegen den Hauptgipfel vor. Anfangs September 1915 versuchten sie erneut, den Gipfel zu bezwingen. Sie konnten sich jedoch nur auf der vorher erwähnten Gipfelkuppe verschanzen. Im Februar 1916 eroberten Kärntner Gebirgsschützen, kommandiert von Hans Mickl, die vom Italiener gehaltene Rombonkuppe. Sie nahmen drei Alpinioffiziere und über 100 Mann in Gefangenschaft. »Es war eine kaum unterbrochene Kette von Gefallenen, Verwundeten und Kranken, die den Weg ins Tal nahm« (Hans Mickl). Denn nach der Besetzung des Rombon durch Kärntner Gebirgsschützen setzte ein nie aufhörendes italienisches Artilleriefeuer gegen die Kärntner ein. Aber bis zum Mai 1916 konnten sie den Rombon halten und mußten ihn dann im Kampf den Alpini überlassen.

Die Alpini hielten den Rombon bis zum Beginn der 12. Isonzoschlacht und des Durchbruchs von Flitsch-Tolmein im Oktober 1917, damals stürmten Rainerbataillone (Salzburger) und Kaiserjäger den Rombon und nach dreitägigen grauenhaftem Kampf gelang es ihnen, den Gipfel einzunehmen. Nicht nur der Gegner, die Alpini, waren zu bezwingen, sondern fürchterlichsten Widerstand erfuhren die Männer durch den rasenden, tobenden Schneesturm, der immer wieder in Eisregen überging. Das karstige Felsgelände des Rombon war während dieser Kämpfe von spiegelglattem Eis überzogen . . .

Die Kämpfe in der Wischberggruppe zählten zu den schwierigsten Kampfhandlungen im Rahmen der Julischen Alpen. Allein das hochalpin-zerklüftete Gelände des Gebirgsstockes führte zu blutigen Kämpfen.

So führte man bereits hier sehr bald im Vergleich zu den anderen Abschnitten die Errichtung von Hochgebirgskompanien durch.

Bei Kriegsanfang wurde das Massiv vom Grazer Landwehrinfanterieregiment Nr. 3, vom Kärntner Landwehrinfanterieregiment Nr. 4 und von Landstürmern, Freiwilligen Kärntner Schützen und von Gendarmerieassistenzen verteidigt.

Die vorher erwähnten Hochgebirgskompanien entstanden bereits im Jahre 1916 und wurden aus Angehörigen des Kärntner Landwehrinfanterieregimentes Nr. 4 gebildet. Sie hielten den 2666 m hohen Wischberggipfel auch unter schlechtestem Wetter. Aber auch hier rissen Lawinen in die Kompanien schreckliche Lücken: So kamen im März 1916 in einer Nacht allein 22 Mann durch Lawinen um. Die den Wischberg benachbarte Kastreinspitze mußten die Alpini im Spätherbst des Jahres 1915 als Folge des Ausbleibens von Nachschub verlassen. Die von den Alpini aufgegebene Stellung wurde dann ebenfalls von Österreichern besetzt. Im Kriegswinter 1915/16 wurde die österreichische Gipfelbesatzung vom Wischberggipfel abgezogen, da man sie nicht dem Hochwinter überlassen wollte. Außerdem rechnete das Armeeoberkommando nicht mit der Notwendigkeit, die Höhenstellungen auch im Hochwinter um jeden Preis halten zu müssen. Kaum jemand rechnete mit einem längeren Bestehen der Front gegen Italien. Daß man einen, ja sogar zwei und dann drei Hochwinter ausharren werde müssen – das war im Spätherbst 1915 fast unvorstellbar. Im Frühjahr 1916 mußte man aber bereits feststellen, daß der Krieg auf den hohen Bergen weitergehen würde und so wurde der Beschluß gefaßt, ab sofort den Wischberggipfel auch im Hoch-

1917: In der Scharte unter dem Großen Nabois (Wischberg-Massiv).

winter besetzt zu halten. Auf dem Gipfel errichtete Leutnant Klauer eine kleine Unterstandshütte, die schon bald nach ihrer Vollendung von den Soldaten dieses Abschnittes »Scotti-Hotel« scherzhaft benannt wurde (nach dem Feldmarschalleutnat Scotti). Ähnlich war die Situation am benachbarten Großen Nabois, auch hier drehte es sich um das Halten des gesamten Felsstockes. Hans Lukas überlieferte einen sehr eindrucksvollen Bericht des Leutnants Karl Lax über die Lage am Großen Nabois:

»Gleich unter der Naboisscharte war die Unterkunftshütte für die Besatzung errichtet, die den Feldwachdienst auf dem Großen Nabois und in der Scharte selbst zu besorgen hatte. Auch hier wurden Patrouillen in die Spranja, auf die Bärenlahnscharte und gegen die Montasch-Schneefelder entsendet. In dieser Hütte hausten rund 40 Mann mit einem Infanterie- und Artillerieoffizier. Die Baracke war zum Teil in eine ausgesprengte Felshöhle hineingebaut, weil sie sonst im Winter vom Schnee, der oft 6 bis 8 m hoch war, zerdrückt worden wäre. Wenn es unaufhörlich schneite und der Schnee von den Wischbergwänden und vom Großen Nabois gleichsam herunterrann, krachte die Hütte in allen Fugen und mußte gestützt werden. In solchen Zeiten wurde Tag und Nacht geschaufelt, um die Gefahr des Erstickens abzuwehren, denn die Lawinen rissen die Rauchfänge mit sich, verstopften dadurch unsere Luftzufuhr von oben und drohten auch die Ausgänge unserer Schneetunnels zu verlegen. Den Alpinibesatzungen drüben auf den Balitzenspitzen und auf dem Montasch erging es nicht besser. Durch mehrere Wochen war der Schweizer Dichter Dr. Gustav Renker, der als Kriegsfreiwilliger auf unserer Seite Frontdienst versah, als alpiner Referent auf der Naboisscharte und stand hier der Mannschaft mit Rat und Tat zur Seite. Auch der alpine Referent des Gebirgsbrigadekommandos in Tarvis, Dr. Julius Kugy, kam öfters in die Höhenstellungen und erfreute sich wegen seiner ausgezeichneten Kenntnis der Wischberg- und Montaschgruppe größter Beliebtheit.

Aus den persönlichen Schilderungen Gustav Renkers: »Der Weg in die Stellung. – Einen offenen Befehl hatte ich in der Tasche und mußte ihn überall herzeigen. Es kam mir etwas sonderbar vor: Was hatte mir die österreichische Heeresleitung eigentlich zu befehlen? Mir, dem Schweizer. Und es war, als stocke ich einmal, zum ersten und letzten Male, da ich in Tarvis aus dem Zuge stieg. Soll ich aus reinem Widerspruchsgeist umkehren?

Da war ich also im Krieg, und das war sehr schnell gekommen. Noch vor einigen Tagen ehrsamer Redakteur in Graz und jetzt Kriegsmann. Nein, ich sah wirklich nicht so wild aus. Ich sah nicht anders aus als ehedem, da ich in diese Berge gezogen war . . . das war meine Welt, die Welt meiner Bergsteigerjugend . . . Und nun gehe ich in den Krieg, ich, der Schweizer, der hier aufgewachsen ist. Warum? Für das deutsche Kärnten? Vielleicht. Aber sei doch ehrlich und sage heraus: Was dich zieht, ist das Abenteuer, das sind die Berge. In diesen bleichen Kalkwänden hast du das tiefste gefunden, was dir das Leben gab, nämlich die Liebe zu den Bergen, die Kunst, in ihr gewaltiges Reich einzudringen. Um diese Berge wird jetzt gekämpft, über ihre Grate fliegen die Granaten hin, zerschellen an ihren Wänden, in Löchern und in winzigen Hütten hausen Soldaten, Menschen des Kärntner Bauernvolkes, dem du so verbunden bist. Da willst du einfach mit dabeisein, Musikus und Poetlein. So ist es gekommen, daß du nun vor dem Bahnhof Tarvis stehst und eine Fahrgelegenheit nach Raibl suchst, wohin dich der offene Befehl in deiner Stellung als alpiner Referent ruft.

Alpiner Referent – das ist Mädchen für alles, was im Kriege mit den Bergen zu tun hat. Steinschlagsichere Wege bauen, Hütten in lawinenfreies Gelände setzen, dem Menschen aus dem Unterlande Klettern und überhaupt Gehen in den Bergen lehren, kitzlige Patrouillen im Fels führen . . ., das alles wird zu meinen Pflichten gehören.« (Entnommen aus: Gustav Renker »Bergkrieg«, Verlag Styria, 1936.)

Fast genau westlich gegenüber vom Wischberg befindet sich der Montasch (2634 m). Dem Montasch nördlich gegenüber steht der Zweispitz (Due Pizzi) und der Mittagskofel: wie zwei Wächter blicken die beiden Gipfel auf Malborgeth hinunter.

Kärntner Schicksalsberge, blutgetränkt und auf historischem Boden in nächster Nähe des Festungswerkes Hensel gelegen. Bis zum Durchbruch von Flitsch-Tolmein im Herbst 1917 beherrschten die Italiener den Montasch, seine Wände, Grate und Schluchten. Von hier aus hatten sie nicht nur ein ideales Beobachtungsfeld gegen die österreichischen Stellungen in der Wischberggruppe, sondern ebenso auch ein hervorragendes Kampfgelände, das für jeden Angreifer äußerste Schwierigkeiten bot. Wie gesagt, der Montasch war den Italienern nie zu entreißen. Um so mehr wurde er zum Ziele zahlreicher, kühner Erkundungsvorstöße und Schleichpatrouillen in lautlosen Bergnächten. So mancher Kärntner

1916: Ein Blick in das Spranje-Tal zwischen Wischberg und Montasch.

Landesverteidiger schlich durch die italienischen Stellungen und versuchte genauest zu rekognoszieren. Berühmt wurde das Unternehmen eines Ingenieurs namens Ferdinand Horn. Dieser war schon vor dem Kriege extremer Felsgeher und passionierter Kletterer. Ihm sind verschiedene Routen in den Felswänden des Montasch zu verdanken. Im Kriegsjahr 1915 stieg er auf der Route einer seiner Erstbegehungen auf den Montasch und nahm zwei aktive Gebirgssoldaten mit. Er führte sie durch die Linien der Alpini hindurch und gelangte gleichsam auf die Rückseite der Italiener. Von dort aus übermittelten sie mit optischen Signalen die entsprechenden Werte für ein österreichisches 30,5-Geschütz. Mittels der Flaggenzeichen gelang es ihnen, das Feuer des Geschützes so zu dirigieren, daß für die Italiener verheerende Folgen auftraten. Dies ging so lange gut, bis die Alpini – ziemlich rasch – auf dieses, ich möchte fast sagen, klassische Wildererstück, daraufkamen.
Aber auch auf den anderen Gipfeln dieses Abschnittes sind außergewöhnliche Kriegshandlungen zu verzeichnen. Zu Kriegsanfang besetzten die Italiener den Zweispitz und den Mittagskofel, von hier konnten sie wie auf dem Präsentiertablett den Raum von Tarvis beobachten und waren über alles bestens informiert. Diese im Grunde genommen untragbare Situation sollte durch einen österreichischen Gegenangriff bereinigt werden: Mitte Oktober 1915 griffen Soldaten des Grazer Landwehrinfanterieregimentes Nr. 3 den Mittagskofel an. Gleichzeitig wurde am Montasch eine Angriffsgruppe des Landwehrinfanterieregimentes Nr. 3 gegen die italienischen Montaschstellungen in Bewegung gesetzt. Zusätzlich sollten weitere Kräfte, und zwar Jägerbataillone, gegen den Zweispitz vorgehen.

Bei den Angriffsgruppen befanden sich auch Sprengkommandos und erprobte Mineure.
Die verschiedenen Angriffsgruppen rannten buchstäblich in eine Falle – in italienisches Maschinengewehrfeuer. Über 80 Tote, zahlreiche Vermißte und mehrere hundert Verletzte waren die tragische Folge.
Wenn wir über den Krieg in den Julischen Alpen sprechen, wenn sie diese wenigen Zeilen über dieses Kapitel des Gebirgskrieges 1915/18 gelesen haben werden, so wird Ihnen auffallen, daß allenthalben der Begriff Freiwillige Schützen Kärntens auftaucht. Wie der Name schon sagt, waren es Freiwillige die – so wie die Tiroler Standschützen – beim Kriegsausbruch gegen Italien selbstlos zu den Waffen eilten. In wenigen Tagen erreichte dieses Aufgebot über achttausend Schützen, gemeldet hatten sich aber über 10 000 Mann. Nur ein Teil der nicht aufgenommenen wurde aus gesundheitlichen Gründen zurückgestellt. Die Differenz zwischen den tatsächlich eingerückten und nicht aufgenommenen ist darin zu begründen, daß wenigsten eine Mindestzahl von Männern wichtigste Funktionen in der Heimat erfüllen mußte.
Im Spätsommer des Jahres 1915 wurden die vier Regimenter der Freiwilligen Schützen Kärntens zu einem einzigen zusammengefaßt.

Westlich des Zweispitz befindet sich der Monte Granuda. Auf diesem führten die Kärntner Freiwilligen Schützen eine der kühnsten Unternehmungen gegen die dort verschanzten Bersaglieri durch. Das Hauptproblem bei dieser Aktion bildeten die italienischen Drahthindernisse vor den Stellungen, vor den Italienern im freien Schußfeld liegend. Nur Freiwillige, wie die Kärntner Schützen, konnten den Mut dazu haben, mit Sprenggruppen die Drahthindernisse zu zerstören und in die Stellungen der Bersaglieri einzudringen. In einem schrecklichen Nahkampf, Mann gegen Mann, wehrten sich die Bersaglieri mit größter Tapferkeit. Sie zogen sich zum Teil in die Kavernen zurück, wo es zu weiteren Nahkämpfen mit den Kärntnern kam. Erst als von den benachbarten italienischen Abschnitten Unterstützungsfeuer für die Bersaglieri einsetzte, mußten die Kärtner das Unternehmen aufgeben. So geschehen am 9. September 1917.

Im Herbst 1917 kommt es zur letzten und großen Schlacht im Rahmen der Isonzo-Offensiven: Zur 12. Isonzo-Schlacht. Aus den Julischen Alpen einerseits, aus den Karnischen Alpen andererseits dringen die Verteidiger der Hochgebirgsgrenze als Folge der Offensive in den Tälern und des Durchbruches von Flitsch-Tolmein gegen die italienische Tiefebene vor. Zu diesem Zwecke mußten Jöcher und Pässe, steile Berghänge, im Angriff vorgehend von den italienischen Verteidigern geräumt werden.

Im Zuge dieser vielschichtigen Unternehmungen ist der Angriff gegen den Neveasattel südlich des Wischbergmassivs eines der glorreichsten und erfolgreichsten Unternehmen der Verteidiger der Julischen Alpen gewesen.

2 Karnische Alpen

1917: Scheinwerfer geistern durch die Nacht bei Pontebba. Ihre gespenstischen Finger erfassen jede Angriffsbewegung (Bild oben).
Die Gendarmen des Freiwilligen Steirischen Schützenbataillons mit ihrem Kommandanten Rittmeister von Lichem (Bild unten).

Im Gegensatz zu den in viele Einzelgruppen und Gebirgsstöcke zerfallenden Julischen Alpen entwickelte sich die hochalpine Front in den Karnischen Alpen entsprechend dem kettenförmigen, straff gegliederten Aufbau dieser Gebirgsgruppe. In ununterbrochener Reihenfolge zogen sich die Höhenstellungen von Ost nach West und klangvolle Gipfelnamen markieren das Kampfgeschehen entlang der südlichen Berge Kärntens: Von den Julischen Alpen über Wischberg und Montasch nach Pontebba und Pontafel, von hier aufsteigend zum Karnischen Hauptkamm – Puartis – Köderhöhe – Großer Pal – Kleiner Pal – Plöckenpaß – Frischenkofel (Cellon) – Kellerwand – Rauchkofel – Wolayersee – Wolayerkopf – bis zum Raum Monte Avanza, Monte Ciadenis, Hochweißstein, Hochalpljoch und von hier weiter über – Torkarspitze – Bärenbadeck – Porze – Roßkarspitze – Wildkarleck – Filmoorhöhe – Pfannspitze – Cima Frugnoni – Eisenreich – Demut – bis in den Bereich Kreuzbergsattel. Diese Aufzählung vermittelt nur die allerwichtigsten hochalpinen Einzelkampfabschnitte im Bereich Karnische Alpen. Als Orientierungsgrundlage empfehle ich die Blätter 18, 22, 14 der Touristenkarten von Freytag-Berndt.
Die im Raum der Kärntner Front beim Kriegsausbruch 1915 stehenden öst.-ung. Verteidigungskräfte (für Karnische und Julische Alpen) wurden bereits im vorhergehenden Abschnitt umrissen. An dieser Stelle sei hier näher auf die italienische Angriffsgruppe eingegangen: Im Augenblick des Kriegsausbruches standen auf italienischer Seite 31 Bataillone, 25 leichte und schwere Batterien, eine Schwadron und Teile des IV. italienischen Korps. So wie an der Tiroler Front war auch im Abschnitt Karnische Alpen zu befürchten, daß die italienischen Truppen ihre zahlenmäßige Überlegenheit mit Erfolg gegen die schwachen Kärntner Abwehrkräfte einsetzen würden. Der italienische General Lequio scheute jedoch den direkten Vorstoß angesichts der österreichischen Talsperren: Am Predilsattel, Fort Hensel, Werk Raiblersee, Fort Hermann bei Flitsch.
Grundsätzlich ist festzuhalten, daß die Italiener von den südlichen Vorbergen der Karnischen Alpen und teilweise auf diesen selbst die Verteidiger zu überrennen versuchten. Im Prinzip ist diese Ausgangsposition bis zur Auflösung der karnischen Front im Herbst 1917 als Folge des Piavevorstoßes gleichgeblieben. Beide Seiten verbissen sich ineinander. Das Hauptziel der Verteidiger Kärntens – den italienischen Durchbruch zu verhindern – konnte souverän erreicht werden. Zusätzlich drang man in die venetianische Tiefebene vor. Im Hochgebirgskrieg erwiesen sich die Alpini, Bersaglieri den Verteidigern ebenbürtig: den Salzburger Rainern, den Tiroler Landesschützen-Kaiserschützen, dem Deutschen Alpenkorps, den Kärntner Freiwilligen Gebirgsschützen und dem Freiwilligen Schützenbataillon Rittmeister von Lichem (später Steirisches Freiwilliges Schützenbataillon unter Hauptmann Karl Gressel) und zahlreichen anderen Einheiten der alten Armee der Donaumonarchie.
Die hier aufgeführten Kampfhandlungen und Gefechte sind – so wie in jedem Abschnitt dieses Buches – eine gleichsam repräsentative Auswahl in einem an sich nahtlos geschlossenen hochalpinen Kampfgeschehen.

In Pontebba (italienische Truppen) und in Pontafel (österreichische Truppen) befand sich einer der gefährlichsten Berührungspunkte im Tal zu Füßen der Hochgebirgsfront: dort Julische Alpen, hier Karnische Alpen. Immer wieder kommt es zu Patrouillenkämpfen und Vorstößen. Einer der wichtigsten war der Vorstoß von Patrouillen der Freiwilligen Schützen (Bataillon Rittmeister von Lichem) von Pontafel gegen das italienische Pontebba: in einem handstreichartigen Kommandounternehmen zerstören die Patrouillen die Häuser in Pontebba und verhindern so die Möglichkeit, daß diese von den Italienern kriegsmäßig ausgebaut werden konnten.
Der Puartisrücken (1927 m) war ein besonders wichtiger Angelpunkt der Front. Im Winter 1916/17 war die Mannschaft wochenlang von jedem Nachschub abgeschnitten. Die Lawinen nahmen donnernd ihren Weg ins Tal, mehrmals zeigten sich Ansätze dafür, daß die Italiener im Februar 1917 über den Puartisrücken in das Gailtal vorstoßen wollten. Glücklicherweise erstickten die Aktionen der Alpini im tiefen Schnee.
Mit dem Namen Plöckenpaß verbindet sich eines der blutigsten Kapitel der Kärntner Landesverteidigung. Diese natürliche Einbruchslinie (1360 m) bildete den tiefsten Punkt im karnischen Kammverlauf: Großer Pal, Freikofel, Kleiner Pal, Frischenkofel (Cellon), Kellerwand – sie alle gingen in die Annalen des Gebirgskrieges ein. Der Große Pal blieb schließlich im Besitz beider Seiten. Das Jägerbataillon Nr. 30 kämpfte mit Teilen der 57. Gebirgsbrigade und Kompanien der 17. Infanteriedivision verzweifelt um die Vorherrschaft am Plöcken. Der Westgipfel des Großen Pal blieb in österreichischem Besitz. Am Cellon, am Kleinen Pal verschanzten

1916: Auf dem Puartisrücken.

sich die Italiener. So lagen sich Freund und Feind auf engstem Raum gegenüber. Trotzdem gelang im Juni 1915 einer Gruppe Gendarmen aus Kötschach die Einnahme des Ostgipfels vom Cellon. Diesen hielten sie bis Ende Juni 1916, wo die Österreicher auch den Ostgipfel gegen ein Vorstoßunternehmen der Alpini – im dichten Nebel – nicht mehr halten konnten. So gelangte auch der Cellon-Ostgipfel endgültig in italienischen Besitz. Als Folge davon mußte die benachbarte, bisher nicht besetzt gehaltene Kellerwand (2769 m) kriegsmäßig besetzt werden. Im Juli/August 1916 verschanzte sich eine österreichische Offiziersgruppe auf den Kellerwandspitzen und nahm den Westgipfel in Besitz. Dies hatte zur sofortigen Folge, daß der Ostgipfel der Kellerwand unverzüglich von den Italienern besetzt wurde. Die Inbesitznahme von Westgipfel und Ostgipfel der Kellerwand durch Freund und Feind demonstriert, wie sehr in diesem Krieg Angreifer und Verteidiger um jeden Meter Bodens rauften. Eroberte der eine einen bestimmten Gipfel, so mußte der andere aus taktischen Gründen möglichst rasch den jeweiligen Nachbarabschnitt in Besitz nehmen. Es war ein endloser Kreislauf, der sich wie eine Perlenschnur, wie eine Schlange des Krieges über Gipfel und Grate zog. Ein ständiges Hin und Her, ein ständiges Vor und Zurück, ohne Anfang, ohne Ende.

Der Wolayerpaß bildete ähnlich wie der Plöckenpaß eine natürliche Einbruchslinie für die Italiener. Kurz nach Kriegsausbruch erobern die Alpini den Monte Canale, den Sasso Nero, den Wolayerkopf und schließlich auch den Wolayerpaß. Damit beherrschten sie die österreichischen Nachschublinien, in die sie ungestört einblicken konnten. Die Situation für die österreichische Seite wurde immmer unerträglicher, bis schließlich der Beschluß gefaßt wurde, den Wolayerkopf zurückzuerobern. Der berühmte Bergsteigerpionier Karl Prusig drang bis in nächste Nähe des Gipfels vor und baute hier eine winzige Stellung aus. Auf Handgranatenwurfweite lagen sich die italienische Gipfelbesatzung und Prusig mit seinen sieben Männern seit Juni 1917 gegenüber. Mehrmals versuchten die Italiener durch Ablassen von Felsbrocken, Handgranatenwerfen und gezieltem Feuer Prusigs Angriffsgruppe zu vertreiben. Diese lauerte ihrerseits auf eine Möglichkeit, im vielleicht eintretenden Höhensturm, im Schutze schlechtesten Wetters den Gipfel zu nehmen. Dies wäre die einzige Chance gewesen; wenn ein orkanartiger Sturm die Verteidiger in der Gipfelstellung lähmte, dann selbst als Elite-Bergsteiger vorzudringen. Im Laufe des Sommers bot sich keine Möglichkeit dazu und die nachfolgende Herbstoffensive 1917 bewirkte, daß die Italiener auch diesen Abschnitt räumen mußten.

Im nächsten Hauptkampfabschnitt – Hochweißstein – Hochalpljoch – Torkarspitze – ereigneten sich einige der kühnsten Patrouillenunternehmungen in den Karnischen Alpen: dem Abschnitt Hochalpl südlich und südöstlich vorgelagert, befinden sich der Monte Avanza (2481 m) und der Monte Ciadenis (2439 m). In kühnsten Streifenpatrouillen schlichen die Österreicher durch die italienischen Linien auf diese beiden Gipfel. Immer wieder kehrten sie mit wertvollsten Nachrichten bezüglich der italienischen Stellungen zurück. Auf italienischer Seite standen hier Einheiten des 92. Infanterieregimentes, Finanzwache und vor allem die Freiwillige Alpini-Kompanie Cadore aus Pieve di Cadore. Kommandant war Celso Coletti. Das ständige Hin und Her fand sein Ende, als die Österreicher im Frühjahr 1916 die Spitze der Ciadenis besetzten. Allerdings verkrallten sich die Italiener im Südgrat. Monte Ciadenis und Monte Avanza bilden an der Karnischen Front noch bis heute eines der legendärsten Kapitel. So zählten die Italiener einen berühmten Schmuggler aus Pieve di Cadore zu den ihrigen. Er zeigte ihnen alle Schleichpfade und verschwiegenen Wege rund um Ciadenis und Avanza.

Die Kämpfe rund um Hochweißstein (Monte Peralpa; 2693 m) und Hochalpljoch (Oregone): Das Hochalpljoch zwischen dem Hochweißstein und den Hochalplspitzen befand sich während des Krieges in dauerndem österreichischen Besitz. Über das Hochalpljoch wurden kühne Patrouillenunternehmungen gegen die italienischen Linien vorgezogen, wobei sich besonders die Kärntner Gebirgsschützen und die Kärntner Freiwilligen Schützen auszeichneten. An einem Beispiel möge demonstriert werden, wie einsam und abgeschieden die Männer in diesen Frontabschnitten waren: Als im Oktober 1917 die Österreicher und Deutschen gegen den Piave vorstießen, wußten die Männer in den Höhenstellungen zum Teil nicht, ob der Vorstoß erfolgreich war und ob die Italiener bereits das ihnen gegenüberliegende Kampfgelände geräumt hatten. Wieder einmal stieß eine Patrouille daher vom Hochalpljoch in das italienische Frontgebiet vor – diesmal Freiwillige Salzburger Schützen – um zu erkunden, ob die Italiener bereits abgezogen seien. Die Patrouille gerät in tiefen Schneesturm, findet heraus, daß die Italiener schon

1916: Stellungen auf der Torkarspitze (2573 m).

abgezogen sind und kann sich nur mühsam mit letzter Kraft in einem fünfzigstündigen Ringen gegen den Schneesturm auf das Hochalpljoch zurückziehen.
Der Hochweißstein, zu Kriegsanfang unbesetzt, wurde im Frühsommer 1915 von Angehörigen des Alpini-Bataillones Dronero auf seiner Ostschulter besetzt. Als Folge davon wurde diese von Kärntner Gebirgsschützen gegen Bersaglieri zurückerobert. Im August 1915 versuchten Alpini (Bataillon Dronero) und Freiwillige (Cadore) den Hochweißstein zurückzugewinnen. Am Bladnerjoch kam der italienische Angriff ins Stocken. Trotzdem drangen die Alpini in einem unglaublich kühnen Angriff gegen den Hochweißstein vor. Sie eroberten einzelne Stellungen der Kärntner Verteidiger (Kärntner Infanterieregiment Nr. 7) und zogen sich – aus bis heute noch nicht geklärter Ursache – ohne nennenswerte Gegenwehr zurück. Und dies, obwohl die Alpini bereits in höherer Position am Berg lagen als die Kärntner Verteidiger. Wie durch ein Wunder konnte der Berg von den Österreichern gehalten werden. Nach diesem schicksalsreichen Kampfgeschehen beschloß man nun endgültig auf österreichischer Seite, den Hochweißstein kriegsmäßig auszubauen. So konnte er bis zur Räumung der karnischen Front gehalten werden. Als Ende Oktober 1917 die Hochweißstein-Besatzung erfuhr, daß der Vorstoß gegen den Piave erfolgreich verlaufen war, sausten sie Mann für Mann durch steile Schneerinnen auf den Oregone hinab und schlossen sich dem Vormarsch an.

Die in der Nähe des Hochweißstein gelegene Torkarspitze (2573 m) stellte aufgrund ihrer exponierten Lage höchste Anforderungen an die österreichischen Verteidiger. Trotzdem gelang es ihnen, den exponierten Zacken zu halten.
Im weiteren Verlauf des karnischen Hauptkammes fanden besonders harte Kämpfe um das Bärenbadeck (2430 m), um das Tilliacherjoch, um die Porze (2589 m), um das Wildkarleck (2532 m), um die Filmoorhöhe (2457 m), um die Pfann spitze (2678 m), um die Cima Frugnoni (2540 m) und um den Eisenreich (2665 m) in den ersten Kriegsmonaten statt.
In diesen Kämpfen und in ständigem wechselreichem Geschick retteten an vielen Punkten des letztgenannten Frontabschnittes die Soldaten des Deutschen Alpenkorps, insbesondere die bayrischen »Leiber« so manche hochalpine Kampfsituation. Und während auf den eisigen Stellungen Tiroler Standschützen, bayrische Leiber, Preußen und Mecklenburger um das Halten der Front rangen, buken die Mädchen von Kartitsch eifrig Krapfen. Diese trugen sie in ein Tüchl gewickelt in der Nacht und im Morgengrauen hinauf zu den Stellungen der östlichen Ausläufer der Karnischen Alpen. So unglaublich diese Geschichte klingen mag, so wahr und authentisch ist sie.
So sehr das Kampfgeschehen am karnischen Hauptkamm vom Kriegsanfang bis Ende Oktober 1917 als ein für sich abgeschlossenes zu betrachten ist, so sehr änderte sich schlagartig diese Situation durch das Vorrücken der Österreicher und Deutschen gegen den Piave – 12. Isonzoschlacht, Durchbruch von Flitsch-Tolmein. In diesem Augenblick des erfolgreichen Vorgehens in der venetianischen Tiefebene mußten die Verteidiger in den Julischen und Karnischen Alpen blitzartig und mit höchster Schnelligkeit von den höchsten Gipfeln heruntereilen und die nun beidseitig eingeschlossenen Italiener in die Zange nehmen. Das gleichzeitige Vorgehen in der Tiefebene und das gleichzeitige Vorrücken aus der hochalpinen Frontlinie zählt zu den größten organisatorischen und kämpferischen Leistungen, die je in der modernen Kriegsführung vollbracht wurden. Und dies zu einer Zeit, da von motorisierten Einheiten keine Rede sein konnte.
Nur durch das Zusammenwirken der hochalpinen Kampfverbände und der an der Isonzo-Front eingesetzten Offensivtruppen konnte es gelingen, in einem einzigen blitzartigen Vormarsch – von den Bergen in die Tiefebene –, der italienischen Armee einen so vernichtenden Schlag beizubringen, daß diese fluchtartig bis über den Piave zurückwich. Mit dieser militärischen Glanzleistung, die zu den größten Taten der alten Armee Österreich-Ungarns und des Deutschen Reiches zählte, kehrte auf den Gipfeln der Julischen und Karnischen Alpen, auf Dr. Julius Kugys Zauberbergen, jene ewige Ruhe zurück, die nur von einem eineinhalbjährigen unmenschlichen Kampfe gestört wurde.

3 Kreuzberg – Drei Zinnen – Sextener Dolomiten

Hundert Kilometer Längenausdehnung wies die Kärntner Front auf. Die Tiroler Front, deren ersten Abschnitt Sie nun erleben, wies eine Längenausdehnung von 350 Kilometern auf. Insgesamt also 450 km Hochgebirgsfront. Allerdings als Luftlinie gemessen. In Wirklichkeit viel viel länger – wenn die Grate, Gletscher, Gipfel, Jöcher in ihrer natürlichen Ausdehnung addiert würden: mehrere tausend Kilometer!

Von den Karnischen Alpen – aus dem Raum Pfannspitze (2600 m), Eisenreich (2660 m), Hollbruckerspitze (2582 m) kommend bog die Frontlinie ab und erreichte im Abschnitt Seikofl-Kreuzberg (1637 m) den Dolomitenraum, in seinem nordöstlichen Eckpfeiler: den Sextenern Dolomiten. Quer durch diese verlief sie über alle Gipfel, um im Travenanzestal (Tofanen) ihre Fortsetzung zu finden. Als Orientierungsgrundlage empfehle ich hier: Blatt 17 (Östliche Dolomiten) der Touristenkarte von Freytag-Berndt.

Von allem Anfang versuchten die Italiener, besonders heftig im ersten Kriegsjahr (als die aktiven öst.-ung. Truppen noch an der Ostfront standen) quer durch das Massiv der Sextener Dolomiten gegen das Pustertal durchzubrechen und so der österreichischen Front in den Rücken zu fallen. Daß dies gerade in den ersten, entscheidenden Kriegsmonaten nicht gelang, ist auf die Leistungen der Tiroler Standschützen und des Deutschen Alpenkorps zurückzuführen. Andererseits verhinderten Festungssperren den italienischen Durchbruch entlang der tieferen Stellen der Gebirgsgruppe: Werk Mitterberg und Haideck im Abschnitt Kreuzberg und das Werk Plätzwiese als Schutz für den Raum Toblach, Pustertal.
Nach der Festlegung der hochalpinen Front – infolge der wechselseitigen Ereignisse – verlief die Hauptkampflinie in den Sextenern folgend (von Ost nach West): Seikofl, Kreuzberg (1637 m), Rotwand (2939 m), Elfer (3098 m), Oberbachernspitze (2675 m), Drei Zinnen (2998 m; Große Zinne), Paternkofel (2746 m), Morgenalpenspitze (2873 m) Toblinger Knoten (2615 m), Wildgrabenjoch (2300 m), Schwalbenkofl (2800 m), Monte Piano (2325 m), Rauchkofel (2345 m), Monte Cristallo (3216 m), Cristallino (2932 m), Forame (2861 m), Schönleitenschneid und Schönleitenspitze (2722 m), Punta del Forame (2443 m), von hier in die Tallagen nach Rufreddo, wieder aufsteigend auf Monte Cadini und schließlich durch das Travenanzestal zu den Tofanen.

Von Mai 1915 bis Spätherbst 1917 wurde erbittert um jede dieser Positionen gekämpft. Die Alpini errangen beachtliche Einzelerfolge, konnte jedoch nie in die Tallagen vordringen. Der italienische Einbruch wurde verhindert. Als Folge des Piave-Vorstoßes 1917 mußten die Italiener dann auch diesen Abschnitt fluchtartig räumen. Dazwischen, bis es so weit war, lag aber eine lange, bittere Kriegzeit.
Unter der jetztigen Bergsteigergeneration einer der hervorragendsten Kenner der Sextener ist Hans Stutzig: als Bergführer, alpiner Fachjournalist und Extrembergsteiger verbrachte er allein in den letzten beiden Jahren über 20 Wochen in den Sextener Dolomiten . . . »ich habe alle umstehenden Gipfel erstiegen – mit Gästen auf leichten Wegen, mit Kameraden am Seil auf schwierigsten Kletterfahrten. Ich ging die Schützengräben entlang, kroch durch alte Stollen, fand Granatsplitter, Patronen, italienische Kugeln am Toblinger Knoten und österreichische auf der Oberbachernspitze . . .«
So habe ich Hans Stutzig gebeten, aus seiner Sicht als exzellenter Gebietskenner, eine völlig unbefangene, höchst-sachliche alpine Monographie zu den Ereignissen zu verfassen. Hans Stutzig hat sie geschrieben und sie wurde zu einem ergreifenden Zeugnis dafür, daß die alten Soldaten »von damals« wissen mögen, daß die Erinnerung an den Krieg rund um die Drei Zinnen sehr lebendig ist. Lebendig nicht in Form von Riesen-Denkmälern, sondern in den Herzen der Bergsteiger meiner Generation. Daß in uns und auch durch uns die Erinnerung weiterlebt und daß wir aus den Kavernen, verfallenen Schützengräben die Geschichte deuten möchten. Auch wir Jungen wollen möglichst viel über unsere Berge wissen – über ihren Frieden, über ihren Krieg. Davon künden die nachfolgenden Zeilen.
»Die Sextener Dolomiten – Berge im Teufelskreis der Geschichte« (von Hans Stutzig):

»Sextener Dolomiten – was sind das für Berge, auf denen und um die zwei benachbarte Völker einen wahnwitzigen Kampf um Heimat und Freiheit führten, die urplötzlich von einem Paradies der Bergsteiger zu einer Hölle des Krieges wurden?

Geographisch gesehen bilden sie – mit dem Pustertal, dem Höhlensteintal, dem Sextenertal und dem Val d'Ansiei als Begrenzung – den wuchtigen Nordostpfeiler der Dolomiten.

Winter 1915/16: Winterliche Stellungen am Seikofl. Im bewaldeten Angriffsgelände kommt es besonders in den ersten Kriegswochen zu ständigen Angriffen zwischen den Patrouillen der Tiroler Standschützen, der bayerischen »Leiber« und der Alpini.

Links: 1915: Der erbärmliche, armselige erste Unterstand der Tiroler Standschützen auf der Rotwand, am Gipfel (2939 m).

Rechts: 1915: Die »Rotwand-Patrouille« – eine der legendären hochalpinen Patrouillen in den Sextenern – bestehend aus Innsbrucker Standschützen.

Im Zentrum dieser, in mehrere Bergstöcke unterteilten Gebirgsgruppe breitet sich das Zinnenplateau aus. Es handelt sich hierbei um eine karstige, wellige Hochfläche, aus der Sextener Stein, Toblinger Knoten und Schwabenalpenkopf wie massige Wachtürme emporragen.

Welch grandiose Arena, die sich da der Regisseur Weltgeschichte für sein blutiges Drama auserkoren hat! Die Requisiteure aller Schauspielhäuser müssen erblassen angesichts der Szenerie dieser Bühne: Im Süden wachsen die Felsbastionen der Drei Zinnen gleich einem Altar kosmischen Maßstabes gen Himmel – im Südosten ragt der Paternkofel mit seiner scharfgeschnittenen Nordwestkante auf – die zur Dreischustergruppe gehörigen Gipfel Schusterplatte und Morgenalpenspitze bilden im Norden gleichsam die Zuschauertribüne, und Schwalbenkofel, Hochebenkofel und der sagenumwobene Haunold schließen das Bild im Westen ab. Im Osten tut dies ein relativ niedriger Bergkamm, der beim Büllelejoch vom Paternkofelstock abzweigt und nach den Oberbachernspitzen mit dem Wilden Turm des Einserkofels in das Fischleintal abbricht.

Drei Täler (Innerfeldtal, Fischleintal und Rienztal) ziehen von Tiroler Seite her zu dieser Bühne hinein, zwei Übergänge (Paternsattel und Büllelejoch) verbinden sie mit Italien.

Dieses Rund war der Hauptschauplatz der Kämpfe. Dazu kamen noch drei Talkessel südlich von Paternsattel, Büllelejoch und Oberbachernspitzen. Es sind dies einerseits der aus einem karstigen Plateau und aus einem lieblich grünen Kessel gebildete Boden ›Pian di Cengia‹, andererseits der obere Talschluß des Bacherntales, in dem die Zsigmondy-Comici-Hütte steht, und der von den Dolomitenriesen Elfer und Zwölfer überragt wird. Die strategische Bedeutung dieser beiden Kessel lag in ihrer leichten, überaus geschützten Zugänglichkeit für den Nachschub. Dieser erfolgte durch das Valle di Cengia und durch das Valle Giralba sowie über das Giralbajoch (beide aus dem Val d'Ansiei, dem Tal von Auronzo).

Um diese wichtigen Nachschubwege freizuhalten, mußten sich die Italiener die ganze Kette Drei Zinnen – Paternsattel – Paternkofel – Büllelejoch – Oberbachernspitzen – Einserkofel sichern und dem Feind den Zugang zu den nordöstlich des Bacherntales aufragenden Gipfeln Elfer, Hochbrunnerschneide und Hochleist verwehren.

Damit liegt die italienische Frontlinie in ihren strategisch wichtigen Einzelheiten fest.

Die österreichische Frontlinie wurde bestimmt durch die für den Nachschub lebenswichtigen drei Wege durch das Rienztal (von Schluderbach), das Innerfeldtal (von Innichen) und das Fischlein-Altensteintal (von Sexten). Sie erstreckte sich hauptsächlich auf der Zinnenhochfläche, und zwar vom Schwalbenalpenkopf über den, das Plateau beherrschenden Toblinger Knoten, bis zum Innichenriedel am Südfuß der Dreischustergruppe. Dazu kam noch der Monte Piano zum Schutze des Talkessels von Schluderbach und des Rienztales sowie Morgenalpenspitze (auch Innichenriedelknoten genannt) und Sextener Rotwand, zwei aussichtsreiche Wächter über dem Fischleinboden.

Dies waren also die Hauptausgangslinien, die ja vom Gebirgsaufbau her völlig logisch vorgezeichnet waren. Das wichtigste Kampfziel war für die österreichische Seite die Schwächung der feindlichen Linie an den wegen ihrer hervorragenden Übersichtsposition sehr neuralgischen Punkten Büllelejoch – Oberbachernspitze. Die Eroberung des Paternkofels schließlich war für beide Seiten gleich wichtig, da sich von seinem Gipfel aus beide Fronten fast zur Gänze übersehen ließen. Und seine Einnahme verschaffte ja den Italienern schließlich auch den Zugang zur Zinnenhochfläche, wo sie sich am Sextener Stein festsetzten. Die vielen Patrouillengänge Sepp Innerkoflers und der spätere, tragisch endende Versuch, die inzwischen auf dem Gipfel installierte feindliche Stellung einzunehmen, kennzeichnen die Bedeutung dieses Berges.

Die Drei Zinnen zählen heute zu den bekanntesten Bergen der gesamten Alpen. Zigtausende von Menschen ziehen alljährlich vom großen Parkplatz Auronzohütte hinüber zum Paternsattel, zur Drei-Zinnen-Hütte, zum Fischleinboden. Die meisten kommen der Sensation halber, um vielleicht mit dem Fernrohr einer Seilschaft in den wilden Nordwänden zusehen zu können. Die meisten kommen, um Bekannten und Verwandten zu Hause ein Bild zeigen zu können. (›Schau, da war ich auch!‹)

Daß dieser Boden einst mit Blut getränkt wurde, scheinen diese Besucher vergessen zu haben. Nur wenn sie eines der vielen Stollenlöcher erblicken oder eine alte Patronenhülse oder Schrapnellkugel finden, kann man bisweilen hören: ›Ach ja, Erster Weltkrieg . . .! ‹ Im Spätherbst 1972 veranstalteten wir von der Alpinschule Innsbruck aus einen Aus-

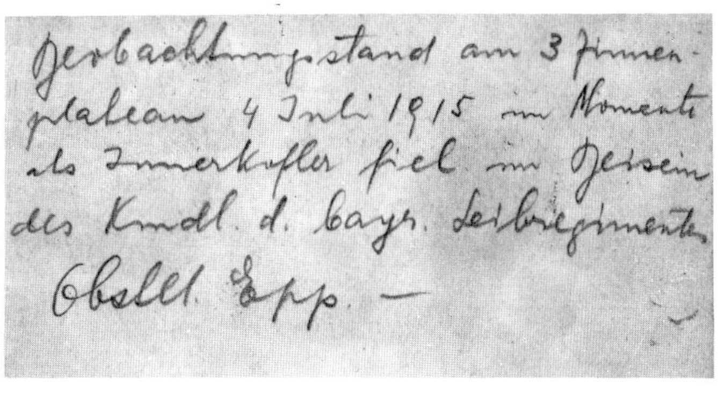

Beobachtungsstand am 3 Zinnen-
plateau 4 Juli 1915 im Momente
als Innerkofler fiel im Beisein
des Kmdt. d. bayr. Leibregimentes
Obstlt. Epp. —

Der Tod von Sepp Innerkofler am Paternkofel (2746 m) am 4. Juli 1915.
»Da sehe ich ihn, schrieb Rapp, in die Stirn getroffen mit einem Schrei nach rückwärts auf das Geröll sinken und in die Wand hinabstürzen« (Viktor Schemfil).
Im August 1918 wird der Leichnam Sepp Innerkoflers am Gipfel des Paternkofels enterdigt; der Sarg wird über die Südwand abgeseilt (Bild rechts oben). An den Drei Zinnen vorbei wird der Sarg zu Tal getragen (Bild links oben). Die zwei Bilder unten stellen Dokumente von höchster Seltenheit dar: »Beobachtungsstand am 3-Zinnen-Plateau 4. Juli 1915 im Momente als Innerkofler fiel im Beisein des Kmdt. (= Kommandanten; Anm. d. Verf.) d. bayr. Leibregimentes Obstlt. Epp«.

1915: Stellungssystem am Zinnenplateau gegen Tofanen, Monte Cristallo, Monte Piano, Toblinger Knoten, Sextenstein (Bild oben). 1916: Hochwinterlicher Kampfgraben am Zinnenplateau gegen Büllelejoch (links unten) und Gräber des »Einsamen Krieges«.

flug für Rentner in das Zinnengebiet. Wir gingen auch hinüber zum Paternsattel. Unter den alten Leuten befanden sich einige, die nach über 50 Jahren zum ersten Male wieder an den Platz kamen, wo sie in ihrer Jugend erbarmungslose Monate und Jahre verbracht hatten. Sie weinten, als sie dort standen . . . Welche zwei Welten!«
Hans Stutzig knüpfte die Verbindung vom Gestern zum Heute. Ich möchte Sie wieder zurückführen in jene Zeit, da in den Sextenern ein Häuflein Männer kämpfte und nicht zigtausend Touristen sich entlang der Wege wälzen . . . Anhand einzelner, typischer Gefechte werde ich schlaglichtartig das Geschehen herausgreifen. Beginnend am Kreuzberg und endend im Bereich Forame. Zwischen den Gefechten lag eine nie unterbrochene Zeit der Schleichpatrouillen, der Vorstoßunternehmungen und der endlosen Stunden, Tag und Nacht, in den Feldwachen . . .
»Wenn der Stern zur Großen Zinne herkommt, dann kommt die Ablösung« (Josef Anton Mayr).
Nur die Sterne zeigten das Ende einer Feldwachen-Ewigkeit an.

4. August 1915: Angriff auf Kreuzberg-Seikofl und Burgstall.
Am Seikofl verschanzt lagen bayerische »Leiber«. Im Grauen des Tages griffen die Alpini an. Es gelang ihnen bis gegen die Stellungen der bayerischen »Leiber« vorzurücken – trotz schwersten Maschinengewehrfeuers. Gleichzeitig aber griffen Tiroler Standschützen (aus dem Stubaital und aus Solbad Hall) die Alpini an. An den Flanken der »Leiber« gingen sie vor . . .
Die Bayern und Tiroler kämpften den Angreifer nieder. Von den Männern der 68. Alpinikompanie blieben gegen hundert tot liegen. Der gleichzeitig gegen den Burgstall erfolgende italienische Angriff ging im Scharfschießen weiterer »Leiber« und Tiroler Standschützen aus Sillian unter. –

Rotwandspitze (2966 m), Anderteralpenscharte (2716 m; ital. Bezeichnung: Passo della Sentinalla):
Bis zum Frühjahr 1916 hielten die Tiroler die Rotwandspitze und die Sentinella-Scharte. Letztere wurde dann von den Alpini erobert, die jedoch den Gipfel der Rotwandspitze nicht einnehmen konnten. Der Gipfel der Rotwandspitze war von höchster strategischer Bedeutung: von ihm konnte man ungehindert das ganze italienische Aufmarschgebiet beobachten und sich rechtzeitig auf allfällige italienische Angriffe einstellen. Gleich zu Kriegsbeginn tat die »Rotwandpatrouille« (siehe Bild) regelmäßig ihren Dienst. Im Sommer 1915 hielten schon 10 Tiroler Standschützen (Akademische Legion Innsbruck), den Gipfel dauernd besetzt. Die Bayern schafften ein Gebirgsgeschütz auf die Rotwandscharte – indem es durch die Felswände gezogen wurde – und errichteten diese höchste deutsche Geschützstellung an der Dolomitenfront (2760 m)! Zuletzt, im Herbst 1917, hielten 300 Tiroler – unangreifbar – den Rotwandgipfel – bis zum Abzug der Italiener.
Elfer (3098 m): Der Elfer – bildete aufgrund der überragenden Aussichtsmöglichkeiten – das Ziel zahlreicher Tiroler Patrouillen. Nie konnten diese wissen, ob sie nicht plötzlich in einem Felskamin auf Alpini treffen würden und so waren die Patrouillengänge jedesmal eine sehr gefährliche Angelegenheit. Berühmt ist die Rekognoszierungspatrouille Sepp Innerkoflers am 19. Juni 1915 wo »der Sepp« erstens 450 Italiener ausspähte und im Abstieg – trotz deren Anwesenheit, sich nicht abhalten ließ, einen – Gamsbock zu schießen.

Gefecht am Zinnenplateau, 14. August 1915:
»Am 14. August 1915 griffen nun die Italiener mit zwei Bataillonen (!) diese vorgeschobene Kompanie (des Tiroler Landesschützen-Kaiserschützen-Regimentes II; Anm. d. Verf.) an . . . als ich von meinem Standpunkte aus die Situation überblickte, erkannte ich sofort, daß der Angriff des Bataillons über den Paternsattel der gefährlichere war und richtete das MG auf dieses Bataillon . . . weiters befahl ich, das Gewehr auf die Queue des absteigenden Baons einzurichten und erst auf meinen Befehl das Feuer zu eröffnen. Ich ließ nun die Tête auf 300 Schritt herankommen und eröffnete erst jetzt das Feuer sowohl mit dem MG als auch mit dem Schwarme Infanterie, den ich bei mir hatte. Das Resultat war verblüffend. Das Baon machte kehrt, ohne auch nur einen Schuß abzugeben und lief direkt in das auf die Queue eingerichtete MG-Feuer. Die Verluste waren dementsprechend sehr schwer. Als ich nun meinen Standpunkt änderte, um Einblick in das Fischleintal zu gewinnen, das der linke Flügel meiner Kompanie sperrte, sah ich, daß der linke Flügelzug sich mit ca. 2 Kompanien Italiener im Handgemenge befand und konnte daher mit dem MG nicht wirken . . . diese Stellung mußte aufgegeben werden. Von den zwei Zügen, die hier im Kampfe standen, verlor ich 96 Mann im Handge-

menge . . . meine linke Flanke war nun auch entblößt . . . nur mit Gewehrgranaten gelang es den Gegner den ganzen Tag niederzuhalten . . . für die Nacht wurden Handgranaten bereitgelegt . . . so verblieb die Kompanie bis 11 Uhr 30 (am nächsten Tag; Anm. d. Verf.) in derselben Situation, aus der sie erst durch einen Gegenangriff vom Toblinger Knoten aus befreit werden konnte . . . es gelang, das feindliche Baon zu werfen und in seine Ausgangsstellung zurückzujagen« (Hauptmann Högler).
Ein typisches Beispiel für ein hochalpines Gefecht: Untertags beginnend, durch die Nacht weitergehend und am nächsten Tag endlich die Befreiung aus der Umklammerung der Alpini erlangend – mit Hilfe von Kameraden, die dazu erst vom Toblinger Knoten abklettern mußten . . .

Paternkofel (2746 m): Schicksalsberg der Kämpfe rund um die Drei Zinnen – Schicksalsberg Sepp Innerkoflers: Der Name des Berges und der Name des im Kampf um den Berg gefallenen berühmten Bergführers verschmolzen zu einer Einheit: überschattet vom tragischen Tod, aber auch Sinnbild für den einsamen Einsatz eines der besten Kletterer seiner Zeit: Sepp Innerkofler wurde zum Symbol für die Art, wie um diese Felsspitzen gekämpft wurde . . .
Wer den Paternkofel beherrscht, beherrscht das Kampfgebiet rund um die Drei Zinnen. So besetzten die Italiener sofort nach Kriegsbeginn diesen äußerst wichtigen militärischen Punkt. Ein Dorn im Auge der Tiroler Verteidiger! Sepp Innerkofler sollte den Paternkofel daher mit drei Kameraden stürmen. Im Schweigen der Nacht klettert Innerkofler vom 3. zum 4. Juli 1915 über den Südwestgrat auf den Gipfel. Doch bevor Innerkofler diesen betreten will, erfassen die Alpini die Lage: Innerkofler wirft drei Handgranaten, von denen zwei versagen. In höchster Not schleudern Alpini Steinblöcke gegen ihn und eröffnen das Feuer. Innerkofler stürzt zu Tode getroffen in die Nordostwand des Paternkofel, bleibt tot in einem Kamin hängen. Die Alpini bergen den Leichnam, bestatten ihn am Gipfel. Auf dem Kreuz, das sie dem damals schon legendären Sepp errichteten, steht geschrieben: »Giuseppe Innerkofler, Guida« (Guida = ital. Bergführer; Anm. d. Verf.)
Der Angriff gegen den Paternkofel wurde somit von den Alpini abgeschlagen. Der Gipfel selbst konnte während des Krieges zur Gänze von den Italienern gehalten werden. Die Alpini bauten den Berg – seine Wände und Grate hervorragend aus – und unterhöhlten sein Inneres mit Stollen in der Gesamtlänge von ca. 600 Meter: Kampf-, Versorgungs- und Laufstollen: ein perfektes Verteidigungssystem.
Auch der Sextenstein entwickelte sich im Laufe der Kriegszeit immer mehr zu einem Angelpunkt des Kampfgeschehens. Ende März, Anfang April 1916 beschließen die Österreicher einen Schneetunnel gegen den Sextenstein vorzutreiben, um dann aus diesem – im Angriff gegen die Alpini – hervorzubrechen. Nach Vollendung des Schneestollens betrug in dessen hinterstem Abschnitt die Schneedecke nur mehr 20–30 cm. Am 11. April 1916 durchbrechen gegen Mitternacht die Angriffsgruppen die dünne Schneedecke. Zuerst ist der Angriff von Erfolg gekrönt, bricht jedoch nach stundenlangem Ringen – erst als den Österreichern die Munition ausging – im Nahkampf mit den Alpini zusammen. Der Sextenstein blieb in italienischem Besitz.
Von den vielen, heißumkämpften Gipfeln, die ich einleitend nannte, möchte ich abschließend noch besonders den Abschnitt Plätzwiese – Monte Piano (2325 m) – Rauchkofel (2345 m) – Monte Cristallo (3216 m) – Forame (2861 m) – Schönleiten-Schneide (-Spitze; 2722 m) und Punte del Forame (2443 m) herausgreifen. Gleichsam als den westlichen Kampfabschnitt in den Sextener Dolomiten. In diesem Zusammenhang sei mir eine Ausnahme im geographischen Aufbau meines Buches gestattet:
der Monte Piano – der eigentlich nun näher behandelt werden müßte – wird aufgrund seiner überragenden Bedeutung als Brechpunkt der Sextener Front in einem gesonderten (anschließenden) Abschnitt dargestellt. Oberst im Bundesgrenzschutz a. D. Hans-Jürgen Pantenius wird Sie umfassend über die Ereignisse am Monte Piano informieren: aus der Sicht und mit der Erfahrung eines Mannes, der durch seine Forschungsarbeiten über Fragen des Gebirgskrieges über den Rahmen des eigentlichen Themenkreises hinaus bekannt wurde.

Wir aber kehren noch kurz zu den Bergen rund um den Monte Cristallo zurück:
Nach Kriegsausbruch gelangt der Rauchkofel sofort in österreichischen Besitz. In den nachfolgenden schweren Kämpfen um Punta del Forame und um Forame selbst halten die Österreicher den Abschnitt. Auch auf der Schönleitenschneid. 1916 erobern Alpini allerdings den Rauchkofel endgültig, vorübergehend auch den Gipfel der Forame, den

1915: Gefechtsstand am Gipfel des Toblinger Knoten (2615 m). Hinter den Männern der Elfer, Einser und Oberbachernspitzen (Bild links oben).
1916/17: Toblinger Knoten (2615 m) mit Unterständen in den Steilhängen (Bild links unten).
1916/17: Toblinger Knoten. Im Vordergrund ein Beobachtungsstand, mit Drahtverhau notdürftig gesichert.

Hochwinter 1916/17: Schönleitenschneid und Spitze (2722 m) – über den Grat führt der Tiroler Kampfgraben gegen Monte Cristallo (Bild oben). Tiroler Stellungen auf Forame (links unten) und Feldwachenhütte am Schwalbenjöchl (rechts unten).

ihnen dann Standschützen aus Sillian wieder entreißen können (Mitte September 1916).
Im Rahmen der Kämpfe um die Gipfel und Grate in den Sextener Dolomiten können wir abschließend folgende Entwicklung für die Zeit von 1915 bis Herbst 1917 (Verdrängung der Italiener) feststellen:
Anfangs des Krieges herrschte auf beiden Seiten noch die Absicht vor, mit regelmäßig erfolgenden Patrouillen über die Gipfel und Grate, diese zu kontrollieren. Der Ruf dieser Patrouillen ging in die Geschichte der Alpenländer ein: Rotwand-, Elfer- und Paternkofelpatrouille der Tiroler Standschützen und die legendären Alpinipatrouillen am Cristallo, Cristallino und auf der Schönleitenspitze formten das Geschehen.
Im Laufe der ersten Kriegswochen erkennen beide Seiten die zeitlichen Lücken im gegnerischen Patrouillen-System. Bedingt durch das hochalpine, äußerst exponierte Klettergelände und durch die daraus resultierenden Versorgungsschwierigkeiten. Beiden Seiten fehlte es letzten Endes an genügend trainierten Hochalpinisten und ausreichendem Nachschub.
In kühnen Unternehmungen versucht man einander vorzukommen und Positionen dauernd zu besetzen, die bisher nur das Ziel von Patrouillentätigkeit waren. Wer zuerst die Gipfel besetzt, bleibt auf die Dauer gesehen erfolgreicher. Die Intensität des Krieges steigt entscheidend: ab sofort wird um Gipfel und Grate gekämpft. Mehr Kämpfer, längere Kampfdauer, der Kleinkrieg der blitzschnellen Patrouillen ist vorbei. Menschlich, wie soldatisch aber bildete gerade diese Kriegsführung mit Patrouillen ein kriegsgeschichtlich außergewöhnliches Moment des Gebirgskrieges: wenige Männer – blitzschnelle Aktionen – eine geringere Zahl von Opfern. Auf die Dauer aber konnte dieses System, dem Sepp Innerkofler zum Opfer fiel, nicht durchgehalten werden . . .

So möchte ich als besinnlichen Ausklang an das Ende dieses Abschnittes eine authentische Schilderung von Innerkoflers Tod stellen:
»Herrlich ging die Sonne auf, als die Patrouille Innerkofler ihren Aufstieg zum Paternkofelgipfel begann. Es versprach nach längerer Regenzeit ein schöner Sommertag zu werden.
Sepp Innerkofler trat seine letzte Bergfahrt an. Die Patrouille hatte Kletterschuhe angezogen und jede hemmende Ausrüstung zurückgelassen. Nur Forcher trug noch ein Kletterseil. Die Bewaffnung bestand aus je einem Stutzen (Innerkofler hatte seinen Mannlicher-Schönauer-Stutzen mitgenommen), je hundert Patronen und je einer Handgranate. Die Verpflegung trug jeder im Rucksack.
Über den Aufstieg erzählte Standschütze Rapp: ›In Kletterschuhen stiegen wir zum Gipfel an. Sepp voraus, dann ich, hinter mir Forcher, darauf der Lehrer Taibon aus Olang und nach ihm Piller und Rogger. Über eine kurze Geröllreiße gelangten wir zum knieförmig gebogenen Kamin mit einem eingeklemmten Felsblock . . . als wir beisammen waren, kletterten wir rasch der Reihe nach durch den Kamin auf den Gipfel, den wir in etwa 5 Minuten erreichten.‹
Es dürfte etwa 8 Uhr früh gewesen sein, als zuerst Sepp Innerkofler, dann Forcher und Rapp aus dem Kamin herauskletterten. Ihnen konnte aber nur noch Taibon folgen, denn schon, als Innerkofler aus dem Kamin sprang, wurde er von den italienischen Posten entdeckt, beschossen und mit Steinen beworfen. Die Steine polterten den Kamin hinab und hinderten die beiden Letzten der Patrouille . . . Innerkofler warf sofort eine Handgranate, die jedoch ebenso wie die folgenden nicht explodierte. Kurz darauf wurde Forcher durch einen Steinwurf am Kopfe leicht verletzt und gleichzeitig durch einen Gewehrschuß am rechten Oberschenkel verwundet . . . nach der Verwundung wandte sich Forcher sogleich hinter Innerkofler dem Kamin zu, stieg dort wieder ab und wurde von Piller und Rogger verbunden.
Inzwischen geschah am Gipfel das Unglück.
Während noch einige Gewehrschüsse gewechselt wurden, soll sich Innerkofler über die Deckung etwas erhoben haben, jedenfalls um zu beobachten oder um zu schießen.
›Da sehe ich ihn, schrieb Rapp, in die Stirn getroffen mit einem Aufschrei nach rückwärts auf das Geröll sinken und die Wand hinabstürzen.‹
Taibon schilderte den Vorgang folgend:
». . . hörte ich links von mir kein Schießen mehr, schaute hinüber und konnte Innerkofler nicht mehr erblicken, suchte blickend weiter und sah rückwärts zu meinen Füßen ganz am Abgrunde rotgefärbte Steine. Ich wußte genug und deutete dies meinem Nachbarn, Kameraden Rapp.‹
›Ich hatte nicht lange Zeit zum Nachdenken, setzte Rapp seine Schilderung fort, und feuerte weiter. Doch plötzlich wurde mir die unhaltbare Lage klar und ich rief meinem Kameraden Taibon zu, rasch wieder hinunterzuklettern . . . kamen wir beide ohne nennenswerten Schaden am Kamin

1916: Gefallenen-Denkmal auf der Plätzwiese (Bild oben) und Tiroler Kampfgräben im Hochwinter 1916 gegen Hohe Gaisl (3139 m) in unerhört lawinenreichem Gelände (Bild unten).

hinunter zur Wandschlucht. Wo ist der Sepp, fragten uns Piller, Forcher und Rogger . . . Ich deutete mit der Hand nach oben – es war mir unmöglich, ein Wort hervorzubringen.‹
Sepp Innerkofler war über den Rand der Gipfelfläche etwa 40–50 Meter tief auf einen Schneefleck am Ausstieg des Oppelkamines abgestürzt. Ein Glück war es, daß sein Körper im Felsen hängenblieb, sonst wäre er den ganzen Oppelkamin hinabgefallen . . . der Zusammenstoß am Gipfel muß ganz kurz gewesen sein, er dürfte höchstens zehn Minuten gedauert haben.

Die italienische Darstellung besagt . . . jene aber kletterten in der Wand, sich ganz andrückend, ruckweise vorstrebend und decken sich hierbei hinter jeder Felsrippe und hinter jeder Spalte. Ein herabfallendes Steinstück trifft die Stirne des Sepp, das Blut rinnt ihm über das Gesicht, seine Brillengläser laufen an, aber er klettert weiter. Sie haben fast den Gipfel erreicht. Wie auf ein Zeichen folgt dem ununterbrochenen Sausen der Geschosse und dem Surren der Steinsplitter vollkommene Ruhe. Im ganzen Tal, auf allen Gipfeln, sowohl diesseits wie jenseits der Schützengräben harrte alles im Zustande krampfhafter Erwartung. (Anm. d. Verf.: Sehen Sie dazu auf Seite 75 meine sensationellen Fotos und den Beobachtungsstand der bayerischen ›Leiber‹ und die Originalnotiz von Obstlt. Epp, im Momente als Innerkofler fiel.) Sepp ist noch zehn Schritte vom Gipfel entfernt. Er macht das Zeichen des Kreuzes und mit einem weit ausholenden Schwung schleudert er die erste Handgranate über die Steindeckung der Gipfelwache. Er wirft die zweite und die dritte. Da erscheint unvermutet auf der Mauer die Figur eines Alpinisoldaten, der in hocherhobenen Händen ein Felsstück hält . . . er ruft ihm (dem Sepp; Anm. d. Verf.) zu: ›Ah! no te vol andar via?‹ (Ah! willst du nicht weggehen?), nimmt ihn aufs Korn und schleudert mit beiden Händen das Felsstück. Sepp Innerkofler wirft die Arme gegen Himmel, fällt nach rückwärts, stürzt ab und bleibt im Oppelkamin hängen, tot . . . sie fanden die Leiche mit dem Rücken in den Kamin eingeklemmt, Oberkörper und Kopf freihängend . . . gelang es den Körper auf den Gipfel zu bringen. Dort wurde er bestattet. Sein Grab schmückte ein Kreuz, das mit dem Kletterseil des Helden umwunden war. Außerdem wurde eine Gedenktafel mit ehrenden Worten angebracht. Soweit die italienische Schilderung.« (Viktor Schemfil)

Wie der Leser inzwischen gesehen haben wird, sind die österreichische und italienische Schilderung über Innerkoflers Tod etwas abweichend. Die Ursachen dafür sind bis heute nicht geklärt, aber nicht aufgrund gezielter Manipulation vielleicht, sondern einfach deswegen, weil in der unglaublichen Schnelligkeit dieses Gefechtes die Situation für beide Seiten, die um ihr Leben kämpften, einfach nicht mehr überschaubar war. Der Kampf wurde beiderseits ritterlich geführt. Der Tod, ständiger Gefährte des Soldaten, ereilte Sepp Innerkofler.

1915 1916
HELDEN

4 Monte Piano

Jeder Unterabschnitt der hochalpinen Front hatte seinen berühmt-berüchtigten, höchst-gefährdeten Angelpunkt, auch »Brechpunkt« genannt. Oder um es kurz und bündig auszudrücken, seinen Brennpunkt. Meistens handelte es sich um den jeweils tiefgelegenen Frontraum, wo Freund oder Feind sich die größten Chancen für einen Durchbruch ausrechneten . . .
Was der Col di Lana im Abschnitt Buchenstein, die Trafoier Eiswand im Ortler-Abschnitt oder der Passo Segni im Adamello war, stellte der Monte Piano für den Abschnitt Sextener Dolomiten dar. Zur Orientierung empfehle ich: Touristen-Wanderkarte von Freytag-Berndt, Blatt 17.
Oberst im Bundesgrenzschutz a. D. Hans-Jürgen Pantenius gibt Ihnen nun eine umfassende Gesamtdarstellung der Piano-Kämpfe von 1915–1917:
»Der aus Schlerndolomit aufgebaute wuchtige Klotz mit seinen zwei Gipfeln, Mte. Piano (2301 m) und Mte. Piana (2325 m) erhebt sich hart ostwärts der Dolomitenstraße in unmittelbarer Nähe von Schluderbach. Im NO durch das Rienztal, im O durch das Rimbiancotal und im SW durch das Popenatal von seinen wildzackigen Nachbarn getrennt, nimmt er eine beherrschende Sperrstellung vor dem Zugang zum Höhlensteintal ein. Von hier bis zum Pustertal bei Toblach sind es nur 12 km. Wie der Name schon sagt, handelt es sich um ein ausgesprochenes Hochplateau, dessen steile, schwer gangbare Felswände nach Norden und Nordosten steil abfallen. Der Westhang ist etwas flacher und mit Latschen bewachsen. Nach Süden zu senkt sich das Gelände sanfter abfallend zum Misurinasee hinunter. Eine von West nach Ost über die Höhe verlaufende Einschnürung, die ›Forcella dei Castrati‹, gliedert die Hochfläche in eine nördliche und eine südliche Hälfte.
Bei Kriegsausbruch war der Mte. Piano im schnellen Zugriff von einer Alpiniabteilung besetzt worden. Im Verteidigungsrayon V, der den Dolomitenabschnitt vom Pordoijoch bis zum Hochspitz umfaßte, stand zunächst nur die 56. Gb. Brig., gestützt auf die total veralteten Werke Tre Sassi, Plätzwiese, Landro und Sexten. Anfang Juni 1915 wurde die Division ›Pustertal‹ unter dem Kdo. von FML L. Goiginger aufgestellt, ihr wurden die Kräfte des Rayons V unterstellt. Auf ital. Seite war dem Führer der 4. Armee der klare Auftrag erteilt, Toblach zu nehmen. Der Befehlshaber, Glt. Nava, hatte jedoch die ersten Kriegstage mehr oder weniger tatenlos verstreichen lassen. Erst am 28./29. 5. wurden der Tre-Croci-Paß und Cortina kampflos besetzt. Am 1. 6. 15 wurde die hier eingesetzte 10. ID. (I. Korps) damit beauftragt, die Sperren Plätzwiese, Landro und Sexten anzugreifen. Die 10. ID. verharrte weiter in Untätigkeit und begnügte sich mit der Einbeziehung einiger Höhenpunkte im Dreizinnengebiet ostw. des Mte. Piano. Ungleich rühriger waren die Verteidiger. Schon einen Tag nach Kommandoübernahme faßte FML Goiginger den Entschluß, den Mte. Piano den Italienern wegzunehmen. Mit der Durchführung des auf reine Überraschung aufgebauten Unternehmens wurde der Unterabschnittskdt. 10a – Plätzwiese – Lt. Bernhard vom Kaiserschützenrgt. III beauftragt. Der Angriff sollte nach nächtlichem Anstieg von Landro und Schluderbach aus von zwei etwa gleichstarken Angriffsgruppen ohne schwere Waffen gleichzeitig am frühen Morgen des 7. 6. von Norden und Westen her durchgeführt werden. Die aus bergerfahrenen Freiwilligen zusammengestellte Kräftegruppe, 3 Offiziere und 180 Mann aller Waffengattungen, wurden in der Sperre Landro versammelt, ausgerüstet und eingewiesen. Die Westkolonne, die von Schluderbach aus anzutreten hatte, führte Lt. Bernhard persönlich, die Abt. Landro ein Landsturmoblt., dem der Fähnrich Alteneder vom Kaiserschützenrgt. I zugeteilt war. Die Werkartillerie von Plätzwiese hatte Auftrag, die Angriffsgruppen nach erfolgtem Einbruch gegen die zu erwartenden Gegenangriffe zu unterstützen. Der nächtliche Anstieg gestaltete sich bei Nacht und lautloser Bewegung äußerst schwierig, zumal auf den alten Steigen eine Menge Hindernisse überwunden werden mußten. Das Aufstiegstempo verringerte sich besonders bei der Nordgruppe, der ruthenische Ziviltäger beigegeben waren. Nur die Spitze unter dem Fähnrich kam einigermaßen rasch voran. Auch die Westgruppe langte erst mit Tagesanbruch am Plateaurand an. Die oben eingesetzten Alpini hatten einen Überraschungsangriff bei Nacht für unmöglich gehalten, dementsprechend war der Sicherungsdienst etwas sorglos gehandhabt worden. Zwar stieß die Spitze der Westkolonne genau auf einen Posten, konnte ihn jedoch ausschalten. Lt. Bernhard faßte den richtigen Entschluß, die Gunst der Lage auszunutzen, und sofort, ohne auf die Nordkolonne zu warten, anzugreifen.
Angefeuert durch das Beispiel ihrer beiden tapferen Kommandanten, Oblt. de Toni und Oblt. de Pluri von der Alpinitruppe rafften sich die Verteidiger zum Gegenstoß auf. Das Gefecht wurde durch das Eingreifen der Gruppe des Fähn-

1916: Im Schützengraben am Monte Piano. Im Hintergrund die Drei Zinnen.

Hochwinter 1916/17: Tiroler Kampfgraben auf Schönleitenspitze (2720 m) gegen Monte-Piano-Gruppe (Bild oben). 1916: Blick von den Stellungen am Zinnenplateau gegen Piano-Rükken und Monte Cristallo (Bild unten).

richs Alteneder von der Nordgruppe zugunsten der Österreicher entschieden. Die Alpini wichen nach Süden aus nachdem ihre beiden Offiziere gefallen waren. Lt. Bernhard ließ die Südkuppe bis zu ihrem südlichen Rand besetzen, der Mte. Piano war in österreichischem Besitz. Unter dem Eindruck des schweren Artilleriefeuers wurde der gewonnene Raum auf Befehl des Kommandos in Landro jedoch am gleichen Tage aufgegeben und die Besatzung auf eine Linie beiderseits der Nordkuppe zurückgenommen. Auf der Südkuppe setzten sich die Italiener unverzüglich wieder fest. In der Folgezeit entstand hier zwischen den Kuppen ein erbittert geführter Stellungskampf mit wechselnden Erfolgen.

Nach den für die Angreifer wenig erfolgreichen Junikämpfen trat bei der 4. Armee eine Pause ein, die mit Heranschaffen schwerer Artillerie und Umgruppierungen ausgefüllt war. Ziel der nächsten Angriffe der 4. Armee war die Inbesitznahme des Raumes zwischen Sella–Bruneck–Toblach. Hierzu hielten die Italiener die Niederkämpfung der in diesem Raum befindlichen Sperrforts für notwendig. Während links das IX. Korps schon im Juni nahe an die Werke Ruaz, Corte und Tre Sassi herangekommen war, mußte sich das I. Korps rechts den Einschließungsraum vor Plätzwiese, Landro und Sexten erst noch erkämpfen. Hierzu hatte die 2. ID beiderseits von Cortina nach Nordwesten gegen das Rautal anzugreifen, während die rechts eingesetzte 10. ID zwischen Mte. Peralba und dem Popenatal eingesetzt wurde. Im Zusammenhang mit diesem Angriff, der am 7. 7. begann, kam es um den Mte. Piano zu schweren Kämpfen vom 15. bis 22. Juli. Die westliche Angriffskolonne der 10. ID versuchte sich in den Besitz dieser wichtigen Stellung zu setzen. Es gelang ihr am 18. 7. in die am Westhang gelegene sogenannte »Popenastellung« einzubrechen und am 20. 7. durch örtliche Umfassung bis in die Feuerstellungen zweier vorgeschobener Geschütze zu gelangen. Der beinahe erfolgreiche Angriff am 19. u. 20. war von der 6./IR 56 – Hptm. Mortara –, der 96. Alpinikp. – Hpt. Rossi –, der 7./IR 56, der 2./IR 55 und einem Offizieranwärterzug durchgeführt worden. Unter dem Eindruck des schweren Artilleriefeuers war die Masse der Verteidiger in die Reservestellung hart unter dem Nordkuppenrand ausgewichen. Unter tatkräftiger Mitwirkung der beiden auf dem Plateau eingebauten Geschützzüge gelang jedoch der Gegenstoß unter Führung von Hptm. Gröschl. In halbstündigem Nahkampf wird die Nordkuppe zurückerobert.

In der Folge wurde die gefährdete Popenastellung am Westhang durch Einnisten eines Alpindetachements auf den Nordhängen des Mte. Cristallo besser abgesichert. Vor allem aber wurde dem technischen Ausbau der Stellungen mehr Mittel zugewiesen, so daß jederzeit ein von der feindlichen Artillerie ungefährdetes Eingreifen örtlicher Reserven möglich wurde. Die Stellungen wurden vertieft und ausgebaut, so daß dieser wichtige Stützpunkt, der ständig im Kreuzfeuer der schweren Artillerie des Angreifers lag, auch auf die Dauer gehalten werden konnte.

Im August 1915 versuchte diesmal die 2. ID. den Mte. Piano zu nehmen. Nach zwei Ablenkungsangriffen am 2. und 4. 8. erfolgte der Hauptangriff am 11. 8. gegen die österr. Stellung im Popenatal. Am Abend erfolgte ein Durchbruch am Westhang des Mte. Piano. Am 12. entstand bei den Bemühungen der Angreifer, den ersten Erfolg auszuweiten, eine kritische Lage, die erst am 13. durch Gegenangriff der dort eingesetzten Kaiserjäger und 59er bereinigt werden konnte.

Zu letzten harten und verlustreichen Kämpfen auf dem Mte. Piano kam es in der zweiten Oktoberhälfte 1917 kurz vor der großen Durchbruchsschlacht am Isonzo, in deren Folge die gesamte Dolomitenfront von den italienischen Kräften geräumt werden mußte. Die Besatzung bildete seit August 1916 das II./Tiroler Kaiserjägerregiment 2 unter Hptm. v. Falkenhausen. Der unmittelbar gegenüberliegende Gegner war das III./IR 54 unter Major Piacenza. Zur Verstärkung der Angriffstruppen wurde u. a. auch das brandenburgische Jägerbatl. 3 herangezogen. 74 Geschütze und 18 Minenwerfer sollten den Angriff unterstützen. Bei eiskaltem Schlechtwetter setzte am 22. 10. um 05.10 Uhr das Artilleriefeuer ein. Die Italiener hatten jedoch Vorbereitung und Absicht erkannt und waren voll abwehrbereit. Im zusammengefaßten Abwehrfeuer der gesamten Abschnittsartillerie brach der Angriff frühzeitig zusammen. Nur an zwei Stellen gelang ein Einbruch in die ital. Stellung. Gegen Mittag wurde der Angriff auf Befehl der Division eingestellt. In der folgenden Nacht wurden die Sturmtruppen unbehelligt vom Gegner in die Ausgangsstellungen zurückgenommen. Die Verluste betrugen etwa 200 Mann. Das Unternehmen war ein glatter Mißerfolg.

Am 3. 11. 17 räumten die Italiener auch den Mte. Piano im Zuge der Rückwärtsbewegung der gesamten 4. Armee.«

5 Tofana I, II, III

Blick vom Gipfel des Saß Songher (2665 m) oberhalb von Kolfuschg gegen den Kampfabschnitt Lagazuoi – Tofana I, II und III (von rechts nach links).

Im selbstverständlich kontinuierlich zusammenhängenden weiteren Frontverlauf von den Sextenern westwärts möchte ich bewußt und ganz gezielt zwei Gruppierungen treffen:
1. Den Tofana-Abschnitt und
2. Den Fanes-Falzarego-Abschnitt (6).

Üblicherweise wird aufgrund des engen geographischen Zusammenhanges beider Gebirgsstöcke und der daraus folgenden zusammenhängenden Kriegsereignisse eine Gesamtdarstellung bezüglich Tofanen – Fanes – Falzarego bevorzugt in der Literatur durchgeführt. Dies trifft vor allem auf italienische Schilderungen zu, die aber ihren Grund in der Tatsache haben, daß auf italienischer Seite dieser Raum seit eh und je als eine geographische Einheit betrachtet wird. Im Frieden und im Krieg. Nicht so aber auf Tiroler Seite: die Geschichte der beiden Gebirgsstöcke (Fanes und Tofanen) zeigt in allen Jahrhunderten deutliche Unterschiede: eine jeweils eigene Welt von Sagen, Legenden, Überlieferungen und auch getrennte bergbäuerliche Siedlungs- und Wirtschaftsformen. So war der Stock der drei Tofanen immer eindeutig nach Osten orientiert. Die Fanes-Berge aber hatten und haben auch heute noch ihre hauptsächlichen Bezugspunkte westwärts gegen das Abtei- und Gadertal. Nur zwei große Querverbindungen ermöglichen den Durchgang durch beide Gruppen in Richtung von West nach Ost bzw. umgekehrt: Vom Rautal über Groß- und Klein-Fanesalm durch das Fanestal nach Peutelstein und andererseits (südlich beider Gebirgsstöcke) von Sankt Kassian über Valparola- und Falzaregopaß nach Cortina.
So finden wir also eindeutige Trennungen zwischen beiden Gebirgsstöcken. Nur ein einziges Tal liegt dazwischen – sackartig, schlauchartig und von wilder Schönheit – das Travenanzestal. Als einziges Tal vermittelt es durch beide Gruppen den Zugang von Nord nach Süd bzw. umgekehrt.
Und wo vor dem Krieg hier Saumsteige, Gangsteigerl von Einheimischen und wenigen Bergsteigern benützt wurden, tobten heiße Kämpfe im Travenanzestal, da es sich für beide Seiten als ideale geographische Durchbruchslinie anbot. Beide Seiten versuchen die begleitenden Höhenzüge – im Osten die drei Tofanen – im Westen den Kamm Fanisspitzen – Monte Vallon Bianco zu besetzen, um durch flankierende Angriffs- und Gefechtsaktionen die jeweiligen Durchbruchsversuche durch den Schlauch des Travenanzestales zu unterstützen.
Das Travenanzestal wird zum Angelpunkt, zum Brennpunkt der Tofana-Front wie auch der Fanes-Front.
Im Abschnitt Tofana I, II und III zeigt die Alpini-Truppe im Rahmen dieses Krieges ihren bedeutendsten Einsatz. Ja die Tofanen wurden durch die Kriegsereignisse für die Alpini-Regimenter zum Symbol des Gebirgskrieges 1915–18.
Wir aber wollen uns hier ganz bewußt auf die Ereignisse auf den drei Tofanen und im Travenanzestal beschränken. Das Kampfgeschehen rund um Fanes und Falzarego ist der Inhalt des nächsten Abschnittes (6) dieser Dokumentation.
Der generelle Frontverlauf sah wie folgt aus: Vom Raum Punta del Forame über Rufreddo kommend über: Monte Cadini (2363 m) – Son Pauses – Monte Vallon Bianco (2688 m) – Travenanzestal – Tofana III (3238 m) – Tofana II (3244 m) – Tofana I (3224 m) – bzw. diesen gegenüber – Castello (2809 m) – Fanisturm (2922 m) – Fanisspitze (2988 m).
Knapp nach Kriegsausbruch besetzten bayerische »Leiber« die Tofana I, die jedoch Mitte September 1915 von den Alpini rückerobert wurde. Besonders erbittert gekämpft wurde um das Kar Il Masare und um den Raum Fontana Negra – beide zu Füßen der Tofanen liegend. Das Kar Il Masare besetzten Mitte 1916 die Österreicher und beherrschten die in ihm liegende Fontana-Negra-Stellung. Im Juli 1916 gelang es den Alpini in einer unerhört kühnen Aktion – abkletternd von der Tofana II – das Kar und die Fontana-Negra-Stellung zu erobern. Nachfolgend versuchten sie dann in das Travenanzestal einzudringen – was aber nicht gelang.
Im Frühjahr 1917 stellte sich dann die hochalpine, militärische Lage folgend dar:
Italienische Linie: Lorto (2190 m) besetzt mit zwei Maschinengewehren plus Bedienungsmannschaften – Kote 2922 (im Kamm Lorto – Tofana III) mit italienischem Geschütz – Tofana III (3238 m) mit italienischem Maschinengewehr und zwei Geschützen und mehrere MG-Stellungen in den Westwänden – Tofana II (3244 m) mit ital. Maschinengewehren und Geschützen – Tofana I (3224 m) mit italienischen Maschinengewehren, Geschützen und Minenwerfern. Von hier zog die italienische Frontlinie in einem Bogen über Cima di Falzarego zum Lagazuoi (Lagatschoi). Doch davon im nächsten Abschnitt (6) mehr.
Die Stellungen der Österreicher verliefen: Monte Vallon Bianco (2688 m) – Furcia-Rossa-Spitzen (2665 m) bestückt

mit sieben Minenwerfern – Castello (2809 m) mit 6 Geschützen – Monte Cavallo (2896 m) mit Minenwerfern, Geschützen, Maschinengewehren – Fanisspitze (2988 m) – Fanisturm (2922 m) – Lagazuoi (2778 m).
Die von den drei Tofanen nach Westen in das Travenanzestal abstürzenden Steilwände, Kaminsysteme und Felsbänder beherrschten die Alpini mit acht Minenwerfer-Positionen, vier Feldwachen und zwei Geschützstellungen.
Der Talboden des Travenanzestales aber gehörte den österreichischen Verteidigern; im ersten Kriegsjahr den Soldaten des Deutschen Alpenkorps.
Die gesamten Felswände vom Monte Vallon Bianco bis zum Lagazuoi hielten die Österreicher mit: ca. 25 Minenwerfern, acht Geschützstellungen, zahlreichen MG-Stellungen und mehreren, unregelmäßig besetzten Feldwachen.
Die militärische Lage war also im letzten hier erfolgenden Kriegsjahr (1917) wie in einem blutigen Amphitheater: entlang der ungeheuren Wände des Travenanzestales lagen Freund und Feind auf direkter Sicht- und Schußweite gegenüber. Das ihnen zu Füßen liegende Tal bildete den hauptsächlichen Kampfraum – galt es doch, durch eben dieses Tal nordwärts (die Italiener) bzw. südwärts (die Österreicher) durchzubrechen.
Wieder finden wir die typische Situation des Gebirgskrieges 1915–18: beide Seiten beherrschen Höhenstellungen, beiden Seiten ist es nicht möglich, durch die wenigen Täler durchzubrechen. Beide Seiten binden ein beachtliches Maß an Mann und Material und beide Seiten zermürben einander im ewigen Kleinkrieg der Patrouillen, nur unterbrochen von einzelnen, dann aber überaus spektakulären Angriffsaktionen.
Nun, auch die abschließende Beurteilung der Ereignisse im Raum der Tofanen läuft darauf hinaus, daß den Italienern der Durchbruch nach Norden nicht gelungen ist. Sie konnten nie in einer großangelegten, hochalpinen Durchbruchsaktion den Raum Rufreddo – Forame – Piano durchstoßen, mit in weiterer Folge bis in das Pustertal. Das Vorhaben der Verteidiger allerdings gelang. Schließlich konnten die so mühsam errungenen hochalpinen Positionen hervorragend im Zuge der Herbst-Offensive 1917 dazu herhalten, blitzschnell aus den Dolomiten gegen die italienische Tiefebene vorzustoßen.
Der Kampf um die Tofanen und um Fanes-Falzarego war aber auch in anderer Hinsicht für Italien von besonderer, überragender Bedeutung: Erstens einmal wegen des vorher erwähnten Durchbrechens nach Norden in den Raum Pustertal, andererseits aber wegen des Durchbrechens in den Abschnitt Corvara (Kurfar) – Kolfuschg – Abteital, einem der ganz großen Etappenzentren der Dolomitenfront und österreichischer Hauptort für Nachschub, Transport, Sanitätswesen etc.
So drehte es sich im Rahmen der Verteidiger um eine – fast klassisch zu nennende – Rundumverteidigung im Hochgebirge. Besonders tragisch wirkte sich im Abschnitt Tofanen – wegen der unerhört steilen Wandfluchten und Hochkare – der Winter jeweils aus. Tagelang donnerten die Lawinen von den Gipfeln in die Täler und erstickten jede Kampftätigkeit. Für beide Seiten drehte es sich dann nur mehr um das nackte Überleben – um nichts anderes mehr. Die Lawinen forderten auch hier viel mehr Opfer als die eigentlichen Kampfhandlungen. Das Halten des Travenanzestales war bereits zu Kriegszeiten sehr umstritten und wurde von General Krafft von Dellmensingen, dem Kommandanten des Deutschen Alpenkorps, mit Recht in Frage gestellt: er hätte es vorgezogen, eine etwas nördlicher verlaufende Linie besetzt zu halten und nicht diesen Todeskessel des Travenanzestales.
Mit seiner Meinung konnte er sich allerdings nie gegen Feldmarschalleutnant Goiginger, der in vielen seiner Entscheidungen sehr umstritten war, durchsetzen.

Nachfolgend möchte ich wieder besonders wichtige Gefechte aus dem Ringen herausgreifen:
Eroberung der Cima di Bois, Juli 1915: mit starkem Artilleriefeuer belegen die Italiener die Verteidiger auf Forcella di Bois und Fontana Negra. Im nachfolgenden Nahangriff kämpft das Alpinibataillon Belluno vier Tage gegen diese Stellungen . . .
Nach viertägigem Nahkampf (!) gelingt es dieser Alpini-Elite-Einheit die Cima di Bois und Fontana Negra dauernd zu besetzen. Die Verteidiger müssen ihre Stellungen in das Travenanzestal zurückziehen.
Angriffe gegen die Tofanen: Mitte Juli 1915 erhält Major Spiegel den Auftrag, die Tofana I zurückzuerobern und eventuell auch noch die Tofana II. Mit knapp 80 Angehörigen zweier Schneeschuhbataillone macht er sich an diese Aufgabe. In der Nacht zum 21. Juli durchstiegen die Angriffsgruppen die Wandfluchten, teilweise durch die Nordwand! Jedoch als erste Gruppe erreicht eine Patrouille des Deutschen Alpenkorps den Gipfel der Tofana I. Es war die

Das Bild zeigt einen Sturmzug der Tiroler Kaiserjäger. Der Krieg in den Dolomiten wäre unmöglich durchzuführen gewesen, wenn nicht an allen Kampfabschnitten Angehörige der Tiroler Kaiserjäger-Regimenter mit höchstem Einsatz gekämpft hätten.
Entsprechend dem Ablauf des hochalpinen Kampfgeschehens erfolgte der Einsatz der Kaiserjäger in Form von meist kleinen Angriffsgruppen. So bildeten sich schon bald nach Kriegsausbruch die berühmten Streifkompanien der Kaiserjäger. Diese Streifkompanien wurden an extrem gefährdeten Frontabschnitten eingesetzt. Zum Jahreswechsel 1915/16 wurden Kaiserjäger des 1. Regimentes im Travenanzestal, auf der Fontana-Negra und im Gebiet der Fanes-Sperrlinie vom Hochwinter überrascht.
Im Toben des Hochwinters, im Donnern der Lawinen standen sie – wie gewohnt – ihren Mann: von Freund und Feind gleichermaßen geachtet.

Ein Bild höchster Dramatik: Kaiserjäger seilen einen verwundeten Kameraden im Tofana-Abschnitt ab.

höchste Position, die von Soldaten des Deutschen Alpenkorps im Kriege erreicht wurde und stellt in der Kriegsgeschichte eine einzigartige Tat dar.
Kämpfe um die Fontana Negra, 1915: Diese Stellung war wohl die gefährlichste im gesamten Travenanzestal. Nur über eine Leiter konnte man in Stellung gelangen – über insgesamt 274 Eisenstifte! Dazu kam noch, daß dieser einzige Aufstiegsweg im italienischen Feuerbereich lag und somit nur bei Nacht benützbar war. Nach Überwindung der Leiter folgte noch ein stundenlanger Weg bis – ja bis die einsame Feldwache auf der Fontana Negra erreicht war. Die Männer der Feldwache waren völlig auf sich allein angewiesen: im Falle eines Angriffes konnten sie auf keinerlei Hilfe, Nachschub, Unterstützung oder gar Entsatz hoffen. Diese exponierte Lage führte letztlich zur Einnahme durch Alpini, die nur knapp hundert Meter gegenüberlagen. Besonders bei schlechtem Wetter, im Schutze von Nebel oder in der Nacht erfolgten zahlreiche italienische Angriffe. Die Mannschaft auf der Fontana Negra kam nie zur Ruhe.

»Am 20. Juli drang ein starker Trupp gegen die Stellung vor. Am rechten Flügel, 80 Schritte vor der eigenen Steinmauer, befand sich ein Doppelposten, den dazumal die Landstürmer Anton Hilber und Johann Seeber besetzt hatten. Auf nächste Distanz ließen die beiden den Gegner heran, tollkühn und kaltblütig eröffneten sie dann ihr wohlgezieltes Feuer. Nur 20 Italiener kamen in die Hauptstellung . . . kein einziger Angreifer entkam« (Dr. Guido Burtscher).
Der Tod des Generals – auch Generäle sterben im Krieg: Obiges Gefecht scheint – zumindest nach italienischen, zuverlässigen Quellen – von einem General direkt geleitet worden zu sein: eine überaus ungewöhnliche, äußerst seltene und kriegsgeschichtlich einzigartige Unternehmung, zumindest im Rahmen des Hochgebirgskrieges 1915–18. Diese Unternehmung zeigt aber auch, mit welch unglaublicher Erbitterung gekämpft wurde: vom einfachen Soldaten bis zum General. Jener General, um den es sich hier dreht, war Antonio Cantore. An vorderster Stelle beobachtete er mit dem Feldstecher den Nahangriff der Alpini. Trotz mehrmaliger Ermahnungen seiner Kameraden, beharrte er darauf, in direkter Frontlinie das Gefecht zu leiten. Schlagartig und lautlos im allgemeinen Gefechtslärm ereilte ihn der Tod. Von einem Scharfschützen direkt in die Stirne getroffen, entglitt ihm das Fernglas. Tot sank der General zu Boden . . .
Ich hatte das unerhörte Glück, einen ehemaligen Kämpfer jenes denkwürdigen Tages zu treffen. Von ihm konnte ich nähere Umstände des Todes von General Cantore erfahren. Ich mußte allerdings dem ehemaligen Soldaten das Versprechen geben, seinen Namen nicht zu nennen. Nur eines sei gesagt: er lebt in Nordtirol, im Brixental. »Cantore hatte zur Tarnung eine einfache Uniformjacke an, um nicht als Offizier, nicht als General kenntlich zu sein. Denn die Scharfschützen beider Seiten hatten Auftrag, nach Möglichkeit Truppenführer, Offiziere zu erschießen. Cantore aber vergaß, seine Generalskappe gegen die eines gewöhnlichen Soldaten auszutauschen. Das kostete ihm das Leben.«
Der Schuß ging direkt durch die Generalskappe in die Stirn . . .
Mein Informant lebt noch. Seine Mitteilungen sind schriftlich niedergehalten. Ich habe versprochen, erst nach seinem Ableben das Schweigen um seine Person zu brechen.
Der Tod des Generals wurde zum Symbol des italienischen Widerstandes. Er wurde zum Inbegriff des Kampfwillens und Einsatzes der Alpini-Regimenter.
So verbanden sich bereits in den ersten Kriegswochen berühmte, große Namen, edle Männer und ritterliche Kämpfer mit dem Krieg auf den Dolomitengipfeln: Sepp Innerkofler und General Antonio Cantore. Beide blieben bis heute Inbegriff des »Einsamen Krieges«.

6 Fanes und Falzarego

Vom Abtei- bzw. Gadertal führt über den Valparola-Paß (2168 m) und in weiterer Folge über den Falzarego-Paß (2105 m) eine gleichsam ideale Straßenverbindung in das Becken von Cortina. Im Krieg stellte diese Straßenverbindung über die beiden Pässe eine ideale Durchbruchslinie für die Italiener in den Raum Corvara (Kurfar) und Kolfuschg dar. So entstehen entlang dieser beiden Pässe und auf den umliegenden Bergen heftige Kämpfe um den Besitz der Pässe: wer diese beherrscht, gewinnt den Zugang in die Talorte.
Wie im vorigen Abschnitt dargelegt, besetzten die Alpini nach den einleitenden Kämpfen des Jahres 1915 den gesamten Tofana-Kamm. Ihnen gegenüber aber sitzen am Fanishauptkamm und in seinen Wänden verschanzt die Tiroler Landesverteidiger. Der Tofana-Hauptkamm fällt in Form des Castelletto (2657 m), der Fanis-Hauptkamm in Form des Lagazuoi-Massivs gegen Süden, also gegen die Paßhöhen von Falzarego und Valparola ab. Der Castelletto und der Große und Kleine Lagazuoi bilden hier die Eckpfeiler der Front. Diese verlief jenseits, südlich der Paßhöhen über das Fort Tre Sassi zum Gipfel des Settsaß (2562 m) bzw. Sasso di Stria (2477 m) und schließlich zum Monte Sief (2426 m) und zum Col di Lana (2462 m). Vom Gipfel des Settsaß strich ein flankierender Frontverlauf gegen die Pralongia oberhalb von Corvara.
Aus den hohen Bergen der Sextener, der Tofanen und der Fanisspitzen kommend, erreichte die Dolomitenfront im Abschnitt Valparola und Falzarego ihren ersten, kritischen Bereich: tiefergelegene Regionen, die sich für Durchbruchsversuche der Italiener direkt anboten. Wir werden auch im nächsten Abschnitt (Col di Lana) sehen, daß aufgrund der niedrigen Höhen, die die umkämpften Berge hier aufweisen, das größte Kampfgeschehen im Rahmen der Dolomitenfront entstehen wird. Erkauft mit unendlichen Menschenopfern, mit Blut und unzähligen Gefallenen. Bereits am Falzaregopaß und im Abschnitt Lagazuoi verkrallen sich beide Seiten derart unwiderstehlich in den Felswänden, daß jede direkte Angriffsaktion zum Stehen kommen mußte. Der Krieg wird um eine Stufe mörderischer: er wird zum Minenkrieg.
Mit Sprengstollen, unter die gegnerischen Stellungen vorgetrieben, versucht man die feindlichen Besatzungen gleich mitsamt dem besetzten Berg in die Luft zu sprengen.
Unvorstellbares hat sich hier in der Geschichte der Menschheit ereignet! Nachdem man die Verteidiger nicht vertreiben kann, sprengt man sie kurzerhand mit dem Berg in die Luft!
Rund um das Fort Tre Sassi am Valparola-Paß hatten die Durchbruchsversuche der Italiener keinen Erfolg. Einerseits besetzten die Verteidiger den Sasso di Stria, die Italiener aber lagen direkt gegenüber in den Südwänden des Kleinen Lagazuoi (2778 m). Das ganze Wandsystem, insbesondere die Felsbänder hatten die Italiener stark befestigt. Aus den Wänden griffen sie direkt die Verteidiger an. Die Alpini beherrschten praktisch die Paßhöhe! So legten die Österreicher einen Sprengstollen gegen die italienischen Stellungen an. In zweimaligen Sprengungen gelang es, den Feind zu vertreiben. Nach der ersten Sprengung allerdings noch nicht, da die Alpini unverzüglich nach der Sprengung einen Teil der nicht gesprengten Bänder wieder in Besitz nahmen (Cengia Martini).
In mühseligen Arbeiten wurde daher ein zweiter Sprengstollen gegen die italienischen Wandstellungen vorgetrieben.
22. Mai 1917: Am Ende des nun fertigen Sprengstollens wird die Sprengkammer mit über tausend Kisten Sprengstoff gefüllt. Der Gang, der von der Sprengkammer nach außen führt, wird abgedämmt, zugefüllt, um die Sprengwirkung noch zu erhöhen.
Im Augenblick der Sprengung stürzt die Wand in sich zusammen. Der Berg bäumt sich auf. Ein Zittern geht über den Paß. Über 200 Meter Wandhöhe stürzen in sich – mit den Alpini – zusammen.
Hermann Delago schätzt die abgesprengte Felsmasse auf über 100000 Kubikmeter und berichtet, daß nach der Sprengung nochmals 30000 Kubikmeter Gestein in die Tiefe stürzten. Doch nicht nur an Lagazuoi wurde der Berg mitsamt der Besatzung in die Luft gesprengt, sondern ebenso geschah dies am Castelletto (2657 m).
Sicher – die Alpini beherrschten schon bald nach Kriegsausbruch die Höhen und Grate der drei Tofanen und ihren südlichen Vorgipfel, die Cima di Bois. Dazwischen aber lag der Dorn im Fleisch für die Alpini: nämlich die Punta di Bois, die von den Tiroler Landesverteidigern eisern gehalten wurde. So befand sich diese Tiroler Stellung mitten im italienischen Frontverlauf.
Sämtliche Angriffe gegen die Verteidiger scheiterten an deren hartnäckigem Widerstand. Ein halbes Hundert Kaiserjäger (Streifkompanie Nr. 6) beharrten auf der Punta del Bois. Da war auch für die Alpini kein Kraut dagegen gewachsen.

Das Festungswerk Tre Sassi im Kriegsjahr 1916. Hinter dem Festungswerk der Rücken des Col di Lana und Monte Sief, den schneeweißen Gletschern der Marmolata (Hintergrund) vorgelagert.
Von der Stahl-Armierung der Decke des Festungswerkes ist nach der Beschießung nicht mehr viel übriggeblieben. Die italienischen 24-cm-Geschosse durchschlugen nach mehrstündiger Beschießung die obere Decke des Werkes und das obere Geschoß. Nur im letzten Augenblick konnten sich die Verteidiger – Tiroler Kaiserjäger und Kaiserschützen in das Untergeschoß retten . . . Eine Gegenwehr der Werksbesatzung war nicht möglich: die Italiener beschossen Tre Sassi von weither im indirekten Beschuß. Eingesperrt im Dröhnen konnte die Werksbesatzung erst nach zehnstündigem Beschuß die nächste rettende Stellung – um das eigene Leben rennend – erreichen.

Am Gipfel des Saß Songher über Kolfuschg: Unter dem linken Kreuzbalken die Straße auf Valparola- und Falzarego-Paß. Über der Straße die Wandstürze des Lagazuoi: im Krieg mit den Verteidigern abgesprengt.

Im militärischen Decknamen-Sprachgebrauch benannten die Österreicher die Punta del Bois als Schreckenstein, für die Italiener hieß er nur Castelletto. Hermann Delago, einer der bedeutendsten Dolomiten-Chronisten, hat uns einen erschütternden Bericht über die Sprengung des Schreckensteins überliefert: ». . . die Besatzung sollte in die Luft gesprengt werden, Tag und Nacht arbeiteten die Italiener mit drei elektrischen Bohrmaschinen. Die Österreicher bemühten sich zwar, eine Gegenmine zu legen, allein die Arbeiten gingen mit den geringen Mitteln, die zur Verfügung standen, nur sehr langsam vonstatten. Anfang Juli waren die Italiener mit ihren Bohrarbeiten fertig. Durch die Tofanawand war eine Tunnelreihe angelegt und unter der österreischischen Stellung auf dem Schreckenstein eine Sprengkammer eingebaut. Sie wurde mit 35 Tonnen Spreng-Gelatine geladen. Die Besatzung war über die Lage der Sprengkammer wohl unterrichtet, hatte jedoch keine Mittel zu einem Gegenunternehmen. Es wurde die Besatzung von 80 auf 120 Mann verstärkt und die Stellungen außerhalb des vermutlichen Sprengkegels besetzt. Nur die Posten, wohl wissend, daß sie bei einer Sprengung dem Tode geweiht seien, standen im alten Raume. Am 11. Juli 1916 um 3 Uhr 20 Min. früh erfolgte die lange erwartete Sprengung. Mit unheimlichem Donner und unter großem Feuerschein erhob sich der südliche Teil des Schreckensteins . . . unmittelbar nach der Sprengung setzte äußerst heftiges Artilleriefeuer aus mehr als hundert italienischen Geschützen auf die ganze Stellung ein.«

Im Laufe der nachfolgenden Kämpfe mußte der Schreckenstein von den Österreichern schließlich geräumt werden. Sie verlegten die Stellung in das oberste Travenanzestal und hielten diese bis zum Abzug der Italiener im Herbst 1917. Die Sprengung des Schreckensteins änderte die militärische Gesamtlage nicht.

Der dritte Angelpunkt dieses Frontabschnittes – neben Schreckenstein und Sasso di Stria bzw. Lagazuoi war das Fort Tre Sassi auf der Höhe des Valparola-Passes. Bereits im Sommer 1915 mußte es von den Verteidigern, Kaiserjägern und Kaiserschützen, geräumt werden. »Es war etwa fünf Uhr morgens, als wir nach ruhiger Nacht, plötzlich von einem furchtbaren Donner geweckt, zu den Schießscharten stürzten. Alarm! Das Werk wird vom Gegner mit 24-cm-Bomben beworfen . . . immer präziser schießt sich der Feind ein . . . so vergeht der Vormittag. Schon hat der schwere Stahl das Verdeck des Werkes erreicht. Der Zeitpunkt der Räumung des obersten Stockwerkes ist gekommen. Wir besetzen den unteren Teil des Forts, der größere Sicherheit bietet. Da – es ist etwa 1 Uhr mittags – hat der Gegner sein Ziel ganz erreicht. Mit furchtbarem Geheule hat eine Bombe den Weg durchs Verdeck des Werkes in die im ersten Stockwerk gelegene Küche erreicht . . . nun folgt Schuß um Schuß . . . Finsternis und undurchdringliche Rauch- und Gaswolken erfüllen das Werk . . . der Befehl zum Verlassen des Werkes wird gegeben. Mehr als 10 Stunden hat die brave Besatzung der übermächtigen Beschießung standgehalten. Die nächste schützende Stellung war 300 Meter entfernt und mußte einzeln, immer im schweren Artilleriefeuer laufend, erreicht werden. Erst gegen Abend ließ das feindliche Feuer nach. Das Fort lag kampfunfähig vor dem Gegner. Wohl hatte das tote Werk seine Rolle ausgespielt, aber an seine Stelle trat die lebendige Sperre, die nicht zum Wanken zu bringen war. Immer wieder richtete der Feind im weiteren Verlauf des Krieges schwere Anstürme gegen diese Höhe. Sie wurden vergeblich unternommen...« (H. Gerlich, einer der Verteidiger des Festungswerkes Tre Sassi am Valparola-Paß).

Minenkrieg, Sprengkrieg, Nahkämpfe und Zertrümmerung der Paß-Sperre (Tre Sassi) konnten den Durchbruch der Italiener nicht einleiten. Verheerend aber waren die Opfer, die diese erbitterte Kriegführung verursachte. Nirgends in den Dolomiten wurde so zäh und hart gekämpft, wie auf Fanes, Falzarego und Valparola – außer noch am Col di Lana.

7 Col di Lana

Wenn man vom Dolomiten-Krieg spricht, so denkt man an die Marmolata-Kämpfe, man erinnert sich an Sepp Innerkofler, die Alpini gedenken ihres Generals Antonio Cantore, der in den Felsen der Tofanen fiel.
Alle diese Ereignisse aber werden überschattet vom Kampf um den Col di Lana (2464 m), der als Folge des Krieges auch Blutberg oder Col di Sangue genannt wurde.
Über Settsaß, Monte Sief verlief der Kampfabschnitt zum Doppelgipfel des Col di Lana: sicher, für Freund wie Feind, bot sich hier – endlich – die Möglichkeit, Durchbruchsversuche mit Erfolg zu starten. Hier gab es keine Felswände, keine Steilkare, keine Felsgrate höchsten Schwierigkeitsgrades. Nein, hier handelte es sich um mehr oder weniger begrünte Kuppen mit weiten Alm- und Weideflächen, die nur im Bereich der Gipfelzonen von stark verwittertem Gestein abgelöst wurden. Hier, ja hier, mußte der Durchbruch gelingen. –

Der Col di Lana wird somit nur aufgrund seiner niedrigen Lage zu *dem* Kampfberg der Dolomiten, der er bis heute geblieben ist: zum Berg des Blutes.
Und wenn dereinst vielleicht die Erinnerung an den gesamten Hochgebirgskrieg 1915–18 verblaßt sein wird, so wird das Wissen um die Kämpfe am Col di Lana weiterleben – denn es überstieg jedes Maß der Geschichte, jeder menschlichen Opferbereitschaft – angesichts eines Geschehens, das den Österreichern von den Italienern aufgezwungen wurde.
Diese tragische Verkettung von Ursache und Wirkung zeigt sich besonders beim Col di Lana, weil:
Von allem Anfang des Krieges an, versuchten die Italiener ausgerechnet im Abschnitt Col di Lana durchzubrechen gegen Kulfuschg, Corvara, Falzarego, Valparola und schließlich gegen das Pustertal.
Bis heute ist nicht geklärt, warum dieser permanente Durchbruchsversuch ausgerechnet am ungünstigsten Abschnitt, nämlich am Col di Lana, erfolgen mußte. Seine Nachbarhöhen, Rücken und Muldenregionen wären viel einfacher zu überrennen gewesen, allein schon aufgrund des günstigeren Geländes und der ganz geringen feldmäßigen Befestigung. Ganz zu schweigen von den natürlichen Einbruchslinien im Raum Campolungo-Paß.
Aber ausgerechnet am Col di Lana mußte sich das Geschehen konzentrieren. Sehr viel in diesem Zusammenhang war eine Frage des Prestiges:
Für die Italiener entwickelte sich der Col di Lana zum Mittelpunkt des nationalen Interesses, er wurde zum Symbol für die angestrebte Italianità. Ähnlich wie später am Monte Grappa wurde auch der »Berg des Blutes« zum Inbegriff italienischen Kampfwillens. Und diesem Ziel, diesem Prestige mußten eben Soldaten geopfert werden – ohne Rücksicht darauf, daß die jeweiligen Durchbruchsversuche am denkbarst ungünstigsten Abschnitt durchgeführt werden sollten. Schließlich ging es ja um die höhere Ehre Italiens.
Den zu Kriegsbeginn nur wenigen Col-di-Lana-Verteidigern aber wurde so ein Krieg aufgezwungen, der in all seinen schrecklichen Momenten den Gipfel des allgemeinen Schreckens im Krieg noch weit übertreffen sollte.
Die italienischen Angriffe zogen eine weitere Befestigung des Col-di-Lana-Gipfels nach sich: die Verteidiger konnten sich erfolgreicher zur Wehr setzen. Diesem Tatbestand trugen die Angreifer Rechnung: mehr Geschütze, mehr Soldaten, mehr Waffen, mehr Nachschub.
Mehr Krieg.
Von Tag zu Tag, von Monat zu Monat, von Jahr zu Jahr. Der Reigen des Todes machte erste zaghafte Schritte und wurde zum wahnwitzigen, rasenden Tanz. Immer schneller drehte sich das Rad des Krieges. Niemand konnte, wollte, ihm in die Speichen greifen.
Gegen Mitternacht, am 17. April 1916, wird der Gipfel samt seinen österreichischen Verteidigern in die Luft gesprengt . . .
Seither ist die Gipfelfläche zerstört, zerrissen. Noch heute kann man die Granattrichter und die riesige Sprengmulde am Gipfel sehen. Noch heute, nach mehr als einem halben Jahrhundert ist der Gipfel des Berges eine einzige, große Wunde.
Ich bin auf vielen Bergen des Gebirgskrieges gestanden. Ich habe viele, auf ewig zerfetzte Kare gesehen. Aber kein Berg besitzt so eine grauenhafte Wunde wie der Col di Lana.
Umgeben von den herrlichsten Dolomiten-Gipfeln, die klar und rein herüberleuchten, liegt der Col di Lana wie ein riesiges Grab vor dem Bergsteiger.
Die Besteigung des Gipfels heute bereitet keine Freude, so wie man dies von Bergfahrten gewohnt ist. – Nein, ein namenloses Grauen erfaßt den Bergsteiger, angesichts der Kriegsverwüstungen, die der Gipfel noch heute zeigt . . .

Im Juni 1915 verteidigten österreichische Gendarmen den Col di Lana gegen die ersten Angriffe, denen schon bald

Winter 1915/16:

Blick von den orografisch rechts liegenden Bergzügen nächst Buchenstein (Pieve di Livinallongo) gegen das Massiv des Col di Lana in der Bildmitte. Eindrucksvoll zu sehen, wie sehr dieses Massiv im Verlauf der hochalpinen Dolomitenfront einen besonders tiefgelegenen Frontabschnitt darstellte. Gegenüber dem Kampfgelände in den Sextenern ein geradezu einfach anmutendes Angriffsgelände.
Die Aufnahme zeigt aber auch, wie sehr östlich und westlich des Col di Lana Angriffsaktionen hätten vorgetragen werden können. die italienische Heeresleitung aber ließ jeden taktischen Gesichtspunkt außer acht und griff ausgerechnet im ungünstigen Bereich – eben des Col di Lana – an.

Der Gipfel des Col di Lana heute: Kriegsreste, Stacheldraht und keine einzige Spur mehr einer Naturlandschaft. Nur Sprengtrichter, Granattrichter, Wunden.

weitere italienische Infanterieangriffe folgen sollten. Tiroler Standschützen, österreichische Landstürmer, bayerische »Leiber« und Pioniere aus Bayern bilden den kleinen Haufen der Gipfelbesatzung. Jeden Tag greifen die Italiener, meistens in der Stärke von drei Bataillonen bis gegen Anfang August 1915 an. Erfolglos.

In den stillen Herbsttagen aber kommt es zu den ersten, ganz großen Gefechten um den Berg.

Bis gegen Ende Oktober feuern die italienischen Geschütze unentwegt gegen die Verteidiger: nunmehr nach dem Abzug der Bayern gegen die Tiroler Kaiserjäger und Kaiserschützen.

In den Pausen des italienischen Artilleriefeuers aber greifen 25 Bataillone, durchwegs Alpini, die zertrümmerten, zerfetzten Stellungen an: Das Verstummen des Artilleriefeuers bedeutete für die Verteidiger nicht Hoffnung auf Ruhe, Erhohlung, Bergung der Toten und Verwundeten, sondern war gleichbedeutend mit dem Heranschleichen, Eindringen der Angreifer: in ununterbrochener Kolonne wurden sie entsandt. Lebende vor, die Toten und Verwundeten zurück ins Tal. Ein elender, grauenhafter Weg: vom Leben zum Tod.

Im Verlaufe dieser Angriffe aber gelingt es den Angreifern Ende Oktober, Anfang November 1915, mehrere Feldwachen und Stellungen rund um den Gipfel einzunehmen und zu halten.

Im Hochwinter wurde nun die Situation der österreichischen Verteidiger nahezu unerträglich. Nur mehr vom Monte Sief aus konnten sie versorgt werden. Der Nachschubweg lag unter italienischem Beschuß . . .

Die Trägerkolonnen erreichten nur mehr teilweise das Ziel. Auf fast 80 Meter lagen die Angreifer gegenüber. Jede Bewegung, jeder Schritt der Verteidiger wurde unter Feuer genommen. Die notwendigsten Arbeiten, wie zum Beispiel das Ausschaufeln der Stellungen, war eine Sache auf Leben und Tod.

Schon gegen Ende Februar, Anfang März 1916 setzten die Beschießungen der italienischen Artillerie – längst auf den Gipfel eingeschossen – wieder ein.

Und nun werden bereits italienische Bohrarbeiten festgestellt. Das Grauen beginnt seinen unaufhaltsamen Weg. Unverzüglich beginnen die Österreicher ebenfalls eigene Stollen gegen die italienischen Stollen vorzutreiben, aber ohne Erfolg.

Die Männer am Gipfel aber wissen, was ihnen bevorsteht. In der Nacht vom 16. zum 17. April 1916 übernahm die 6. Kompanie des 2. Tiroler Kaiserjäger-Regimentes unter ihrem Kompaniekommandanten Kaiserjägerhauptmann Anton (»Toni«) von Tschurtschenthaler (damals noch Oberleutnant) die Stellung auf dem Gipfel des Col di Lana. Solange die Kaiserjäger unter ihrem Hauptmann die Bohrgeräusche der Italiener hören konnten, wußten sie, daß die Uhr ihres Lebens noch nicht abgelaufen sein konnte. Das Ausbleiben der Bohrgeräusche aber bedeutete den nahen Tod oder Untergang. Die Kaiserjäger blieben nach dem Verstummen der italienischen Bohrgeräusche auf dem Gipfel, sie harrten aus und wußten, daß der Tod vor der Tür steht. Unvorstellbar, was hier von den Kaiserjägern und Hauptmann Anton von Tschurtschenthaler an moralischer Kraft geleistet wurde. Am 17. April trommeln 150 italienische Geschütze auf die Tiroler Gipfelstellung ein. Um Mitternacht zerreißt der Berg, der Gipfel springt in die Höhe, fällt in sich zusammen, begräbt die Kaiserjäger. Insgesamt hatten die Italiener über fünf Tonnen Dynamit in die Sprengkammer unter dem Gipfel geschleppt. Nach der Sprengung rückten die Italiener auf den Gipfel vor, ohne daraus jedoch den erhofften Gewinn ziehen zu können, denn Tiroler Kaiserjäger und Kaiserschützen hielten bis zuletzt den benachbarten Monte Sief. Auch dieser wurde von den Italienern gesprengt. Aber Sekunden nach der Sprengung rückten Tiroler Entsatzmannschaften nach und vereitelten den italienischen Durchbruch gegen Col di Lana und Monte Sief. Im Augenblick der Sprengung des Col di Lana wurden die meisten Verteidiger getötet; nur Anton von Tschurtschenthaler und einige wenige Kaiserjäger überlebten — wie durch ein Wunder — in einer fast ganz verschütteten Kaverne. Sie mußten sich den Italienern kampflos ergeben. »Die Einnahme des Col di Lana wurde somit für den Feind Ehrensache — für uns blieb es Ehrensache, ihn zu halten . . . obwohl man sich Tage vorher genau bewußt war, daß unsere Gräben vom Feind unterminiert waren und daß eine Sprengung stündlich zu erwarten sei. Das Artilleriefeuer verstummte! Die Hoffnung auf Hilfe war geschwunden — nun hieß es, sich auf das Ernsteste gefaßt zu machen. Die nun folgenden Momente sind die schwersten, die ein Mensch durchmachen kann« (Anton von Tschurtschenthaler). Durch das Ausharren der Kaiserjäger aber wurde der Col di Lana in der Kriegsgeschichte der Völker zum Symbol für menschliche Standhaftigkeit.

8 Buchensteiner Berge

1972: Hoch über Buchenstein, umgeben vom Licht eines Frühlingstages, das zerstörte Werk Corte. Tief unter ihm braust der moderne Autoverkehr vorüber – vorbei an den vergessenen Zeugen des Krieges.

Buchensteiner Berge – eine Welt der verzauberten Täler, Bäche und stillen Dolomitendörfer!
Wer Buchenstein, seine Menschen, seine Berge nicht kennt, der kennt auch nicht die Dolomiten. Und sei er noch so oft auf ihren schönsten Gipfeln gewesen . . .
Im Krieg aber zog auch hier das Kampfgeschehen ein: vom Col di Lana in der Gipfelregion – bis hinunter zu den kleinen, verträumten Dörfern, die im Kriege alle weitgehend zerstört wurden:
Von Artillerie zerschossen, in Brand gesetzt und so der Vernichtung anheimfallend.

Vom Col di Lana westwärts verlief die Frontlinie in folgenden Abschnitten bis zum Monte Cherz und zum Campolungo-Paß:
Sief-Sattel-Stellung
Sief-Hang-Stellung
Roth-Schanze
Col-di-Rode-Stellung
Dankl-Stellung
Corte-Stellung
Laste-Stellung
Arabba-Stellung
Pizzaz-Stellung (bereits im Kampfabschnitt Padon gelegen; siehe nächsten Abschnitt [9]).
Insgesamt wurden 8 italienische Angriffe gegen die Dankl-Stellung, 14 Angriffe gegen die Col-di-Rode-Stellung vorgetragen und zwei gegen Pizzaz bzw. gegen den Abschnitt Arabba.
Im Gesamtverlauf des Krieges aber stellte das Buchensteiner Tal (Cordevole Tal) vor allem den bedeutendsten Nachschubweg für den Abschnitt rund um den Col di Lana dar.
In den Monaten des ersten Kriegsjahres treten hier immer wieder verstärkte italienische Angriffsgruppen in Bewegung: Am 21. Oktober 1915 verschanzen sich sehr starke italienische Truppeneinheiten im Raum Buchenstein in der Nähe von Corte in der Zahl von insgesamt 4–5 Infanterieregimentern, einem Bersaglieriregiment und Pioniereinheiten.
In den Tagen danach führen die Alpini heftige Angriffe gegen die Pizzaz-Stellung in der Nähe von Arabba. Sämtliche, im Abschnitt Buchenstein, stattfindenden Kampfhandlungen sind grundsätzlich immer als Entlastungsoperationen für die am Col di Lana stehenden italienischen Einheiten anzusehen. Eigenartigerweise hatte aber die italienische Heeresleitung nie ernsthafte Versuche unternommen, um aus dem Raum Monte Cherz, Buchenstein direkt von Westen her gegen die Verteidiger am Col di Lana vorzugehen.
Gegen Ende Oktober 1915 gingen die Italiener mit außergewöhnlicher Heftigkeit im Abschnitt Ruaz/Corte – das Werk Corte war bereits zerstört – vor. Alles in allem kann berichtet werden, daß die Kämpfe im Buchensteiner Tal – angesichts des Grauens am Col di Lana – von unvergleichlich geringerer Kraft und Bedeutung waren. Für die Zivilbevölkerung dagegen aber von außergewöhnlich schrecklicher Folge durch die Beschießung und Vernichtung der Siedlungen, der Zerstörung ihres persönlichen Hab und Gutes.
Wegen der Vernichtung der Dörfer finden wir heute im Buchensteiner Tal nicht mehr die schönen, alten ladinischen Häuser – ähnlich wie wir sie noch im Abtei- und Gadertal sehen können – sondern aus Stein und Mauerwerk errichtete Bauten, die nicht mehr den ladinischen Siedlungscharakter dieser fast klassisch zu nennenden Dolomiten-Tallandschaft dokumentieren.

9 Padon und Marmolata

1916: Das Jahr der Eisstollen auf der Marmolata. Besonders wertvoll das Bild links oben: es zeigt die Grabwerkzeuge für den Eisstollenbau – Hohlbohrer und Spitzhacke (in den Händen des Soldaten).

In einem Bogen schwenkte die Frontlinie im Gebiet von Arabba gegen den Padon-Kamm, der Marmolata nördlich vorgelagert und als wichtiger Stützpfeiler der Marmolata-Front fast ganz in Vergessenheit geraten: der Ruf, der Ruhm der Marmolata-Kämpfe, der Kampf in den Eisstollen überlagerte die Front am Padonkamm und die diesbezügliche Berichterstattung.
Im Rahmen dieser Gesamtdarstellung des Gebirgskrieges 15–18 möchte ich daher unbedingt die Stellungslinie am Padon-Kamm ihrer Vergessenheit entreißen – noch dazu, da mir im Augenblick der Fertigstellung dieses Buches einzigartige Unterlagen darüber zugegangen sind, die im Verein mit den Berichten von Dipl.-Ing. Leo Handl, Padon und Marmolata zu der Einheit verknüpfen, die sie im Kriege waren.
Auf den Padonkamm führten zwei Feldseilbahnen: einerseits von Arabba bis gegen die Feldwachen Windeck und Praterstern, andererseits von Capello gegen Forfes, gegen Station Sos und gegen das sogenannte Thörl auf 2516 m Höhe. An den Nordhängen des Padon-Kammes selbst wurden insgesamt 7 Geschütze, darunter ein Skoda-Mörser in Stellung gebracht. Die mir vorliegende »geheime« Skizze des Jahres 1917 weist darüber hinaus nach: zahlreiche Barackenlager, Unterstände und Magazine für Kriegsmaterial. Zusätzlich lagen hier mehrere Einheiten verschiedenster Truppenkörper in Reserve-Stellung. Der gesamte Gratverlauf des Padon-Kammes war gespickt mit einer ununterbrochenen Kette von Feldwachen, Artilleriebeobachtern, Signalstationen und Feld-Telephonposten.
Nicht nur diese Karte, sondern auch die kriegerischen Ereignisse beweisen: angesichts der italienischen Angriffstruppen im Raum Buchenstein – Col di Lana – bis Andraz befanden sich auf dem Padon-Kamm beherrschende Verteidigungsanlagen der Österreicher: gefürchtet waren ihre weitreichenden Geschütze, die den gesamten Angriffsraum unter Feuer nehmen konnten. Der Marmolata nördlich vorgelagert gab es kein militärisches Vakuum, sondern ein exzellent eingerichtetes Verteidigungssystem!

Die Kriegsgeschichte des Marmolata-Krieges aber ist ein Höhepunkt in der hochalpinen Kriegführung: zum Klang, der sich mit dem schönsten Berg der Dolomiten verbindet, zu seinem einmaligen Ruf als Bergsteigereldorado kam das Lied von Heldentum in Fels, im Eis: es ist wörtlich zu nehmen »im Eis«; im Inneren des Gletschers, in seinen Spalten, Schründen und Eis-Schluchten entwickelte sich ein gespenstisches, unterirdisches Kriegstreiben der Kaiserschützen, Kaiserjäger und der Alpini, die auf den zerzackten Graten saßen. Im Abschnitt Marmolata (3342 m) gehörte den Österreichern der Raum Fedaja-Paß – C. de Bous – Saß Mez – Marmolatagipfel. Die Alpini aber beherrschten den wilden Grat des Mesdi und Serroutakammes und Partien des östlichen Marmolatagletschers. In der Tiefe des Gletschers lebten die Tiroler ein gespenstisches Leben: gleich Grottenbewohnern, verborgen von der Wirklichkeit, verließen sie das Stollensystem nur, um Angriffe zu führen oder um Mann und Material zu ergänzen.
Es gab den U-Stollen, den D-Stollen, den Reinöhl-Stollen, den S-Stollen. Besonders tiefe Gletscherspalten wurden zusätzlich zu Stellungen ausgebaut. Ihre Namen gehören zur Geschichte der Marmolata: Firn- und Eiswand, Handl-Spalte, Kaiser-Franz-Josef-Randspalte, Kaiser-Karl-Spalte, Stützpunkt-Eismeer, Stützpunkt-Schwedenspalte, Kaiser-Karl-Stützpunkt, Stanislau.
Am Kammverlauf aber hielten die Österreicher von Ost nach West: Südpol (3063 m), Kote 3235 m, Kote 3237 m (mit den sogenannten Spitzenkanonen), Kote 3259 m, Marmolata-Hauptgipfel (3342 m) und den Marmolata-Westgrat bis zur Marmolata-Scharte.
Die Italiener aber waren die Herrscher des östlichen Kammverlaufes: im Abschnitt Serrouta und der Koten 2843 m, 2875 m, 2860 m.

Während des ersten Kriegsjahres führte man auch auf der Marmolata den Krieg in Form von Patrouillenkämpfen durch. Es kam nur zu Aktionen à la Kleinkrieg.
Mit zunehmender Dauer des Krieges, nach Überwindung des ersten Kriegswinters, mußten sich beide Seiten auf eine dauernde Befestigungslinie einstellen. Von seiten der Tiroler Landesverteidigung wurde beschlossen, auch die Marmolata als Gebirgsstock in den Frontverlauf zwischen Contrintal und der Höhe des Fedajapasses einzubauen. Im Abschnitt Marmolatagletscher kommt es zur Besetzung der wichtigen Positionen auf dem Gletscher selbst und auf den Felsrücken, die aus diesem herausragen: Dodici und Undici.
1916 erobern die Alpini den Serrouta-Kamm im Bereich der Kote 3064 m. Von hier aus bekämpfen sie die Verteidigungsposition Vesura der Tiroler Kaiserjäger. Gleichzeitig feuern die Alpini aus ihren inzwischen hervorragenden

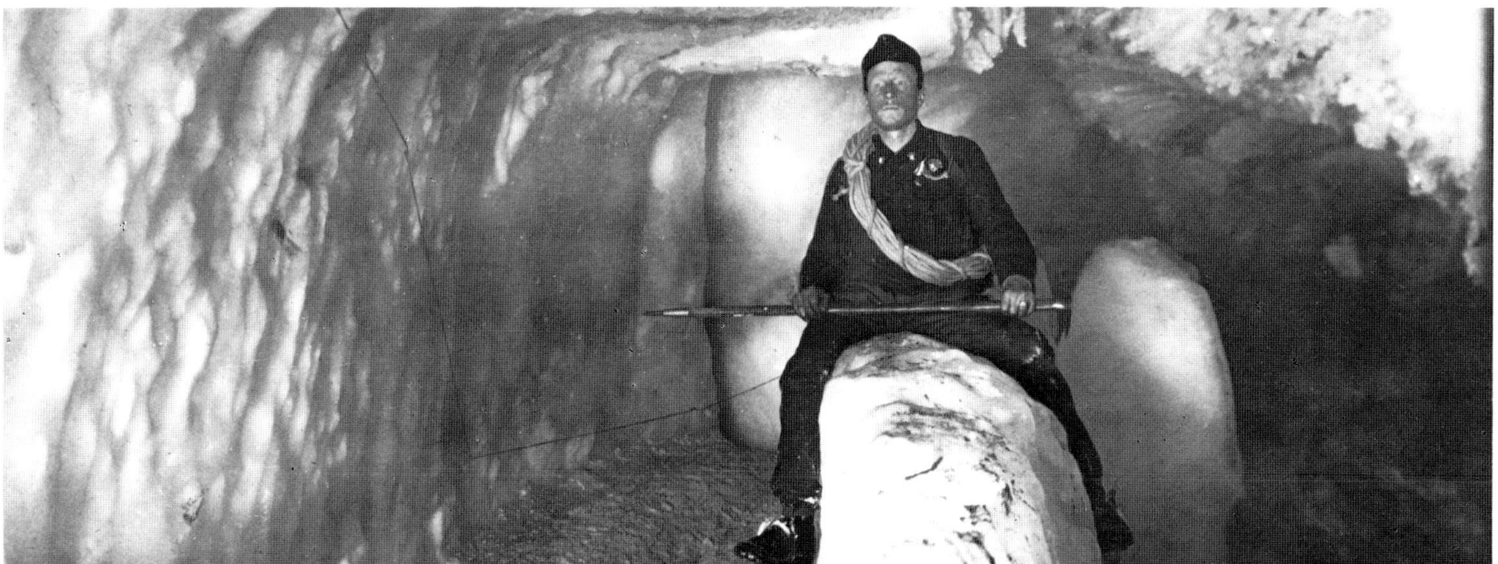

1916: Eine Trägergruppe im Innern des Gletschers (Bild oben). Ein – im Marmolata-Abschnitt – eingesetztes österreichisches Schiffsgeschütz (Bild unten).

Kammstellungen gegen die Mannschaften im Gletscherbereich. Diese waren – im Gegensatz zur Dolomitenfront in den z. B. Sextenern – nicht durch Felskavernen gedeckt. Sie konnten sich ja nur notdürftig an der Oberfläche des Gletschers, im Firn, im Schnee eingraben.
Die Situation für die Tiroler Landesverteidiger wurde immer ungünstiger.
In dieser Stunde höchster militärischer Bedrängnis trat ein Mann in das Kriegsgeschehen ein, dessen Name identisch wurde mit der Verteidigung der Marmolata:
Dipl.-Ing. Leo Handl aus Innsbruck. Er faßte im Frühjahr 1916 den spektakulären Plan, in das Innere des Gletschers vorzudringen, Stellungen hineinzugraben und ein komplettes System von kilometerlangen Kampf-, Versorgungs- und Unterkunfts-Eisstollen zu bohren. Als der Befehl des Tiroler Landesverteidigungskommandos erging, daß die Marmolata gehalten werden müsse, da hatte Leo Handl seinen sensationellen Eisstollen-Plan fix und fertig ausgearbeitet. Man brauchte nur mehr zur Tat schreiten. Doch darüber lassen wir einen Bericht von Leo Handl (Schlern-Schriften 31) sprechen:

»Um diesen Punkt (Vesura-Scharte) wurde vor 40 Jahren mit schwersten Waffen gekämpft. Die beiderseitigen Artillerien trommelten von der Ferne und die Werfer aller Kaliber aus der Nähe, worauf es zu erbitterten Nahkämpfen kam. Zwei ausgesuchte Kompanien lösten sich ab: Kaiserjäger und Kaiserschützen.
Mangels Deckung wuchsen unsere Verluste. Die Versorgung hing oft an einem Faden, denn der Steig auf dem weißen Schneefeld lag im ständigen Sperrfeuer und wurde von drei gleißenden Scheinwerfern angestrahlt.
Es war Ende Mai. Ich war mit sechs Sappeuren in Abständen am Weg nach ›S‹ – so hieß diese Stellung –, bald springend, bald kriechend kamen wir langsam näher; wütend bellten die Maschinengewehre, sie hatten unsere Schatten bemerkt. Ich wich vom Weg ab – wir hatten Schneereifen angelegt – und gelangte an den Rand des Bergschrundes. Am Seil ging's etwa 15 Meter in die Tiefe auf eine gute Brücke. Nur Sterne funkelten über diesem Spaltental. Der Bergschrund zog fest überdeckt bis unter die italienischen Hindernisse hinüber: Von hier ein Eistunnel 150 m lang – bis ›S‹ und die Stellung war uneinnehmbar, so schoß es mir durch den Kopf. Es gab keine andere Möglichkeit. Wir gingen mit Tempo an die Arbeit. Zum Glück war Zugführer Weger, ein Nonnstaler, acht Jahre in amerikanischen Kohlengruben gewesen; er fertigte in der Schmiede Schlangenbohrer mit Brustleiern, Eisbeile und Stoßstangen aller Art zur Eisbearbeitung. Am Grunde einer Spalte versuchten wir die Wirkung vorhandener Sprengstoffe. Sie war sehr verschieden wie das Eis auch. Das Eis bestand aus grünen und weißen Schichten, teils sprödhart, teils zähweich. Der Sprengstoffverbrauch war leider groß. Als unser Bergführer-Abteilungskommandant Major Bilgeri, der berühmte Skipionier erschien und den Befehl zum Halten der S-Stellung brachte, meldete ich Mitte Juni, daß uns nur ein ›Eisstollennetz‹ retten könne und die Vorversuche günstig verlaufen seien. Ich verlangte Mann und Material. Es waren drei Unterstände in Gletscherspalten für die Eisarbeiter nötig und alle Kämpfer mußten jede Freizeit zum Bau der Verbindungsstollen opfern. Auf der Karte hatte ich das Stollennetz eingezeichnet, aber das Ausstecken in der Nacht war nicht einfach. Die Trasse mußte möglichst durch Spalten geführt werden, um Arbeit zu ersparen. Man hackte an den Wänden ein Halb- oder Gallerieprofil oder ging über die Brücken. Das Profilsprengen hatte bald ein Ende, weil ohne Ventilatoren die Abgase unerträglich waren; der Zuschub wurde auch geringer, weil die Isonzo-Schlachten am Karst viel Munition brauchten. Es ging auch mit Hacken und Stoßen; die Werkzeuge durften nur nicht stumpf sein. Wo Spalten waren, verlegten wir Blechrinnen und ließen den Eisschotter direkt abfließen. Gefälle war mehr als genug vorhanden, betrug doch der Höhenunterschied vom Gletschertor bis 3 259 m über 1 000 Meter.
Aus den anfänglichen Eisstufen wurden nur zu bald zwei tiefe Rutschrinnen vom Abwärtsschleifen. Hohe Besuche mit Steigeisen verließen die Stollen meist todmüde und mit Worten des Mitleids. Wir Verteidiger wußten die Lawinen-, Sturm- und Bombensicherheit der Eisstollen zu schätzen. Unsere Erfahrungen kamen den Bergführerkompanien vom Adamello bis Ortler zugute.
Manchen Blick aus den Eisportalen auf die weißen Ötztaler und Zillertaler Ketten über Langkofel und Boe hinweg, nach Osten auf Civetta und Cristallo und nach Süden über die Pala bis nach Asiago wird man nie vergessen. Die Nächte, die Sterne und der Mond waren unsere stillen Freunde, denn bei Tag war fast keine Bewegung möglich.
Da sah ich einmal den Posten im Pelz mit Holzschuhen aus dem Eisloch nach Norden schauen. ›Wie heißt das Tal rechts

1917: Hangstellungen der Tiroler Kaiserjäger in der U-(= Undici)Stellung.

von der Boe?‹ fragte ich. Ganz traurig erwiderte er: ›Herr Oberleutnant, meine Heimat Enneberg; und jetzt wäre Heumahd, keine Männer daheim, schreibt die Mutter‹. Ich ließ ihn eine Woche heim zum Beschaffen einer geeigneten Hacke für den Koch, der mit dem gefrorenen Fleisch nicht fertig wurde.
Die Ladiner aus Gröden, Fassa und Ampezzo sind ein tüchtiger Volksstamm; sie waren nicht nur gute Kameraden, sondern auch geübte Bergführer. Damals war die Marmoleda noch kein Skiberg. Der frühe Schneefall im Herbst 1916 ließ Tage später schon am 3. Oktober aus den Mulden unter 3000 m breite Schneebretter losbrechen. Die große Baracke mit Küche wurde an den Eisturm gepreßt. Zum Glück waren bis auf 4 Mann alle Bewohner hinunter nach D-Süd zum Holz- und Proviantabholen gegangen. Mir hatte das Brett weiter oben, wo ich mit Trassieren neuer Spalten beschäftigt war, den Ausstieg verlegt. Nach 24 Stunden holten mich die Kameraden heraus.
Das große Unglück kam Mitte Dezember 1916. Mein Vorschlag, das Reservelager Gran Poz ins tiefe Eis zu verlegen, wurde aus taktischen Gründen abgelehnt. Nach 8 Tagen Schneetreiben mit Graupel- und Regeneinlagen brach unter der Eishaube der Punta di Penia (Gipfelregion der Marmolata Anm. f. Verf.) aus dem glattgeschliffenen Coloir das Riesenbrett ab. Die fast ebene Zunge zwang die vorausgestoßene Luftwelle wie einen Skispringer horizontal und daher unschädlich in die Luft, aber die enorme Masse von rund 150000 Tonnen fiel auf das Lager. Der furchtbare Schlag löschte 220 Leben aus. (Andere Quellen geben bis zu 300 Tote an; Anm. d. Verf.) Nach 105 Stunden erschienen fünf Mann wie Gespenster; sie hatten sich einen 6 m hohen Eiskamin zum Leben gekratzt und geschürft.
Ein neuer Bauplatz sollte gefunden werden. Wir hatten unheimliches Glück. Das schwarze Gletschertor schaute lockend herab. Die Lawine hatte einen Eishang gebildet, auf dem wir mit Ski bequem aufsteigen konnten. Wir sahen zwischen zwei hohen Felswänden ein Eisdach mit Schotter besetzt. Wir wußten, daß sich der Eisrand im Winter etwa 9 m vorschiebt, daß die Grundmoräne bei Föhn aufs Barakkendach herunterfällt, ahnten wir nicht.
Nach drei Wochen war der große Unterstand fertig und von 80 Mann bezogen. Beim Bau des Stollens zum Anschluß nach Dodici brach ein Schmelzwasserbassin aus. Die zwei Mineure wären fast mitgerissen worden. So nahe wäre kostbares Wasser für die Küche gewesen, das hätte viel Brennholz erspart. Es war unterkühltes Wasser, da die Eiswände Minus 2,6 Grad hatten.
Den nächtlichen Zutransport bewältigten zivile Trägerkompanien, meist ungeeignete Völker aus dem Osten. Gewöhnlich führten sie Schnitzereien als Tauschware gegen Brot mit sich. Not macht erfinderisch. Da hatten wir im März 1917 alle Stollen elektrisch beleuchtet. Wir waren so glücklich, weil uns der Gestank von Karbid und Petroleumfackel zuwider war. An einem Morgen war keine Birne mehr vorhanden und ebenso fehlte zwischen D (= Dodici) und U (= Undici) an die 400 m feindwärts gegen Sicht gespanntes weißes Tuch. Der Divisionär in Karersee hatte es uns selbst auf besondere Bitte hin verschafft. Die Diebe waren bald entdeckt, aber es war zu spät, sie hatten diese Dinge im Tal bei den Ladinern umgetauscht.
Ein seltener Spaltensturz sei der Vergessenheit entrissen. Auf ›S‹ waren die blindgegangenen schweren Minen ob ihres wertvollen Sprengstoffes begehrt. Zur Bergung krochen wir bei Nacht suchend zwischen Eistrümmern herum, zeitweise im grellen Licht der Raketen und Scheinwerfer. Wenn die Köpfe der Minen vorsichtig abgeschraubt waren, legten wir das Seil an – und da verschwand im Boden der Nebenmann. Als wir nun heimkrochen, um Licht und Seile zu holen, meldete der Bohrzugsführer, der Verschwundene sei auf dem Dach nur ein wenig zerkratzt gelandet und werde sich bald melden.
Beim Bau der Holzbrücken über 30 bis 40 m tiefe Spalten konnte sich ausgefeilte Seiltechnik und Schwindelfreiheit erweisen. Da Gletscher stetig fließen, waren nicht nur die Brückenaufleger, sondern alle Leitungen an den Stollenwänden unter Kontrolle zu halten. Es gab schon einen festen Knall und Ruck im Eispalast, wenn die Spannungen zum Riß führten; er erweiterte sich ziemlich langsam. In der Kaiser-Franz-Josef-Spalte auf 3259 m fiel aber durch die Erschütterung ein Block des Brückendaches auf einen kleinen Unterstand und zerdrückte drei Mann. Wir hatten uns an ihn gewöhnt wie an einen Felsen. Vielleicht hatte auch die Sprengung eines Felstunnels von 16 m aus der Spalte bis an die Südwand das Gefüge erschüttert. Kurz vor dem Unglück saßen wir, zur Laute frohe Soldatenlieder singend, noch vor der Hütte. Soldatenlos!
Der Endkampf um ›S‹ nahm im Sommer 1917 gefährliche Formen an. Vom Monte Sief gähnte mahnend der Riesen-

1916: Tiroler Feldwache auf 3258 m, Marmolata-Kamm (Bild oben). »Tiroler Weiß- und Rotweine, Offenes Bier vom Faß« steht auf der Tafel auf den Unterständen . . .

trichter herüber. Daß vom Köpfl 3065 gegen uns ein Minenstollen gesprengt wurde, war uns längst klar. Meine Mineure begannen von Hand – mehr pro forma – einen Gegenstollen. Er war kaum 2 m tief, da stieß der feindliche Bohrer durch. Nach heftigen Nahkämpfen zuerst im Fels und dann im Eis gab es eine Pause, dann schien es der Gegner aufs Ganze abgesehen zu haben, denn mit voller Kraft trieb er seinen Felstunnel unter die eigene S-Stellung. Täglich an die 80 Detonationen störten unsere Ruhe. Die Eisdecke von wenigen Metern wäre samt unseren Wohnungen bei entsprechender Ladung in die Luft gegangen. Doch es blieb uns erspart, da die Durchbruchschlacht am Isonzo den plötzlichen Rückzug der Italiener brachte. Wir eilten erleichtert über den Grat und bewunderten diese Festung im Fels und die vollbestockten Minenkammern. Wachpelze, Kaffee, Käse, Hartspiritus u. dgl. wurden geborgen. Wir sollten die Polarausrüstungen aus Amerika noch gut brauchen können, denn bald wurde meine Bergführerkompagnie ins Ortlergebiet befohlen.«

Das sind die Worte Leo Handls zur Einführung von Eisstollen an der Hochgebirgsfront: einfache Worte, bescheidene Ausführungen und doch von höchster militärgeschichtlicher Bedeutung.

Denn nur mit Hilfe der Eisstollen und der dadurch gewonnenen Deckungsmöglichkeiten gegen feindlichen Beschuß, gegen das Abgehen der Lawinen, war es für die Verteidiger möglich, die Marmolata-Front zu halten. Wie oft hören wir von den Eisstollen, wenn vom Marmolata-Krieg die Rede ist – wie wenig und nur ganz selten vernehmen wir dann vom Mann, der dieses kühne System erfand und zur Ausführung brachte.

Leo Handl ist nicht nur das Halten der Marmolata-Front aufgrund seiner Pioniertat zu verdanken, auch unzählige Soldaten verdanken ihm sein Leben: besser geschützt denn je, konnten sie in den unterirdischen Eisfestungen dem Angriff des Gegners und der Hochgebirgsnatur standhalten . . .

Nichts aber hätte besser die Verhältnisse auf der Marmolata schildern können, als der Bericht des großen Kaiserjäger-Offiziers Leo Handl!

In den Eisstollen, um die Zugänge, Ausgänge zu diesen kommt es im Laufe der Kriegszeit zu zahlreichen Gefechten und handstreichartigen Unternehmungen. So nützlich die Stollen waren, so gefährlich allerdings konnten sie im Krieg werden: die Inbesitznahme eines Stollens oder ganzen Stollensystems konnte verheerende Folgen haben. Gespenstisch, unterirdisch tobte der Kampf, der Krieg im Inneren des Gletschers.

Aber auch im Abschnitt Marmolata war den Italienern der Durchbruch verwehrt geblieben. Kühn und eisern allerdings beherrschten sie die Serrouta, die das Reich der Alpini war. Ähnlich wie auf den Kalkbergen der Dolomitenfront entwikkelte sich auch hier der Krieg: anfangs im ersten Kriegsjahr war der Kampf gezeichnet durch das Vorgehen der Patrouillen und kleiner Kampfgruppen: Vom Winter 1915/16 wurden sie zwar nicht überrascht – aber doch etwas unerwartet getroffen. Niemand rechnete damit, daß der Krieg den Winter über andauern würde. Aber er dauerte hier im Marmolata-Abschnitt nicht nur über einen Winter, sondern sogar über zwei Winter. Der letzte aber – der Winter 1916/17 – ging in die Erinnerung ein als der Winter der Lawinen.

So wurde das Halten der Marmolatafront mit einem grenzenlosen menschlichen, soldatischen und persönlichen Einsatz errungen. Hüben wie drüben.

Abschnitts-
Komandeur

10 Fassaner Dolomiten

Hochwinter 1916/17: Tiroler Standschützen aus Kastelruth (Südtirol) am Contrin-Paß.

Das Fassatal stellt mit seinen Gebirgsgruppen, mit seiner ladinischen Bevölkerung, mit seinem reichen kulturellen Erbe einen der reizvollsten Kultur- und Siedlungsräume in den Dolomiten dar. Die bedeutende geographische Zergliederung der Fassaner Dolomiten durch zahlreiche Täler aber stellte im Kriege an die österreichische Heeresleitung schwere Anforderungen.
Doch bevor wir hier etwas näher auf das militärische Geschehen eingehen, möchte ich an dieser Stelle kurz abschweifen und über die Menschen des Fassatales und seiner Berge sprechen.

Die Fassaner, als bedeutender Zweig der ladinischen Volksgruppe, gehen in der Sagen- und Legendenwelt auf wilde, verwegene Bergvölker, auf die sogenannten Bregostenes zurück.
»Wie K. F. Wolff berichtet, wurden in Fassa zum Schutze gegen ihre nächtlichen Angriffe ganz besonders geartete, mit scharfen Widerhaken versehene Eisenstäbe an den Fenstern angebracht und im Durontal eigens abgerichtete Hunde mit Stachelhalsbändern gehalten.
Neben der Urbevölkerung ließen sich in den unruhigen Zeiten der Völkerwanderung wahrscheinlich Siedler aus den benachbarten Tälern nieder. So berichtet eine alte Sage von einer reichen Gräfin, die sich vor den Kriegswirren in das oberste Fassatal flüchtete und oberhalb Penia auf einem Felsen ein Schloß erbaute, das Doleda genannt wurde. Sie war bald Herrin über das ganze Tal. Jeden Sonntag begab sie sich zum Gottesdienst nach dem vier Stunden entfernten Soraga, wo damals die einzige christliche Kirche des Tales stand. Dabei war die Gräfin Doleda gewöhnlich von einer Schar von Knechten begleitet, die mit Trompetengeschmetter vorauszogen als Zeichen für die Fassaner, der Herrin ihre Aufwartung durch Begleitung bis nach Soraga zu machen, wo nicht früher mit der Messe begonnen werden durfte, als bis sie ankam.
Das erste Dokument, in dem Fassa genannt wird, stammt aus dem Jahre 1050. In diesem erscheint das Fassatal (damals von den Deutschen Eves genannt), als unter der Herrschaft der Bischöfe von Brixen stehend.
Die Bevölkerung lebte zu dieser Zeit in einer Gaugemeinde und regierte sich selbst. Sie hatte sich besonders gegen die räuberischen Einfälle der Trusaner und der benachbarten Adeligen zu wehren. Der Sage nach soll die Gaugemeinde auch eine kleine, stehende Truppe, die Arimans oder Arimannen unterhalten haben, die den Wachedienst auf den Bergen besorgte. –
Wann und wie diese kleine Republik zum Bistum Brixen kam, ist nicht bekannt.
Nach Aufhebung der weltlichen Herrschaft der Fürstbischöfe von Brixen (1803) kam Fassa zum Kreisamte Bozen. 1819 wurde es von der Diözese Brixen getrennt und unter das Bistum Trient gestellt.
Im Weltkrieg waren Teile der Fassaner Berge Schauplatz schwerer Kämpfe« (Hermann Delago).

Drei große Tallandschaften können wir in den Fassaner Dolomiten unterscheiden:
Das Fassatal selbst mit seinen Hauptorten: Alba, Campitello, Mazzin, Pozza, Vigo, Moena, Forno und Predazzo (an seinem Ausgang ins Fleimstal). Von diesem Haupttal ziehen zwei Nebentäler von Ost nach West in die wilde Bergwelt der Fassaner Berge: Das Val San Nicolo, an dessen hinterstem Ende wir den Contrin-Paß finden.
Das Val di San Pellegrino, das über den Pellegrino-Paß nach Falcade führt. Die Hauptorte des Pellegrino-Tales, besonders Fangho und Allochet, waren im Krieg heißumkämpfte Stätten.

Die naturräumlichen Grundlagen der Fassaner Berge und der zugehörigen Talfurchen zwangen dem Krieg besondere Gesetze auf. Eine nähere militärgeographische Betrachtung dieses Gebirgsraumes ist daher gerade im Zusammenhang mit der Fassaner Front von Interesse. Südlich der Marmolata führt einerseits von Westen das Contrin-Tal andererseits das Ombretta-Tal von Osten gegen den gebirgigen Raum des Contrin-Passes. Beide Täler stellten im Krieg Hauptzugangswege in das Frontgebiet dar: von Westen für die Österreicher, von Osten für die Italiener.
Das nächste Frontzugangstal bildete das Val San Nicolo (für die Österreicher) gegen den Raum Contrin nördlich und den Abschnitt Lastei – Passo Le Selle – Costabella. Die Italiener erreichten diesen Raum ebenfalls aus dem Raum Ombretta und teilweise auch aus Val Franzeda.
Das Val di San Pellegrino aber war besonders als inneralpines Durchgangstal – von Moena nach Falcade – ein extrem

gefährdeter Abschnitt der Fassaner Front. Für beide Seiten boten sich in letzterem Tal ideale Zugangsmöglichkeiten in die benachbarten Kampfgebiete: Auf die nördlich des Tales gelegenen Abschnitte rund um Rizzoni und auf die südlich gelegenen Frontstellungen im Bereich der Fleimstaler Berge von der Cima di Laste bis zum Passo di Valles.
Als Orientierungsgrundlage für den Abschnitt Fassaner Dolomiten und Marmolata-Front eignet sich besonders instruktiv das Blatt 16 der Touristen-Wanderkarte von Freytag-Berndt (Westliche Dolomiten).

Im Weltkrieg 15–18 verlief die hochalpine Kampflinie in den Fassaner Bergen folgend:
Zwischen Großem Vernel (3035) und Marmolata-Gipfel-Abschnitt Contrin-Haus – Punta di Nicolo (2372 m) – Punta di Cirelle (2886 m) – Col Ombert (2370 m) – Passo di Uomo (2990 m) – Cima di Costabella (2737 m) – Passo Le Selle (2529 m) – über Ricoletta (2645 m) – bis auf den Talboden des Pellegrino-Tales bei Fangho. Von Fangho stieg die Frontlinie auf gegen die benachbarten Gipfel der nördlichen Fleimstaler Berge: Cima di Bocche, Someda usw. (Siehe nächsten Frontabschnitt.)

Allein dieser verwickelte Frontverlauf zeigt – bei gleichzeitigem Studium der Karte – welche Anforderungen gerade in diesem Abschnitt an beide Seiten gestellt wurden. Besonders hohe Anforderungen verlangte der Bau von Stellungen, Kavernen: war doch die verkehrsmäßige Erschließung durch Kriegsstraßen, Feldseilbahnen – von Ausnahmen abgesehen – im Vergleich zu anderen Frontabschnitten sehr mangelhaft. Gerade in den Fassaner Bergen mußte mehr denn je alles benötigte Material in die Höhenstellungen getragen werden.
Besondere Hauptpunkte des militärischen Geschehens waren:
Die Stellung bei Fangho im Pellegrinotal kam in ihrer Funktion einer Talsperrung gleich. Sie war der neuralgische Punkt der Fassaner Front.

Von der Costabella über Ricoletta stieg die Front nach Fangho ab und von hier wieder hinauf zur Cima di Bocche. Sofort zu Beginn des Krieges wurde der Fangho-Abschnitt von Soldaten des Deutschen Alpenkorps in Besitz genommen. Bereits in den ersten Kriegswochen kommt es zu hartnäckigen Durchbruchsversuchen der Italiener, die aber ohne Erfolg blieben.
Desgleichen besetzten die Männer vom Deutschen Alpenkorps unverzüglich nach der Kriegserklärung den Abschnitt Costabella, der während der ganzen Kriegszeit Zentrum permanenter Kämpfe war.
Ähnlich war die Lage auch am benachbarten Passo Le Selle: ebenfalls von Angehörigen des Deutschen Alpenkorps, zusammen mit Tiroler Standschützen, gleich in den ersten Kriegstagen gehalten und ebenfalls Ziel schwerster Alpini-Angriffe.
Ein weiteres Zentrum schwerster Gefechte lag rund um das Contrin-Haus, das bald nach Kriegsausbruch zerstört wurde. Hier lagen sich Freund und Feind extrem nahe, auf gefährlichste Distanz gegenüber.
Mitte August 1915 gingen die Italiener in der Stärke mehrerer Infanterie-Regimenter gegen den ganzen, vorher geschilderten Abschnitt vor. Dabei gelang es Bersaglieri-Elite-Einheiten, die im Verein mit den Infanterie-Regimentern vorgingen, den Abschnitt Allochet zu erringen. Nur mit Mühe eroberten österreichische Landstürmer Allochet zurück.
Während des Jahres 1916 wurde die gesamte Fassaner Front von den Italienern permanent angegriffen.
Rund um die Costabella entwickelten sich heiße Kämpfe. Ende 1916 eroberten die Alpini Teile der österreichischen Costabella-Stellung, Anfang 1917 schließlich die gesamte Costabella.
Nun, wenn Sie die Landkarte zu Rate ziehen, so können Sie mit einem Blick erkennen, daß der Beherrscher der Costabella di wichtigsten Zugangswege für die Fassaner Front innehat: Nach Nordwesten über das Val Selle in das Val San Nicolo; nach Südosten in das Pelegrino-Tal und in weiterer Folge entweder gegen den Raum Pellegrino-Paß – Falcade – Valles-Paß bzw. andererseits gegen Moena und Fassatal.
Die geographische Lage der Costabella zwang dem Kampf das Geschehen auf!

Der Kaiserschütze Josef Strohmeier aus Niederösterreich hat der Nachwelt den wohl einzigen, authentischen Costabella-Bericht überliefert:
»Es war gegen 11 Uhr nachts. Ich hatte gerade Telephondienst und schaltete die Apparate während des Gewitters

Hochwinter 1916/17: Total eingeschneite Feldwache mit Posten im Abschnitt Contrin-Varos.

1916: Artillerie-Beobachter auf Rizzoni; Blick gegen die Pala (Bild oben) und Kampfstellung im Fangho-Abschnitt (Bild unten); beide Positionen im Raum Pellegrino-Tal.

aus. Plötzlich schlug der Blitz in die Leitungen ein, brannte die Blitzsicherungen durch, sprang auf die Zuleitung zu den Apparaten über, zerschmolz an denselben verschiedene Bestandteile und setzte mit einem zischenden Geräusch in der Nähe liegende Papiere in Brand. Ich war zufällig etwas weiter entfernt, sonst wären Verbrennungen unvermeidlich gewesen, denn ein hellaufleuchtendes Funkensprühen nach allen Seiten erfolgte.
Zwei Apparate waren gänzlich zerstört worden. Die Entfernung der Kleinen Costabella südlich der Marmolata war nicht groß und deren Eroberung durch die Italiener machte sich empfindlich bemerkbar. Es bestand Gefahr, daß der Feind von dort aus weitere Stellungen der Kaiserjäger einnehmen könnte, wenn von uns nichts unternommen würde.
Es sei dies deshalb besonders festgehalten, weil ein Bataillon unseres Regimentes (Kaiserschützen; Anm. d. Verf.) ganz Hervorragendes geleistet hat.
Der Kommandant unseres 5. Bataillones, Hauptmann Valentini, der Held von Galizien, wird hier als der Sieger vom Col di Lana gefeiert. Als nämlich die Italiener den Gipfel des Col di Lana gesprengt hatten, haben sie infolge der großen Verluste der Kaiserjäger diesen Berg besetzen können, der als ungemein wichtiger Punkt unserer Front zurückerobert werden mußte . . .

Bei der Affäre Costabella wurde nun wieder Hauptmann Valentini als Helfer in der Not gerufen.
Ich muß hier wiederholen, daß die Mannschaft des 5. Bataillones aufs Innigste ihrem Kommandanten zugetan war.
Was Valentini anbefahl wurde unbedingt und siegessicher durchgeführt. Sie wußten ja auch, daß das hervorragende Führergenie ihres Hauptmannes das Leben jedes einzelnen Kameraden achtete und schonte und daß er seine Erfolge immer mit den geringsten Verlusten erzielte.

Hauptmann Valentini erhielt also den Auftrag, die Situation auf der Costabella zu studieren und das Terrain zu erkunden und der Brigade einen Plan zur Wiedereroberung vorzulegen.
Es dauerte nicht lange und der Plan war fertig und ausführungsreif.
Vor allem forderte Hauptmann Valentini wie immer bei solchen Unternehmungen volle Handlungsfreiheit. Nun marschierte eines Tages das 5. Bataillon mit seinem Hauptmann an der Spitze gegen Costabella und löste dort die Kaiserjäger ab.
Dann erklärte er seinen Unterführern die Situation und seinen Angriffsplan und schon ging alles an die Arbeit.
In den gut 2 m hohen Schnee wurde ein Stollen gegen den italienischen Posten vorgetrieben und durch ein winziges Loch die Lage beim Feind studiert.
Am nächsten Morgen um vier Uhr früh war der ganze Stollen schon mit Schützen gefüllt (Kaiserschützen; Anm. d. Verf.) und die mutigsten voran, brachen sie die Schneedecke durch. Der ahnungslose feindliche Posten wurde mit einem Kolbenhieb niedergeschlagen und nun liefen die Valentinischützen in die italienischen Unterstände und machten dort energisch Tagwache.
Wenn sich einige auflehnten, wurden sie mit Handgranaten gefügig gemacht. Die ganze Besatzung wurde gefangen und das Bataillon Valentini besetzte ohne einen Mann verloren zu haben, die Stellung und am nächsten Tag konnten die Kaiserjäger ihre alte Position wieder beziehen.«

Ein weiterer Bericht desselben Kaiserschützen aus dem Jahre 1917 verdeutlicht vielleicht noch eindringlicher die Situation auf Costabella:

»Am 5. März hörte man rechts von uns ein außergewöhnlich heftiges Artilleriefeuer und wir vermuteten eine Aktion von hüben oder drüben.
Erst um 5 Uhr Nachmittag konnten wir durch das Telefon erfahren, daß der Italiener unsere Stellungen auf der Costabella dreimal angegriffen habe, aber abgewiesen wurde. beim vierten Sturmangriff unter Einsatz beträchtlicher Verstärkungen die Costabella einnehmen konnte. Eine in Alba liegende Halbkompanie unseres Bataillons und andere Truppenteile wurden dorthin konzentriert, am nächsten Morgen um 5 Uhr zum Gegenangriff eingesetzt, doch konnten sie die Costabella nicht zurückgewinnen.
Die Feindartillerie richtete geradezu ein mörderisches Feuer auf die ganze Stellung Costabella-Contrin, wahrscheinlich um das Heranziehen von Reserven zu verhindern.
Nach einem abgehorchten Bericht sind in diesen Tagen auf die Costabella allein 4800 Schuß abgegeben worden, und zwar schwerere und leichtere Kaliber. Nun wurde unsererseits bei Alba ein zweiter 30,5-cm-Mörser eingebaut und Truppenverstärkungen zusammengezogen.

Unsere ganze dritte Kompanie und je eine Kompanie der Regimenter 49 und 92 mit ihren Maschinengewehren sollten die Costabella wieder zurückerobern.
Es wurden wieder Schneestollen vorgetrieben und am 16. März zeitlich früh ein unverhoffter Angriff ohne Artillerievorbereitung durchgeführt.
Fast ohne eigene Verluste kam die Costabella wieder in unseren Besitz.
3 Offiziere und 40 Mann, sowie zwei Maschinengewehre kamen in unsere Hände . . . die Verpflegung wurde etwas knapper, Brot wurde aus Maismehl hergestellt, als Zubußen bekamen wir Selchfische und Salzfische, welche schon fast ungenießbar waren.
Im Hinterland fanden Hungerrevolten statt und auf dem Lande wurde gestohlen und geraubt.«

So einfach und schlicht die Worte Josef Strohmeiers klingen, so sehr kann man aus eben diesen Worten ermessen, wie erbittert in den Fassaner Bergen gekämpft wurde. Wenn wir bedenken: 4800 Schuß aller Kaliber gegen die wenigen Männer in der Stellung, drei italienische Angriffswellen in Bataillonsstärke erreichen nicht das Ziel.
Erst eine weitere, vierte italienische Angriffswelle erobert die Costabella.

Hier haben die Italiener mit größtem Einsatz an Mann und Material gekämpft. Der Gegner, Hauptmann Valentini, griff jeweils mit höchstens Kompaniestärke an: lautlos, blitzschnell und unter Ausnützung von Überraschungsmomenten durch Schneestollen, im Morgengrauen, im Nahkampf.

Auf der einen Seite herrschte Material in Massen vor – auf der anderen Seite dagegen mußte mit allem und jedem gespart werden.

Die Kühnheit einiger weniger Kaiserschützen stand gegen die, besonders im 1917er Jahr immer besser und besser versorgte italienische Streitmacht. Was die einen mit massiertem Einsatz zu erreichen suchten, schafften die anderen in mehr oder weniger Einzelkämpferaktionen. –

1917: Kaiserschützen-Gratstellung auf Costabella mit Blick gegen Lusia-Kamm und die tiefverschneiten Fleimstaler Frontberge.

11 Fleimstaler Berge

Kaum jemand, der heute in den Fleimstaler Bergen Touren oder Gipfelbesteigungen unternimmt, könnte sich vorstellen, daß das ganze Fleimstal mit all seinen Bergen Mittelpunkt des militärischen Geschehens im Gebirgskrieg 1915–18 war. Während heute am Rolle-Paß oder in San Martino di Castrozza (das im Krieg schwer zerschossen war) sich die sogenannte internationale Schickeria bei den 5-Uhr-Tees produziert, während man am Rolle-Paß in den neuesten Skianzügen über die Pisten flitzt, waren alle diese Orte und Abfahrtstrecken im Krieg ein Feld des Blutes.
Auf eben diesem Feld tummelt sich heute ein leichtlebiges, oberflächliches und kommerzialisiertes Touristenvolk – ohne Ahnung, welchen Boden es unter den Schnallenschuh-bewehrten Gehwerkzeugen hat . . .

Der stille, hochalpine Genießer aber wird abseits der wenigen Touristenzentren herrlichste Bergwanderungen im Sommer, grandiose Skitouren mit Steigfellen im Winter unternehmen können. Wann immer der Bergsteiger unterwegs ist, er wird kaum auf andere Gefährten stoßen. Wo immer er seine Schritte hinlenkt wird er aber auf die Spuren des Krieges treffen:

Hoch oben auf den Graten, über den Menschen, gähnen dunkle Kavernenöffnungen, kleben felsige Brustwehren in den Wänden und so manche, noch nicht abgezogene Handgranate fand ich – neben Gebeinen in den Kavernen, verfaulten Schuhen und Uniformknöpfen. Nirgends habe ich auf den ehemaligen Frontbergen den Kontrast zu den leichtlebigen Skigebieten im Tal und zu den so melancholisch wirkenden Gipfeln – mit ihren schrecklichen Kriegsresten – so erschütternd empfunden, wie im Fleimstal und auf seinen Bergen rundum. – Wenn wir bedenken, daß die Fleimstal-Front von den Fassaner Bergen bis gegen die Valsugana reichte, so können wir uns vielleicht vorstellen, wie lang, einsam und hart das Leben, das Kämpfen und Sterben hier war.

Im Rahmen dieses Abschnittes vorliegender Dokumentation treffe ich nun bezüglich der Fleimstal-Front drei Untergliederungen:

1. Nördliche Fleimstaler Berge
2. Abschnitt Rolle-Paß
3. Südliche Fleimstaler Berge

Der Frontverlauf in diesen drei Abschnitten verlief folgend (von Norden nach Osten; von Osten nach Westen): Fangho – Allochet (Pellegrino-Tal) – Cima di Bocche (2745 m) – Cima di Laste (2386 m) – Lusia und Lusia-Scharte – Cima Juribrutto (2694 m): diesen Abschnitt zeigt das obige Bild, das von der Allochet-Stellung im Winter 1916/17 aufgenommen wurde; – Südhänge der Cima de Bocche gegen Passo di Valles – gegen Paneveggio – quer durch das hinterste Fleimstal – gegen die Nordhänge des Colbricon und Rolle-Paß – Colbricon-Gipfel (2603 m) – Cavallazza (2326 m) – Cima di Ceremana (2700 m) – Cima die Valon (2564 m) – Cima di Cece (2772 m) – Coltorondo (2495 m) – Cima Busa Alta (2506 m) – Gardinal (2454 m) – Cauriol (2495 m) – Formentone (2480 m) – Forcella di Sadole – Litigosa (2555 m) – Cima di Cupola (2548 m) – Stelle delle Sute (2617 m) – Cima di Lagorai (2529 m) – Montalon (2578 m) – Manghen (2481 m) – Ziolera – Cima Fornace (2227 m) – Roh-Joch (2312 m) – Schwarzkopf (2302 m) – Schrimbler (2205 m) – Schrumpspitz (2396 m) – Sopra Conella (2308 m) – Portella (2253 m) – Weitjoch (1842 m) – Panarotta (2002) und mit letzterem Gipfel gegen die Valsugana nach Vetriolo absteigend.

Weiters bildete sich im Abschnitt der Gipfel Manghen und Montalon ein Front-Nebenast heraus, dessen Verlauf folgend war: Val Piana (2364 m) – Cenon und Tambolin (2283 m) – von hier absteigend gegen Carzano in der Valsugana.

Ideale Orientierungsgrundlagen für diesen Frontabschnitt sind: Kompaß-Karten, Blatt 75 (Trento–Levico–Lavarone) und Blatt 76 (Pale die San Martino).

1973: Blick vom Passo di Valles gegen die südl. Fleimstaler Frontberge vom Colbricon bis Gardinal (Bild oben; v. l. n. r.). Der Kammverlauf westlich des Colbricons im Hochwinter – einst heiß umkämpft (Bild unten).

Ein nahezu unendlich anmutender Kreis von Frontbergen, Jöchern, Graten – gespickt mit Stellungen, mit Kavernen und einsamsten Feldwachen, die alle auch im Hochwinter besetzt waren. Die Österreicher beherrschten während des ganzen Krieges das Fleimstal und die zugehörigen Höhenstellungen, konnten diese – allerdings oft nur unter ungeheuren Opfern halten. Einzig und allein im Gebiet des Colbricon, am Rolle-Paß, gelangen den Italienern entscheidende Einbrüche – aber keine Durchbrüche. Der Colbricon bildete quasi den östlichen Eckpfeiler der Fleimstal-Front. Von ihm aus wäre es möglich gewesen, die Höhenstellungen im Nahkampf aufzurollen und gleichzeitig über die Höhe des Rolle-Passes in das Fleimstal, einem der wichtigsten Nachschubwege der Österreicher, einzubrechen.

So wie in allen anderen Abschnitten der Dolomitenfront, mußten die Italiener die Stellungen in den Fassaner Bergen und entlang der gesamten Fleimstaler Berge als Ergebnis der Offensive von Flitsch-Tolmein, des Piave-Vorstoßes 1917, räumen.

Aber auch hier war es – bis zu diesem Zeitpunkt – für beide Seiten eine harte, kampferfüllte Zeit.
Während des ersten Kriegsjahres begann sich auch auf den Fleimstaler Bergen der Hochgebirgskrieg erst zu entwickeln. Vorerst kämpfte man mit Patrouillen und kleinen Kommando-Trupps: Kleinkrieg.

Aber bereits der erste Kriegswinter zeigte auch hier, daß der Kampf zu einem schicksalhaften Geschehen sich entwickeln würde. So begann bereits in den ersten Monaten des Jahres 1916 – noch unter dem Eindruck des Hochwinters – der kriegsmäßige Ausbau der Stellungen: Feldseilbahnen, Kavernen, Kriegssteige und einige wenige Fahrstraßen entstanden. Im selben Atemzug erfolgte nun auch eine wesentliche Besserstellung der Höhenstellungen mit erprobten Kämpfern und mit einem beachtlichen Mehr an Kriegsgerät.
Im Rahmen mehrerer Offensiven versuchen die Italiener mit allen Kräften gegen die Fleimstal-Front anzugehen. Der italienische Durchbruch durch das Fleimstal hätte unausdenkbare Folgen, ziemlich sicher einen Zusammenbruch der österreichischen Front zur Folge gehabt.

Allein aufgrund seiner militärgeographischen Lage war das Fleimstal ungleich bedeutender, als viele andere hochalpine Kampfabschnitte: vom Fleimstal aus in weiterer Folge gegen den Raum Trient – Etschtal vorzubrechen – das war das Ziel der italienischen Heeresleitung. Diese Rechnung allerdings ging nicht auf, auch nicht annähernd.

Im Sommer 1916 brechen Alpini in die Verteidigungspositionen auf der Cavalazza ein. Analog dazu verlaufende Aktionen gegen Cima di Bocche und Valles-Paß hatten aber keinen Erfolg.

Im August 1916 starteten die Italiener umfassende und andauernde Angriffe gegen die Kämme der südlichen Fleimstaler Berge: vom Colbricon bis zum Coltorondo.
Schreckliche Ausmaße nahmen besonders die Gefechte im Bereich des Cauriol, Gardinal an.

Monatelang dauerten die Kampfhandlungen: die Verteidiger hielten die Stellungen, die Angreifer aber versuchten ihr Glück bis zum Einbruch des fürchterlichen Lawinenwinters 1916/17. Erst der Wintereinbruch brachte für die Kaiserschützen und Tiroler Standschützen Ruhe vor den Angriffen der Alpini, die dafür vom Kampf um das Überleben im Rasen des Winters abgelöst werden.

»Und so kam schließlich Weihnachten heran. Um diese Zeit herum begann das große Schneetreiben, von dem alle Frontteilnehmer dieses Abschnittes nur mit Schaudern erzählen. Unsere Baracke war mit Drahtseilen am Felsen (des Gardinal; Anm. d. Verf.) befestigt. Wer zum Westhang des Gardinal wollte bzw. mußte, war gezwungen, sich an einem Drahtseil vorbeizuhanteln. Die Posten waren halbstündig abzulösen und wer nur halbwegs konnte, mußte Posten stehen, um die Barackentür freizuhalten. Ich selbst wurde dabei von einem Patrouillenführer abgelöst, dem ich aufs allerschärfste auftrug, nur ja auf diese Tür zu achten. Inzwischen machte sich der Gute mit seiner gefrorenen Nase zu schaffen. Plötzlich schrie er ›Herr Zugführer, ich bring die Tür nimmer auf‹. Dies hieß also in der Tat, wir waren zehn Tage eingeschneit. Dazu gab es fast keine Reserveportionen, die letzten drei Tage überhaupt nichts mehr zu essen. Auch Heizen gab es nicht, mit einem Wort, es war eine verzweifelte Situation . . . wir hatten uns schon selbst aufgegeben, als wir endlich am zehnten Tage ausgeschaufelt wurden . . . langsam, nur ganz

1917: Seilbahnstation am Gardinal (Bild oben) und Blick aus der Gardinal-Stellung gegen Fassatal mit Latemar und Rosengarten links im Bild (unten).

langsam konnten wir wieder aufgefuttert werden und erst nach einigen Tagen war es möglich, normal zu essen« (Josef Egger; ehemaliger Zugführer im Kaiserschützen-Regiment Nr. III)!

Über die Kämpfe am Cauriol im Sommer 1917 berichtet nachfolgender Angriffsbefehl, der wegen seiner typischen Formulierung wiedergegeben sei:

»In den nächsten Tagen, frühesten am 13. d. Monats findet ein Feuerüberfall gegen großen Cauriol und B-Stellung statt. An demselben nehmen teil die Batterien: 12 cm M 80 (Litigosa), 15 cm M 80 Mörser (Becco), 10,4 cm Feldkanone (Corda alta), 7,5 Gebirgskanone (kl. Cauriol), die Busa alta und Formentone-Geschütze. Ferner alle Nahkampfmittel des kl. Cauriol, dann soweit als möglich die MG und eventuell ein Infanteriegeschütz vom Westgrat Gardinal, dann das MG vom Stützpunkt Sforcella Sadole. Die Aktion geschieht in zwei kurzen Feuerüberfällen; der zweite Feuerüberfall drei Stunden nach dem ersten.
Um ein Abhorchen zu vermeiden, wird die Zeit des ersten Feuerüberfalles mehrere Stunden vorher folgend anbefohlen: ›8/7 Ernteurlauber absenden‹.
Die Zahl im Zähler bedeutet die Stunden, die Zahl im Nenner den Tag. Im vorliegenden Beispiel: 8 Uhr Vormittags, am 7. d. M.
Die Aktion findet infolge der gewöhnlich günstigeren Sichtverhältnisse nur vorm. statt. Für die zweite Beschießung erfolgt kein weiterer Befehl.
Die übrigen Nachbarabschnitte erhalten ebenfalls diesen telephonischen Befehl, damit sich die Leute am genannten Tage decken, da voraussichtlich feindl. Feuererwiderung zu erwarten sein wird.
Die Kampfabschnitte I, II, IV und V melden nach der Aktion kurz das Resultat.
Der Erhalt dieses Befehles (unter Angabe der Nummer) ist von allen beteiligten Stellen telephonisch zu bestätigen. Gezeichnet: Valentini m. p. Major.«

Weitere interessante Schlaglichter vermögen vielleicht auch folgende Archivalien-Stellen auf das Geschehen zu werfen:

»Colbricon, Juli 1917: Die von den Italienern seit langem vorbereitete Sprengung des Colbricon sollte verhindert werden. Eine Aktion von Sturmpatrouillen sollte den Eingang des feindlichen Sprengstollens in unsere Hände bringen und dadurch die Colbricon-Sprengung verhindern. Zur Unterstützung wurden die Züge Leutnant Karner und Leutnant Flatz der MG-Kompanie 4/III der Gruppe Colbricon zugewiesen. Der Zug Leutnant Karner hatte das Vorgehen der Sturmpatrouillen durch Feuer zu unterstützen, während ein Maschinengewehr . . . ein auf ca. 200 Schritte Entfernung kaverniertes italienisches Gebirgsgeschütz zu bekämpfen hatte. Dem kaltblütigen Verhalten der Bedienungsmannschaft und dem äußerst wirkungsvollen Feuer ihrer Gewehre ist es zu danken, daß die Sturmpatrouillen den feindlichen Stolleneingang erreichten und eine Menge Sprengmunition vernichteten. Leutnant Flatz erhielt den Heldentod und Leutnant Karner wurde verwundet, die Sturmpatrouillen konnten sich nicht halten. Einige Tage später erfolgte feindlicherseits die Sprengung und durch das sofortige Einsetzen des Sperrfeuers der 4 Maschinengewehre auf den Raum vor dem Sprengtrichter war die Besetzung des Trichters durch unsere Infanterie möglich, ehe ihn die Italiener erreichten. Zugsführer Hornak und Zugsführer Bitsche erhielten die Silberne Tapferkeitsmedaille I. Klasse, Unterjäger Unterlechner und Schütze Schichte die Silberne Tapferkeitsmedaille II. Klasse, Unterjäger Brennsteiner und Schütze Jenewein die Bronzene Tapferkeitsmedaille« (Veröffentlicht mit Genehmigung des Kriegsarchives in Wien; Anm. d. Verf.).

»1916: Ein Patrouillengang auf Busa-Südspitze, 2. Oktober 1916. –

Zwei Züge der 10. Kompanie des Landesschützen-Regimentes III verteidigen Busa-Alta-Südspitze. Kommandant Fähnrich Josef Thöni, öfter Angriffe von seiten der Italiener, die alle abgeschlagen werden.

Besonders stark greift der Feind am 29. September 1916 an. Wir erleiden schwere Verluste und bekommen Leute vom Landesschützen-Regiment II zur Verstärkung.
Am 2. Oktober 1916 abends will Fähnrich Thöni mit Zugsführer Paternoster, Unterjäger Pichler und noch einigen braven Schützen eine italienische Feldwache ausheben und eventuell besetzen, weil diese ihnen besonders viele Verluste zufügt.
Bei Dämmerung am genannten Tage verlassen sie die Stel-

lung. Vorsichtig wird angeschlichen. Jeder Schritt ist lebensgefährlich; ein Fehltritt, und man stürzt hunderte von Metern ab. Auf 100 bis 120 Schritte kommen sie an den Feind. Sie werden bemerkt und die Welschen eröffnen ein überaus starkes Infanteriefeuer.

Man hat den Feind unterschätzt. Fähnrich Thöni sinkt mit schwerem Lungenschusse zu Boden. Die Unternehmung ist aussichtslos. Zugsführer Paternoster und Unterjäger Pichler schleppen ihren Fähnrich unter den schwierigsten Verhältnissen und unter andauerndem Feuer zurück und bringen ihn in Sicherheit.

Die zwei Helden leisteten dabei Übermenschliches« (Veröffentlicht mit Genehmigung des Kriegsarchives in Wien; Anm. d. Verf.).

»Nach dem Angriff auf den Cauriol am 3. September 1916 bekam die 4. Kompanie den Auftrag, den Gardinal-Westgrat zu besetzen.
Am 5. September führte die Kompanie diesen Befehl durch und begann mit dem Ausbauen der Stellung, ohne vom Gegner belästigt zu werden.

Anfangs Oktober, nach dem Fall des Covacz-Stützpunktes, begann der Angriff auf den Gardinal. Nach harten Kämpfen, bei denen die Südspitze in die Hände der Italiener fiel, gelang es diesen, sich am Ostgrat festzusetzen. Trotz mehrfahcer Versuche kamen sie jedoch nicht mehr weiter. Der Gardinal-Kamm blieb immer im Besitze unseres Regimentes (Kaiserschützen III; Anm. d. Verf.).

Auch bei dem Angriff der Italiener auf den von unserer 5. Kompanie besetzten Kleinen Cauriol am 19. Oktober 1916 griffen wir flankierend mit Maschinengewehren und Infanterie ein.

Bis 16. Dezember (1917; Anm. d. Verf.) verblieben wir auf dem Gardinal und besetzten nach kurzer Etablierung den Kleinen Cauriol, wo wir dann bis zum Beginn unserer siegreichen Offensive waren. Arthur Engel, Fähnrich« (Veröffentlicht mit Genehmigung des Kriegsarchives in Wien; Anm. d. Verf.).

Ähnlich, wie in den vorigen Archivalien-Zitaten geschildert, vollzog sich der Krieg auf den Fleimstaler Bergen – von der Cima di Bocche bis zur Panarotta – von den Fassaner Bergen ausgehend, entlang des Fleimstales, bis hoch über der Valsugana und den Gipfeln des Fersentales.

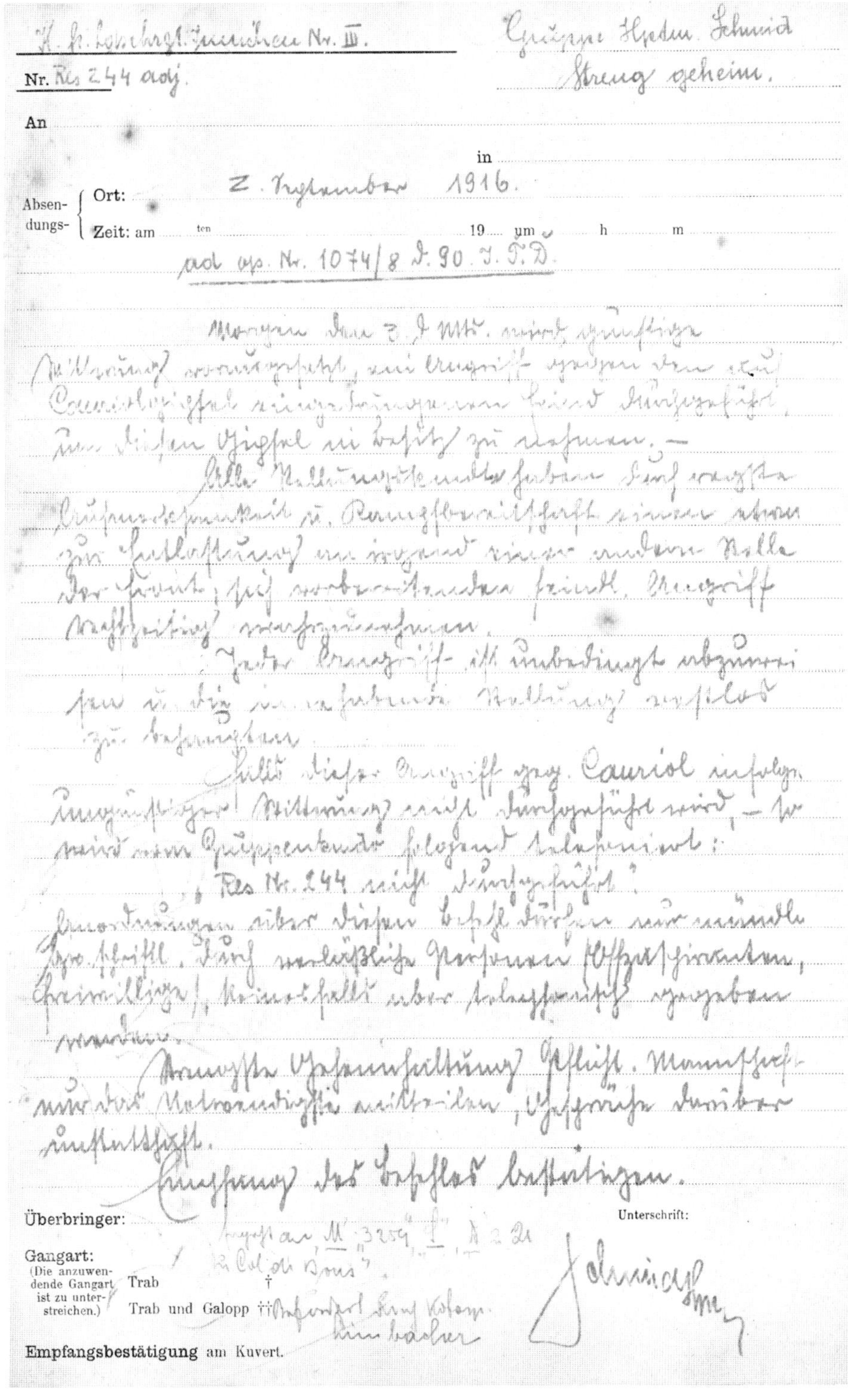

K. k. Landesschützenregiment Innichen Nr. III
Gruppe Hauptmann Schmid
Streng geheim.
Nr. Res. 244 adj.

2. September 1916
ad. op. Nr. 1074/8 d. 90 I. T. D.

Morgen den 3. des Monats wird, günstige Witterung vorausgesetzt, ein Angriff gegen den auf Cauriolgipfel eingedrungenen Feind durchgeführt, um diesen Gipfel in Besitz zu nehmen.
Alle Stellungskommandanten haben durch regste Aufmerksamkeit und Kampfbereitschaft einen etwa zur Entlastung an irgendeiner anderen Stelle der Front, sich vorbereitenden feindlichen Angriff rechtzeitig wahrzunehmen.
Jeder Angriff ist unbedingt abzuweisen und die innehabende Stellung restlos zu behaupten.
Falls dieser Angriff gegen Cauriol infolge ungünstiger Witterung nicht durchgeführt wird, – so wird vom Gruppenkommando folgend telephoniert: »Res. Nr. 244 nicht durchgeführt.«
Anordnungen über diesen Befehl dürfen nur mündlich bzw. schriftlich durch verläßliche Personen (Offiziersaspiranten, Freiwillige), keinesfalls aber telephonisch gegeben werden.
Strengste Geheimhaltung Pflicht. Mannschaft nur das Notwendigste mitteilen, Gespräche darüber unstatthaft. Empfang des Befehls bestätigen.

Schmid, Hauptmann

12 I. bis XI. Isonzoschlacht

Der Leser einer Gesamtdokumentation des Gebirgskrieges 1915/18 mag sich vielleicht fragen, was in diesem Zusammenhang die Isonzoschlachten zu suchen haben. Aber das Kampfgeschehen war nicht nur bestimmt durch die Ereignisse der hochalpinen Front, sondern genauso durch die Großoffensiven in der italienischen Tiefebene.
Jahrelang versuchte die italienische Heeresleitung mit einer Reihe von Schlachten aus Venetien gegen den Abschnitt Julische-, Karnische Alpen und Dolomitenraum vorzugehen.
Die Fronten dieser Schlachten – der Isonzoschlachten – erstreckten sich von Triest bis zu den Julischen Alpen.
In elf unerhörten Schlachten von 1915 bis 1917 versuchten die Italiener unter General Cadorna mit höchstem Einsatz die ausschließlich öst.-ung. Verteidiger zu überrennen.
Erst die 12. Isonzoschlacht (s. nächster Abschnitt) brachte die Erlösung – allerdings nicht im erhofften Sinne Cadornas, sondern im gegenteiligen. Doch davon später später mehr.
Während der ersten elf Isonzoschlachten steigerte die italienische Heeresleitung ihren personellen und materiellen Einsatz von Schlacht zu Schlacht.
Die italienischen Angriffe waren das geistige Werk Cadornas, der mit penibelster Methodik, gleichsam schachbrettartig, Schlacht um Schlacht vorbereitete und durchführte.
Aber Cadorna konnte keine Erfolge für sich verbuchen. Von Triest bis zu den Julischen Alpen stand eine wahre Menschenmauer öst.-ung. Soldaten:

Heldenhaft, tapfer bis zur Selbstaufopferung, aber eine gespenstische Mauer des Todes, der Vernichtung. Die altösterreichische Armee konnte zwar dem Druck der Italiener standhalten – blutete aber andererseits regelrecht aus.
In so mancher Isonzoschlacht kamen über 50000 öst.-ung. Soldaten um das Leben ...

Das Halten der Isonzofront aber war eine Grundbedingung für das Halten der Alpenfront und umgekehrt.
So bestand zwischen beiden großen Fronten ein funktioneller Zusammenhang.
Die Isonzoschlachten, besonders die 12., stellen in der österreichischen Militärgeschichte eines der größten Kapitel dar. Hier zeigte die alte Armee, was in ihr steckte.
»Die größten Anforderungen, welche an die physische und moralische Verfassung des Soldaten gestellt werden können, treten jedenfalls an die Kämpfer ... in den zahlreichen sogenannten Isonzoschlachten heran. Eine an Zahl vielfach überlegene feindliche Artillerie und Infanterie, die Hitze, Wassermangel und Entbehrungen aller Art forderten übermenschliche Leistungen ...
Schon während der Vorrückung hatte das Bataillon mehrere im Vorgehen befindliche feindliche Wellen teils im Handgemenge teils durch kurzes Feuer, zu überwältigen ..., hier auf ca. 300 Mann zusammengeschmolzen, hielt das Bataillon bis 4. Aug. ... sich unausgesetzt wiederholenden Angriffen immer erneuernder italienischer Kräfte erwehrend, stand.
Beim Morgengrauen ... wurden die Reste des zweiten Bataillons aus dieser Hölle abgelöst.
Die durch Berge unbeerdigter Leichen aus allen Perioden der vielen Wochen währenden Kämpfe in diesem Raume verpestete Luft, Millionen giftiger Fliegen, die sengende Sonnenglut in dieser schattenlosen Steinwüste und nicht zuletzt der Wassermangel brauchten die letzten Kräfte der tapferen Krieger auf.
Das Bataillon verlor in der Zeit vom 26. 7. bis 4. 8. 1915 3 Kompanie-Kommandanten (Oberleutnant Fritz Widemann, Oberleutnant Ernst Grunert, Oberleutnant i. d. R. Ernst Janner), ... zahlreiche andere Offiziere und ungefähr 50% des Mannschaftsstandes an Verwundeten und Toten.
Von den Offizieren blieb außer dem Bataillonskommandanten nur Hauptmann Paul Wenzel, Oberleutnant i. d. R. Robert Wedel und Leutnant Erwin von Vogel übrig.« (Gezeichnet: Blum, Major m.p.; veröffentlicht mit Genehmigung des Kriegsarchives in Wien; Anm. d. Verf.)

Dieser erschütternde Bericht über das zweite Bataillon des Tiroler Kaiserschützen-Regimentes Nr. I in der 2. Isonzoschlacht vermag der Nachwelt einen nur kleinen Einblick in das Grauen dieses Krieges zu eröffnen. Was Verdun im Westen, waren die Isonzoschlachten in Italien: Tod und Vernichtung für Hunderttausende.
Der Dienst an der Hochgebirgsfront dagegen war ein »Honiglecken«, wie so mancher Isonzokämpfer dies zu formulieren pflegte.

Erzherzog Eugen besichtigt die Stellung eines 30,5-cm-Mörsers an der Isonzo-Front.

13 Die XII. Isonzoschlacht – Vorstoß aus den Bergen bis zum Piave 1917

1917: Festungswerk und Klause von Flitsch. Auf diesem Weg brachen u. a. die Angreifer gegen die italienischen Armeen vor.

Elf Isonzoschlachten von 1915–1917 bedrohten die alte kaiserliche Armee bis aufs letzte. In diesen 11 Schlachten mußte Italien und Cadorna lernen, daß mit den Nachfahren der Soldaten Radetzkys nicht gut Kirschen essen war. Die 12. Isonzoschlacht aber lehrte den Gegner das Grauen: In einer einzigartigen Angriffsbewegung gelang es, die italienischen Armeen nicht nicht nur vor sich herzutreiben, sondern schließlich zu zersprengen und zu zerschlagen.

In einer der größten Schlachten dieses Jahrhunderts erlebte nicht nur die Waffenbrüderschaft Österreich-Ungarns und des Deutschen Reichs ihren größten äußeren Höhepunkt, sondern demonstrierte in nie mehr dagewesener Weise jenes einzigartige Maß an militärischem Können und soldatischem Einsatz. Um ein Haar wäre der siegreiche Ausgang der 12. Isonzoschlacht zum Wendepunkt des Ersten Weltkriegs geworden. Daß dies nicht der Fall war, zählt zu den tragischen Aspekten der Front gegen Italien und beinhaltet in gewisser Weise so manches Rätsel der Geschichte. Darüber mehr aber am Ende dieses Abschnittes. Über die Ursachen, Vorgangsweise, gesteckten und erreichten Ziele der 12. Isonzoschlacht und des Vormarsches zum Piave informiert Sie nun wiederum Oberst im Bundesgrenzschutz a. D. Hans Jürgen Pantenius. Von ihm stammt die folgende, umfassende Darstellung des Geschehens:

»Der Druchbruch am Isonzo Herbst 1917 (12. Isonzoschlacht). –

Aus Raumgründen beschränkt sich der Überblick über die erfolgreichste Offensive der Mittelmächte im I. Weltkrieg auf die operative und taktische Planung. Aus ihr sind bereits die wesentlichen Grundlagen des Erfolges ersichtlich, zumal die Durchführung selbst keine wesentlichen Änderungen bis zum Durchbruch erforderten. Der Verlauf bis zum Gewinnen des Tagliamento kann nur gestreift werden, die Verfolgung bis zum Piave und Grappa nur andeutungsweise dargestellt werden. Das ital. Heer hatte, entgegen aller bisher geübten Praxis, die 11. Isonzoschlacht als Überraschungsangriff über die Hochfläche von Bainsizza geführt. Dadurch verloren die Österreicher das östliche Isonzoufer von Selo bis Salcano. Lediglich der Mt. S. Gabriele konnte als Eckpfeiler der Stellungen ostw. Görz gehalten werden. Im Norden bildete der Brückenkopf von Tolmein das letzte Bollwerk auf dem rechten Isonzoufer. Die Lage an der Isonzofront hatte sich entscheidend zuungunsten der Österreicher verschoben. Im Fall einer erfolgreichen Fortsetzung der Angriffe drohte der Verlust der jahrelang ausgebauten Gebirgsstellung. Die Front hätte weit nach Osten zurückgenommen werden müssen, damit wäre das Schicksal Triest besiegelt gewesen. Es kam also darauf an, die beiden Isonzoarmeen schnell aus ihrer unhaltbar gewordenen Lage zu befreien. Der Bitte um Mitwirkung verschloß sich die OHL diesmal nicht. Eine gründliche Untersuchung an Ort und Stelle Anfang Sept. ergab, daß der Zustand der Front zum sofortigen Eingreifen zwang und daß angesichts der feindlichen Kräfteverteilung und der Geländegestaltung nur das Gebiet am mittleren Isonzo bis Flitsch einschließlich für den Angriff in Frage kam. Insbesondere bot der Brückenkopf von Tolmein wenigstens für 3 Divisionen eine wertvolle Ausgangsbasis. Die Bereitstellung der Kräfte und das Instellungbringen der erforderlichen starken Artillerie war an sich schon ein Wagnis und bereitete enorme Schwierigkeiten. Dem Tolmeiner Brückenkopf gegenüber zog sich das ital. Stellungssystem in mehreren Reihen am steil aufsteigenden Hang des Kolovrat entlang. Hauptknoten der vielfältigen Anlagen bildeten die Jeza und Höhe 1114. Erst nach Stunden mühevollen Anstiegs im Feindfeuer begann der Kampf um die Hauptstellung. Eine taktische Überraschung war voraussichtlich ausgeschlossen.

Das Angriffsgelände erforderte für die Kampftruppe Gebirgsausrüstung und Tragtiere, stellte an die körperliche Leistungsfähigkeit der Infanterie sehr hohe Anforderungen und machte sorgfältige Ausbildung im Gebirgskampf unerläßlich. Auch im Becken von Flitsch lagen die Verhältnisse ähnlich, doch begünstigte das Gelände Bereitstellung und Kampfführung hier etwas mehr. Starke Hindernisse mußten die Enge von Saga und der Stolrücken bilden. Eine Umfassung aus dem Isonzotal oberhalb Karfreit mußte den Angriff erleichtern. Vor besonderen Schwierigkeiten standen Aufmarsch und Versammlung der Kräfte sowie die gesamte Versorgung der zu bildenden 14. Armee mit ihren 12 Angriffs- und 3 Reservedivisionen. Aus dem Lande zu leben war völlig ausgeschlossen. Der Eisenbahnaufmarsch fand im Raum Klagenfurt – Veldes – Laibach sein Ende. Nach Tolmein führten nur zwei schmale Gebirgsstraßen über Podbrdo und Kirchheim, in den Raum ostw. Flitsch zwei Paßstraßen über den

1917: Italienische Gefangene nach dem Durchbruch von Flitsch-Tolmein (Bild oben). Der italienische General Cadorna (Bild unten; zweiter von rechts).

Predil- und den Mojstrovkapaß. Die feindliche Luftüberlegenheit schloß Tagesmärsche weitgehend aus.
Die Grundzüge für die Operation wurden unverzüglich erarbeitet. Unter dem Kommando der Südwestfront – Erzherzog Eugen – wurden die 10. österr. Armee – FM v. Krobatin –, die deutsche 14. Armee – GdI. Otto v. Below; Chef Glt. Krafft v. Delmensingen – und die aus der 1. u. 2. Isonzoarmee bestehende Heeresgruppe v. Boroëvic zu einheitlicher Wirkung zusammengefaßt. Der 14. Armee fiel die Hauptaufgabe des Durchbruchs zu. Stäbe und Truppen waren vorzüglich zusammengestellt. Zumal war der Chef des Stabes als langjähriger, kriegserfahrener Kommandeur des deutschen Alpenkorps anerkannter Experte des Gebirgskrieges. Zu den sechs deutschen Divisionen (Alpenkorps, preuß. 200., preuß. 5., preuß. 12., württb. 26., 117.) traten außer der Deutschen Jägerdivison starke Heeresartillerieverbände, Minen- und Gaswerferabteilungen hinzu. Die deutsche 14. Armee sollte den Hauptstoß bei Tolmein führen, während nördl. anschließend die Gruppe des GdJ. Alfred Krauß (I. Korps) mit ›Edelweißdivision‹ (frühere 3. ID.), 22. SchD und 55. ID. (Bosniaken) über Flitsch den begleitenden Nebenangriff zu führen hatte, an Befehle der 14. Armee jedoch nicht gebunden. Aus den vom AOK vorgetragenen Absichten ging deutlich hervor, daß man lediglich an eine großzügige Stellungsverbesserung zur Entlastung der Isonzofront dachte. Damit war aber das Kdo. der 14. Armee durchaus nicht einverstanden, das bescheidenste operative Ziel mußte nach Lage der Dinge der Tagliamentofluß sein. Das zeitlich nachgestaffelte Antreten der beiden österr. Isonzoarmeen barg die Gefahr in sich, daß die isoliert angreifende 14. Armee den Gegenangriffen der nirgendwo gebundenen feindlichen Reserven ausgesetzt wurde. Richtung und Schwerpunkt der Operation lagen nach Auffassung der 14. Armee für eine bis an den Tagliamento geplante Offensive zu weit südlich. Das Kdo. der Heeresfront ließ sich überzeugen und gab dem rechten Flügel der 14. Armee den Raum nördlich Cividale als Ziel. Die Grenze zur 2. Isonzoarmee verlief nun von Selo durch das Judriotal nordwestl. der Korrada. Außerdem wurde das Korps Krauß (I.) der 14. Armee unterstellt.
Die 2. Isonzoarmee hatte gleichzeitig anzutreten und mit Schwerpunkt die Korrada anzugreifen, im übrigen den Feind auf der Bainsizza durch Angriff zu fesseln. Somit konnte die 14. Armee ohne Sorge um die linke Flanke den Schwerpunkt auf ihren rechten Flügel legen. Diese in mustergültiger Zusammenarbeit der höheren Kommandostäbe entwickelten Grundgedanken fanden Niederschlag in der Weisung des Kommandos der Südwestfront: ›Ziel der Operation ist, die Italiener über die Reichsgrenze und, wenn möglich, über den Tagliamento zurückzuwerfen. Hierzu wird die ganze Heeresfront an einem noch zu bestimmenden Tage gleichzeitig die Offensive ergreifen. Der deutschen 14. Armee wird die Aufgabe zufallen, die feindliche Front im Raum der Jeza-Höhe westlich Tolmein zu durchbrechen, dann zunächst die Linie Höhen nördl. Cividale – Reichsgrenze nordwestlich der Korada zu gewinnen. Die Armee wird ferner dem rechten Flügel der 2. Isonzoarmee das Überschreiten des Isonzo zu erleichtern haben. Dem Korps Krauß (k. u. k. I. Korps) wird obliegen, aus dem jetzigen Raum der k. u. k. 93. Infanteriedivision (Anmerkg.: später umbenannt in k. u. k. 55. ID.) bei Flitsch vorbrechend, die rechte Flanke der 14. Armee zu decken. Die 2. Isonzoarmee wird, den Nordflügel stark haltend, den Angriff gleichzeitig mit der 14. Armee aufnehmen und vorerst die Reichsgrenze nordwestlich Korrada-Mt. Santo zu erreichen haben. Die 1. Isonzoarmee wird zunächst durch kräftiges Anfassen möglichst starke feindliche Kräfte zu binden bzw. auf sich zu ziehen haben.‹ Das Oberkommando der 14. Armee glaubte von Anfang an an den Erfolg und war der Auffassung, daß ein Angriff mit derart guten Truppen beider Heere mehr bringen müsse, als eine begrenzte Stellungsverbesserung. Die 14. Armee richtete daher seine Absichten über den Tagliamento hinaus. Voraussetzung blieb, daß der rechte Angriffsflügel nach gelungenem Durchbruch ohne Zeitverlust bis an den Austritt des Tagliamento aus dem Gebirge vorwärtsgebracht wurde. Dort, im Raum südwestl. Gemona, bestand am ehesten die Möglichkeit über den Strom zu kommen. Der Schwerpunkt des Angriffs mußte sich also über Gemona und Tarcento gegen Cornino-Pinzano richten, wo jenseits des Tagliamento die nördlichsten Marschstraßen am Gebirgsrand nach Westen führen. Das bedingte eine Änderung des Auftrags für das rechte Flügelkorps. Es kam weiter darauf an, mit der Hauptgruppe von Tolmein aus gegen Karfreit und von dort auf Robic nach Südwesten schnell vorzudringen, um die anfänglich getrennten Angriffe zusammenzuführen. Dies hatte dann im Raum nordwestlich von Cividale zu geschehen. Dem k. u. k. I. Korps fiel außerdem die Nebenaufgabe zu, der 10. Armee westlich des Predilpasses den Weg nach Südwe-

1917: Der Weg des öst.-ung. und deutschen Siegeszuges – Übersetzen über den Tagliamento (Bild oben) und Kriegsreste der versprengten italienischen Armeen (Bild unten).

sten freizumachen. Hierfür war eine hochgebirgsfähige Seitenabteilung über die Prevala-Scharte und den Neveasattel anzusetzen; später war eine starke Seitenkolonne über Uccea nach Resiutta und Venzone vorzusehen. Der für den 22. 10. 17 festgelegte Angriffstermin mußte wegen unüberwindbarer Nachschubschwierigkeiten besonders beim k. u. k. I. Korps um zwei Tage auf den 24. 10. verschoben werden. Das anhaltend schlechte Wetter verschleierte Anmarsch und Bereitstellung der Kräfte, so daß eine wirksame artilleristische Gegenvorbereitung der Italiener unterblieb. Bis zum 19. 10. standen die 300 Batterien samt erster Munitionsausstattung für 4 Tage in ihren Stellungen feuerbereit.
Die der 14. Armee gegenüberliegenden Großverbände verteilten sich wie folgt: Südl. des Tolmeiner Brückenkopfes die 19. ID. (XXVII.). Am Hevnik und im Krn-Gebiet die 46. ID., nördl. des Isonzo die 43. ID. und im Becken von Flitsch die 50. ID. (alle IV. Korps). Als Eingreifreserven standen im Raum westl. Karfreit die 34. ID., im Raum nordostw. Cividale das VII. Korps mit 3. u. 62. ID. zur Verfügung. Vor der 2. Insozoarmee bis in den Raum um Görz standen 3 Korps mit 6 Divisionen. Im Raum Cividale – Cormons – Udine waren weitere 5 Infanterie- und 1 Kavalleriedivision als Armeereserven der 2. Armee verfügbar. Daraus ergab sich eine deutliche Schwerpunktbildung der Kräfte sowohl ostwärts wie westlich der Korrada, also gegenüber der 2. Isonzoarmee.
In Auswertung des ihr erteilten Auftrages, des Geländes und der Verteilung der feindlichen Großverbände hatte die 14. Armee folgende Absicht: Durchbruch durch die ital. Front bei Flitsch und Tolmein, um zunächst die Linie Gemona-Raum und Cividale zu gewinnen. Hierzu hat der Schwerpunkt beim rechten Flügel zu liegen.
Erstes taktisches Ziel: Canin (2592) – Pta. di Montemaggiore – Mt. Mia – Mt. Matajur – Mt. S. Martino – Mt. Hum – Tribil – Konstanjevica. Es kam darauf an, daß dieses Ziel in ununterbrochenem, Tag und Nacht fortgesetztem Angriff gewonnen wurde, um das gesamte Stellungssystem im ersten Anlauf zu durchbrechen und dem Feind keine Zeit zu lassen, auf der Hochfläche von Juanes erneut Widerstand zu leisten. Nach Gewinnen des ersten Ziels hatte die Armee in südwestl. Richtung bis in den Raum Gemona – Tarcento – Cividale weiter anzugreifen. Gruppe Krauß hatte Teile von Saga aus auf Resiutta zum Flankenschutz der Armee anzusetzen. Hierfür standen die eigenen Kräfte wie folgt gegliedert bereit: Links: Gruppe Scotti mit k. u. k. 1. ID. bei Selo, dahinter 5. d. ID.; Gruppe Berrer mit 200. d. ID. im Südteil des Tolmeiner Brückenkopfes, dahinter um St. Veitsbg. die 26. d. ID.; Mitte: Gruppe Stein (III. bayr. Korps) mit Alpenkorps im Nordteil des Brückenkopfes, 12. d. ID. nördl. Tolmein, k. u. k. 50. ID. bis zum Krn. Hinter dem Alpenkorps ostw. Sela die 117. d. ID.; Rechts: Gruppe Krauß (k. u. k. I. Korps) mit k. u. k. 55. ID. bis ausschl. Becken von Flitsch, k. u. k. 22. SchD im Becken von Flitsch, ›Edelweißdivision‹ bis zum Rombon. Dahinter nordostw. Soca die Deutsche Jägerdivision. Als Armeereserven standen hinter dem linken Flügel in der Tiefe bereit: k. u. k. 13. SchD, k. u. k. 4. ID., k. u. k. 33. ID. Als Angriffsrichtungen wurden zugewiesen: Für Gruppe Scotti der Globocak – Tribil – Castel del Monte; für Gruppe Berrer: Mt. Hum u. Mt. S. Martino – Cividale; für Gruppe Stein: Jeza – Kolowratrücken – Mt. Matajur – Natisonetal für den linken Flügel; Idersko – Karfreit – Mt. Mia – Mt. Juanes – Mt. Madlessena für den rechten Flügel. Für Gruppe Krauß: Hauptstoß im Flitscher Tal über Saga auf den Stol. Linker Flügel (55. ID): Vrsic – Ravna – Starosela. Gemeinsam im weiteren Verlauf Hauptstoßrichtung Monteaperta – Mt. le Zuffine. Nördl. Nebenkolonne im Hochgebirge: Prevalascharte – Neveasattel – Resiutta – Venzone. Am 24. Oktober 1917 um 0200 Uhr setzte auf der ganzen Front das Artillerievorbereitungsfeuer ein und steigerte sich von 0730 bis 0800 Uhr zur höchsten Wirkung unter Einsatz von Gaswerfern und Minenwerfern. Die Gegenwirkung der feindlichen Artillerie blieb schwach. Mit den letzten Einschlägen waren die Stoßtrupps in den vordersten Feindnestern eingedrungen. Der Angriff kam auf der ganzen Breite bei nur örtlichen Unterschieden sofort in Schwung. Schon am Abend des ersten Angriffstages stand fest, daß die 1. und 2. ital. Stellung durchbrochen war. Über Erwarten günstig waren der Durchbruch der 12. ID über Karfreit im Isonzotal und der der 22. SchD im Becken von Flitsch verlaufen. Der Durchbruch der schlesischen 12. ID. ist ohne Beispiel in der Geschichte des Stellungskrieges. Am Abend hatte sie 27 km überwunden und stand bei Robic an der Landesgrenze. Am Abend des 25. 10. stand fest, daß das vordere ital. Stellungssystem im Angriffsraum genommen war. Sicher war die Eroberung des Stol, wahrscheinlich die des Mt. Matajur; die des S. Martino und des Mt. Hum stand bevor. Schnelligkeit war jetzt entscheidend, damit der Feind keine Gelegenheit wirksamer Gegenmaß-

nahmen fand. Der 26. 10. brachte die Vollendung des Durchbruchs. Als entscheidend für die Einleitung des Rückzuges erwies sich die Wegnahme der Pta. di Montemaggiore durch das Kaiserschützenrgt. I. Mit dem Verlust dieses Eckpfeilers in der Tiefe des Verteidigungsraums war an nachhaltigen Widerstand nicht mehr zu denken. Die 12. ID. drang im Natisonetal vor, auch der wichtige Mt. Juanes war am Abend in eigener Hand. Mit der Erstürmung des Mt. Spigh und der Einnahme von Castel delMonte war auch die letzte Barriere ostwärts Cividale gefallen. Die Wegnahme der Höhenlinie Mt. Cavallo – Mt. le Zuffine – Mt. Jauer und Mt. Carnizza durch die Gruppe Krauß, des Mt. Juanes und Mt. Madlessana durch die Gruppe Stein, des Mt. Purgessimo und des Mt. Spigh durch die Gruppen Berrer und Scotti ließen den Widerstand der 2. ital. Armee vollends zusammenbrechen, stellenweise löste sie sich in wilder Flucht auf. Es kam nun darauf an, in überholender Verfolgung vor dem Feind die Brücken am Tagliamento zu gewinnen, den Strom unverzüglich zu überschreiten und die Vernichtung des Feindes vollständig zu machen. Der schnelle Zugriff auf die Tagliamentobrücken scheiterte jedoch. Erst nach planmäßigem Angriff über den Fluß konnte am 4. 11. die Verfolgung wieder aufgenommen werden. Das zeitraubende Abschwenken des rechten Flügels ins Gebirge über Belluno – Feltre, um dort leichter über Piave zu gelangen, ermöglichte der nach Süden ausweichenden 4. Armee die Verteidigung im Grappagebiet aufzubauen. Das Eingreifen englischer und französischer Kräfte, die überdehnten Nachschubverbindungen und Munitionsmangel zwangen schließlich zum Halt am Piave. Abgesehen vom Zusammenbruch der Isonzofront mußten die Italiener die Karnische Front, die Dolomitenfront und die Fleimstaler Berge räumen. Sie verloren 10000 Tote, 30000 Verwundete, 300000 Gefangene und 400000 Deserteure und Versprengte, 3000 Geschütze und ungeheure Mengen Kriegsmaterial aller Art. Die Schlacht war der Erfolg klarer Planung, exakter Vorbereitung, Unbeirrbarkeit in der Durchführung, Führen nach Auftrag bei Belassung der Initiative der Unterführer bis zum Bataillonskommandanten und der Tapferkeit der Truppe aller Verbände, deutscher wie österreichischer.«

Aus den detaillierten Ausführungen von Oberst a. D. Hans Jürgen Pantenius ist ersichtlich, in welcher Schnelligkeit und geradezu blitzartigen Angriffsbewegung die verbündeten Truppen gegen Italien vorstießen.

In der Geschichte der modernen Kriegführung stellt die 12. Isonzoschlacht eines der international und weltweit herausragenden Kapitel dar. Die Verluste der verbündeten Truppen betrugen nur knapp an die 5000 Soldaten.

Die Ursachen für den Halt am Piave sind bis heute nicht restlos geklärt. Ein weiteres Vorrücken über den Piave hätte den Krieg gegen Italien beendet und für die Westfront ein riesiges Entsatzheer geschaffen. Es gab weder personelle, noch materielle, noch geographische Hindernisse für ein weiteres blitzartiges Vorrücken über den Piave hinaus. So groß der Sieg in der 12. Isonzoschlacht war, so unlösbar ist das Rätsel für den Halt am Piave. So aber blieb dem Gegner Zeit, sich bis 1918 neu zu formieren, zu verstärken und der Donaumonarchie den Todesstoß zu versetzen. Nur zwei Bataillone der alten kaiserlichen Armee überschritten den Piave:
Mit dem Kompanie-Kommandanten Hans Ullmann überschritten in Ponte di Piave den Piave-Fluß zwei Bataillone des k. u. k. Infanterieregimentes Nr. 92 (Komotau-Theresienstadt), bildeten in Fagarè (heute Fagarè di Battaglia) einen Brückenkopf und mußten sich nach vier Tagen – ohne jeden eigenen Nachschub – den Italienern gefangengeben.

Zwei Bataillone des k. u. k. Infanterieregiments Nr. 92 (Komotau – Theresienstadt) überschritten mit dem Hauptmann Hans Ullmann – als einzige Einheiten der alten Armee – 1917 den Piave. Die 92iger waren das Heimatregiment der Erzgebirgler. Die 92iger durften als einziges Regiment der kaiserlichen Armee in ihrem Regimentsmarsch Teile der Kaiser-Hymne verwenden. Eine unerhörte Ehre für ein Regiment! In den letzten Friedensjahren war Julius Fucik Regiments-Kapellmeister der 92iger: Ihnen widmete Julius Fucik den wunderbaren Marsch »Regimentskinder«.
Die Bilder zeigen 92iger im Kameradenkreis (unten), Hauptmann Hans Ullmann (rechts oben; im linken oberen Bild auf dem linken Stuhl sitzend). Alle 92iger, die den legendären Piave-Übergang schafften, gerieten in italienische Gefangenschaft.

14 Rückzug der Italiener und Auflösung der italienischen Hochgebirgsfront von den Julischen Alpen bis zu den Fleimstaler Bergen

Vormarsch zum Piave 1917: In Gefangenschaft geratene italienische Truppen.

Sieg – Sieg, so hallte es von den Gipfeln, Zinnen und Graten: vom Krn in den Julischen Alpen bis zur Panarotta über der Valsugana.
Durchbruch bis an den Piave, Vorstoß und Sieg – das waren die Rufe, die Worte, die von Stellung zu Stellung im Hochgebirge sich wie ein Lauffeuer verbreiteten. Befreit atmen die Männer in den bereits herbstlich-eisig gewordenen Höhenstellungen auf. Denn innerlich hatten sie sich bereits auf einen dritten Kriegswinter unter arktischen Verhältnissen eingestellt.

Von Mai 1915 bis Spätherbst 1917 hielten sie unter unendlichen Entbehrungen, größten Opfern aus. Mit Entsetzen dachten sie an den bevorstehenden Hochwinter. Nur zu schrecklich war der vergangene Lawinenwinter 1916/17 in ihrer Erinnerung. Zu viele der Kameraden sind im Hochgebirge ungekommen, zu viele sind gefallen. –
Doch nun erfüllt die Soldaten nur ein Wunsch: hinunter aus der Hölle des Hochgebirges und den italienischen Gegner in die Zange nehmen. Denn in wenigen Wochen gelang den vorrückenden Kräften der Verbündeten das Wunder des Piave-Vorstoßes. Ehe sich's die Italiener versahen, wurden sie in die Zange genommen: einerseits durch die Offensivtruppen in der Tiefebene Venetiens und zwangsweise durch die Soldaten in den hochalpinen Stellungen.
Gleichsam über Nacht räumen die Alpini, Bersaglieri und anderen italienischen Einheiten die umkämpften Gebirgsketten. Im Nu versuchen sie sich rechtzeitig abzusetzen – in die Ebene. Aber auch hier warten die Verteidiger der Donaumonarchie . . .

Der Vormarsch aus den Bergen erfolgt so rasch, daß in vielen Frontabschnitten die rückziehenden Italiener überrannt werden, ja, daß der Vormarsch an ihnen direkt vorbeiflutet.
In den ersten Tagen des November 1917 rücken die Verteidiger aus allen Frontabschnitten im Gebirge vor. Um den 10. und 11. November 1917 vereinigen sie sich mit den siegreichen Truppen der Verbündeten in der venetianischen Tiefebene.
Die karnisch-julische Front, die Dolomiten-Front löste sich auf.
Und wo noch wenige Tage vorher der Donner der Geschütze hallte, kehrte wieder jenes Schweigen zurück, das vor dem Kriegsbeginn die einsamen Berggruppen erfüllte.

Das Zusammenwirken zwischen Verteidigern der Hochgebirgsfront mit den in der Ebene vorgehenden Kräften ist eine der größten organisatorischen Meisterleistungen dieses Krieges gewesen. Die aus den Bergen vorrückenden Kampfgruppen waren ja zahlenmäßig nur kleine Einheiten. Jede mußte im Augenblick des Vormarsches für sich allein wirken. Daß es trotzdem zu einem konzentrischen Vorgehen kam, ja daß nach wenigen Tagen in Belluno, in Feltre der Radetzkymarsch erklang – das bewies, wie klaglos das militärische Zusammenspiel wirkte.

Durch das Vorrücken gegen den Piave verkürzte sich die Front gegen Italien um über 240 Kilometer. Zuerst sah man diese Tatsache noch als Vorteil an, mußte aber später einsehen, daß diese Frontverkürzung auch der italienischen Heeresleitung zugute kam.
Ja letzten Endes muß betont werden, daß durch die Frontverkürzung die Italiener mehr bevorteilt wurden, als erwartet:
Hatten sie vorher einen um ca. 240 Kilometer längeren Frontverlauf zu sichern, zu bekämpfen, so konnten sie nun nach dem Piave-Vorstoß all ihre Kräfte auf einer bedeutend kürzeren Kampflinie vereinigen. Das bedeutet de facto pro Frontabschnitt wesentlich mehr Soldaten und Kriegsmaterial denn je zuvor. Dieser Umstand machte sich dann im letzten Kriegsjahr um so drückender angesichts der österreichischen Not an Nachschub bemerkbar. Gleichzeitig erhielten aber die italienischen Armeen im Jahre 1918 soviel Nachschub wie nie in den ganzen Kriegsjahren zuvor. Und dies bei einer wesentlich verkürzteren Frontlinie. So sehr Italien nach dem Ausgang der Piave-Offensive 1917 kurzfristig unter Schock stand, so bewundernswert erstarkte der italienische Widerstandswillen im Augenblick höchster Bedrohung:
Jetzt erst zeigte der italienische Soldat, welcher unmenschlicher Aufopferung er fähig sein sollte. Der für italienische Gesichtspunkte katastrophale Verlauf des Kriegsherbstes 1917 wurde zum Ausgangspunkt nationaler Erneuerung und zur Zusammenfassung aller Abwehrkräfte. Ein Jahr später wandte sich das Glück des Kriegs endgültig auf die Seite der Geschlagenen des Kriegsherbstes 1917.

15 Valsugana

Von den Fleimstaler Bergen kommend stieg der alpine Frontverlauf von seinem letzten hohen Punkt, der Panarotta (2002 m) in die Tiefe der Valsugana, querte 1915 diese in der Nähe der Ortschaften Novaledo und Barco und stieg über die Nordabstürze der Hochfläche der Sieben Gemeinden hinauf zur Cima di Vezzena und Cima Manderiolo.
Als Ergebnis der Frühjahrsoffensive Österreich-Ungarns im Mai 1916 wird die Front wesentlich tiefer in die Valsugana vorgeschoben:
Sie quert nun im Gebiete von Carzano, Scurelle und Castelnuovo das Tal und findet ihre Verbindung im Bereiche der Sieben Gemeinden im Abschnitt des schwer umkämpften Monte Ortigara (s. nächster Abschnitt).
Während des ersten Kriegsjahres kommt es in der Valsugana nur zu kleinen unbedeutenden Kampfhandlungen.
Diese werden aber indirekt überschattet durch das Toben des Krieges auf der Hochfläche der Sieben Gemeinden.
Das späte Frühjahr 1916 leitet über zu schwersten Kämpfen in der Valsugana selbst. Als Ergebnis resultierte die vorher erwähnte österreichische Frontvertiefung im Talboden der Valsugana.

In der Valsugana ereignete sich eine der spektakulärsten Aktionen von Verrat innerhalb der öst.-ung. Truppen an der Südfront: Der Verrat von Carzano.

Am 18. Sept. 1917 gelang es den Italienern bei Carzano in die österreichischen Stellungen einzudringen und mehrere Batterien niederzumachen. Der italienische Einbruch war das Ergebnis eines fast unglaublichen Verrates. Die Verräter waren der Oberleutnant Pivko aus Marburg und mehrere Soldaten der slowakischen und tschechischen Nationalität. In der Nacht des Verrates führten sie die italienischen Angriffskolonnen durch die abgeschalteten österreichischen Stromsperren und sorgten gleichzeitig dafür, daß die angreifenden Italiener österreichische Uniformstücke trugen und vor allem die Losungsworte der Verteidiger kannten. Der Verrat war das Ergebnis einer sorgfältigen wochenlangen Vorarbeit. Im Augenblick des Eindringens der Italiener in Carzano stehen diesen nur wenige österreichische Verteidiger entgegen.
In einem stundenlangen Nahkampf und unter Zusammenraffung der letzten Kräfte der Verteidiger gelingt es, die Angriffe der Alpini und Bersaglieri im Morgengrauen abzuwehren. Der Kampf ist aber deswegen noch lange nicht entschieden, denn inzwischen setzt schwerstes italienisches Artilleriefeuer gegen die Reserven der Verteidiger ein.
Eine entscheidende Rolle im allgemeinen Durcheinander bilden zwei bis zuletzt feuernde Maschinengewehre in der Nähe von Carzano, die die Italiener trotz größter Mühe nicht ausschalten können.
Im Morgengrauen greifen nun die Soldaten der österreichischen Nachbarabschnitte ein. Im Zuge dieser Entlastungen formieren nun endlich die fast überrannten Verteidiger kleine Gruppen zu Gegenstößen. Endlich, am Beginn des Tages ist die alte Lage wieder hergestellt. Die angreifenden Italiener müssen nun durch eben jene Lücken im Drahtverhau zurückfluten, die ihnen der Verrat geschaffen hatte. Schrecklich sind die Folgen, als das österreichische Abwehrfeuer in die Massen der Italiener schlägt, die sich vor den schmalen Gassen innerhalb der Drahtverhaue und Starkstromsperren drängen.

Im Jahr 1917 machen sich österreichische Kräfte bereit, um durch die Valsugana über Primolano gegen Cismon- und das Brenta-Tal vorzustoßen.
Diese Offensivbewegung stand in direktem Zusammenhang mit dem Vorstoß gegen den Piave.
Abwehrbereit im Brenta-Tal standen mehrere Bataillone ausgesuchter Alpini-Einheiten. Im hartnäckigen Widerstand gelingt es den Alpini, den österreichischen Vorstoß aus der Valsugana hinter Cismon zum Stehen zu bringen. Damit war der weiteste österreichische Vorstoßpunkt aus der Valsugana erreicht. Jeden weiteren Vorstoß erstickten die Alpini im Keim.

Schützengraben-Merkblatt.

Wind und Wetter:

Gegnerischer Blasangriff unwahrscheinlich:

a) bei Windstille,

b) bei starkem Wind,

c) bei starkem Regen,

d) bei kräftigem Sonnenschein.

Gegnerischer Blasangriff möglich:

a) bei schwachem oder mäßigem Wind vom Feinde her, wenn keine oder nur wenig Sonne,

b) schwacher Regen stört nicht.

Wenn du Granaten mit schwachem Knall oder Entwicklung eines weißen, länger am Boden haftenden Rauches in deiner Nähe beobachtest, so lege s o f o r t deine Maske an.

Beachte für den Gaskampf:

1. Deine Maske schützt dich, wenn — gut verpaßt — du dieselbe s i c h e r und r a s c h zu gebrauchen verstehst.

Ein Dreischichteneinsatz hält leicht einen Gaskampf aus.

2. Trenne dich nicht von deiner Maske. Mußt du sie ablegen, so halte sie in greifbarer Nähe bereit.

3. Schone sie wie deine Waffe. Schütze Maske und Einsätze vor Nässe. Deine Gesundheit hängt von ihr im Gaskampf ab.

4. Achte auf die Gummidichtung im Mundstück u. befolge genauestens die Gebrauchsanweisung in der Maskenschachtel.

5. Vergiß bei Gasangriffen nicht, zu alarmieren: d i e G a s e s i n d s c h n e l l d a.

6. Vertraue deiner Maske; atme möglichst ruhig und langsam, auch wenn der Einsatz heiß wird. Die eigene Unruhe wäre der beste Gehilfe des Feindes.

7. Bediene deine Waffe ruhig wie sonst.

8. Der Unterstand schützt dich nicht vor Gasen, wenn du keine Maske hast. Ein Zurücklaufen wäre töricht, da die Gaswolke m i t d i r zieht.

9. Nimm, wenn die Maske beschädigt, das Gewinde des Einsatzes in den Mund und halte die Nase zu.

10. Nimm die Maske nicht zu früh ab.

11. Entfette deine Waffe, wenn sie im Gas war, und fette sie frisch ein.

12. Sorge nach einem Gasangriff für Lüftung von Graben und Unterstand.

13. Wische die Maske sorgfältig innen und außen trocken, ehe du dieselbe wieder verpackst.

14. Ein Einsatz, welcher einen Gaskampf durchgemacht hat, muß ausgewechselt werden.

Im Wirkungsbereiche der feindlichen Artillerie hat jeder Mann seine Gasmaske bei sich zu tragen.

Die Vorgesetzten sind für die genaue Durchführung dieses Befehles verantwortlich.

K. K. H. U. ST. DR. [ST.]

16 Ortigara-Lepozze

1917: Regimentskommando des Kaiserschützen-Regiments I auf Ortigara (Bild oben). Verwundete Ortigara-Kämpfer im Lazarett; sitzend, zweiter von rechts Kaiserschütze Leonhard Scheiber aus Kufstein.

Hoch über der Valsugana befand sich der erste Eckpfeiler des Frontabschnittes im Gebiete der Sieben Gemeinden: die Ortigara-Lepozze (2107 m).

Im Sommer 1917 treten im Raum der Ortigara zwölf italienische Elitedivisionen mit 21 Alpini-Bataillonen zu einem Großangriff gegen die Ortigara an. Das Ziel der italienischen Angriffsgruppen war Überrennung der Ortigara-Stellung und nachfolgendes Vordringen in die Valsugana und in weiterer Entwicklung die Aufnahme des Kampfes, die Einleitung einer Schlacht um ganz Südtirol. Mit insgesamt 1500 Geschützen eröffnen die Italiener die Angriffe am 10. Juni 1917 und erobern den Lepozze-Abschnitt als wichtige Ausgangsbasis für ein weiteres Vorgehen.

18. Juni 1917: 24 Stunden trommeln die italienischen Geschütze gegen die Stellungen auf der Ortigara. Wer von den Verteidigern das mörderische Feuer überlebte, wurde im nachfolgenden Angriff von den Alpini niedergemacht. Die Ortigara war verloren. In diesem Augenblick höchster Not versuchen zwei Bataillone der Tiroler Kaiserschützen-Regimenter das Schicksal zu wenden. Verstärkt werden sie mit Einheiten von Sturmbataillonen und Sturmpatrouillen.
Am 25. Juni 1917 greift diese kleine Angriffsgruppe die übermächtigen Italiener an. Gleichzeitig eröffnet die österreichische Artillerie eines der präzisesten Feuer gegen die italienischen Verteidiger, das je auf den Sieben Gemeinden zu verzeichnen war.
Nach dem schlagartigen Verstummen des österreichischen Artilleriefeuers setzen die Kaiserschützen zum Sturme an. Mit Flammenwerfern und Sprengröhren gehen die Männer der Sturmabteilungen vor. So gelingt es ihnen, sich enge Gassen in den italienischen Verteidigungshindernissen zu erobern. Mit wütender Kraft greifen aber nun die Alpini in das Geschehen ein.
In einem der schrecklichsten Nahkämpfe des Gebirgskrieges 1915/18 gelingt es den Kaiserschützen, einen Teil der ehemals eigenen Gräben einzunehmen. In den Gräben herrschte ein kaum vorstellbares Durcheinander:
Die Italiener waren gerade im Begriffe, sich für eine weitere Offensive bereitzumachen. Nur mit Hilfe von Gasangriffen werden sie aus dem Stellungssystem getrieben. 24 Stunden dauerte der Nahkampf um die Ortigara-Lepozze-Stellung. Immer mörderischer wird das italienische Artilleriefeuer, immer stärker wogen die giftigen Gasschwaden durch die Gräben. Zahlreiche Nahangriffe können nur im Bajonettkampf abgewehrt werden.
Im Morgengrauen des 26. Juni 1917 stand endgültig fest, daß die Kaiserschützen die Ortigara-Lepozze zurückerobert hatten. Die Pläne Cadornas mit seiner Schlacht um Südtirol wurden zunichte gemacht.
2000 Alpini gerieten in Gefangenschaft, die beiden Kaiserschützen-Bataillone beklagten mehr als die Hälfte an Toten und Verwundeten.

»Unter dem feindlichen Artilleriefeuer litten wir fürchterlich. Von der Cima Maora wirkende 75-mm-Geschütze ackerten um uns den Boden geradezu um. In dumpfem Dahinbrüten, unaufhörlich umdröhnt vom Krachen der Geschosse, erwarteten wir die Nacht. Wird uns der nächste Morgen noch hier als Sieger finden? Die bange Frage beengte die Gemüter. Gegen zehn Uhr nachts gelang es den Italienern, durch den Sandsacklaufgraben, trotz unserer Wachsamkeit, in unseren Stellungsgraben einzudringen und hier noch lagernde, mehr als 100 Schuß italienische 75-mm-Geschützmunition mit Brennstoff zu übergießen. Ohne sich zu besinnen, sprang der Alarmposten auf die mit dem Übergießen beschäftigten Italiener los und streckte sie mit Kolbenhieben nieder. Im Nu waren die anderen trotz bleierner Müdigkeit am Platze – es war gerade höchste Zeit. Die Gegner, mehr als 60 Mann stark, waren nur noch dreißig bis vierzig Schritte entfernt im Ansturme . . . das ununterbrochen andauernde feindliche Artilleriefeuer schwoll gegen Morgen immer stärker an und gestaltete den Aufenthalt in den Gräben zu einer wahren Hölle. Dieses zur vollen Mächtigkeit gesteigerte Feuer ließ Angriffsabsichten des Feindes vermuten. Zwischen 3.00 und 3.30 Uhr früh setzten die Italiener nochmals, und zwar auf der ganzen Linie, zum Sturme an. Der schon schimmernde Tag erleichterte uns, der Gefahr zu begegnen.« (Leutnant Müller, Kaiserschützen-Regiment I.)

»Um zwei Uhr morgens des 25. Juni 1917 lagen wir, zwei Kaiserschützen-Bataillone, zum Sturme bereit, dem Monte Ortigara gegenüber. Umheimliche Stille lag über der öden, karstigen Hochfläche, die in den letzten Tagen der Schauplatz erbitterter Kämpfe gewesen und von einem unerhörten Trommelfeuer mit zahllosen Granattrichtern übersät und in

KAISERSCHÜTZEN
REGIMENT NR. I.

ein wüstes Schlachtfeld verwandelt worden war. Jedes Leben schien erstorben. Doch in uns war alles fieberhaft gespannt; denn in wenigen Sekunden sollte der große Reigen beginnen. Die da und dort hochgehenden Leuchtraketen warfen ein gespenstisches Licht auf die angriffsbereite Schar. Da lagen die Sturmpatrouillen und wenige Schritte hinten die erste Angriffswelle, alle stahlhelmbewehrt, mit Stutzen und Handgranaten bewaffnet. Die Uhr zeigte $^{1}/_{2}$3 Uhr. Da, auf einmal ein furchtbares Getöse, der vor uns liegende Höhenrücken flammt auf in rötlichen Blitzen – aufgerissen von unzähligen Granaten und Minen aller Kaliber – ein Bild von erhabener, schauriger Größe.
Mit dem Beginn dieses überfallartigen Trommelfeuers war für uns das Zeichen zum Vorgehen gegeben. Vorwärts durch die vorliegende Mulde bis auf dreißig Schritte an die feindliche Stellung heran. Ein Hagel von Steinen und Splittern sauste auf unsere Helme nieder. Schon fallen die ersten Granaten des feindlichen Sperrfeuers ein. Nach wenigen Minuten bricht das eigene Trommelfeuer ab; gleichzeitig dringen unsere Sturmpatrouillen und mit ihnen die erste Angriffswelle in die feindliche Stellung, die mit Handgranaten aufgerollt wird. Scharenweise ergibt sich die überlebende Besatzung und wird gegen die rückwärts folgende zweite Welle eines Infanterie-Regimentes zurückgetrieben. Die eroberten Maschinengewehre bleiben in der Stellung liegen.
Für uns beginnt nun der schwierige Teil der Aufgabe, sofort durch die Zone des jetzt einsetzenden feindlichen Sperrfeuers mitten in die am feindlichen Hange liegenden Reserven des Gegners vorzustoßen und die dort verlaufende Stellung zu besetzen. Nur ein überraschender, rücksichtslos durchgeführter Stoß, vermag den an Zahl weit überlegenen Gegner zu bezwingen. Und es gelingt; sprungweise vorgehend, wird die Sperrfeuerzone ohne große Verluste durchstoßen. Zwei flankierend eingesetzte Maschinengewehre werden überwältigt und mitten hinein geht es in einen Haufen von Feinden. Die zahlreichen Reserven des Feindes, vollkommen überrascht, werden mit Handgranaten, Bajonetten und Kolbenhieben überwältigt, zur Übergabe gezwungen.
Der Kampf löst sich hier in Einzelaktionen auf: Eine schneidige Patrouille, geführt von Zugsführer Bonifaz Sander, treibt trotz Gegenwehr ca. 300 Gefangene aus zwei Kavernen und entwaffnet dieselben. Eine Kaverne wird mit einem Flammenwerfer gesäubert; da und dort Kämpfe um einzelne Geschütze; dunkle Gestalten im dichten Gewoge; Geschrei, Kommandorufe, Gewehrschüsse, Handgranatenschläge und über allem das schwere Artilleriefeuer – ein wahrer Höllentanz . . . der Monte Ortigara ist unser!« (Bericht eines unbekannten Mitkämpfers.)

Sehr interessant hört sich die italienische Schilderung von Aldo Valore (übersetzt von Eduard Fröhlich) an: ». . . indes brachte der Feind gedeckt frische Truppen mit gut organisierten Sturmbataillonen heran . . . und bei uns? Wir hatten auch im Frühjahr mit großer Sorge Sturmtruppen aufgestellt, dann aber wurde das ganze wieder vernachlässigt. Einfach deswegen, weil der vorgeschlagene Übersold von 1 Lire am Tag für jeden Alpino der Sturmabteilung zu hoch war und auf 0,25 Lire zurückgeführt wurde und dies nur für die Tage der Aktion! Wie gesagt, der Feind hatte neue Angriffstruppen herangebracht und hielt unsere Kammstellung unausgesetzt unter Feuer und ließ uns auch nicht eine Minute in Ruhe. In der Nacht auf den 25. Juni wurden unsere Truppen von einem ungeheuren Feuerüberfall verbunden mit Gas überrascht und von einem äußerst wilden Infanterieangriff verbunden mit Flammenwerfern von der Kammstellung heruntergeworfen und man gruppierte sich nun verzweifelt an den Felswänden.
Da kam ein Armeekommandobefehl: Es ist kein Handbreit Boden aufzugeben, die verlorenen Stellungen sind sofort wieder zu nehmen. In dieser absurden Situation verblieben wir, bis wir endgültig übermannt wurden und man nun den Rückzug auf die Ausgangsstellung antreten mußte, den man in einem besseren Momente versäumt hatte. Das Maximum der Verluste (auf italienischer Seite; Anm. d. Verf.) im Monate Juni 1917 ergaben die Kämpfe der Ortigara – 9000 Tote, 25000 Verwundete, 3000 Gefangene. Die Zahl der Gefangenen macht kaum 33% der Toten aus, da kann man wohl nicht sagen, daß sich die italienischen Soldaten schlecht geschlagen hätten.«

Welcher Wahnsinn spricht doch aus den Schilderungen über die Kämpfe dieses, im Frieden völlig unbedeutenden Felsrückens!

1917: Das trostlose Kampfgelände auf Ortigara. Ein 12-cm-Luftminenwerfer in der Ortigarastellung und Kaiserschützen der Sturmabteilung hinter zwei Gebirgsgeschützen.

17 Sieben Gemeinden – Festungswerke – Offensiven

Österreichisches Panzerwerk Gschwent.

Die Hochfläche der Sieben Gemeinden bildete mit den sie sperrenden Festungswerken ein schier unüberwindliches Hindernis für beide Seiten der kriegführenden Parteien. Beiden Seiten stellten sich bei den Offensiven dieselben Probleme: Überwindung der Festungswerke des jeweiligen Gegners und gleichzeitiges rasches Vorrücken starker Infanterie-Kräfte in einem Gelände, das jeder Offensive schwerste naturräumliche Hindernisse entgegenstellte (stark zerklüftetes, verkarstetes Gelände, andererseits aber bedeutende Waldregionen, die jede Entfaltung von Infanterie unterbanden . . .). Letzten Endes verbissen sich beide Seiten ineinander, banden große gegnerische Kräfte, erkauften dies mit entsetzlichen Blutopfern und erzielten keinen entscheidenden Gewinn. Zwischen den naturräumlichen Gegebenheiten und den Fortifikationen bestand ein wechselseitiger Zusammenhang, der das Geschehen des Krieges diktierte. In diesem Zusammenhang möchte ich betonen, daß das Leben für die Werksbesatzungen im andauernden feindlichen Beschuß unerträglich grausam und hart war: eingeschlossen in oft totaler Finsternis, ständig im Dröhnen der Einschläge – psychisch wie physisch lebendig begraben. Die Situation der Werksbesatzungen wird daher mit Recht verglichen mit der Lage der U-Boot-Besatzungen, die ebenfalls jeden Kontakt zur Außenwelt, zur Welt der Lebenden verloren hatten. Man lebte zwar – aber unter welchen Bedingungen! Das Gesamtgeschehen auf der Hochfläche der Sieben Gemeinden ist im nachfolgenden das Ziel einer militärwissenschaftlichen Abhandlung von Oberst im Bundesgrenzschutz a. D. Hans Jürgen Pantenius. Dafür sei ihm besonders gedankt, daß er uns in taktischer, operativer und historischer Hinsicht in das Zentrum des Geschehens führt. Zur Orientierung werden empfohlen: Kompaßkarte Nr. 75 (Trento–Levico–Lavarone) und die Generalkarte Gardasee–Venedig (1:200000).
Die österreichischen Befestigungen auf den Hochflächen von Folgaria und Lavarone im Ersten Weltkrieg:
»Die im Laufe der zweiten Hälfte des 19. Jh. zum Schutz Tirols errichteten ständigen Befestigungen, die durchweg den Charakter von Straßensperren hatten, erwiesen sich um die Jahrhundertwende angesichts der modernen, gesteigerten Waffenwirkung als veraltet und unwirksam. Mit Übernahme der Geschäfte des Chefs des Generalstabs durch General Conrad v. Hötzendorf trat bereits 1907 ein grundlegender Wandel in der Lösung der Frage wirksamer Landesbefestigung ein. Gestützt auf seine gute Geländekenntnis aus der Zeit seiner Kommandos als Divisionskommandant der 8. Infanterie-Truppendivision in Bozen entwarf General Conrad ein Konzept, das der gegen Italien beabsichtigten operativen Planung entsprechen sollte. Alle bisherigen Anlagen und Planungen ermangelten der übergeordneten operativen Idee. Erste Aufgabe der neu zu schaffenden Befestigungen hatte die Sicherung einer im Etschtal zu versammelnden Armeegruppe in Stärke von 2–3 Korps zu sein. Diese Gruppe hatte im Zusammenwirken mit dem Hauptangriff vom Isonzo her aus dem Südtiroler Balkon in allgemein südostwärtiger Richtung anzugreifen, um die italienischen Hauptkräfte im Rücken zu fassen. Für den Fall, daß starke italienische Kräfte vor beendeter Versammlung im Etschtal einbrechen sollten, beabsichtigte Conrad die Angriffskolonnen einzeln anzugreifen und zu schlagen. Dafür mußte ein genügend großer Bewegungsraum offengehalten werden. Damit ergab sich die zweite Aufgabe der Sperrgruppe Folgaria-Lavarone, die Abriegelung aller Zugänge aus südostwärtiger Richtung gegen den Großraum Trient. Trient hatte als Waffenplatz und Festung seine alte Bedeutung ohnehin verloren. Es war also geboten, im Raum zwischen Etsch und Val Sugana gangbare Gebirgsräume – nicht nur die Straßen! – der Benützung durch den Feind zu entziehen, andererseits den Austritt österreichischer Angriffsverbände aus den Tälern zu erleichtern. Zur Lösung dieser Aufgaben nahm Conrad eine Etsch-Vallarsa-Sperrlinie, eine Befestigungsgruppe auf den Hochflächen von Folgaria und Lavarone und schließlich eine Sperrgruppe im Suganatal mit den begleitenden Randhöhen in seinen Plan auf. Die Etsch-Vallarsa-Linie sollte mindestens in die Linie Mt. Altissimo (Fernkampfwerk) – Mga. Postemone – Serravalle – Coni Zugna – Valmorbia – Col Santo – Pasubio vorgeschoben werden. Im Westen war der Anschluß an die Sperrgruppe Riva, im Osten an die der Hochflächen zu gewinnen. Der Kriegsausbruch hat die Verwirklichung der Pläne für diesen Zweig der Befestigungsanlagen verhindert. Lediglich das Werk Valmorbia befand sich im Ausbau, wurde aber im Zuge des Freimachens des Col-Santo-Massivs aus Gründen der Kräfteersparnis geräumt. Einen ganz anderen Verlauf nahm der Gang der Ereignisse in bezug auf Planung, Ausbau und Bewährung im Ernstfall auf den Hochflächen. In seiner Denkschrift vom 8. 1. 1907 begründete Conrad die Notwendigkeit der Anlagen auf den Hochflächen mit der Gefahr unmittelbarer Bedrohung der Tenna-Werke bei Levico, die das obere Sugana-

Kampfgräben am Sommo-Sattel – im Hintergrund auf der Hügelkuppe das österreichische Werk Sebastiano. Sehr gut zu sehen die rund um das Werk abgeholzte Verteidigungsfläche.

tal zu sperren hatten, wenn es dem Feind gelingen sollte, sich unangefochten in den Besitz der Hochflächen von Folgaria und Lavarone zu setzen. Der Besitz der Hochflächen käme außerdem einer österr. Offensive gegen Schio-Bassano wie auch durch das Suganatal zustatten. Einem Feindangriff aus allgemein südostwärtiger Richtung auf Trient würde von vornherein ein fester Riegel vorgeschoben werden. Schließlich sei die im Falle eines eigenen Angriffs unumgängliche Niederkämpfung der starken italienischen Sperrgruppe um Primolano wesentlich erleichtert, wenn man den schwierigen Frontalangriff durch das Suganatal vermeiden, zumindest über die Hochflächen der ›Sieben Gemeinden‹ unterstützen könne. Auch zum Schutz der Bereitstellung dieser Kräfte seien die Sperrungen unerläßlich. Die Bauausführung folgte der genehmigten Planung auf dem Fuß und begann bereits 1908 in mehreren Perioden bis zur Fertigstellung des letzten Werkes (Serrada) im Jahre 1913. Die Werke unterschieden sich je nach taktischem Zweck und Gelände sowie nach den inzwischen verbesserten Erkenntnissen moderner Waffenwirkung deutlich voneinander. Die Lavaronegruppe, zuerst begonnen, umfaßt am Steilabfall zum Suganatal, 4 km SO Levico mit Cima di Vezzena beginnend noch die Werke Verle, Lusern und Gschwendt (Belvedere). Ci. di Vezzena war in fast 2000 m Meereshöhe von vornherein als Artilleriebeobachtungsstelle und nicht als Artilleriewerk vorgesehen. Lediglich MG-Schartenstände unterstützten die Abwehr von Infanterieangriffen. Das Werk Verle hatte in unmittelbarer Nähe des Passo di Vezzena die Assastraße zu sperren. Das Werk Lusern auf dem Campo di Luserna bildete den vorgeschobenen Eckpfeiler der Befestigungskette. Seine beherrschende Lage zwischen Asticotal und Torreschlucht sowie die Wirkungsmöglichkeiten in das Asticotal, auf die Assastraße und den Südteil der Hochfläche von Vezzena ließen es zum Brennpunkt der Kämpfe um die Befestigungen im Sommer 1915 werden. Das Werk Gschwendt 2 km SO Lavarone am Steilabfall zum Asticotal eingebaut in gewachsenen Fels, war besonders widerstandsfähig, es sperrte das gesamte obere Asticotal. Mit dem Werk San Sebastiano (Dosso del Cherle) auf der Hochfläche von Folgaria beginnt die nächste Werkgruppe, die unter Berücksichtigung gemachter fortifikatorischer Erfahrungen moderner ausgebaut war, als die Lavarone-Gruppe. Das Werk Sommo Alto SO Folgaria war als reines Artillerie-Zwischenwerk ohne Nahkampfanlagen ausgelegt. Den Abschluß bildete das modernste und weitläufigste Werk Serrada (Dosso del Sommo) 2 km SO Dorf Serrada. Es hatte im Zusammenwirken mit Sommo Alto die Abwehr eines Angriffs aus dem Raum Plaut-Costa d'Agra-Mt. Maronia artilleristisch zu unterstützen und außerdem das Terragnolatal bis zum Borcolepaß zu sperren. Die Werke waren im allgemeinen in Kasernenblock und Batterieblock mit den erforderlichen Nahkampfanlagen (Grabenstreichen, Kehlkoffer, kasemattierten Geschützen und MG) sowie Beobachtungskuppeln zur Feuerleitung aufgegliedert. Die Armierung bestand bei den meisten Werken aus je 4 10,5-cm-Turmhaubitzen mit einer max. Schußweite von fast 7 km. Damit waren die österreichischen Werke den gegenüberliegenden italienischen Werken (Verena, Campolungo, Pta. Corbin, Casa Ratti, Campomolon) mit ihren je 6 15-cm-Marinekanonen bei weitem unterlegen. Dafür waren Betoneindeckung und Solidität der Bauausführung ungleich besser, was sich noch heute unschwer feststellen läßt. Die Munitionierung der Werke war mehr als reichlich bemessen. Je Batterie standen 24000 Schuß Granat- und Schrapnellmunition zur Verfügung. Die Besatzung betrug laut Soll 310 Köpfe, lag während der Kämpfe aber darunter. Gestellt wurden die Besatzungen von eigens ausgesuchten Detachements der Tiroler Landesschützen (Kaiserschützen), den Artilleristen der zuständigen Festungsartilleriebataillone, einem Zug Sappeure und Spezialpersonal. Kommandant war im allgemeinen ein Oberleutnant. Mit dem Kriegseintritt Italiens schlug auch alsbald die Stunde der Bewährung für die Befestigungen, die allesamt in oder dicht hinter der Hauptkampflinie lagen. Wenngleich die den Südtiroler Balkon umschließende 1. ital. Armee prinzipiell einen Defensivauftrag hatte, war ihr doch die Freiheit gelassen, die ständige Bedrohung, die in dem vorgenannten befestigten Raum lag, aus dem Weg zu räumen, wenn möglich, sogar bis Trient durchzubrechen. Unter den schweren Beschießungen und mit Zähigkeit wiederholten Angriffen im Mai und Sommer 1915 hatten die Lavaronegruppen am meisten zu leiden. Ci. di Vezzena, Verle und vor allem Lusern wurden weitgehend zerstört, ihre weittragende Bewaffnung außer Gefecht gesetzt. So hatte das Werk Verle rund 4000 t Granattreffer von 18–30,5 cm Kaliber auszuhalten. Von 900 Treffern im Werksgelände waren 45% Volltreffer. Das Batteriedeck wurde 3mal voll durchschlagen, die Hauptpoterne 2mal, der Kasemattblock 1mal. Von den 240 Mann der Besatzung fielen 30, 65 Mann wurden schwer verletzt, alle übrigen

Die Kaiserschützen-Werksbesatzung des Werkes Sommo.

leicht verletzt. Die körperlichen und vor allem seelischen Strapazen des erbitterten Abwehrkampfes lassen sich nur ahnen. Trotz allen Aufwands an Material und wiederholter Angriffe der Infanterie gelang es den Italienern in keinem einzigen Fall, sich eines der Werke zu bemächtigen oder auch nur einen tiefen Einbruch zu erzielen. Lediglich das vorgeschobene Feldwerk Basson geriet kurzzeitig in ital. Hand. Ein Gegenstoß unter persönlicher Führung des Abschnittskommandanten Oberst Ellison v. Nidlef warf den Feind wieder hinaus und brachte 353 Gefangene ein. Der auch später als Truppenführer mehrfach bewährte Offizier des Geniestabs erhielt für diese Tat das Ritterkreuz des Militär-Maria-Theresienordens. Während der Beschießungen und Kämpfe hatte sich gezeigt, daß Werke, die weitgehend in den Fels kaverniert waren und zudem in ihren Anlagen auseinandergezogen waren, ungleich widerstandsfähiger waren als reine Betonausführungen in Kompaktbauweise. Im Herbst 1915 wurden die Werke ihrer Artillerie entblößt, die Geschütze vielmehr in kavernierte Stellungen im Gelände verteilt. Die zerschossenen Werke wurden sofort wieder instand gesetzt und blieben als schwere Infanteriestützpunkte erhalten. Für die große Mai-Offensive im Jahr 1916 blieb der hierfür erforderliche Bereitstellungsraum der Angriffstruppen dank der nachhaltigen Verteidigung der Sperrwerke der Lavarone- und Folgariagrupppe erhalten, eins der wenigen Beispiele der Kriegsgeschichte, wo permanente Befestigungen ihren Wert im Rahmen der Gesamtkampfhandlungen bewiesen haben.«

Die Frühjahrsoffensive 1916 auf den Hochflächen der »Sieben Gemeinden« gegen Italien.

»Die vom österr. Generalstabschef General Conrad v. Hötzendorf nie aus den Augen gelassene Möglichkeit, gegen Italien zu einem Gegenangriff großen Stils überzugehen, ergab sich aus der Gesamtkriegslage erst um die Jahreswende 1915/16. Am Isonzo war die vierte Isonzo-Abwehrschlacht durchgekämpft worden. Ein Eingreifen Rumäniens zugunsten der Alliierten war unter dem Eindruck der Erfolge der Mittelmächte nicht zu erwarten. Für die Abrechnung mit Italien standen voraussichtlich 14 österr.-ung. Divisionen zur Verfügung. Das AOK sah eine Mitwirkung deutscher Kräfte für dringend und wünschenswert an. Dem Ersuchen Conrads glaubte General v. Falkenhayn sich jedoch verschließen zu müssen. Die deutsche OHL plante bereits die Verdun-Offensive und glaubte für dieses ihr vordringliches Ziel keine einzige Division entbehren zu können. Außerdem sah sie die geplante österr. Offensive aus dem Südtiroler Raum für nicht kriegsentscheidend an. Conrad entschloß sich, den Angriff ohne deutsche Mitwirkung dennoch durchzuführen. Bereits am 6. 2. 16 erging die erste Weisung an das Kdo. der Südwestfront, wonach die zu bildende ›Heeresgruppe Südtirol‹ mit zwei Armeen den Durchbruch auf den Hochflächen zwischen Etsch- und Suganatal erzwingen und als 1. Operationsziel die Linie Bassano – Thiene – Schio zu gewinnen hatte. Eine gleichzeitige Mitwirkung der 5. Armee am Isonzo war wegen Kräftemangels nicht vorgesehen. Unter dem Kommando der Heeresgruppe – Erzherzog Eugen; Chef Gdl. Alfred Krauß – hatte die 11. Armee – GO Dankl; Chef GM Pichler – mit vier Armeekorps (III., VIII., XVII., XX.) den Durchbruch zu erzwingen, während das noch zu bildende 2. Treffen für den Einsatz zur Erweiterung des Durchbruchs zur Verfügung zu stehen hatte. Bereits im Stadium der Planung kam es zwischen Armee, Heeresgruppe und AOK über den Ansatz der Kräfte und die Operationsführung zu erheblichen Meinungsverschiedenheiten. So wollte die Heeresgruppe die 3. Armee von vornherein neben die 11. setzen und das Suganatal miteinbeziehen, während die 11. Armee zunächst auf den schwierigen Angriff über das Col-Santo-Pasubiomassiv aus Gelände- und Witterungsgründen verzichten wollte. Das AOK entschied gegen beide Vorschläge und verlangte den Durchbruch unter scharfer Zusammenfassung der Kräfte und klarer Schwerpunktbildung in der Mitte unter Verzicht eines Durchbruchs auch im Suganatal. Als Grundlage für Versammlung und Bereitstellung der Kräfte, den Artillerieaufmarsch, die Organisation und Führung des Nachschubs sowie für die Kampfführung wurde folgender Plan der 11. Armee gebilligt: Links: III. Korps (FML v. Krautwald) auf der Hochfläche von Lavarone hatte über Vezzena u. Kempelrücken auf Asiago anzugreifen. Mitte: XX. Korps (Erzherzog Karl, der Thronfolger) von der Hochfläche von Folgaria auf den Posinaabschnitt und Arsiero. Rechts: VIII. Korps (FZM v. Scheuchenstuel) aus dem Raum um und ostw. Rovereto über Col Santo und Pasubio sowie durch die Vallarsa auf den Paß Pian della Fugazze. Eine Geb.-Brig. hatte als rechte Flankensicherung auf dem Zugnarücken und weiter bis zum Passo di Campogrosso vorzustoßen, während die Feindkräfte im Etschtal durch Angriff mit beschränktem Ziel zu fesseln waren. Das XVII. Korps war mit 18. und 48. ID. als Armeereserve vorgesehen. Die

Auf der Spitze des Kammes das Werk Vezzena. Im Vordergrund Notunterkünfte in denen aufsteigende Truppen Zuflucht bei Beschießung finden sollten.

Artillerieausstattung war für österreichische Verhältnisse außergewöhnlich. Rund 900 Geschütze bis zum Kaliber 42 cm standen zur Verfügung und mußten samt Munition bis Ende März in Stellung gebracht sein. Die starke Artillerie war angesichts des die Abwehr begünstigenden Geländes und des starken Ausbaus von drei Stellungszonen, in denen noch zusätzlich die permanenten Befestigungen der Italiener lagen, unerläßlich. In den vom AOK vorgesehenen 8 Wochen Vorbereitungszeit mußten alle technischen Voraussetzungen für die Versammlung und Bereitstellung der Kräfte geschaffen sein. Als Versammlungsraum kam nur das Etschtal mit seinen Seitentälern in Frage, hierfür standen eine zweispurige Bahn und zwei Straßen zur Verfügung. Ausbau der Entladeeinrichtungen, Straßenbau, Seilbahnbau, Unterkünfte, wintersichere Depots stellten besonders an die Sappeure, Verkehrstruppen und Bautruppen enorme Anforderungen. Die Kampftruppen mußten von den verschiedenen Kriegsschauplätzen herangeführt werden. Das III. Korps vom Isonzo, das VIII. vom Balkan, das XX. (neu) mit 3. ID. aus Rußland, mit 8. (Kaiserjägerdivision) aus Tirol, das XVII. vom Isonzo mit 48. ID. aus den Karawanken. Die für die 3. Armee vorgesehene Kaiserschützendivision mußte aus allen Hochgebirgsfronten zusammengestellt werden, die 2. und 8. Gb.-Brigade kam vom Balkan, das I. Korps von der russ. Front. Bis Mitte März war die 11. Armee, bis Ende März die 3. Armee zu versammeln. Da setzten ab 10. 3. gewaltige Schneefälle allen Maßnahmen unversehens ein Ende, so daß der für Anfang April vorgesehene Angriffstermin nicht eingehalten werden konnte. Die operative Überraschung ließ sich nicht mehr aufrechterhalten. Die Gegenmaßnahmen der 1. ital. Armee (Glt. Brusati) bestanden zunächst in der Bereithaltung von zwei Divisionen aus der Heeresreserve (9. u. 10. ID.) sodann in der Einleitung von Ablenkungsangriffen an den wichtigen Gebirgsfronten bes. am Col di Lana (hier 4. Armee). Der Einsatz der verst. 15. ID. im Suganatal zwang die Österreicher ihrerseits zum vorzeitigen und nicht vorgesehenen Einsatz ihrer 18. ID. zum Gegenangriff mit beschränktem Ziel, um dem Treiben der Italiener dort ein schnelles Ende zu setzen. In diesem Zusammenhang wurden bereits Teile der 3. Armee räumlich links rückwärts gestaffelt neben die 11. Armee gesetzt (2. und 8. Gb.-Brigade). Der Angriffstag wurde auf den 15. Mai festgesetzt. In der Angriffsplanung trat insofern eine Änderung ein, als das III. Korps nicht gleichzeitig mit dem XX. und VIII. anzugreifen hatte, sondern mit seiner starken Artillerie zunächst das XX. unterstützen sollte, das mit seinen nur 2 Divisionen den Hauptschlag führen sollte. Eine Maßnahme, die sich in der Folge als Fehler erwies. Der Gegenangriff der 18. ID. im Suganatal hatte das Commando Supremo nun doch aufgeschreckt. Neu herangeführt wurden 2 Div. u. 1 Brig. in den Raum Desenzano; griffbereit standen bereit 2 Korps und 2 Divisionen aus der Heeresreserve für einen evtl. Einsatz an der Tiroler Front. Der tatkräftige Glt. Conte di Giraldi übernahm die 1. Armee. So hatten sich in kurzer Zeit die ital. Kräfte zwischen Gardasee und Brenta auf 176 Bataillone mit 800 Geschützen verstärkt gegenüber einem Angreifer mit 225 Bataillonen und 900 Geschützen. Am 15. Mai morgens 0600 Uhr setzte das Vorbereitungsfeuer der österr. Artillerie ein, steigerte sich ab 0900 Uhr zum Trommelfeuer mit Schwerpunkt vor dem XX. Korps, das zunächst den Hauptstoß zu führen hatte. Es waren eingesetzt links 3. ID. (›Edelweißdiv.‹), rechts 8. ID. (›Kaiserjägerdiv.‹). Während der Angriff bei der 8. gut anlief, hatte die 3. zähen Widerstand zu überwinden, besonders im Kampf um den Coston d'Arsiero und den Soglio d'Aspio. Das rechts anschließende VIII. Korps mußte von Anfang an unter Feindwiderstand sehr schwierige Geländeverhältnisse beim Abstieg in das Terragnolatal und dem Anstieg auf das Col-Santo-Plateau sowie beim Angriff längs des Zugnarückens südlich Rovereto überwinden. Eingesetzt waren links die 59. ID. mit 10. und 18. Gb.-Brig., rechts 57. ID. mit 9. u. 6. Gb.-Brig. sowie der 11. Gb.-Brig. im Anschluß an die Etschtalgruppe. Die 12. Gb.-Brig. der 48. ID. verblieb zunächst in Reserve bis zum Auftrag, den wichtigen Borcolepaß wegzunehmen. Bis zum 20. 5. gelingt dem XX. Korps der Durchbruch durch die 2. Stellungszone und gelangt bis an das Bekken von Laghi und die Tonezzaspitzen heran. Beim VIII. Korps werden bis dahin Col Santo, Mt. Spil, Mt. Testo und Borcolepaß genommen. Auf dem rechten Flügel gelingt es dank der Initiative des Oblt. Kirchner von der 6. Gb.-Brig. im Handstreich den Felsenstützpunkt ›Zugna Torta‹ zu nehmen. Bereits am 17. 5., nach Anlaufen der Offensive, verfügt die HGr. eine Umgliederung der Kräfte. Das XXI. Korps wird der 11. Armee, das III. Korps der 3. Armee zugewiesen. Trennungslinie beider Armeen Asticotal. Schwerpunkt nunmehr beim III. Korps, das am 20. 5. anzutreten hatte. Das I. Korps der 3. Armee blieb zur Verfügung der HGr. Somit sah die Gliederung nun wie folgt aus: Links 3. Armee, mit XVII. (18. ID. u. 181. Inf.-Brig.) und III. (22. SchD, 28. ID.) und

Werk Cherle (oben) und zerschossenes Werk San Sebastiano (unten).

6. ID., 2. Gb.- u. 8. Gb.-Brig. als Reserven. Rechts 11. Armee mit XX., VIII. und XXI. Korps und der 44. SchD als Armeereserve. Nachdem der Nebenangriff des XVII. Korps im Suganatal gute Erfolge aufwies und zur Wegnahme des Armenterrarückens geführt hatte, konnte nunmehr der Schlag des III. Korps erfolgen. Es wurden eingesetzt: Links die 22. SchD, rechts die 28. ID.; 6. ID. in Reserve dahinter. Der Angriff begann am 20. 5. und führte nach anfänglich harten Kämpfen um die Marcai- und Costesinstellungen zu einem vollen Erfolg. Ebenso gelang der Handstreich gegen den die Assastraße beherrschenden Kempelrücken, so daß nach dessen Überwindung auf der Karsthochfläche ein Brükkenkopf für die nachfolgende 6. ID. gebildet werden konnte, um von dort aus nach Süden auf Asiago einzudrehen. Tatsächlich fand die vom AOK gewünschte Konzentration der Kräfte nach der Mitte nicht statt, vielmehr fächerte der Angriff des III. Korps vom Grenzkamm im Ortigaragebiet bis Pedescala an der unteren Assaschlucht auf 20 km Breite aus. Daran konnte auch der Einsatz der beiden selbständigen Gebirgsbrigaden (2. u. 8.) nach dem der 6. ID. nicht viel ändern. Das Zurückhängen des rechten Flügels des III. Korps an der Assaschlucht (28. ID.) veranlaßte wiederum das XX. Korps zu vorsichtigem Einsatz seiner 3. ID., die schließlich erst am 25. Mai den Cimone und am 27. 5. Arsiero einnahm. Auf dem rechten Flügel der 11. Armee hatten sich die Dinge zum Nachteil der Angreifer gewandelt. Trotz aller Anstrengungen der tapferen Truppe gelang es nicht, den Pasubio zu nehmen, ebensowenig, sich in den vollen Besitz der Vallarsa und des Zugnarückens zu setzen. Die Pasubiogruppe (9., 18. und 10. Gb.-Brig.) kommt in den tiefen Schneefeldern nicht voran. Zudem wird die 18. Gb.-Brig. völlig zur Unzeit damit beauftragt, die bisher erfolgreiche 12. Gb.-Brig. am Borcolepaß abzulösen, damit diese ihrem alten Großverband (48. ID.) wieder zugeführt wird. Unter dem Druck des AOK kommt nun langsam die gewünschte Konzentration der Kräfte nach der Mitte zustande, wofür zunächst die 44. ID., dann die 34. ID. des I. Korps zur Verfügung gestellt werden.

In Konsequenz dieser Absicht wurde die Trennungslinie beider Armeen über Pedescala – Campiello – Mt. Faraoro – Calvene-Brücke – Breganze gezogen. Der Schwerpunkt der 11. Armee hatte links, der der 3. Armee rechts zu liegen. Immer deutlicher trat die entscheidende Bedeutung des Raumes Fondi – Gesuna – Mt. Pau – Mt. Cengio als entscheidendem Raum vor Augen. Bis zu einem erfolgversprechenden Zusammenwirken der inneren Flügel verging aber kostbare Zeit. Unter Ausweitung des Angriffsraumes nach Osten wird am 28. 5. Asiago vom III. Korps genommen. Das XX. hatte mittlerweile die Posina überschritten und stellte sich zum Angriff gegen die letzte Gebirgsschwelle Mt. Cogolo – Novegnoplatte – Mt. Summano bereit, während die 3. im Zusammenwirken mit der 44. SchD nach Wegnahme des Mt. Cengio den Druchbruch längs des Asticotals erzwingen sollte. Es gelang zwar dem II./TKJR 1 die Priafora zu nehmen, alle weiteren Anstrengungen, den Durchbruch zu erzwingen, blieben erfolglos wie auch beim VIII. am Passo di Xomo und am Mt. Alba. Im Asticotal konnte der Feindwiderstand um Seghe nicht gebrochen werden. Südwestlich Asiago versteifte sich der Widerstand des ital. XV. Korps in der Waldzone, die zu durchdringen sich als unmöglich erwies. Der kombinierte Angriff der 34. ID. SO Fondi mit dem der Gebirgsschützen der 44. ID. gegen den Mt. Cengio, der von der Brigade »Sardegna« äußerst zäh verteidigt wird, führt am 3. 6. zu einem letzten großen Erfolg. Die Reste der 32. ital. ID. werden zum Rückzug auf den Mt. Pau gezwungen. Auf den linken Flügel des III. war inzwischen die 8. Gb.-Brig. eingeschoben worden, weil mit neuen Entlastungsangriffen der Italiener von Osten her gerechnet wurde. Am 7. 6. gelingt es der 11. Inf.-Brig. mit dem 2. Bosniakenregiment den Mt. Meletta (Fior) im erbitterten Nahkampf zu nehmen, damit kommt auch dort der Angriff zum Stehen. Der letzte Versuch der 3. Armee unter Einsatz des zugeführten I. Korps auf dem rechten Flügel die Waldzone an ihrer schmalen Stelle südlich Gesuna doch noch zu durchbrechen, scheitert trotz intensiver Artilleriemassierung und aller Tapferkeit der Angriffstruppen an der sich ständig verstärkenden Abwehr in felsigem Waldgebiet, das alle Stellungen der Aufklärung und Beobachtung entzog. An der Ostfront war am 6. 6. 16 die Brussilowoffensive zur vollen Auswirkung gelangt, sie hatte vor allem die österr.-ungarischen Verbände im Raum um Luck schwer getroffen. Es zeichnete sich ab, daß Eingreifverbände von der Tiroler Front nach Osten geworfen werden mußten. Am 10. 6. war klar, daß im Bereich der HGR Südtirol keine Erfolge mehr winkten. Im Bereich der 11. Armee blieb der letzte Angriff gegen die Novegnoplatte stecken, während der letzte Angriff der 3. Armee mit Schwerpunkt beim I. Korps zum Stoß durch die westliche Waldzone nicht durchdringt. Am 16. 6. erteilt das AOK den Befehl zur Einstellung aller Angriffe, am

Abbildung S. 157:
Aufnahme eines Sturmangriffes auf Sieben Gemeinden. Deutlich zu sehen, wie das eigene Artilleriefeuer die gegnerische Stellung (links) eindeckt. Bild unten: Kaisermesse in Folgaria am 15. 5. 1917 (Flugaufnahme).

18. 6. den Befehl zur Rücknahme in eine kräftesparende Dauerstellung: Strigno – Ortigara – Zebio – Assaschlucht – Cimone – Nordrand Becken von Laghi – Borcolepaß – Pasubio Nord – Mt. Spil – Zugna Torta. Die Rücknahme der Kräfte vollzog sich in voller Ordnung. Abgesehen von der gewonnenen verbesserten Verteidigungsstellung, wurden 47000 Gefangene eingebracht und 318 Geschütze erbeutet. Die Verluste aller Kampftruppen betrugen 5000 Tote, 23000 Verwundete und 14000 Kranke sowie 2000 Gefangene. Die Zahl der Verluste der 1. ital. Armee lag wesentlich höher.

Rückblick

Die Gründe für den Mißerfolg liegen begründet in den Unzulänglichkeiten der Regelung der Koalitionskriegführung, die eine Mitwirkung deutscher Truppen nicht zustande kommen ließ. Nach dem Verlust der Marneschlacht war an eine siegreiche Entscheidung im Westen nicht mehr zu denken. Die Verdunoffensive, für die 23 Divisionen zur Verfügung standen, erwies sich bald als Fehlschlag, was vorauszusehen war. Im Gegensatz hierzu war nach der Niederwerfung Serbiens der nächste Feind aus dem Ring der Alliierten, Italien, herauszubrechen, das lag im Bereich der Möglichkeiten, sei es daß die Tiroler Offensive, entsprechend stark geführt, zur Vernichtung des ital. Feldheeres geführt hätte, sei es, daß als Teilerfolg, die völlige Entlastung der Isonzofront erzwungen wurde. Damit wären Kräfte frei geworden für einen gemeinsamen entscheidenden Feldzug im Osten gegen Rußland. Die operative Richtung aus dem Tiroler Balkon in die tiefe Flanke der ital. Hauptkräfte am Isonzo war einmalig günstig. Gelände und Feindkräfte gewährleisteten trotz aller Schwierigkeiten angesichts der vorzüglichen eigenen Truppen die taktische Durchführbarkeit. Die logistische Vorarbeit hatte fehlerfrei funktioniert. Die taktische Überraschung trotz aller wetterbedingten Verzögerungen war noch gegeben gewesen. Bei schneller Durchführung und klarer Schwerpunktbildung in entscheidender Richtung geführt, hätte der Angriff auf den Hochflächen der Sieben Gemeinden gelingen können und müssen. In den Tagen der Krise, nach dem Durchbruch des III. Korps, hatte sich Cadorna mit dem Gedanken abgefunden, die Isonzofront hinter den Piave verlegen zu müssen. Nach eindrucksvollen Anfangserfolgen flatterte die Wucht des Stoßes jedoch auseinander, die Flügel bekamen mehr Gewicht als die Mitte, besonders bei der 11. Armee auf deren rechtem Flügel, dem schließlich jeder Erfolg versagt blieb. Die Rücksicht auf Artilleriewirkung in jeder Phase des Angriffs verleitete zu einem zu methodischen Vorgehen, das der Initiative kühner Unterführer nicht genügend Raum ließ. Die immer wiederholten Bereitstellungen kosteten Zeit, die der gewandte Gegner nutzte, um sich erneut festzukrallen und ständig Reserven heranzuführen, was durch die Nähe der Heeresreserven (neugebildete 5. Armee) und das vorzügliche Eisenbahn- und Straßennetz in der oberitalienischen Ebene erleichtert wurde. Nach dem ersten Schock hat die italienische Führung ruhig und sicher geführt und zweckmäßige Maßnahmen getroffen. Die Einbeziehung des Suganatals in die Hauptoffensive wäre zweifellos von Vorteil gewesen (Nachschubverbindung), das hätte jedoch den Verzicht auf den Angriff über das besonders schwierige Gebiet Col Santo – Pasubio – Zugnarücken bedeutet. Dieser Verzicht war aber im Interesse einer wirklichen Schwerpunktbildung durch das XX. Korps mit drei Divisionen und dem III. Korps ebenfalls mit drei Divisionen auf den Hochflächen von Folgaria und Lavarone mit gemeinsamer Stoßrichtung zwischen Asiago links und Arsiero rechts in Kauf zu nehmen. Das durch den Verzicht auf die Vallarsa und Pian della Fugazze freigewordene VIII. (gebirgsfähige) Korps hätte dann im Zusammenwirken mit dem ungeschwächten XVII. Korps im Suganatal und nördlich über die Karsthochfläche auf Valstagna-Bassano anzugreifen. Bei diesem Ansatz lag der Schwerpunkt eindeutig ständig bei einer Armee, der 11., während die Kräfte der 3. Armee von Anfang an dem Hauptangriff den unerläßlichen und wirksamen Flankenschutz zuteil werden lassen konnte, was im Endeffekt die rechtzeitige Inbesitznahme auch des Grappastocks bedeutet hätte.«

Oberst im BGS a. D. H. J. Pantenius

Österreichische Skipatrouille in der Ortlergruppe

Feldmesse der altösterreichischen Gebirgstruppe in den Dolomiten 1915

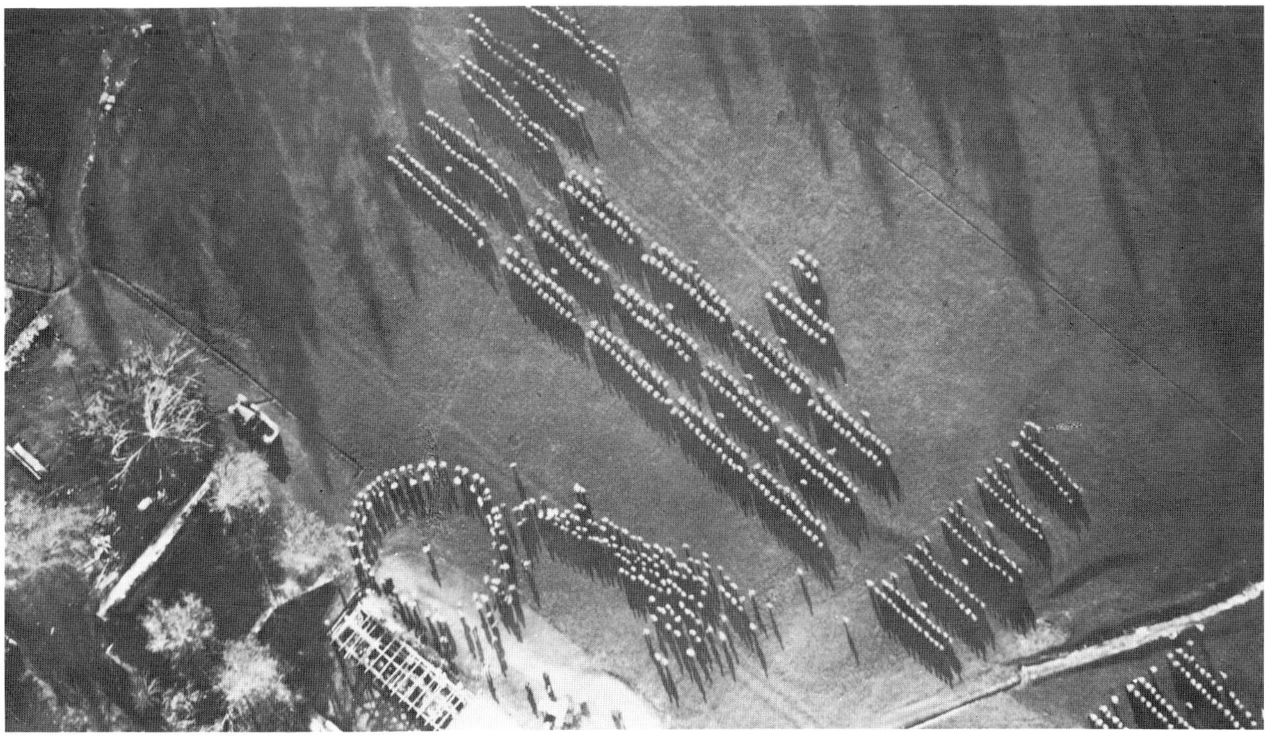

18 Monte Grappa

Als Resultat des österreichischen Vormarsches bis zum Piave 1917, mußte der italienische General Diaz die Reste seiner geschlagenen Armeen über den Piave, auf das westliche Ufer des Flusses, führen.
Ab 10. November 1917 entwickelte sich die neue italienische Verteidigungslinie (am rechten Piave-Ufer): sie erstreckte sich von Quero bis zur Piave-Mündung. Der Übergang der Hauptkampflinie aus der Ebene in das Gebirge erfolgte nächst Quero im Bereich des Monte Grappa (1775 m), der als wichtigster Frontgipfel dieses Abschnittes zum Inbegriff des Frontverlaufes vom Monte Tomba bis zum Monte Asalone wurde. Als hervorragende Orientierungsgrundlage empfehle ich dem Leser für diesen Abschnitt: Mairs Generalkarte »Gardasee–Venedig« (1:200000).
Die Höhe des Monte Grappa mit 1775 m mag vielleicht auf den ersten Blick – gerade unter dem Gesichtspunkt des Gebirgskrieges – gering erscheinen. Wenn aber die tiefe Lage der zugehörigen Tal- und Ausgangsorte (etwas über 300 m ü. d. Meere) in Betracht gezogen wird, so ergibt sich für die angreifenden Truppen ein Höhenunterschied von ca. 1400 m, der im Krieg zu bewältigen war. Zu diesem ausgesprochen inneralpinen Höhenunterschied kam die Struktur des Kampfgeländes, das in all seinen Oberflächenformen (Karstflächen, Schründen, Schluchten, scharfen Graten) in nichts dem Gelände in der Dolomitenfront nachstand.
Vom Raum Pederobba-Quero kommend verlief die Front: Monte Tomba (868 m) – Monte Spinuccia (1301 m) – Monte Solarolo (1672 m) – Col dell' Orso (1677 m) – Monte Grappa (1775 m) – Monte Asalone (1520 m) – Col Caprile (1268 m) – und querte bei San Marino das Brenta-Tal, stieg dann westlich davon hinauf zur Hochfläche der Sieben Gemeinden.

Dieser gesamte Frontverlauf, im besonderen der Monte Grappa, stellte als Übergang von der Front am Piave in die gebirgigeren Abschnitte den Brechpunkt der ab November 1917 neu entstandenen Front zwischen Piave und der Hochfläche der Sieben Gemeinden dar.
Die Sperriegelfunktion des Monte-Grappa-Massivs ist einerseits zu sehen unter dem Eindruck der Kämpfe des Jahres 1918, andererseits aber als Ergebnis des Piave-Vorstoßes 1917, der in seiner Gesamtheit bestimmte Fragen offenließ, wodurch gerade dadurch dann den Italienern entscheidende Positionen im Grappa-Gebiet zufielen, die wiederum in den Gefechten des Jahres 1918 von weitreichender Bedeutung sein sollten. So ist das Kriegsgeschehen um den Monte Grappa nur im Zusammenhang mit den Kämpfen in der Ebene, mit dem Krieg am Piave zu verstehen. So muß an dieser Stelle nochmals ein kurzer Rückgriff zu den Herbstereignissen 1917 erfolgen.
In 11 Isonzoschlachten erzielte Cadorna nicht mehr als knapp über 10 km Geländegewinn. Gleichzeitig trafen schwerste Verluste die italienische Armee. Der Erfolg der 12. Isonzoschlacht aber leitete den moralischen Untergang Cadornas ein. Die gleichzeitige Nötigung, die Italiener aus den Gebirgsfronten zu vertreiben, hätte die Möglichkeit in sich beinhaltet, einen ausgiebigeren Erfolg gegen Italien zu erzielen.
Dem stand sowohl eine überaus aufgeblähte Militärbürokratie der öst.-ung. und deutschen Angriffskräfte und ein eindeutig nachweisbarer »mangelnder Vernichtungswille« (Uhlirz) gegenüber. In Rom, Paris und London verbreiteten sich Schrecken und Entmutigung über die italienische Niederlage. Unter diesem Druck beschloß man, acht alliierte Divisionen der Italienfront zuzuführen. Die italienische Heeresleitung entschloß sich so zu einem Rückzug aus der unhaltbar gewordenen Gebirgsfront (von den Julischen Alpen bis ins Fleimstal), verstärkte aber im selben Atemzug ihr Bestreben, den Monte Grappa und den Raum Brenta-Cismon mit allen Mitteln zu verstärken und bis zum letzten Mann zu halten.
Auf der Seite der Verbündeten bestanden dagegen folgende Pläne: die Heeresgruppen Erzherzog Eugen und Conrad sollten beidseits des Monte-Grappa-Massivs in die italienische Ebene vorstoßen.
Hindenburgs Plan, aus dem Raum Gardasee vorzustoßen und mit dieser Zangenbewegung die Italiener in die Enge zu treiben, wurde – leider – abgelehnt. Nun, wie immer man es betrachten möge, drehte es sich bei diesen Überlegungen darum, entweder über die Berge oder diese umgehend, vorzustoßen. Im nachhinein sollte sich zeigen, daß die Österreicher für den Vorstoß über die Berge zu diesem Zeitpunkt des Krieges bereits personell wie materiell zu sehr geschwächt waren. Einem Vorstoß durch die Ebene hätte man allein schon wegen des Zangeneffekts mehr Aussichten einräumen können.
Diese so geplante Offensive, die diesbezüglichen Vorbereitungen, gaben Italien Zeit, sich moralisch und materiell zu sammeln.

Scheinwerfer an der Grappa-Front (Bild oben). Öst.-ung. Tragtierkolonne im Aufstieg zur Grappa-Front im November 1917 während der ergebnislosen Offensive über die Gipfel vom Monte Grappa und Monte Asalone (Bild unten).

November 1917: Kampfgelände im Grappa-Abschnitt (Bild oben) mit den schwerumkämpften Gipfeln der Sternkuppe und Fontana Secca. Blick von der Sternkuppe gegen Monte Grappa, Col dell'Orso, Mt. Solarolo im Dezember 1917 (v. l. n. r.; Bild unten).

Die Verkürzung der Front von 370 km auf 130 km brachte weiters Italien mehr Vorteile, als den Siegern vom Piave. Denn trotz größter Verluste konnte Italien die verbliebenen Einheiten, nun vereint auf kürzerer Frontlinie, wesentlich dichter verteilt einsetzen.
Und so trat der paradox anmutende Fall ein, daß die Offensive des Jahres 1917 dem Verlierer nur Vorteile brachte.
Der schnelle und triumphale Erfolg der Vertreibung der Italiener aus der Gebirgsfront sollte nur ein Erfolg des Augenblickes werden. Denn nun standen ja ganze Teile der italienischen, hochalpinen Einheiten für die neue errichtete Front am Piave und Monte Grappa zur Verfügung. Dazu kamen noch die vermehrt einsetzenden englischen, französischen Unterstützungen – personell und materiell, die am Piave und am Grappa voll zum Tragen kamen – die aber bei einem Einsatz in den Höhenstellungen von den Julischen Alpen bis ins Fleimstal nahezu wirkungslos verpufft wären: handelte es sich ja nicht um alliierte Gebirgstruppen, sondern um Flachland-Infanterie.
Der Monte Asalone, der Monte Grappa, der Monte Tomba und alle Nachbargipfel wurden sofort in den ersten Novembertagen 1917 von Italien unerhört stark besetzt: mit Alpini, Bersaglieri, die kampferprobt aus der Dolomitenfront kamen, mit sehr starken italienischen Infanteriekräften und mit einem nie versiegenden Nachschub, für dessen reibungslosen Zufluß die Verbündeten Italiens sorgten.

Der Kampf um den Monte Grappa war nun getragen von:

1. Völlig frischen italienischen Reserven, gebirgskrieg-gewohnten italienischen Einheiten und reibungslos flutendem Nachschub. Dazu kam
2. der Gesichtspunkt der italienischen, moralischen Wiederaufrüstung.

So stark der momentane Schock nach dem Piave-Vorstoß 1917 war, so bewundernswert rasch erholte sich die italienische Nation angesichts der Gewißheit, daß es nun an der verbleibenden Front vom Grappa bis zur Piave-Mündung um das Ganze gehen würde.
Jetzt, in diesem Augenblick, zeigte der italienische Soldat seine volle menschliche Widerstandskraft und die italienischen Einheiten kämpften mit permanentem Einsatz, wie nie zuvor.
Es darf daher bei den kriegsentscheidenden italienischen Erfolgen im Grappa-Gebiet auf gar keinen Fall mit der materiellen, personellen Auffrischung allein argumentiert werden, sondern mit dem mir noch wichtiger erscheinenden Gesichtspunkt, daß Italien und seine Soldaten einen grenzenlosen, nationalen Selbstbesinnungsprozeß durchmachten. Der Monte Grappa wurde zum Inbegriff des neu erwachten italienischen Widerstandsgeistes. Er blieb es bis zur letzten Minute des Krieges. Bei der Zerschlagung der Armee Altösterreichs gingen gerade von den italienischen Grappa-Einheiten die maßgeblichen militärischen, taktischen und soldatischen Impulse aus.

Die österreichische Offensive Ende November 1917 gegen das Grappa-Massiv konnte ihr Ziel nicht erreichen, obwohl die sich daraus entwickelnde Schlacht bis Jahresende reichte, wo sie vom Winter erstickt wurde.
Anfangs 1918 forderte die deutsche Heeresleitung – unter dem Druck der Vorbereitung der Westfrontoffensive – eine öst.-ung. Entlastungsoffensive gegen Italien. Die nachfolgende Offensive im Juni 1918 verrante sich nicht zuletzt auch im Gebiet des Monte Grappa und Monte Asalone. Im Gegenteil, den italienischen Abwehrkräften gelangen maßgebende Einbrüche gerade in der Grappa-Front.
So sind die Kämpfe im Grappa-Abschnitt in das gesamte militärische Geschehen der Zeit von November 1917 bis zum Kriegsende 1918 einzuordnen.
Bis heute ist die Frage, ob man aus den Tälern, aus dem Raume Gardasee vorstoßen hätte sollen, ein Diskussionspunkt der Militärgeschichte. Die Zurückziehung der italienischen Front zum Grappa und Piave demonstrierte nachhaltig, daß aus einer Offensive, die siegreich geschlagen wurde, für den momentanen Verlierer, der Sieg wachsen kann. Die Überlegungen, Kalkulationen der italienischen Heeresleitung bewiesen im Abschnitt Grappa und Piave ihre militärische und intellektuelle Brillanz gegenüber den unzweckmäßigen Plänen der Heeresleitung Österreich-Ungarns.

19 Monte Miela und Meletta

Vom Monte Grappa kommend verlief der Frontverlauf bei San Marino durch die Brenta-Schlucht, stieg von hier auf zur Hochfläche der Sieben Gemeinden und erreichte im Abschnitt Monte Meletta und Monte Miela (1824 m) seinen nächsten neuralgischen Punkt.

Die im vorigen Abschnitt erwähnte Offensive der Österreicher vom 22. Nov. 1917 – war erfolglos – abgesehen von wenigen Abschnitten: Einer davon war der Monte Miela und der Monte Meletta. Am 4. Dez. 1917 griff das 2. Bataillon des Kaiserschützen-Regimentes III unter seinem Hauptmann Konstantin Valentini die Höhenzüge an, eroberte den Monte Badelecche und den Monte Tondarecar.
Während dieser siegreichen Aktion erhielt Konstantin Valentini den Befehl auf dieser eroberten Linie zu verbleiben und nicht weiter vorzurücken: Die Italiener würden in der Stärke von drei Regimentern gegen die Kaiserschützen vorrücken.
Gegenüber von Konstantin Valentini und seinen Kaiserschützen lag die Höhe des Monte Miela, dessen Einnahme notwendig war, um auf der ihm anbefohlenen Linie überhaupt verbleiben zu können. Die Durchführung und Einhaltung des vorher erwähnten Befehles wäre nur möglich gewesen, wenn auch der Monte Meletta und Miela in den Besitz der Kaiserschützen gelangte.
So entschloß sich Valentini, gegen diesen Befehl des Brigadekommandos weiter vorzugehen.
Gegen Mittag erobert er den Monte Miela unter Ausnützung des Überraschungsmomentes: Die Italiener rechneten nicht mit einem Angriff, der glücklicherweise wenig Opfer forderte. Inzwischen langten auch Einheiten in Bataillonsstärke eines anderen Regimentes ein. Zusammen mit diesen greift nun das Kaiserschützen-Bataillon unter Valentini den Monte Meletta an, erobert ihn am Nachmittag. Tausende von Italienern gingen in Gefangenschaft.
Im Rahmen der Offensive eroberte Valentini aufgrund eigener Initiative beide Gipfel.
Er wurde ausgezeichnet mit dem Ritterkreuz des Militär-Maria-Theresien-Ordens.
»Major Valentini übersah unsere günstige Situation ganz und befahl ohne höhere Ermächtigung die weitere Vorrückung . . . anfangs ging die Vorrückung ohne feindliche Einwirkung vonstatten . . . je höher wir kamen, um so mehr traten wir in Sicht des Gegners . . . im weiteren Verlaufe kamen wir in äußerst heftiges Granat- und Schrappnell- und Kartätschfeuer vom Monte Miela selbst und besonders von den parallel zu genanntem ziehenden Monte Meletta.
Besonders arg war das von vier Geschützen aus nächster Nähe kommende Kartätschfeuer.
Ich verschob meine beiden Züge, dem Artilleriefeuer nach Möglichkeit ausweichend, auf einen günstigen Punkt, von dem ich den stetig feuernden Geschützen beizukommen hoffte. Wir drangen überraschend vor, Leutnant Dengg zeichnete sich durch besondere Tapferkeit aus, erbeuteten die vier Geschütze und nahmen die Bedienungsmannschaft gefangen. Nach rechts Anschluß suchend, stieß ich auf die weiter rückwärts stehende 6. und 4. Kompagnie und befahl meinen restlichen 2 Zügen, die bei der Gruppe Hauptmann Voitl standen, vorzugehen. Nachdem ich meine Kompagnie vereinigt hatte, trat ich unterstützt durch einen Zug der 4. Kompagnie und acht MG der MG-Kompagnie 2/III, ohne höhere Befehle, die weitere Vorrückung gegen den Monte Meletta an, auf dem ich gleichzeitig mit der 5. Kompanie, die inzwischen ebenfalls vorgerückt war, anlangte.« (Bericht des Kaiserschützen-Oberleutnants Josef Messner über die Eroberung von Miela und Meletta; veröffentlicht mit Genehmigung des Kriegsarchives in Wien; Anm. d. Verf.)

Die Höhenzüge des Monte Miela und Monte Meletta: erobert von Tiroler Kaiserschützen unter Major Konstantin Valentini am 4. Dezember 1917.

20 Astico- und Terragnolotal

Das schwer in Mitleidenschaft gezogene Festungswerk Sommo.

Drei bedeutende Talfurchen führen von Rovereto und seiner Umgebung gegen die Hochfläche der Sieben Gemeinden: Das Asticotal, das Terragnolotal und die Vallarsa (Brandtal); wobei das letztgenannte Tal Inhalt eines eigenen Abschnittes dieses Buches sein wird. Den verwickelten geographischen Aufbau dieser drei Täler und der zwischen ihnen liegenden Bergkämme zu erfassen, erleichert das Studium einer entsprechenden Übersichtskarte: auch hier empfehle ich wieder Mairs Generalkarte »Gardasee–Venedig« (1:200000). Im Laufe des Krieges sind in diesem Frontabschnitt drei wesentliche Frontverläufe feststellbar; 1915:
Novaledo – Barco (beide in der Valsugana) – Cima di Vezzena – Lusern – Gschwent – Carbonare – Sommo Alto – Serrada – Rovereto – Riva.
Als Folge der österreichischen Offensiven verlief die Frontlinie seit Sommer 1916 folgend:
Carzano – Castelnuovo (beide in der Valsugana) – Monte Ortigara – Monte Zingarella – Monte Zebio – Monte Interrotto – Camporovere – Albaredo – Castelletto – Forni – Monte Cimone – Monte Tormeno – Monte Majo – Passo Borcola – Cosmagon – Pasubio – Monte Testo – Monte Spil – Zugna Torta – Marco – Manzano – Riva.
Der am weitesten vorgeschobene Verlauf der Frontlinie verlief abweichend von den obengenannten Positionen wie folgt:
Monte Ortigara – Cima Mandrielle – Monte Meletta – Monte Miela – Monte Sisemol – Monte Kaberlaba – Monte Cengio – Seghe bei Arsiero – Priafora – Monte Cogolo – Cosmagon – Pasubio – Chiesa in Vallarsa – Cima di Mezzana – Passo Buol – Coni Zugna – Zugna Torta – Marco – Manzano – Riva.
Im Laufe des Krieges und als Ergebnis der österreichischen Linien wurde der Frontverlauf von seinen ursprünglichen Positionen des ersten Kriegsjahres weit vorgeschoben. In umfassenden, zusammenhängenden Angriffsbewegungen, die jeweils immer das Terragnolo- und Asticotal einschlossen, konnte dieses Ziel der Frontverschiebung erreicht werden.
Von besonderer Bedeutung diesbezüglich waren die weitausholenden Angriffe zwischen der Etsch und dem Terragnolotal im Mai 1916.
Mitte Mai 1916 überfielen die Truppen der 59. Infanteriedivision unter Generalmajor Kroupa die italienischen Abteilungen im Abschnitt Terragnolotal.
Im Laufe des ersten Angriffstages vermochten die angreifenden Einheiten – unter Einnahme von Pinteri und Senter – den Lenobach zu erreichen. Ein weiterer Angriffsflügel drang gegen Piazza im Terragnolotal vor, rannte aber sich hier am italienischen Gegner fest. Ebenso kam der Angriff bei Potrich und Valduga zum Stehen (15. Mai 1916).
Um diese drei Ortschaften entbrannte ein stundenlanger, erbittert geführter Kampf, zum Teil von Haus zu Haus.
Im Verlauf des 16. Mai werden die Orte sturmreif geschossen. Trotzdem hielten sich auch danach äußerst tapfer kämpfende italienische Infanteriekräfte in den Ruinen der Häuser. Während noch um die Häuser in Potrich, Valduga und Piazza gerungen wurde, gingen Einheiten der 10. Gebirgsbrigade über die Nordabstürze des Col Santo gegen die italienischen Stellungen auf der Malga Calva vor. Gleichzeitig versuchten Kräfte der 57. Infanteriedivision aus der benachbarten Vallarsa gegen den Col Santo vorzugehen und so im Verein mit den von Norden angreifenden Männern der 10. Gebirgsbrigade die Italiener am Col Santo in die Zange zu nehmen. Vom Col Santo ausgehend eroberten die Österreicher bei dieser Aktion den Monte Testo.
Im Abschnitt des Borcola-Passes gelang den angreifenden Truppen die Einnahme des Monte Malingo und der Borcoletta. So, von Norden umkreist, standen die Soldaten des 3. Alpiniregimentes, auf sich allein gestellt am Borcola-Paß. Nach gnadenlosem Nahkampf, von den Alpini mit größter Erbitterung geführt, gelingt es diesen nur sehr schwer, den Paß zu erreichen. Im Zuge dieser insgesamt sechstägigen Kämpfe wird die Front weit gegen die Hochfläche vorgeschoben. Astico- und Terragnolotal werden zu wichtigsten Nachschublinien für die österreichische Armeeführung.

21 Monte Pasubio

1916/17: Der Pasubio (Bild oben). Schützengraben am 29. 11. 1916 (links unten). Der Brand des Proviantlagers am 16. August 1916 vernichtet Nahrung und Nachschub für 8000 Mann (rechts unten).

Mit nüchternen Worten müßte man den Pasubio als den wichtigsten Stützpunkt dieses Frontgebietes gegen die italienischen Durchbruchsversuche bezeichnen. Aber dies würde dem Pasubio und seinen Männern nicht gerecht. Pasubio – das war die Hölle auf Erden: Minenkrieg, Wüten der Lawinen, pausenlose Nahkämpfe, elendes Vegetieren unter arktischen Bedingungen im Hochwinter. Pasubio – das war die Selbstaufopferung der Tiroler Kaiserjäger vom ersten bis zum letzten Tag. So wurde der Pasubio zum »Kaiserjägerberg« . . .

Und kein nachträglicher Bericht könnte dem Berg und seinen Männern gerechter werden, als die nachfolgende Schilderung des einstigen Pasubio-Kämpfers Dr. Josef Prochaska, ehemaliger Oberleutnant und Kommandant der Hochgebirgskompanie 22:

»Pasubio – Schwerpunkt und Schicksalsberg der Südfront im ersten Weltkrieg«

»Jeder Tiroler sollte diesen Namen kennen. Von den Großvätern erfahren es die Enkel, daß die Kaiserjägerregimenter an diesem wichtigen Eckpfeiler durch drei Jahre hindurch dem Ansturm der Feinde mit Blut und Leben getrotzt haben. Die Verluste auf beiden Seiten waren ungeheuer, kostete durch unsere Minensprengung im Jahre 1917 den Italienern an die 2000 Soldaten. Der Pasubio, 2250 m ragt mit seinen beiden Hauptgipfeln aus einem Hochplateau, welches von Norden her leichter zugänglich ist, auf allen anderen Seiten mit steilen Abbrüchen und dräuenden Schluchten umgeben ist, empor. Er ist eine wahre Natur-Festung. Auf dem südlichen des Doppelgipfels saßen die Italiener verschanzt und kaum hundert Meter gegenüber, etwas niedriger die Österreicher – und so blieb es vom Juni 1916 bis zum Zusammenbruche am 4. November 1918, ohne daß einer der Kriegsmächte auch nur den geringsten Geländegewinn erzielt hätte. Aktionen wechselten hin und her und an einer Stelle – auf der Cosmagonmulde südlich des Hauptmassivs lagen die Feldwachen auf ›Handgranaten-Weite‹ eine Zeitlang gegenüber. Auf diesem Berge tobte eine Materialschlacht mit einem Riesenaufgebot von Artillerie aller Kaliber, Mörsern, Luftminen über der Erde und ein Minenkampf unter der Erde durch 29 Monate, Regimenter um Regimenter – auch solche ohne alpine Ausbildung und Ausrüstung wurden ohne Unterbrechung auf beiden Seiten eingesetzt – nicht gezählt die Versorgungstruppen, denn im Gebirgskriege entfallen auf jedes Gewehr weitere sieben Mann für den Nachschub und Betreuung. Wer den Pasubio besitzt, der herrscht über das Etschtal und über das Land bis Verona. Das wußten beide Generalstäbe. Daher auch schon am 2. Juli 1916 – ein paar Wochen nach der Besetzung unserer Truppen anläßlich der Frühjahrsoffensive im Mai 1916 der unsererseits leider mißlungene Versuch der Erstürmung der feindlichen ›Platte‹. Die Antwort der Italiener erfolgte bei ihrem Großangriff auf den Pasubio anfangs Oktober 1916. Es kam zu einem gigantischen Ringen der besten Truppen auf beiden Seiten; schon war unsere ›Platte‹ in Händen des Feindes, als selbe durch den heldenmütigen Gegenstoß von einem Kaiserjäger-Offizier mit ein paar Leuten zurückerobert wurde und auch bis zum Ende in unserer Hand blieb. Alle damals bekannten Kampfmethoden des Hochgebirgskrieges kamen zur Verwendung. In diesem karstigen Kalkgestein konnte man mit Menschenhand dem Fels keine Schutzdeckung, keinen Laufgraben und keine Kaverne abzwingen. Da mußten unverzüglich Bohrmaschinen und Mineure zur Stelle sein. Daneben plagte sich natürlich die Mannschaft mit Krampen und Beil Aushub für Unterkünfte und Wegverbindungen mühsam herauszupickeln. Die Artilleriewirkung wurde durch die Steinstreuung vervielfacht. Es dauerte aber doch fast noch ein Jahr, bis man von der deutschen Westfront die Erfahrung der Verwendung von Stahlhelmen übernahm und selbe Ende November 1917 endlich für die gesamten Frontsoldaten einführte. Zurück zu der Zeit Ende Oktober 1916. Da wurde meine Kompanie wieder als normale ›Fronteinheit‹ verwendet und mit der Besetzung eines Gratabschnittes am Roiteberg betraut. Wie immer fanden wir von unseren Vorgängern nur Andeutungen eines Stellungsbaues vor und dabei gab es seit Mitte Oktober schon starken Nachtfrost und leichten Schneefall. Wieder begann das Schanzen und Schuften von vorne. In dieser Zeit war die wichtigste Waffe des Soldaten der Krampen und die Schaufel; bald sollte dieses Werkzeug durch ein noch viel wichtigeres abgelöst werden. Zwei Wochen lang lagen wir schutzlos vor Wind und Wetter auf dem steinharten Boden bis die erste Unterkunft, ein Bretterverschlag mit Dachpappe dem brüchigen Stein abgerungen war. Feind und Freund waren von den letzten Kämpfen erschöpft – nun hieß es: nur hinein in Berg und Fels, denn ein General war im Vormarsch, der General ›Winter‹, er kommandiert unerbittlich über Mensch und Tier. In diesem Winter sollte es aber ein ›Generalissimus‹ werden. Ganz ungewöhnlich für diese Jahreszeit und für diese südliche Breiten setzte starker

Abbildung S. 169:
Hochwinter 1916/17: Das war die Hölle vom Pasubio. Schnee, Lawinen, Krieg.
Das Bild rechts, Mitte, zeigt einen Sturmzug der Skikompanie (zweiter von rechts: Dr. Josef Prochaska, der Fotograf dieser einzigartigen Bilder).

Schneefall ein. Die Schönwetterpausen wurden immer kürzer. Die Schneefälle mit nächtlichen Gewittern, wo einmal ein halber Meter Graupeln fielen, immer stärker. Damals erlebte ich auch das seltene Phänomen des ›St.-Elms-Feuers‹. Die Horchposten im Schützengraben schreckten zusammen vor den blauen Lichtzünglein am Gewehrschaft.
Bezüglich Winterausrüstung, Bekleidung, Beschuhung, Kälteschutz lebten wir damals noch in der Steinzeit. Damals gab es im ganzen Korpsbereich keine Pelzmütze, keinen Anorak oder Zeltjacke mit Kapuzze, keine Filzstiefel, keine gefütterten Fäustlinge, auch keine Schals. Man trug Sommer und Winter dieselbe Wäsche ohne Unterwäsche. Es gab auch keine Ablösung. Die Frontgruppe kam selten nach rückwärts in die Reservestellung und die war auch noch primitiv genug. Ich schrieb in dieser Zeit einmalig in mein Tagebuch: ›Heute habe ich nach 20 Tagen erstmals meine nassen Schuhe ausgezogen.‹ Diese konnten ja nie trocken werden, da wir in feuchten Steinmulden und Felslöchern mit Zeltplanen überdacht den Vorwinter verbrachten. Einmal im Tag warme Nahrung und das nur solange, als die Tragtiere die noch schneefreien oder gangbaren Saumwege zur Stellung hinauf benützen konnten. Mit Ende November 1916 hörte auch das auf. Dabei wurde niemand krank, es gab weder Husten noch Schnupfen noch Erfrierungen. Es ist mir heute noch ein Rätsel, wie man diese Strapazen ohne Schaden aushalten konnte. Es war alles in einem eine arktische Expedition mit unzulänglichen Mitteln. Da wurde in den ersten Dezembertagen 1916 Hochgebirgskompanie aus der Frontstellung genommen und weiter rückwärts zentral im Brigadebereich gelegen in vorbereitete, sogenannte ›Dreiecksbaracken‹ verlegt (eine dreieckige Stirn- und Rückwand aus Brettern mit einer Eingangstüre vorn und einfachem Bretterdach mit Dachpappe). Wenn die Lawine kam, wurde so ein primitives Gehäuse wie ein Kartenblatt umgelegt und die Insassen zerquetscht, oft aber stundenlang lebendig begraben. Doch das wußten wir alle damals noch nicht, daß diese Ortsveränderung für uns Tod und Grauen bedeuten sollte. Gedacht war jedenfalls daran, daß wir von einem zentralen Punkte des Pasubio-Frontabschnittes aus jederzeit schnell dorthin und dahin eingesetzt werden könnten. Es war schön gedacht, aber . . .
Was nun in der ersten Dezemberhälfte des Jahres 1916 geschah, war noch nie dagewesen und unfaßbar. Es entstand eine Schlacht mit dem Winter, wie sie bislang noch niemand gesehen und erlebt hat – weder die alten erprobten Bergsteiger und alpinen Skiläufer, noch die überall eingeteilten Heeresbergführer. Wir alle wußten nicht, was sich in einer Schneesturm-Winternacht in der Natur abspielen kann.
Ab 4. Dezember 1916 schneite es fast ununterbrochen Tag und Nacht bis 15. Dezember. Da fielen nicht die Flocken, sondern feines Schneemehl kam aus grauer Nebelwand in unendlichen nimmer versiegenden Mengen hernieder. Zum letztenmal kamen die Tragtiere vom Bisortetal herauf, abends staken sie bis zum Hals im Schneemüll. Man konnte zusehen, wie die Schneedecke sich von Stunde zu Stunde hob. Gegen drei Uhr nachmittags verlosch das Tageslicht. Die Sparren unserer Dreiecksbaracke bogen sich durch – zwei Meter Schneemassen lagerten schon darauf – leere Konservenkisten haben wir zum Stützen untergezwängt. Nun konnte es bis zur ersten Katastrophe nicht mehr lange dauern. Einmal hieß es ein frisches Battaillon Kaiserjäger nach vorne und die abgelöste Truppe nach rückwärts zu bringen. Ich wies vergebens auf die bes. gefährlichen Schneeverhältnisse hin. Wäre das neue Battaillon pünktlich vom Tale herauf bei mir zur Weiterführung um 10 Uhr vormittag angekommen, so wäre vielleicht noch alles gut gegangen. So aber kamen wir in die Dunkelheit – und diese bricht vor Weihnachten und bei Schneetreiben eben schon um vier Uhr nachmittags an. Um 7 Uhr nachts stand die vom Stellungskrieg und auch sonst erschöpft abgelöste Truppe bar jeder Winterausrüstung in einer Mulde, vierhundert Meter tief unter der eigenen Pasubio-Platte bereit um den Aufstieg und Übergang über den berüchtigten Sattel Kote 2006 zu bewältigen. Die Karbidlampen verlöschten im Sturm. Die elektrischen Taschenlampen mußten für äußersten Bedarf geschont werden. Knapp jenseits des Sattels brach ein Schneebrett ab und verschüttete die Kolonnenspitze mit 40 Mann. Um 12 Uhr nachts haben wir im Dunkeln nach den im Schnee herausragenden Körpern herumgesucht und dabei mehr getappt und bis auf zwei Tote alles gerettet. Eine Nacht mit Schrecken ohne Ende. Nur mit Spürsinn fand ich und durch Zufall gottlob schließlich die richtige Spur, die ins Tal zurückführte.«

Das übernationale Bild Österreich-Ungarns und seiner Armee spiegelt sich auch in dieser Abbildung »Rekrutentypen aus Österreich-Ungarn« wider. (1) Pole; (2) Ungar; (3) Ruthene; (4) Steirer; (5) Ungar; (6) Dalmatiner; (7) Egerländer/Böhmen; (8) Hanake; (9) Tiroler; (10) Kroate; (11) Rumäne.

Typisch österreich-ungarische Uniformen. (1) Tiroler Landesschütze; (2) Ulanen-Offizier; (3) Infanterist; (4) Pionier; (5) Dragoner; (6) Reitende Artillerie.

Typische italienische Einheiten/Uniformen. (1) Bersaglieri; (2) Alpini; (3) Askari; (4) Lanciere; (5) Infanterie-Offizier.

Tiroler Haubitzbatterie auf dem Valparola-Sattel im Abschnitt Fanes-Lagazuoi-Front (28. 12. 1915).

22 Vallarsa

Skizze des Jahres 1917:
Im Bild links das Festungswerk Valmorbia, am Kamm darüber der Monte Corno. Hier geriet Cesare Battisti in Gefangenschaft.

Von Rovereto zieht ein Tal nach Südosten in die Berge. Wenige Menschen kennen dieses Tal. Noch weniger wissen, daß es eines der bedeutendsten Täler des Gebirgskrieges war. Am Eingang des Tales flutet Sommer für Sommer der Strom der Touristen gegen Süden. Am Fuße jener Berge, die in den letzten Kriegsjahren unendlich umkämpft waren, windet sich das Band der erst seit kurzem fertiggestellten Autobahn. Wohl kaum einer von den vielen Millionen, die hier vorbeifahren, blickt hinauf auf den Höhenrücken der Zugna Torta und nur selten verirrt sich ein Reisender in das Tal hinter der Zugna Torta: in die Vallarsa oder in das Brandtal, wie der alte deutsche Name lautet.
Und wenn wir vom Gebirgskrieg sprechen, dann denken wir an die Kampfstätten mit den klingenden Namen, die allein schon jedem Bergsteiger geläufig sind: Tofanen, Drei Zinnen und Marmolata. Auf die Vallarsa wird kaum das Gespräch kommen.
Und doch erinnert jedes Dorf, jeder Berg, jedes Joch an eine Episode des Krieges. Die Vallarsa war als letzter Frontabschnitt östlich der Etsch besonders dicht und nachhaltig vom Krieg, vom Kampf und von der Vernichtung erfaßt. Endlos sind die Namen, die daran erinnern: Col Santo (2114 m), Monte Testo (2005 m), Cosmagon und Pasubio, Valmorbia und Chiesa, Passo Buol, Coni Zugna, Zugna Torta, Mattasone und Albaredo!
Und die Namen von Männern tauchen auf, die hier schicksalhafte Bedeutung erlangten: Kaiserschützen-Offizier Alfred Enrich, der Alpini-Offizier Cesare Battisti.

Drei herausragende Kriegsereignisse drückten der Militärgeschichte der Vallarsa ihren Stempel auf: Die Eroberung des Festungswerkes Valmorbia durch Alfred Enrich, die Gefangennahme Cesare Battistis am Monte Corno und die Kämpfe um die Zugna Torta.

Im Jahre 1916 bezog das 1. Bataillon des I. Kaiserschützenregimentes das Festungswerk Valmorbia. Teile des Bataillons lagerten im Werk, Teile außerhalb des Werkes mit dem Oberleutnant Enrich in einer Kaverne. Am 29. Juni versuchen die Italiener mit einem äußerst kühnen Handstreich das Festungswerk den Kaiserschützen zu entreißen. Sie marschierten in stockdunkler Nacht, sich in deutscher Sprache unterhaltend, über die Werkstraße zum Werk hinauf. Ein Teil der Feldwachen ließ sich täuschen, einige wurden umgebracht. So gelangten die Italiener in Teile des Werkes. In einem Überraschungsangriff kämpfen die Angreifer die Werksbesatzung nieder, im Sterben gibt der Telefonist »Alarm« durch. Oberleutnant Enrich wurde von dem Alarmruf erreicht. Durch einen in den Felsen gesprengten Gang stürmt Enrich mit seinen 60 Männern vor und kann – im Werk von den Italienern eingeschlossen – nicht mehr in das Freie gelangen. Bereits beim ersten Versuch, aus einem Schacht herauszudringen, wurde er mit Schüssen der Italiener empfangen. Im Morgengrauen sammelten sich die Kaiserschützen zum Sturm und warfen sich aus dem Schacht mit dem Mute der Verzweiflung in das Freie. Im Bajonettkampf gelang der Kompagnie die Befreiung. Noch aber war der Hauptteil des Festungswerkes besetzt. Dazu kam noch, daß 200 Italiener von außen gegen die hervorbrechenden Kaiserschützen schossen. Zwei Züge der Kaiserschützen gingen gegen die übermächtigen Italiener vor, konnten die Maschinengewehrstellungen zum Schweigen bringen. Das Werk war befreit. In der nachfolgenden Verfolgungsaktion wurde ein Teil der Italiener überwältigt. Zahlreich waren die Gefallenen beider Seiten. Im nachhinein stellte sich heraus, daß die Italiener mit einer Überwältigung des Festungswerkes rechneten. Bereits mehrere Alpini-Bataillone lagen in Bereitstellung um den italienischen Angriff weiter vorzutragen. Das hätte den Zusammenbruch der Vallarsa-Stellung bedeutet.

Kaiserschützen-Oberleutnant Alfred Enrich wurde mit dem Ritterkreuz des Militär-Maria-Theresien-Ordens ausgezeichnet.
Zur Erinnerung an Alfred Enrich trägt die Bundesheer-Kaserne in Kufstein seinen Namen.

Die Zugna Torta ist ein Gebirgsrücken, der sich zwischen der Vallarsa und dem Etschtal erstreckt. Schon aus dieser Lage ergibt sich der militärische Wert zur Zeit des ersten Weltkrieges. Von 1916 bis 1918 wird um die Zugna Torta und um Coni Zugna andauernd gekämpft. Auf der Zugna Torta lagen sich die Gegner auf 30 bis 40 m Entfernung gegenüber. Einer der gefürchtetsten Punkte auf der Zugna Torta war der sogenannte Brechpunkt, der das bevorzugte Angriffsziel der Italiener bildete. Tag und Nacht trommelte oft das Feuer auf diesen schmalen Abschnitt und deckte die Verteidiger mit Kalibern aller Größen ein. Die Länge der Brechpunktstellung betrug ca. 300 Schritte, die Tiefe 70 Schritte. Am

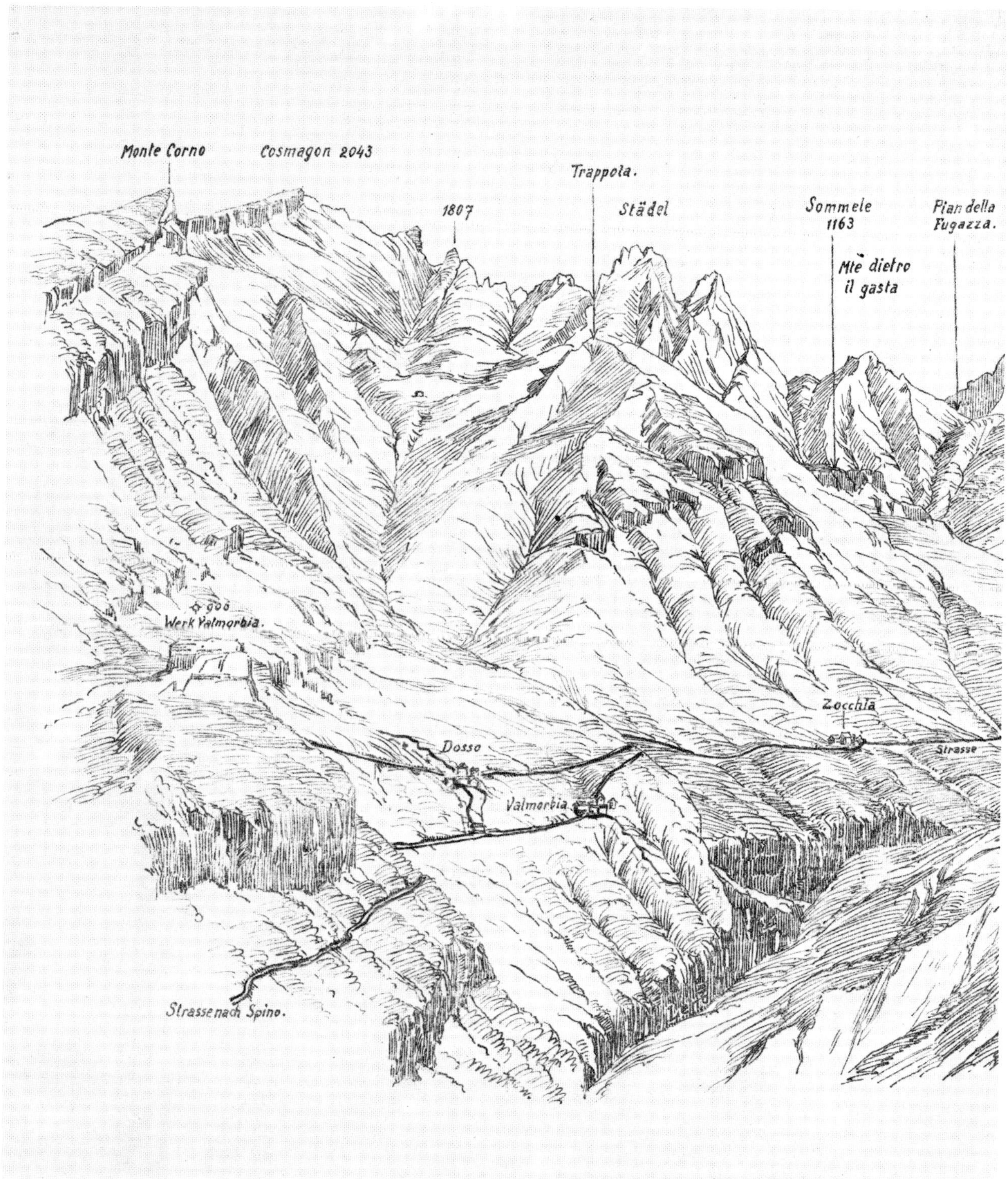
Monte Corno
Cosmagon 2043
1807
Trappola.
Städel
Sommele
1163
Pian della
Fugazza.
Mte dietro
il gasta
Werk Valmorbia.
Dosso
Zocchla
Strasse
Valmorbia
Strassenach Spino.

Gefangennahme und Hinrichtung von Cesare Battisti.

23. Mai 1918, dem Jahrestag der italienischen Kriegserklärung, eröffneten die Italiener – gleichsam zum Gedenken – einen massiven Angriff gegen den Brechpunkt.
»Schlag zwei Uhr setzte orkanartig das Trommelfeuer ein . . . in wenigen Minuten waren die Gräben eingeebnet, die Eingänge in die Kavernen verschüttet . . . die telefonische Verbindung versagte sofort . . . ein jeder wünschte sich aus den Löchern in die frische Luft zu kommen, denn die Luft, die die Kaverne erfüllte, war zum Ersticken. Schon stand der Gegner in der eigenen Stellung, in schwerem Handgemenge wurden seine Sturmtrupps erledigt . . ., so war der erste Angriff abgewiesen, gleich darauf setzte ein neuer ein. Zum dritten Mal setzte der Gegner auf der ganzen Linie zum Angriff an, es gelang ihm restlos in die Stellung einzudringen.« (Bericht des Hauptmann Gaidos.)

Die Gefangennahme von Cesare Battisti am Monte Corno (1765 m): Das Schicksal Cesare Battistis ist ein Schicksal, wie es nur der Krieg hervorbringen kann. Battisti, Trentiner, und Reichstagsabgeordneter von Trient, machte bereits vor dem Krieg nie ein Hehl daraus, daß er als Italiener fühlt und sich zur italienischen Nationalität bekennt. Es bestand nie ein Zweifel daran, daß er für die Abtrennung und Loslösung des Trentino eintreten würde.
Nach Ausbruch des Weltkrieges 1914 zog er daher ehrlicherweise die Konsequenzen und »floh« nach Italien, seiner Heimat. Von allem Anfang an kämpfte er auf der Seite der italienischen Truppen, und zwar als Alpini-Offizier.

Zahlreich sind die Quellen, die sowohl auf österreichischer Seite und auf italienischer Seite vom großen soldatischen Einsatz Cesare Battistis zu berichten wissen. Für die Österreicher galt er als Verräter, für die Italiener als Held und Verfechter eines einigen Italiens. Er selbst fühlte in seinem Herzen immer als Italiener und bewies dies, solange er lebte. In zahlreichen Zeugnissen ist die Ritterlichkeit Cesare Battistis belegt. Unter den vielen tragischen Schicksalen des Krieges zählte sein Schicksal zum traurigsten. Er hatte das Pech am Monte Corno, während eines äußerst kühn vorgetragenen Angriffes, wo er als Alpino mit dem Alpini-Bataillon Vicenza Nr. 6 mitwirkte, im Juli 1916 in Gefangenschaft zu geraten. Für die Österreicher war er ein Verräter, am 13. Juli 1916 wurde er – am Galgen (welche ehrlose Behandlung für einen Offizier) – hingerichtet. Die Hinrichtung kann im Nachhinein nur als grenzenlose österreichische Instinktlosigkeit bezeichnet werden. Zudem war sie eine völlig untragbare Ermordung eines gefangenen Offiziers. So schuf man einen Märtyrer und Battisti wurde zum Inbegriff der Selbstaufopferung für die Einigkeit Italiens. Es war unnotwendig, einen gefangenen Offizier, wenn er auch einst ein Österreicher war, schmählich am Galgen hinzurichten.

Ich möchte Ihnen nun zwei sensationelle Quellen zur Gefangennahme Cesare Battistis vorlegen: einen österreichischen und italienischen Originaltagebuchauszug der beteiligten Kämpfer.

Österreichisches Tagebuch (Autor unbekannt):
»Zwei Uhr nachts wird der Raum Monte Corno bis Kote 1801 von einem Alpini-Bataillon und einer Marschkompanie angegriffen. Es wurden der Bataillonskommandant, ein Major, Reichstagsabgeordneter Battisti, ein Roveretaner Offizier sowie vier andere Offiziere und ca. 450 Alpini gefangen.« Und nun der Bericht von Matteo Ingravalle, Leutnant im 6. Alpini-Regiment: »Ich sah Battisti zu dem Zeitpunkte, als der Kampf als beendet gelten konnte . . . es mußte ungefähr 4 Uhr früh sein, ich befand mich auf dem Bergrücken oberhalb des kleinen Sattels zwischen Monte Corno und der Kote 1801, ich rief ihn an und er kam voll Fürsorge auf mich zu. Mit wenigen Worten unterrichtete er mich über die Lage, es gab kein Entrinnen mehr, die handvoll Überlebender, von allen Seiten umstellt und zumeist verwundet, hatte sich ergeben. ›Für mich‹, sagte er, ›bleibt nur der Galgen übrig‹. Wir schauten uns schweigend an . . . er zeigte große Anteilnahme für meine Verwundungen und traf Anstalten mir Hilfe zu leisten, gute edle vornehme Seele! . . . ging Cesare Battisti auf mich zu, reichte mir die Linke und mit nach Italien gewandtem Blicke, grüßte er und sagte: ›Kehrst du in die Heimat zurück, entbiete den Italienern, meiner Familie den Gruß!‹ So schieden wir.«

23 Etschtal

Im gesamten Abschnitt, dreiecksähnlich angelegt, zwischen Trient – Rovereto – Riva, befanden sich ausgedehnte Befestigungsanlagen, Festungswerke, Gräbensysteme, die jeden Durchbruch der Italiener im Keime zu ersticken vermochten.
Das Verteidigungssystem rund um Trient verlief über folgende Positionen:
Gardolo – Montevaccino – Civezzano – Monte Chegol – Marzola – Vigolo Vattaro – Mattarello – Monte Garniga – Monte Bondone – Sopramonte – Cadine – Gardolo. An der Position Marzolo zweigte eine weitere Vor-Stellung ab: Marzola – Monte Ceriola – Filadonna – Aldeno – Cornetto – Rosta – Col de Castion – Fraveggio.

Der Abschnitt Rovereto war gesichert durch folgende Frontlinie: Serrada – Noriglio – Rovereto – Sacco – Lenzima – Pannone – Nago – Riva und durch eine zusätzliche Vor-Stellung: Marco – Mori – Riva.

Zu beiden Etschtal-Sicherungslinien kam noch ein ausgedehnter Festungswerk-Gürtel.
Zur Orientierung kann auch für diesen Buchabschnitt wieder Mairs Generalkarte »Gardasee – Venedig« (1:200000) herangezogen werden.
Von Einzelaktionen abgesehen, blieb der Frontabschnitt – im Vergleich zu den Gefechten der Gebirgsfront – von ausgedehnteren Kampfhandlungen verschont.
Im ersten Kriegsjahr wurde der Etschtalabschnitt – übrigens der einzige Abschnitt der Gebirgsfront, der nicht im eigentlichen Gebirgsraum verlief – in überwiegender Weise von Gendarmerie, Standschützen Tirols und Finanzwache verteidigt.
Die Leistungen, die dabei von diesen nicht-militärischen Gruppen vollbracht wurden, sind besonders zu betonen.
»Die Festung Riva hinderte den Feind am nördlichen Ufer des Gardasees zu landen. An dem östlichen Ufer gingen die feindlichen Abteilungen vor und bedrohten die Verbindung zwischen Riva und Rovereto. Dabei stießen sie auf einen südlich vor Torbole stehenden österreichischen Vorposten, unter Befehl von Gendarmerieoffizier Robert Hentscher.
Der Vorposten bestand aus mobilisierten Landsturmleuten und zum Teil Landsturm aus der Besatzung, die in Riva lag. Der Vorposten wies mehrere feindliche Angriffe und Überfälle ab . . . Der nördliche Abhang des Altissimo, welcher nach dem Gardasee sehr steil abfällt, konnte bis Oktober 1915 gehalten werden. Die hier stationierten Posten wurden oft stundenlang der Artilleriebeschießung ausgesetzt und unmittelbar darauf folgten Sturmangriffe, wobei ganze Kompanien gegen einzelne Vorposten eingesetzt wurden.
Am 17. Oktober (1915) wurden die Posten an dem nördlichen Abhang des Altissimo zwischen Dosso Casina und Loppiosee angegriffen. Das Feuer der 15-cm-Haubitzen der Italiener zwang den Gendarmeriewachtmeister Josef Norden mit seinen 24 Mann die Stellung zu räumen und sich unbemerkt zu einer nördlicher gelegenen Höhe zurückzuziehen. Von hier aus überschüttete er die nach dem Aufhören des Artilleriekampfes hervorstürmenden Italiener mit einem solchen Regen von Kugeln, daß diese gezwungen wurden, sich zurückzuziehen, worauf er wieder seine alte Stellung einnahm.
Er verwendete also dieselbe Verteidigungstaktik, welche allmählich an den übrigen Fronten des Krieges verfolgt wurde.
Der Gendarmerieposten bei Ala im südlichen Teil von Tirol, in der Nähe des durch das Etschtal gebildeten Einschnittes, konnte trotz seines schönen Erfolges bei Borghetto vom 24. Mai, wobei eine italienische Kolonne zurückgeworfen wurde, seine Stellung nicht halten, sondern ging nach der Stadt Ala zurück, wo der Gendarmeriewachtmeister Eugen Lochbichler aus Gendarmen, Finanzwachleuten und Standschützen eine Abteilung von 165 Mann bildete.
Auf dem linken Etschufer, nördlich von Ala, nahm er eine Stellung ein, welche diesen Ort beherrschte . . . mit seinen 165 Mann, die mit Einladergewehren und Schwarzpulvermunition bewaffnet waren, hatte er 9 Stunden, also praktisch genommen einen ganzen Tag, 3 Bataillone, 6 Batterien und 2 Maschinengewehrkompanien aufgehalten« (Anton von Mörl: Standschützen verteidigen Tirol).

Etappenleben im Etschtal (Bild oben) und Zeugen der auch damals eifrig wirkenden Kriegspropaganda (Bild unten).

24 Judikarien

Hans von Vilas, Kaiserschützen-Offizier und ehemaliger Monte-Asalone-Kämpfer vor dem Denkmal in Bezzecca und an der Stelle der Sturmkompanie-Unternehmung des Kaiserschützen-Oberleutnants Roland Pancheri des Septembers 1917.

Mit dem Abschnitt der Etschtalfront verlassen wir nun endgültig den Frontabschnitt der Italien-Front, der östlich der Etsch gelegen war. In einem ununterbrochenen Bogen führte Sie dieses Buch bisher von den Julischen Alpen bis zur Vallarsa. Mit der Überschreitung der Etsch betreten wir – sinnbildlich – einen ganz anderen geographischen Raum, der sich auch kriegsgeschichtlich in vielfacher Weise von den Kampfhandlungen östlich der Etsch unterscheidet. Für das Studium dieses Abschnittes besonders wichtig ist das Zuhandenehmen einer geeigneten Kartengrundlage: auch hier rate ich wieder zu Mairs Generalkarte »Gardasee–Venedig« (1:200000).

In den hochalpinen Kampfabschnitten von den Julischen Alpen bis in das Fleimstal währte der Krieg von Mai 1915 bis Oktober/November 1917. Von den neu entstandenen Frontabschnitten ab Piave – Quero – Sieben Gemeinden – Pasubio – Vallarsa – Etschtal an finden wir das Kriegsgeschehen über die gesamte Zeit von 1915 bis 1918 andauernd. Dasselbe gilt für die Kampfgebiete westlich der Etsch: für Judikarien, für Adamello-Presanella und für die Ortler-Berge. Gegenüber z. B. der Dolomitenfront bedeutete dies: drei Kriegswinter und nicht zwei; in den hochalpinen Regionen vom Adamello bis zum Ortler ein längeres, intensiveres und aufgrund der riesigen Gletscher und wesentlich größeren Gipfelhöhen (bis fast 4000 m) ungleich härteres Kriegführen gegen den militärischen Gegner und gegen die um vieles sich stärker bemerkbar machende Hochgebirgsnatur.

Ehe der Frontverlauf aber die eisigen Höhen erreichte, durchquerte er das zerklüftete Bergland Judikariens. Judikarien stellt auch heute noch im Ostalpenraum eine der interessantesten Gebirgslandschaften dar: einerseits durch zahlreiche geologische Besonderheiten (Grabenbrüche, Einsturzregionen ähnlich dem afrikanischen Grabenbruch) und durch seine außergewöhnlichen Siedlungsformen. Bedingt durch die sehr starke Zergliederung in viele Einzeltäler entstand in jedem dieser Täler eine menschliche Siedlungsgemeinschaft für sich. Dies gilt auch heute noch in bedingtem Maße. Wer sich für italienische Gebirgsdialekte interessiert, vermischt mit deutschen und rätoromanischen Sprachresten, der wird in Judikarien auf eine Vielfalt klangreicher, wunderschöner, wie Musik klingender, italienischer Gebirgsdialekte stoßen.

In den Bergen Judikariens – zwischen Riva und der Adamello-Gruppe verlief die Front folgend:

Riva – Rocchetta (1527 m) – Monte Pari (1991 m) – Monte Toffino (2144 m) – Monte Gaverdina (2048 m) – Val dei Concei – Bezzecca – Lardaro (mit Festungswerken) – Doss dei Morti (2182 m) – Corno Vecchio (2504 m) – La Uccia (2680 m) – Cima di Valbana (2890 m) – Cima di Danerba (2911 m) – und schließlich zum Care Alto (3465 m) als südlichstem Eckpfeiler der Adamello-Front.

Unter den vielen Einzelgefechten in Judikarien, das ansonsten von größeren Kampfhandlungen verschont blieb (abgesehen vom mehr als dreieinhalbjährigen Patrouillenkrieg) stellt das Gefecht von Bezzecca am 16. September 1917 das wichtigste, außergewöhnlich große militärische Ereignis dar. Kaiserschützen-Oberleutnant Roland Pancheri eroberte in einer legendären Aktion mit einer Sturmkompanie eines Sturmbataillons den italienischen Stützpunkt Bezzecca. In der Nähe von Bezzecca eroberten Oberleutnant Roland Pancheri und seine Sturmkompanie diese italienische Stellung, die präzise auf demselben Rücken errichtet war, wie die Position der italienischen Freischaren der Kämpfe um Bezzecca im Jahre 1866 am 21. Juli. An derselben Stelle, wo vor – damals – 51 Jahren die Schützenkompanien Kitzbühel, Hopfgarten, Rattenberg und Schwaz die italienischen Freischaren bezwangen, standen wieder Tiroler Landesschützen-Kaiserschützen und erfüllten den Eid, den sie einst geschworen hatten. –

Kriegsgeschichtlich von Bedeutung im Zusammenhang mit Judikarien ist besonders die Tatsache, daß hier – westlich der Etsch – nie versucht wurde, gegen das italienische Tiefland durchzubrechen. Im Gegenteil, das gesamte Großoffensiv-Geschehen konzentrierte sich auf Venetien. Im Laufe des Krieges hat es immer wieder gewichtige militärische Stellungnahmen gegeben, die für eine Großoffensive aus dem judikarischen Raum plädierten. Weder zu einer solchen, noch zu einer daraus resultierenden Zangenbewegung, ist es je gekommen.

DEN IM GEFECHTE
VOM 21. JULI 1866
GEFALLENEN
OESTERREICHISCHEN
UND ITALIENISCHEN
KRIEGERN

25 Adamello – Presanella

1971: Alm in der Val Genova, ein Oktobertag liegt über einem der schönsten Alpentäler. Wie Schuppen stoße ich das Alltagsleben ab.

Adamello – Presanella: wie Musik klingt es in meinen Ohren, in meinem Herzen.
Ich spüre das zärtliche Flüstern des Bergwindes an stillen Oktobertagen auf hohen Bergen. –
Ich höre das Rascheln das Nachtwindes im Stoff meines Sturmzeltes, ich denke an Freunde, Mädchen und Gefährten, die mich in zehn Jahren über die Gipfel, Grate und Gletscher begleiteten.
Wir krochen über Eisgrate, als der Sturm uns waagrecht den Schnee ins Gesicht trieb, als das Seil, das uns verband, wie ein Vogel über den Grat hinausgetrieben wird, über die unsichtbaren Abgründe unter uns.
Drei Wochen, vier Wochen im Adamello; Zelte, Sterne, Vollmond: die große Freiheit.
Kein Erwerbsdenken, keine Manager, keine Fachleute, deren Spezialität es ist, aus Geld noch mehr Geld zu machen.

Dafür unsere Gespräche über Franz von Assisi, über Konfuzius, über Treue und Ritterlichkeit. Lagerfeuer, die bis zum Erwachen des nächsten Tages nicht verlöschen, Gestalten, die im Schein der Stirnlampen um 2 Uhr morgens aufbrechen, um auf den Gipfeln das Strahlen des neuen Tages zu erleben.
Wochen, in denen wir keinen Menschen je sahen. Adamello – Presanella sind die Berge meiner privaten Seligkeit. Diese ist geblieben in all den vielen Jahren und jedes Jahr kehrt sie wieder, niemand kann sie mir nehmen. Mein Reichtum, festverzinslich, keiner Inflation unterworfen, voll von Glück und Erinnerungen.

Adamello – Presanella:
Stätte des ausgedehntesten Hochgebirgskrieges aller Zeiten bezüglich der Zeitdauer, der geographischen Ausdehnung und bezüglich der Anzahl der Kämpfenden. Unbekannt in der Geschichte, in deren Literatur es nur wenige Zeilen darüber gibt. Jahre der Forschung, der Recherchierung liegen hinter mir und um das vergessene Wissen über das Geschehen z. B. am Ronchina-Grat »auszugraben«, benötigte ich drei Jahre. In diesem Buch sind es dann mehrere Seiten: Ergebnis von drei Jahren Arbeit. Insgesamt finden Sie in diesem Buch 40 Seiten über den Krieg auf Adamello–-Presanella – als erste deutschsprachige, umfassende Gesamtdarstellung des Krieges auf Adamello–Presanella. Der Hauptteil dieser Zusammenfassung wird hiermit erstmals in der Geschichte der Ostalpen publiziert und Sie lesen über Ereignisse, über die noch nie auch nur je eine Zeile veröffentlicht wurde. Lückenlos stelle ich hiermit erstmals das Geschehen dar. Ich bin der erste Mensch, der über vieles, was sich in diesen Bergen ereignete, berichten kann.

Auf den nächsten beiden Seiten sehen Sie ein Panorama der gesamten Adamello-Gruppe, das unter sehr ungewöhnlichen Umständen entstanden ist.

Fotografiert habe ich dieses Panorama vom Gipfel der 3556 m hohen Cima Presanella, dem Adamello-Massiv direkt gegenüber. Als ich das erste Mal den Entschluß zur Anfertigung dieses Panoramas faßte, da erwartete ich keine Schwierigkeiten. Als ich aber dann am Gipfel der Presanella, am frühen Nachmittag, stand – da war es aus mit dem Panorama: das denkbar schlechteste Fotolicht, das man sich nur vorstellen kann, lag über den Bergen. Schlagartig wußte ich, daß ich nur ganz in der Früh – gegen 6 Uhr – das beste Licht haben würde.
Noch drei Mal kletterte ich auf den Gipfel und schlief auf ihm. Beim zweiten Mal zogen bereits in der Früh dunstige Schleier über den Himmel; beim dritten Mal verschlief ich: es war eine Vollmondnacht und ich machte die ganze Nacht kein Auge zu – nie werde ich jenes Licht über den Gletschern vergessen, wie fasziniert starrte ich auf die wachsbleichen Gletscherberge. Irgendwann gegen Morgen schlief ich ein und verschlief. Beim vierten Mal nahm ich einen Küchenwecker mit und wachte rechtzeitig auf. Mit drei Mittelformatkameras machte ich alle Aufnahmen je drei Mal, um jedes Risiko auszuschalten: falls eine Kamera defekt wäre, falls ein Film defekt wäre oder falls es bei der Filmentwicklung nicht klappen würde. Wie immer in solchen Fällen: alle Filme waren in Ordnung und seither besitze ich – als wahrscheinlich einziger Mensch – von allen Bergen rund um die Presanella – über hundert Aufnahmen in Farbe und Schwarzweiß, aufgenommen vom höchsten Punkt der Gebirgsgruppe.
Im übrigen dürfte es sich um das erste publizierte Adamello-Panorama handeln. Für die Erklärung des Krieges wird es gute Dienste leisten. Der bergsteigende Leser aber sieht diese schönste und einsamste Gletschergruppe der Ostalpen wie eine Dohle, die auf dem Gipfel der Cima Presanella (3556 m) sitzt . . .

Die linke, obere Panorama-Ecke ist identisch mit dem Raum Trient; die rechte obere Ecke ist der Raum Bergell – Monte Disgrazia, Sondrio: ca. 135 km Luftlinie zwischen den beiden oberen Ecken des Panoramas.
Wir blicken genau nach Süden, auf der Cima Presanella ist vor kurzem die Sonne – pfeilgrad über der östlich gelegenen Brentagruppe – aufgegangen. Wie auf dem Präsentiertablett liegt der Adamello vor uns.
Das klare, kalte Licht des Morgens, seine kurzen Schatten reißen das Profil der Berge heraus: wie ein Relief. Und alle Berge, alle Grate, alle Gipfel, Gletscher und Wände (!) waren im Krieg besetzt, umkämpft – von 1915 bis 1918. Dreieinhalb Jahre, drei Hochwinter: dreieinhalb Jahre Krieg. Krieg der Tiroler Kaiserschützen und der Alpini, der beiden ältesten Hochgebirgstruppen der Welt.
Von links (Osten!) nach rechts (Westen!) zeigt das Panorama:
Aus dem Nebel aufsteigend die Berge Judikariens, unter dem großen Nebelfeld die Val Rendena. Im Anschluß daran die schwarzen, verschatteten östlichen Adamello-Ausläufer. Nun der erste Adamello-Hauptkamm – der Care-Alto-Kamm. Im Anschluß daran der östliche Adamello-Hauptgletscher, der Lobbia-Gletscher, genau von Nord nach Süd ziehend. In der Mitte der endlos lange Kamm des mittleren Adamello-Hauptkammes. Westlich, rechts von diesem, der zweite Adamello-Hauptgletscher, der Mandron-Gletscher, ebenfalls von Nord nach Süd ziehend. Rechts, hinter dem Mandron-Gletscher, das schwarze Dreieck des Monte Adamello, des höchsten Gipfels. Von ihm zieht der westliche Adamello-Hauptkamm nach Norden, in Richtung zu unserem Standpunkt.
An der rechten Begrenzung des Panoramas geht dieser Hauptkamm in die Berge des Presanella-Gruppe über. Ganz rechts hinten liegt unter der weißen Nebelmasse das Veltlin verborgen. Zart erkennbar noch der Hauptgipfel des Bergell, der Monte Disgrazia.

Aus drei Hauptkämmen baut sich die Adamello-Gruppe auf: dem östlichen, mittleren und dem westlichen Hauptkamm. Dazwischen liegen die weiten Gletscherfelder des Lobbia-Gletschers und des Mandron-Gletschers, beide sind viele Kilometer lang; der Mandron-Gletscher ist in seinem hintersten, obersten Teil, dem Pian di Neve mehrere Kilometer

Im Rahmen des Durchbruchs von Flitsch-Tolmein-Karfreit und der 12. Isonzo-Schlacht erobern Soldaten des Königlich-Bayrischen Infanterie-Leibregimentes (»Leiber«) den Kolowrat und überrannten damit den letzten Sperriegel gegen das italienische Tiefland. Diese vollkommen authentische und belegbare Darstellung zeigt, wie die »Leiber« rechts den über 1500 m hohen Felshang im Kampf überwanden und nun die italienische Gipfelstellung (links) im Nahkampf aufrollen.

Der österreichische Skoda-Mörser 30,5 cm in einer Stellung der Italienfront

breit. Durch alle diese Gletscher zogen im Krieg Eisstollen: insgesamt ca. 24 km Gesamtlänge.
Jener Gletscher, der im Panorama ganz links, östlich liegt, ist der Lares-Gletscher.
Direkt vor uns, zu unseren Füßen befindet sich der Nardis-Gletscher in der Presanella-Gruppe. Jene Gipfel die ihn begrenzen, waren im Krieg alle besetzt. Hier befanden sich mehrere Geschützstellungen der Tiroler und zahlreiche Seilbahn-Bergstationen.

Quer von links nach rechts zieht ein dunkles, tief eingeschnittenes Tal gegen Westen: die Val Genova, Hauptzugangstal von Pinzolo aus.
Alle Adamello-Hauptkämme waren im Krieg der Reihe nach Hauptkampflinie. Von 1915 an drangen die Alpini immer weiter nach Osten vor, bis sich schließlich ab 1916 der östliche Adamello-Hauptkamm als ständige Frontlinie entwickelte. Diese wurde dann bis 1918 von den Österreichern gehalten. Die Alpini beherrschten die Gletscherfelder, die Kaiserschützen die Gipfel und Grate. Wollten die Alpini angreifen, so mußten sie die Gletscher queren und gegen die Höhenstellungen angehen. Umgekehrt mußten die Kaiserschützen von den Gipfeln auf die Gletscher absteigen und versuchen, hier die Alpini zu schlagen. Im Schutze der Nacht, im Schutze des wildesten Sturmes oder Unwetters, versuchten beide Seiten in all den Jahren, dem Gegner unbemerkt auf den Leib zu rücken. Dann hing immer alles von der Wachsamkeit der ausgestellten Feldwachen ab. Hin und her wogte der Kampf von den Gletschern zu den Gipfeln und zurück. Doch darüber später mehr.
Der Reihe nach werde ich nun jeden Gipfel der einzelnen Hauptkämme nennen, und zwar von Süd nach Nord, also vom Horizont zum Auge des Betrachters:
Östlicher Adamello-Hauptkamm (links): Care Alto (3465 m), Sella di Foletto (3296 m), Monte Foletto (3338 m), Denti di Foletto (3304 m), Corno di Cavento (3402 m), Passo di Cavento (3191 m), Crozzon di Lares (3354 m), Passo di Folgorida (2939 m), Crozzon di Folgorida (3079 m), Punta dell Orco (3064 m), Ago Mingo (2972 m), Stablel (2868 m), Stablelin (2836 m), Hochjoch oder Passo di Matterot (2595 m) und Menicigolo (2683 m).
Mittlerer Adamello-Hauptkamm: Monte Fumo (3418 m), Dosson di Genova (3419 m), Cresta della Croce (3276 m), Lobbia alta, Lobbia mezzo, Lobbia bassa.

1916: Südlichste Feldwache der Tiroler Kaiserschützen am Carè-Alto-Südgrat: unerhört exponiert in ihrer Lage (oben). Mörser in getarnter Feuerstellung (unten).

Westlicher Adamello-Hauptkamm: Monte Adamello (3554 m), Corno Bianco (3434 m), Passo Garibaldi (3239 m), Monte Mandrone (3208 m), Corni di Bedole (3287 m), Passo Pisgana (3100 m).

An der rechten Begrenzung des Panoramas von vorne nach hinten: Monte Cercen (3282 m), Busazza (3325 m), Cima di Presena, Passo Segni und Cima di Zigolon (auch Cigolon).
Zwischen Judikarien und dem Tonale-Paß erstreckte sich der hochalpine Frontabschnitt, der quer durch Adamello-Presanella verlief.

Aus den naturräumlichen Gegebenheiten auch dieses Abschnittes ergaben sich wichtige Kriterien für den Ablauf des Gebirgskrieges.
Aus dem Panorama ersichtlich ist der weite, flache, langgestreckte Aufbau der Adamello-Gruppe. Aus ihren Gletscherfeldern steigen »an skandinavische Gletscherbilder erinnernd« (Ludwig Purtscheller), die Gipfel heraus.
Ganz anders aber aufgebaut ist die nördlich vom Adamello liegende Presanellagruppe: in Form eines Hufeisens zieht diese mit wilden, zerzackten Graten, steilen Hochkaren, zerrissenen Gletschern gleichsam quer zur Erstreckung der Adamellogruppe in West-Ost-Richtung. Die Berge der Presanella sperren den Zugang zur Adamello-Gruppe. Wie ein natürlicher Sperriegel baut sich die Presanella vor dem Adamello auf. Vom Tonale-Paß aus nach Süden gesehen, finden wir daher den Sperriegel der Presanella und an diese südlich anschließend die weiten Gletscherfelder des Adamello. Sehr gut zur Orientierung für den Leser eignet sich die Touristen-Wanderkarte von Freytag und Berndt, Blatt 50, »Brenta-, Adamello- und Presanellagruppe«.
Im Krieg entwickelte sich als endgültige Frontlinie der Kammverlauf des östlichen Adamello-Hauptkammes vom Care Alto über Corno di Cavento, Crozzon di Lares, Stablel, Stablelin, Hochjoch (Passo di Matterot), Menicigolo, Val Genova, über dieser ansteigend in die Presanellagruppe zu den wilden Südgraten von Busazza, Cima Zigolon, dann weiter über Passo Segni, dem gefährdetsten Punkt des Jahres 1918, auf Cima di Presena, Castellaccio, Monticello-Grat und hinunter zur Höhe des Tonale-Passes, diesen querend und ansteigend zu den südlichen Vorbergen der Ortlergruppe: Cima Albiolo, Laghetti, Montozzo, Corno di Tre Signori, Monte Vioz, Monte Mantello, Punta San Matteo.

Bevor ich auf die einzelnen Kampfhandlungen eingehe, möchte ich eine kurze Übersicht über das Gesamtgeschehen geben:

Kriegseintritt Italiens im Mai 1915. Der Krieg weicht sofort ins Hochgebirge aus, da es unmöglich ist, der natürlichen Einbruchslinie folgend, durch die Furche des Tonale-Passes nach Tirol einzudringen. Festungswerke verhindern dies. So bleibt für Verteidiger wie Angreifer nur die Region des Eises.
Ziele der Angreifer: Die Grenze Altösterreichs teilte die Adamello-Gruppe in eine östliche (österreichische) und westliche (italienische) Hälfte. Die Italiener müssen um jeden Preis, über die Gletscherfelder des Adamello kommend, den Durchbruch in das Val di Sole oder in die Val Genova erzwingen, um die Front der Verteidiger von hinten zu fassen.
Ziele der Verteidiger: Jeden Durchbruch des Feindes zu verhindern. Halten der Höhen, koste es, was es wolle. Ein Durchbruch könnte den Zusammenbruch der gesamten Südwestfront bedeuten. So entwickelt sich dieser Frontabschnitt zum Brennpunkt erster Ordnung. Die Angehörigen der beiden ältesten und besten Hochgebirgstruppen der Welt treten gegeneinander an: Tiroler Landesschützen-Kaiserschützen-Regimenter und die Alpini-Regimenter. Nur der Persönlichkeitswert des einzelnen zählt.
Juni 1915: Erstes Gletschergefecht in der Geschichte der Menschheit am Presena-Gletscher. Beide Seiten setzen erstmals Skiabteilungen ein. Tiroler Kaiserschützen siegen.
August 1915: Nach tagelangem Beschuß vergeblicher Alpini-Angriff gegen Cima di Bedole. Ebenfalls abgeschlagen.
April und Mai 1916: Erster Höhepunkt der Gletschergefechte am Mandron-Gletscher. Ausgedehnteste Gletschergefechte in der Geschichte der Menschheit.
Alpini greifen, von der Garibaldi-Hütte aus, an. Erbitterte Kämpfe um den Dosson di Genova (3419 m), mehrmaliger Besitzwechsel. Endlich im Besitz der Alpini. Die österreichischen Verteidiger ziehen sich im Schutze schlechten Wetters vom Mandron-Gletscher und vom mittleren Adamello-Hauptkamm auf den östlichen Adamello-Hauptkamm zurück. Ab Frühsommer 1916 wird dieser zur Hauptkampflinie. Bis Ende 1918 wird um jeden einzelnen Gipfel, um jedes Gletscherjoch erbittert und blutigst gekämpft. Im Laufe des Krieges erobern die Alpini den Crozzon di Lares und den

Gräber der Gefallenen gegen Menicigolo, Hochjoch, Stablel, Stablelin, P. d. Orco: Kampfstätten der Neunerjäger (oben). Gebeine der Gefallenen (1970) am Ronchina-Grat: der Tod im Adamello (unten).

Corno di Cavento. Die übrige Linie verbleibt im Besitz der Österreicher. Die Alpini werden die Herren des Mandron- und Lobbia-Gletschers. Die Tiroler Landesschützen-Kaiserschützen sitzen dagegen in den Adlernestern der Wand-, Grat- und Gipfelstellungen.
Das Jahr 1917 wird die Zeit des Kleinkrieges und der Eisstollen. Allein der Lares-Gletscher wird von 12 km Eisstollen durchzogen. In den Stollen selbst, in den Zugängen, kommt es häufig zu handstreichartigen Unternehmungen beider Seiten – grauenvolle Nahkämpfe mit 60 cm langen Sturmmessern nach sich ziehend.
In der Adamello- und Presanella-Gruppe werden Meilensteine des Gebirgskrieges gesetzt:
Erstes Gletschergefecht aller Zeiten im Juni 1915 am Presena-Gletscher.
Ausgedehnteste Gletschergefechte aller Zeiten am Mandron-Gletscher im Frühjahr 1916.
Längster hochalpiner Frontabschnitt in der Geschichte der Menschheit vom Care-Alto-Südgrat über den östlichen Adamello-Hauptkamm, durch die Val Genova, quer durch die Presanella-Gruppe bis auf den Tonale-Paß. Maximalhöhen dieser Front über 3500 m, Durchschnittshöhe 2980 m.
1918 erlebt die Kampftätigkeit einen zweiten Höhepunkt, nach intensivsten beiderseitigen Vorbereitungen. Hauptziele der Alpini: Durchbruch über den östlichen Adamello-Hauptkamm in die Val Genova, in die Val Rendena und in weiterer Folge nach Judikarien und Trient. Diese Kämpfe übertreffen an Blutigkeit alle der vorhergegangenen Jahre. Gleichzeitig versuchen die Alpini in einer zweiten Stoßrichtung quer durch die Presanella auf den Tonale-Paß vorzudringen. Im östlichen Adamello-Hauptkamm erobern sie den Corno di Cavento. Landesschützen-Kaiserschützen-Oberleutnant Franz Oberrauch und seine Männer erobern ihn zurück (im Juni 1918). Im Juli 1918 werden Oberrauch und seine Männer durch italienischen Artilleriebeschuß am Corno di Cavento vernichtet. Franz Oberrauch wollte gerade einen Urlaub antreten, hängte sich den Rucksack um, um abzusteigen – da begann das italienische Artilleriefeuer. Mit den Worten: »Wenn niemand bleibt, so bleib' halt ich«, damit anspielend, daß er der einzige Offizier am Corno di Carvento war, blieb er am Gipfel.

Der Durchbruch der Alpini über den östlichen Adamello-Hauptkamm gelingt nicht.
Inzwischen eingetroffene Steirer des Feldjägerbataillons Nr. 9 halten mit den Tiroler Kaiserschützen den östlichen Adamello-Hauptkamm bis zum letzten Kriegstag.
In der anderen Stoßrichtung gegen den Tonale-Paß nehmen die Alpini die Cima di Presena ein. Wenige Meter unter ihnen sitzen die Verteidiger des benachbarten Passo Segni unter ihrem Kommandanten Josef Anton Mayr. Der Passo Segni wird im Jahre 1918 zum gefährdetsten Punkt der Adamello–Presanella-Front.

Zum Greifen nahe für die Alpini liegt der Tonale-Paß – das Ziel der jahrelangen Kämpfe – vor ihren Augen. Ein Häuflein Kaiserschützen am Passo Segni stemmt sich ihnen entgegen. Hier können die Alpini nicht durchbrechen, auch wenn sie vom Gipfel der Cima di Presena Handgranaten einfach auf den Paß und seine Kaiserschützen hinunterwerfen.
Die Alpini weichen aus auf den benachbarten Monticello-Grat.
In einem handstreichartigen Unternehmen erobern sie diesen, müssen ihn aber dann, wenige Tage später, aufgeben, als Peter Scheider und Toni Kaserer mit ihren beiden berühmten Hochgebirgskompanien die Alpini vertreiben.

Die Cima di Presena verbleibt im Besitz der Alpini und sollte sich bei der letzten großen Angriffsunternehmung in diesem Raum, dem Unternehmen »Lawine« (s. Abschnitt 27, Tonale-Offensive 1918), verhängnisvoll auswirken: die österreichischen Angriffstruppen im Val di Sole und auf der Höhe des Tonale-Passes wurden von den Italienern unter schweren Artilleriebeschuß genommen.
Größer und unvorstellbarer als in allen anderen hochalpinen Frontabschnitten waren die seelischen und körperlichen Leiden der Soldaten des Adamello-Krieges. Wenn wir heute vom Tod am Berg sprechen, so vergessen wir nur zu leicht, daß es auch einen viel grauenhafteren Tod am Berg gab – den Tod im Hochgebirgskrieg. Davon künden nach einem halben Jahrhundert die Gebeine der Gefallenen in den Karen und auf den Gletschern der Adamello-Presanella-Berge.
Unvergeßlich sind die Namen der Truppeneinheiten und ihrer Männer des Krieges geblieben:
Tiroler Landesschützen-Kaiserschützen, der Hochgebirgskompanien Nr. 17 und Nr. 28, der Lienzer Standschützen, der Steirer des Feldjägerbataillons Nr. 9, der Salzburger »Rainer«.

Presanella-Hauptkamm vom Mandron-Gletscher aus. Oben v. r. n. l.: Presanella, Cercen, Busazza, Zigolon, Presena. Davor die Südgrate von Zigolon u. Busazza. Unten v. r. n. l.: Passo Segni, Zigolon, Presena, Maroccaro, C. Lago Scuro.

Ebenbürtig in ihrem Ruf die Elite der Alpini-Regimenter. Besonders: Battaglione Edolo, Battaglione Val d'Intelvi, Battaglione Val Baltea, Battaglione Alpini Skyatori Cavento.
Männer, deren Namen noch heute jedem Bergsteiger und Alpinwanderer ein Begriff sind, kämpften in den Regionen des ewigen Eises getreu ihrem Eid und gehören zusammen mit den Namen der Gipfel und Gletscher zur Geschichte dieser Gebirgsgruppe: Peter Scheider, Toni Kaserer, Josef Anton Mayr, Oberst Gross, Attilio Calvi und Natalino (»Nino«) Calvi.

Herbst 1970:
Ein Herbst zieht mit herrlichen Tagen ins Land. Kein Mensch kann mich mehr halten in den Tälern und in der lauten Stadt.

Einen Tag später bin ich am Nonsberg, besuche alte Freunde, fahre nach Trient zu meinen Kameraden von der Società Alpinisti Tridentini.
Bei viel Wein, noch mehr Pizza und stundenlangen Gesprächen verbringen wir die Zeit. Man zeigt mir Bilder aus der Geschichte des Adamello, besonders jene unerhörten Bilder der berühmten Trentiner Bergfotografen-Dynastie Pedrotti.
Staunend stehe ich vor alten Zeichnungen, auf denen man sieht, wie der Mandron- und Lobbiagletscher ihre mächtigen Eiszungen in die Val Genova herabstrecken und sich hinter dem Rifugio Bedole (ca. 1750 m) zu einem dicken Eiswulst vereinen: vor gut über 110 Jahren . . .

Ich lese die alten Geschichten von den Jägern, Wilderern des Adamello, von den Männern, die auf Bärenjagd gingen und den ehrenvollen Beinamen »Orso« erhielten (»Der Bär«).
Ich treffe Alpini-Offiziere, die mich in perfektem Deutsch anreden, die »Bozen« und nicht »Bolzano« sagen und die im Gegensatz zu so manchem chauvinistischem Politiker, ritterlich und voller Ehre von Südtirol und nicht von Alto Adige reden.
Ihre Väter waren Offiziere der Kaiserschützen, der Kaiserjäger, alte Offiziersfamilien.

Meine bisherigen Veröffentlichungen finden die ungeteilte Anerkennung der italienischen Seite. Man bedankt sich, ich werde Kamerad und Freund dieser Männer. Gerade diese Anerkennung, verbunden mit der Freundschaft – das ist es, was mir den richtigen Weg zeigt. Den Weg der Bergkameradschaft, der Ritterlichkeit. Wir sind Freunde, die Berge verbinden uns. Die Zeit eines Mussolini ist vorbei. 50 Jahre nach dem Krieg zählen die bleibenden Dinge, zählt das, was war.
So habe ich das Glück, genau in jener Zeit über diese Kriegsereignisse berichten zu können, da der zeitliche Abstand negative Emotionen ausschaltet.

Am Abend weht in die heiße Stadt Trient ein kühles Lüfterl aus den Bergen. Mich hält nichts mehr.
Früh am nächsten Morgen fahren wir in die Val Genova. Ab Bedole bin ich allein.
Mit über 30 kg Gepäck, mehreren Fotoapparaten, Zelt, Eisausrüstung und mit dem beglückenden Wissen, daß die nächsten Wochen mir gehören. Frei, so frei, daß ich es hinausschreien möchte.
Nach diesen Tagen werde ich wieder in Trient Station machen, glückliche Stunden verbringen und mit schwerem Herzen zurückfahren.

Unter der Moräne des Mandron-Gletschers schlage ich mein Zelt auf und richte mich häuslich ein.
Das Ziel der nächsten Tage sind die Gipfel, Kare und Grate vom Monte Cercen bis zur Cima di Lago Scuro.

Unendlich sind die Kare, viele Stunden lang. Der Reihe nach überschreite ich den Ronchina-Grat, die Südgrate der Busazza und krieche in den innersten Karen herum. Ich überklettere den Verbindungsgrat von der Cima di Presena zur Cima Zigolon und finde am schmalsten Gratstück, kaum daß ich mich halten kann, Stellungen über Stellungen: in den Grat hineingesprengt, mit Schießscharten, winzigen Fenstern und von dunkler, feuchter Luft erfüllt. Am Boden der Stellungen Uniformreste (Knöpfe), Schuhreste, Konservendosen, Kriegsgerät von verrosteten Gewehren bis zur Handgranate.

In der Westwand der Cima Zigolon klettere ich allein ab: von oben, vom Grat, sehe ich Wandstellungen, die ich unbedingt betreten möchte. Zerschossen, vernichtet ist die ganze Wand: einst fester Tonalit, ist zerbröselt und zersprengt.

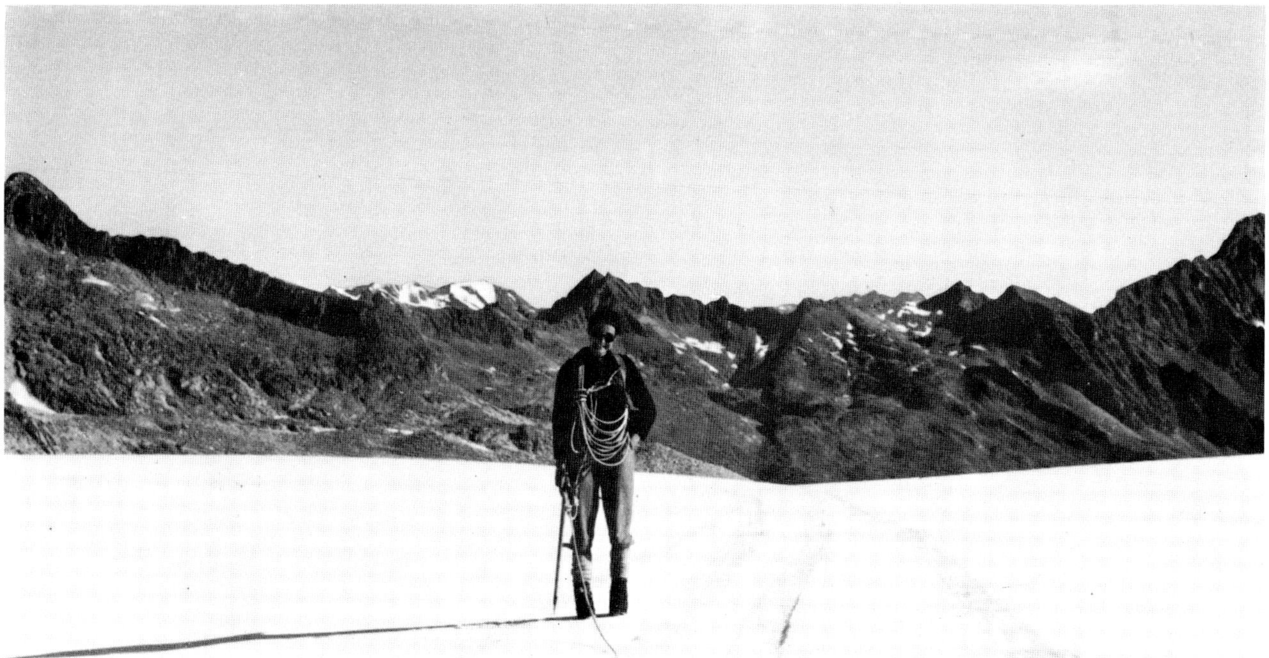

Stellung im Verbindungsgrat von Cima di Presena zur Cima Zigolon. Ausblick zum Westgrat der Busazza, über den Kaiserschützen-Offizier Wallner die Busazza 1918 erstürmte.

Unter mir liegt das südliche Kar zur Cima di Presena – die Stätte jener grauenvollen Durchbruchsversuche der Alpini im Sommer 1918: wochenlang trommelte damals die italienische Artillerie in die innersten Teile des Kares – nicht größer als das Ellmauer Tor im Wilden Kaiser.
Die Kaiserschützen im Kar starben. Im nachfolgenden Angriff der Alpini wurden die Überlebenden mit Sturmmessern in den Kavernen niedergemacht. In der Westwand der Cima Zigolon – wo ich mich jetzt befinde – kämpften Kaiserschützen und Alpini Mann gegen Mann. Lautlos fielen die Soldaten in die Tiefe . . .

In einer Stellung sitzend, lasse ich meine Beine über den Abgrund baumeln.
Die Erinnerung, mein Wissen um diese Kämpfe steht plötzlich vor mir wie eine Wand des Grauens.
Ich sehe keine Berge mehr, nicht den herrlichen Herbsttag, sondern nur die Vergangenheit.

Mir wird kalt und grenzenlose Einsamkeit erfaßt mich. Nie in meinem Leben hatte ich so Sehnsucht nach einem Menschen, der mit mir das Erlebnis teilen würde. In den Karen östlich und westlich der Cima Zigolon finde ich Stellungen über Stellungen an den unmöglichsten, gefährlichsten Punkten. Löcher führen in die Berge, Kavernen aus denen der Atem des Todes zieht. Über allem liegt das Schweigen der Geschichte. Mit diesen Zeilen, mit diesen Worten breche ich es und regelrechte Erleichterung überkommt mich, da ich diese Zeilen schreibe – schreiben darf.

Unter der Cima Zigolon lege ich mich im Kar in die Sonne, schließe die Augen.

Wenige Meter vor mir sehe ich, im Moment da ich später absteigen will, unzählige Gebeine von Menschen liegen.
Bergblumen, Wollgräser bewegen sich leicht im Wind. Hell, kalkig und grausam schimmern die sterblichen Überreste der Toten dazwischen.

Ich bin zutiefst, bis ins Innere getroffen.

Lange überlege ich, ob ich dokumentarische Aufnahmen machen soll. Schließlich raffe ich mich dazu auf. Wie ein Sakrileg kommt es mir vor.

Eines dieser Bilder finden Sie hier in diesem Bericht. In den nächsten Tagen durchstreife ich genauer die Kare und finde überall Gebeine. Tausende sind es und so ziemlich das Grausamste, was man sich als Bergsteiger vorstellen kann.

Wer mögen diese Männer gewesen sein? Woher kamen sie wohl und wer waren die Menschen, denen sie in Liebe zugetan waren?
Der Krieg löschte ihr Leben aus, vernichtete alles, was ihnen teuer war.

Wie getreten, geschlagen, trete ich den Abstieg an, verlasse fluchtartig mein Zeltlager und kehre wie ein geprügelter, innerlich zerstörter Mensch zurück.

Eines aber war mir von diesem Tag an bewußt: es darf nie mehr Krieg geben. Weder auf den Bergen noch im Flachland.
Im Flachland sammelt man nach jedem Krieg irgendwann die Gefallenen ein. Riesige Denkmäler werden von den jeweiligen Siegern errichtet.
Die Menschen kommen und sehen die Denkmäler – aber sie sehen nicht den grausamen Krieg, der dazu führte, daß solche Monumente des Grauens errichtet werden mußten . . .
In den Bergen konnte man die Toten nur zu oft nicht mehr bergen. –
Schnee, Lawinen deckten sie zu und nach Jahrzehnten treten die sterblichen Überreste ans Tageslicht. Vielleicht ist es besser so: denn das Schreckliche des Krieges tritt deutlicher hervor. Allerdings nur für den, der seine Schritte dorthin lenkt.
Es wäre besser, wenn viele Menschen diese Gebeine sehen könnten. Vielleicht gäbe es dann weniger Krieg auf der Erde.

Ich habe einen alten Adamello-Soldaten getroffen, den ich nach seinen Eindrücken befragte. Er sagte:
»Ich hatte unendliches Glück. Ich war Artillerist. Nie mußte ich im direkten Kampf vorne stehen. Nie mußte ich notgedrungen auf einen Mann zielen, der sein Gewehr auf mich richtete. Nie war ich in der Situation, wo es hieß ›er oder ich‹. Ja, ich hatte unendlich Glück.«

Das sind Sätze eines ehemaligen Gebirgssoldaten, die mehr zu denken geben, als jede Archivalie, als jeder Gefechtsbericht. Es sind Mitteilungen, die jeden Kriegsbericht in den Schatten stellen.

In der Presanella-Gruppe wirkten sich die Lawinen in den Hochwintern besonders tragisch aus: steile, enge Kare, von hohen Wänden umgeben – regelrechtes Lawinengelände. Kein Bergsteiger würde freiwillig einen derartigen Hang im Winter betreten. Im Krieg aber befanden sich Lager, Stellungen und Unterkünfte in den Wänden und in den Karen. Jeder nicht besetzte Kammverlauf, jede nicht dauernd besetzte Wand würde sonst unverzüglich vom Gegner eingenommen werden. Ein Räumen der Lager zu den Zeiten höchster Lawinengefahr war ebenfalls nicht möglich. Zu leicht hätte der Feind nachrücken können. Tag und Nacht, Monat um Monat, Jahr und Jahr mußten die gefährdeten Stellungen besetzt bleiben. Eines der berüchtigsten Lager der Österreicher war das Monticello-Lager (siehe auch Bilder). Steil in den Wänden des Monticello-Grates klebend, bildete es den letzten Widerstand im Falle eines Alpini-Vorstoßes gegen den Tonale, der sich direkt unter dem Monticello-Grat befindet.

Im Lawinenwinter 1916/17 kommt es zu serienweisen Lawinenunglücken. Ständig wird das Lager mit der Besatzung verschüttet. 60 Tote, 30 Tote, 80 Tote in jeweils einer Nacht. Die wenigen Überlebenden versuchen zu retten, wo es noch möglich ist. Entsatzmannschaften steigen – den Lawinenhang – von Stavel, aus dem Val di Sole herauf. Sie wissen, daß es ein Marsch in den Tod ist. So geht im Hochwinter ein ständiger Kreislauf vom Leben zum Tod. Wer in diesen Wochen überlebt, der kann nur von einem Wunder sprechen. Viele Tage sind die Soldaten von der Außenwelt abgeschnitten: die Seilbahnen werden von den Lawinen zerfetzt, die Telephonleitungen unterbrochen.

Zahlreich sind die Berichte, was die Seilbahn- und Telephonbautrupps durchzumachen hatten. Unerhört groß waren die Verluste. Viel größer als in den eigentlichen Kampfhandlungen. Ganze Bautrupps wurden in die Tiefe gerissen, nur wenige konnten gerettet werden: 100, 150 Mann verschwanden oft für immer.

Russische Kriegsgefangene wurden in der guten Jahreszeit als Träger eingesetzt: für den Hochwinter oder für alpines Gelände waren sie nicht geeignet.
Und wer könnte sich vorstellen, daß unter dem Lares-Gletscher die Gesänge der russischen Kriegsgefangenen erklangen? Ein wahrhaft melancholischer Kontrast.

Sobald die Zeit des Hochwinters vorbei und die Gletscher und Schneedecke wieder begehbar war, bereiteten sich beide Seiten auf neue, große Kampfhandlungen vor. Fieberhafte Aktivitäten begannen und von Mai bis zum Einbruch des Winters flammten die Kämpfe auf, endeten nie. Nur der Winter beendete sie, um neue Schrecken zu bringen.

So wollen auch wir zu den herausragenden Kampfhandlungen des Adamello-Krieges zurückkehren.

Die Salzburger »Rainer« (k. u. k. Infanterie-Regiment Erzherzog Rainer Nr. 59) im Adamello, Mai 1916: ». . . hatte der Italiener seinerseits zum Stoß ausgeholt und begünstigt durch starken Nebel . . ., die Feldwachen auf der himmelanragenden Bergkette vom Corno di Cavento bis zum Crozzon die Folgorida angegriffen und geworfen. Diesen Erfolg mitten im Herzen des Adamellogebietes ihm wieder streitig zu machen, war die Aufgabe des X. Bataillons, das um diese Zeit in der Nähe Trients, in Sardagna, der Ruhe pflegte.
Finstere Nacht wars, als die Autos der Rainer wieder zum Kampfe fuhren . . . am Fuße des Adamello ist ihr vorläufiges Ziel.

Von dort zieht als erste Staffel die 1. Kompanie in das Gebiet des ewigen Eises. Um 5 Uhr nachmittags des 1. Mai beginnt sie den Aufstieg. Aber was war das für ein Weg! Vorerst gings noch leidlich, wenn sie sich, auch bis über die Knie im Schnee watend, über steile Hänge, vereiste Felsen und verschneite Schluchten emporarbeiten mußten; aber in größeren Höhen kams noch viel beschwerlicher; was nützte da das Fackellicht, wenn weit und breit das Auge doch keinen anderen Pfad als den mitten durch die überall gleiche dichte Schneedecke erschauen konnte? Bis an die Brust stapfen die Landler in der weichen Hülle, keuchend winden sie sich aus einem Loch, um in das nächste zu versinken, nur langsam unter unsäglichen Mühen wird die Höhe gewonnen.

1918: Feldjägerbataillon Nr. 9 im Adamello. Bataillonskarte mit dem steirischen Panther. Offiziere des Bataillons in der Val Genova. Tiroler Kaiserschützen und Steirer Neunerjäger – Tiroler Adler und Steirischer Panther! Armselige Feldwache der Neunerjäger am Südgrat der Cima Zigolon, am sogenannten Ronchina-Grat.

1918: Stellungen am Ronchina-Grat (ganz rechts im Bild oben, am Fuße der Felswand). Stellungen am Monte Gabbiol SW-Grat gegen Lobbia- (links) und Mandron-Gletscher (rechts); Bild unten.

Erschöpft halten oft Gruppen an, um nur etwas ruhiger gehenden Atem zu gewinnen, gern aber brechen sie von neuem auf, denn grimmiger Frost schüttelt alsbald die schweißtriefenden Körper, und nur mit aller Anstrengung können die angefrorenen Monturstücke von dem erkorenen Sitz gelöst werden.

Um Mitternacht gehen noch zu alldem die Fackeln aus; im Nebel, nur die unsicher umrissenen Schneehöhen vor Augen, tappt die Schar vorwärts.

Stumm und schwer schlängeln sich die Rainer durch die in ihrer Erhabenheit um so drückender wirkende Alpenwelt. Was sind die armen Menschlein im Vergleich zu der ewigen Majestät der firngekrönten Spitzen?

Die gleißen und flimmern im ersten Morgenlicht, als die müden Bergwanderer beim Rifugio Care Alto Rast halten. . . . Weiter! Weiter! Über Gletscher mit heimtückischen Spalten und trägerischen Wächten, unter denen endlose Tiefen lauern, setzt das Häuflein. Verloren klingt sein Schritt im Knirschen des verharschten Schnees. Kein Laut – der ach so wohlig – vom Leben gekündet, zerreißt die Totenstille.

Nach 26 Stunden sind die 3400 m des Corno di Cavento fast überwunden. Der Feind kann nicht mehr weit weg sein. Also Stellung beziehen! (Anm. d. Verf.: Die Rainer stiegen von der Val Rendena in einem durch über Rifugio Care Alto, Lares-Gletscher zum Corno di Cavento auf; ca. 2600 Höhenmeter, ohne Ski, im Mai, im tiefsten Schnee . . .)
Stellung . . . nichts von Unterständen, nichts Verheizbares . . . nur Schnee und Eis. Um nur die gräßliche Kälte für Augenblicke zu vergessen, gräbt alles Schneelöcher aus; etwas gegen den Wind und Schneesturm schützen sie doch. Aber wir kurz ist die Freude!
Die Wände rutschen langsam ein, der Sturm weht sie zu, und wehe dem Sorglosen, der die weiche, warme Decke, die um ihn die Eiswelt legt, nicht abschüttelt, sondern sich ganz dem angenehmen, hindämmernden Empfinden der süßen Wärme hingibt.
Der Morgen des 3. Mai sieht die trotz aller Unbilden schneidigen Landler über die langen Gletscher (Anm. d. Verf.: Lares-Gletscher) vorrücken. Starkes Feuer schlägt ihnen entgegen. Größer und größer werden die Verluste. Doch die Zähne zusammengebissen und vor! Lieber schwere Stunden jetzt erdulden, als endlose furchtbare Tage. Die allmächtige Natur will es anders. Schon hart am Feind, wehrt eine breite Spalte den Angreifern jedes Vordringen. Wieder eingraben und ausharren in schnalzendem Gewehrfeuer und eisigem Schneesturm. Die Nacht macht erst die Rückkehr in die Ausgangsstellung möglich. Den Getroffenen aber webt der Schnee ein weißes Bahrtuch.

Auch der andere Teil, der Aufgabe des Bataillons war indes verfolgt worden. Dem fast 3000 m hohen Topetepaß zu marschierte die Kompanie des Oberleutnants i. d. R. Süß. Der gleiche halsbrecherische Weg, die gleichen Tücken auch hier.
Immer wieder sinken die Landler tief in das Schneemeer, rutschen zurück, klimmen wieder aufwärts.
Aber auch das letzte, schier unüberwindlich scheinende Wegstück wird in zäher Ausdauer bewältigt, und um 2 Uhr morgens des 2. Mai steht die Kompanie oben am tiefverwehten Paß.

Schon eine halbe Stunde später gehen zwei Züge zum Angriff auf den Crozzon di Folgorida über.
Zwei Stunden lang suchen sie eine halbwegs günstige Aufstiegsmöglichkeit. Doch unmöglich, die zu finden. Nirgends zeigen die dräuenden Felsen, die gähnenden Schluchten ein Erbarmen. Zerschunden und zerkratzt muß die Schar den Rückzug zum Topetepaß antreten.

Die rechte Angriffsgruppe, ein Teil der Dritten, kletterte indes über Eisflächen und scharfkantige Grate zum 2868 m hohen Stablel und von dort immer begleitet von einem Bergführer, auf die Punto dell'Orco. Mitten durch Nebel und quälende Ungewißheit führt der Weg. Denn Stellung und Stärke des Feindes war unbekannt. Mit Mühe vermögen sich, oben angelangt, die Leute auf den Füßen zu halten, so furchtbare Mühen kostetete die Bezwingung der stolzen Spitze, die noch selten zuvor ein menschlicher Fuß betreten hatte.

Wie die Rast vorüber ist, und sich alles anschickt das letzte Stück zu nehmen, ist der Führer verschwunden; alles rufen im Nebel ist umsonst, er taucht nicht wieder auf; vielleicht, daß er die Schwierigkeiten ahnte und das Weite suchte.

1916: Hinter der Seilbahnkiste der Passo Segni; links Busazza-Westgrat, rechts Cima Presena (oben). Österr. Gebirgsgeschütz am Presanella-Gletscher mit Eingang zum Gletscherstollen neben Soldat links (Bild unten).

Drei Gefechtspatrouillen als Sicherung klettern voran. An den fast überhängenden Wänden gehts empor; einzelne Leute verlieren den Halt, kollern über die Schneehänge, die Hintermänner mitreißend. Doch von Neuem, mag auch Blut vom Gesicht und von den Händen rinnen, beginnen sie den Aufstieg. . . . zweite Teil der Dritten war . . . im Begriffe von der Punta dell'Orco aufzubrechen . . . plötzlich teilte sich, vom Winde hinaufgetrieben, der Nebel und schon hagelte es von allen Seiten auf die Überraschten. Aus ganz geringer Entfernung schoß der Welsche; in wenigen Minuten gab es zahlreiche Opfer, trotzdem sich die Abteilung sofort in den Schnee eingrub. Erst abends war an eine Loslösung vom Feinde zu denken.

Während der Nacht begrub man die Toten. Die Verwundeten wurden in Zeltblätter eingenäht und zu Tal gezogen oder unter stundenlangen Qualen auf Tragbahren hinuntergeschafft. . . . . da es nicht möglich war, den Crozzon di Folgorida zu nehmen, bezogen die Reste der Kompanie eine etwas dahinterliegende Stellung, um ein weiteres Vordringen zu hindern. Doch an Kampf dachte der Feind nicht.
Sein Bundesgenosse rührte sich. Leise vorerst begann es am 4. Mai zu schneien, dann aber brach ein gräßlicher Schneesturm los, der selbst die härtesten Herzen erschaudern ließ . . ., spurlos verschwanden die Schneelöcher, in denen die Leute Schutz vor dem Wüten gesucht, spurlos verschwanden die Posten. Die Haut sprang auf und in die tiefen Risse drangen, scharf wie Messerstiche, die Eisnadeln. Die noch nicht ganz Starren schleiften ihre Kameraden, die schon bewegungsunfähig waren, mit blauschwarzen Gliedern zu Tal.

Die Zweite steigt auf und löst die Dritte ab. Auch mit der Ersten gehts nimmer, die Vierte nimmt ihre Stellung ein. Doch auch die Kraft der frischen Kompanien zermürbt. Denn mit rasender Wucht tobt der Orkan weiter. Auch blutige Verluste stellen sich ein, da der Feind aus seinen gut gedeckten Nestern unaufhörlich herunterfeuert.

Der Bataillonskommandant, Major Burger, hat endlich mit seinem dringenden Betreiben Erfolg. Kompanieweise verläßt in den folgenden Tagen das Bataillon das Adamello-Gebiet. Halb blind, Hautfetzen im Gesicht, durchnäßt und zerrissen, beziehen die Rainer ihre Quartiere unten in Borzago und Pinzolo.« (Maximilian Lauer, Oberst und Regimentskommandant, im Felde, Juli 1918.)

Diese Gefechtsschilderung ist typisch für die Art der Adamello-Kämpfe: in einem durch von den Talorten hinauf bis zum hochalpinen Kampfgebiet, wo der Feind schon wartete! Diese Kampfschilderung demonstriert weiters, wie ungünstig die Angriffsposition eines Angreifers vom Gletscher gegen höher gelegene Felsstellungen war. Mangelnde alpine Vorbereitung führte oft – so wie hier – zu verheerenden Folgen: der Angriff blieb bei einer unüberwindlichen Gletscherspalte im feindlichen Feuer stecken. Eine wahre Mausefalle. Kennzeichnend für den Adamello-Krieg kommt auch hier besonders zum Ausdruck: die riesigen Strapazen, um allein das Kampfgebiet zu erreichen. Im Gegensatz zu den Dolomiten mit den Kriegsstraßen, die schon damals hoch hinaufführten, mußte man im Adamello von den besonders tief gelegenen Talorten zu Fuß ansteigen. Aber nicht gegen Gipfel mit Höhen unter 3000 m, sondern gegen Gipfel um 3500 m Höhe. Tückisch waren die Gletscher, die von den Kompanien selbstverständlich unangeseilt überschritten werden mußten. Denn wie hätte sich eine Seilschaft in einem beweglichen Feuerkampf verteidigen können?!

Wenige Jahre nach der Erst-Erschließungsphase von Adamello-Presanella wurde hier bereits Krieg geführt. So war diese Gebirgsgruppe für sehr viele der Beteiligten alpinistisches Neuland, geheimnisvoll, unbekannt. Wenn auch die großen Gipfel wie Care Alto, Monte Adamello, Corno die Bianco und Cima Presanella in der Welt der Bergsteiger und Geographen schon bekannt waren, so lag dagegen noch zur Zeit des Kriegsausbruchs um die meisten anderen Gipfel eine Mauer des Schweigens. Kein Mensch kannte den Stablel, den Stablelin, den Menicigolo, das Hochjoch (Passo Matterot), die Punta dell'Orco oder etwa gar den Ronchina-Grat! Und ich gehe jede Wette mit dem Leser ein: fragen Sie den nächstbesten Südalpenkenner ihres Bekanntenkreises nach diesen Bergen: Schweigen wird die Antwort sein.
Der Stablel, den die »Rainer« in der vorher geschilderten Gefechtsepisode bestiegen, dürfte mit ziemlicher Sicherheit von den »Rainern« im Rahmen des Gefechts zweitbestiegen

Weihnachten am Monticello-Grat 1916. Der Presena-Gletscher 1915: Vom tiefen Einschnitt des Passo Maroccaro aus griffen die Alpini im Juni 1915 an – Stätte des ersten Gletschergefechtes in der Geschichte der Menschheit.

worden sein. Die Besteigung des Stablel durch die »Rainer« bildete im ungünstigsten Fall die Drittbegehung. Ich habe mich mehrere Jahre nur mit dieser Frage beschäftigt und genaueste Erkundungen in den Adamello-Tälern verwiesen auf die Richtigkeit obiger Tatsache.

Und heute? Der östliche Adamello-Hauptkamm wird in seinem nördlichen Teil praktisch seit Jahrzehnten nicht mehr bestiegen . . .

Stablel, Stablelin, Ago Mingo, Menicigolo, Punta dell'Orco und das Hochjoch (Passo del Matterot), wo die Tiroler Josef Anton Mayr und Dr. Wolfhartstätter die Einbrüche der Alpini im 18er Jahr abwehrten, sind so sagenhaft einsam, wie man es sich nicht vorstellen kann. Nicht einmal Wege führen durch die tieferen Waldregionen zu den Hochkaren. Ich entsinne mich eines Aufstieges zu diesen Gipfeln noch ganz genau: 7 Stunden mußten wir vom Tal durch die Urwälder aufsteigen. Bei jedem Schritt versanken wir bis zu den Knien im Unterholz-Moder. Denn jeder Baum, der stürzt, bleibt liegen. In diesen Wäldern herrscht nur Leben und Tod. Hier gibt es keine Jäger, kein Forstwesen, nichts. So wie vor Jahrhunderten ist alles gleich geblieben. Nur unterbrochen vom Krieg. Im Urwald, im Unterholz dieser Regionen aber entdeckte ich so manche Stellung, ihre Fundamentreste, überwuchert vom ewigen Grün der Wälder. Seit vielen Jahren war ich der erste Mensch, der wieder auf den Gipfeln von Stablel und Stablelin stand, wie mir von kompetenten Einheimischen versichert wurde. So ähnlich könnte es vielleicht in den Anden sein: in den Urwäldern überwucherte Ruinen, in den Hochkaren geheimnisvolle Gemäuer: Tempel des Krieges. Die Besteigung eines dieser Gipfel, in einer Richtung, dauert gute 10 Stunden . . .

So kann ich Ihnen darüber berichten, als einer der wenigen, vielleicht einzigen Menschen, der in den letzten Jahren auf den Spitzen stand. Und gerade in letzter Zeit haben sich Fälle gehäuft, da Menschen über diese Berge Alpinliterarisches schaffen, ohne je obengestanden zu sein, ohne je im Adamello gewesen zu sein, ohne auch nur einen Gletscher betreten zu haben. Ja es haben Leute über diese Gebirgsgruppe berichtet, nur vom Schreibtisch aus. Sie waren nicht einmal in den Adamello-Tälern.

Zu meiner zehnjährigen Adamello-Presanella-Erfahrung kommen zusätzlich: persönliche Exclusiv-Berichte ehemaliger Bergführer-Offiziere, bisher unter Verschluß gehaltene Feldtagebücher, Archivalien und vor allem persönliche Schilderungen. Aus all diesem resultiert der nun folgende Gesamtbericht über die Kämpfe im östlichen Adamello-Hauptkamm. Hiermit erstmals in der Literatur dieser Gebirgsgruppe vorgestellt:

Die Kämpfe um den Corno di Cavento (3402 m) im Sommer 1918:

Eines der erschütterndsten Kapitel des »weißen Krieges« (wie ihn die Alpini nennen) bildet die Eroberung des Corno di Cavento durch Landesschützen-Kaiserschützen-Oberleutnant Franz Oberrauch im Juni 1918. Seit Wochen ist der Angriff geplant. In mühseliger Arbeit wird ein Eisstollen durch den Laresgletscher gegen den Eishang des Cavento bis unter die feindliche Stellung vorgetrieben. Im Augenblick des Angriffs dringen Kaiserschützen, die Hochgebirgskompanie Nr. 29 und das Sturmbataillon Nr. 49 – alle unter Oberrauchs Leitung – durch die Eisdecke aus dem Stollen in die Alpini-Stellung ein. Im ständigen Nahkampf gegen die Alpini am Cavento-Grat dringen sie gegen den Gipfel vor, nehmen ihn ein. Wenige Wochen später erfolgte der Alpini-Gegenangriff. Oberrauch wußte, daß der Gipfel ohne Artillerie nicht zu halten sein wird. Dies war auch anderen Offizieren bekannt. Sie setzten sich rechtzeitig ab. Nur Oberrauch blieb als einziger Offizier. Für seine Eroberung erhielt er einen dreifachen Erholungsurlaub zuerkannt. Im Augenblick, da er diesen antreten wollte, setzte das italienische Artilleriefeuer ein. Mit den vorher schon genannten Worten »wenn niemand bleibt, so bleib halt ich«, verblieb er in der Stellung. Alle Verteidiger wurden in den Kavernen verschüttet. Der Rest wurde im Nahkampf mit Sturmmessern, zum Teil in der Westwand des Corno di Cavento (Schwierigkeitsgrad IV!), niedergemacht. Die Verschüttung in den Kavernen hatte eine tragische Ursache: Nach Vertreibung der Alpini, beziehen Oberrauch und seine Männer deren Stellungen und Kavernen. Die Eingänge der Kavernen lagen der österreichischen Frontseite abgewandt, gegen Westen, über dem Lobbiagletscher. Selbstverständlich errichteten die Alpini die Kavernen so, daß deren Öffnungen zur Freundseite lagen. Durch den Verlust des Gipfels aber wurde die Freund-

1916: Kaiserschützen auf der Castellaccio-Scharte; Kreuze der gefallenen Kameraden. Unten: die schwarze Felswand des Castellaccio, durch die der Angriff der Kaiserschützen 1915 geführt wurde.

seite zur Feindseite. Die Alpini schossen mit voller Kraft direkt in die ehemals eigenen Stellungen, Kavernen . . .
Der Tod von Oberrauch und seinen Kameraden war unvermeidbar: Tödliches Schicksal zwischen Lares- und Lobbia-Gletscher.

»Tage und Nächte haben wir gearbeitet, damit die Stollen fertig werden. Das war eine ganz höllische Arbeit. Oft mußten wir Eisspalten durch Bretterbrücken gangbar machen. Dann ist wieder eine Felsecke in die Stollenrichtung gekommen und die haben wir, immer unter der Eisdecke, umgehen müssen. Wie Maulwürfe haben wir uns in die grünliche Finsternis hineingearbeitet.
Mittlerweile haben wir einen Teil von den Kampfmitteln in den Stollen nach vorne schaffen müssen . . . Am Abend des 14. Juni 1918 sind die Angriffsgruppen nach vorne beordert worden . . . Es war sehr schwer in den Stollen vorzugehen . . . Sie waren eng und nur stellenweise schwach beleuchtet. Dabei sind noch Stürze über die steilen Stufen vorgekommen und einige Mann sind in Gletscherspalten gefallen. Dann sind wieder die Lichter verlöscht, so daß wir im finsteren Stollen gestanden sind und warten mußten, bis wieder Licht gemacht war« (Augenzeugenbericht eines Mitkämpfers, dessen Name nicht mehr feststellbar ist).

Pistolenduell am Corno di Cavento:

Im Frühjahr 1917 griffen Alpini unter Führung des jungen Oberleutnants Marchese degli Albizzi aus Florenz die österreichischen Verteidiger des Corno di Cavento an. Kommandant auf österreichischer Seite ist der ebenfalls blutjunge Oberleutnant Wilhelm Hecht von Eleda, Generalssohn aus Wien, verdienter Galizienkämpfer.

Für die Söhne Wiens und Florenz vollzieht sich nun unter dem Gipfel des Cavento ein Drama von archaischer Aussagekraft: Beide eilen ihren angreifenden Kameraden voraus. Am eisigen Gipfelhang des Corno di Cavento treffen sie einander. Beide allein. Beide greifen zur Waffe. Albizzi ist schneller, Hecht stirbt. –

Das Feldtagebuch des Wilhelm Hecht von Eleda gelangt in den Besitz des Alpini-Abschnittskommandanten, Oberst Fabrizio Battanta. Dieser behält es Zeit seines Lebens als gleichsam »religiöses Andenken« an den wahrhaft archaischen Zweikampf zwischen Hecht und Albizzi. Kein Mensch weiß von diesem Tagebuch. Erst 1966/67 gelangt es in die Hände von Dr.-Ing. Commendatore Dante Ongari (Präsident der Società Alpinisti Tridentini – SAT), Trient. Ihm gelingt die mühselige, jahrelang dauernde Entzifferung der Privat-Stenographie Hechts. Die bekanntesten Fachleute der Stenographie scheitern. Nur die Hilfe einer über achtzigjährigen Boznerin ermöglicht die Entzifferung.

Dr.-Ing. Commendatore Dante Ongari überträgt den Inhalt in Reinschrift und übersetzt es in italienische Sprache. Er stellte es mir zur Verfügung. Aus dem Tagebuch Hechts aber konnte Dr. Dante Ongari wertvollste Aufschlüsse über den Adamello-Krieg gewinnen.
Das Schicksal von Hecht und Albizzi ging in die Geschichte der oberitalienischen Berge ein.

Das Feldjägerbataillon Nr. 9 im östlichen Adamello-Hauptkamm, 1918:

Das Feldjägerbataillon Nr. 9 übernimmt im Frühsommer 1918 die Sicherung des östlichen Adamello-Hauptkammes. Es ist eines der berühmtesten steirischen Bataillone, das in der 12. Isonzo-Schlacht bis zum Piave vordrang. Halb aufgerieben, geht das Bataillon an die Adamello-Front ab. Hier wird es durch Tiroler Landesschützen-Kaiserschützen ergänzt und erreicht wieder seine volle Stärke von 1200 Mann, davon 50 Offiziere. Kommandant ist Oberst Gross. Das Feldjägerbataillon Nr. 9 führt im Bataillonswappen den steirischen Panther. Die Kaiserschützen stehen unter der Fahne mit dem Tiroler Adler. Tiroler Adler und steirischer Panther kämpfen hoch über dem Lobbia-Gletscher in einer unvergleichlichen Waffenbrüderschaft: Steirer und Tiroler in symbolischer Kameradschaft!
Eine lebende Kette von Tirolern und Steirern zieht sich vom Care Alto, Corno di Cavento, Crozzon di Lares, Crozzon di Folgorida, Punta dell'Orco, Stablel, Stablelin, Hochjoch (Passo di Matterot) zum Menicigolo. Von hier hinunter in die Val Genova und hinauf zu den völlig zerrissenen Südgraten der Busazza, der Cima Zigolon (Ronchina Grat) und rund um Cima Presanella, Monte Botterie, Cimon di Rocchette und Ago di Nardis.

Eine wahnwitzige, grenzenlose Frontlinie zwischen 3000 und 3500 m über dem Meere. Ununterbrochen drängen die Alpini vom Lobbia-Gletscher gegen diese eisige Frontlinie, ununterbrochen dringen sie vor allem auf den Pässen zwischen den Gipfeln (die sie nicht nehmen können) ein: Passo di Cavento, Passo di Lares, Passo di Folgorida, Passo di Topette, Hochjoch (Passo di Matterot). Eine Kette von Blut, von Patrouillenunternehmungen, in der Nacht, im Schneesturm. 10, 15 Alpini schleichen geduckt in Schneemänteln gegen den Passo Topette. Die Steirer und Tiroler huschen von den Graten gegen den Paß. Nahkampf, Scharfschützen, Sturmmesser. Hoch über Pinzolo, hoch über der Val Genova. Weit weg von der Welt, weit weg vom Parkett der Diplomatie, Mann gegen Mann.

Am Abend erklangen in den Stellungen Lieder von Zuhause – von Florenz, von Innsbruck, von Graz. Eines der schönsten ist das »Lied der Neunerjäger« des Feldjägerbataillons Nr. 9, des Grazer Hausbataillons. Überliefert durch die Jahrzehnte von Josef Anton Mayr.

»Das Lied der Neunerjäger«

Das Röcklein grau und grün
Im Knopf die Nummer drin
a Gwehr mit blankem Lauf, am Hut die Federn drauf
Mir sein von der Steireralm
wo's d'feschen Buamer ghalten
für d'Jager ganz allein von Numero Neun.

Ja ja, bei Översee, bis an die Knie im Schnee
da hat der Gablenz gsagt: Schmeißts die Tornister ab!
Kralt's mir den Berg in d'Höh Kreuz Tibi Domine
da steckt der Teufel drein von Numro Neun.

Und dann bei Königgrätz da wars a große Hetz
Da habmers Preußn gsegn, da warn mir nit verlegn
Zerst sein mirs aufmarschiert, nar habmers retiriert
weil mir die Gscheidern sein von Numro Neun.

Herr Vater lebe wohl, Frau Mutter lebe wohl
und du mei lieber Schatz, gib mirs den letzten Schmatz
ich bins auf dich so stolz, Du kannst's auf mich auch sein
i bins a Jagersbua von Numro Neun!

Mir lauft mei Herz hoch auf,
i denk no allweil drauf
wie mir als Plänkler vorn bei Solferino warn
Sagt Vater Benedek, nehmts mir den Ort dort weg
und glei warn d'Jager drein von Numro Neun.

Und aft bei Klosterbruck, da warn mir a net zruck
san grennt als wia der Fuchs, der Feind war hinterrucks
Mir gehn den Bahnhof an, der Feind, der laft davon,
wie die Jager Hurra schrein von Numro Neun.

Und auf der Insel Schütt, da habn mir uns nur gspielt
die waren ganz verzagt, mir habns zum Teifl gjagt
Und wie mir drübn warn, habn mir gschaut wie die Narrn
da warn mir ganz allein von Numro Neun.

Wenn Lieder mehr sagen können, denn alle Daten und Fakten, so ist es hier der Fall. Welche seelische Souveränität, welche Ritterlichkeit, welcher Schneid spricht doch aus diesem wehmütigen Lied, das uralte österreichische Soldatentraditionen beinhaltet. Wie stehen doch plötzlich Jahrhunderte auf, die Zeiten, da man auf Gott und den Kaiser seinen Eid leistete. Einen Eid, den man nie gebrochen hätte und wenn man entzweigeschnitten worden wäre.

Die Eide heute – sie sind nichts mehr wert. Die Menschen schwören sie, um sie zu brechen. Und wie sollte man auch verlangen, daß Eide gehalten werden sollen, die man auf Regierungen schwört, die aus Tagespolitikern, aus Parteifunktionären und Geschäftemachern bestehen. Diese Leute haben den Eid ad absurdum geführt.
Die Soldaten der alten Armee haben um ein Minimum an Gage dem Kaiser gedient. Der Eid, die Ehre war alles – Geld kam an zweiter Stelle.

So müßte ein Buch über die alte, österreichische Armee den Titel tragen: »Der Kaiser und seine Armee.« Und der jüngste Leutnant konnte jederzeit bei Hofe zum Kaiser, zu »seinem Kaiser« gehen. Denn er, der blutjunge Leutnant war für die Erhaltung des Vielvölkerstaates mehr wert, als

Winter 1916/17 – der Winter der Lawinen, der Winter des Todes. Das österreichische Monticello-Lager.

Das Bild rechts oben zeigt das Lager nach einer Lawinenverschüttung. Die lawinengefährdete Lage der Unterkünfte war ungeheuerlich: über dem Lager der Lawinenhang. Immer wieder sandte er seine tödliche Ladung aus.

Nur wenige Männer konnten bei den Ausgrabungen gerettet werden.

Das Lager selbst durfte nie aufgegeben werden, es war die letzte hochwinterliche Sicherung gegen einen Einbruch der Alpini. Eine Aufgabe des Lagers hätte unverzügliches Nachrücken durch die Alpini bedeutet. So starben die Männer in den Lawinen, die ununterbrochen abgingen. Neue Entsatzmannschaften stiegen auf, die Toten trug man zu Tal: Kreislauf des Todes.

1915–1917: Soldatenleben im Presena-Abschnitt der Österreicher: singen, lachen, musizieren; Eisstollen im Presena-Gletscher; Gebirgsgeschütz mit Mannschaft; ein Tiroler Kaiserschütze.

jede Summe dieser Welt. Das wußte der Kaiser, das wußten seine Soldaten. Die alte Armee ist untergegangen und mit ihr das Prinzip der Ehre und des Eides. Nie mehr können wir hoffen, daß diese Prinzipien wiederkehren.

Aus dem Lied der Neunerjäger aber klingen die alten Zeiten an und ich bedauere, daß der Leser nicht die Melodie des Liedes hören kann: still, verträumt, besinnlich, sehr traurig und alles andere als vielleicht markig-militant. Das Lied der Neunerjäger ist eines der wenigen, im Volke entstandenen Soldatenlieder. Im Jahre 1918 aber sangen es die Steirer und Tiroler zum letzten Mal in der Geschichte des Bataillons auf den höchsten Bergen Altösterreichs.

Vom Care Alto bis zur Presanella kämpften die Neunerjäger. Besonders heiß her ging es an den Südabstürzen des Presanella-Stockes. Vom Kammverlauf Cima di Presena – Passo Segni – Monte Busazza – Monte Cercen ziehen endlos lange Grate nach Süden hinab in die Val Genova. Bereits ab Sommer 1918 hielten die Alpini die Kare westlich des Kammes Cima di Presena – Cima Zigolon besetzt. Von hier hofften sie, in die Val Genova einzudringen. Nur die Südgrate der vorher genannten Gipfel bildeten die einzigen natürlichen Hindernisse. In blitzschnellen Aktionen besetzen die Steirer und Tiroler die gesamten Grate, die durchwegs den Schwierigkeitsgrad III bis V (!!!) aufweisen. Messerscharf sind die Gratschneiden. Wenige Meter westlich im Presena-Kar stehen die Alpini. Über dem Kar, auf den Graten die Verteidiger. Ohne feste Stellungen, meistens nur auf Brettern, die an Drahtseilen in den Wänden verankert sind. Allein die Zugänge zu den Stellungen sind lebensgefährlich. Zum Brennpunkt der Kämpfe wird der am westlichsten gegen die Alpini liegende Grat, der Südgrat der Cima Zigolon, auch Ronchina-Grat genannt. Stundenlang zieht er von der Spitze des Gipfels gegen Süden in das Kar. Ein Netz von Feldwachen überzieht ihn. Tag und Nacht greifen die Alpini an.

Östlich und westlich des Grates tobt der Kampf. Allein, die exponierten Gratpunkte können von den Alpini nicht genommen werden. Hoch über dem Ronchinagrat – zwischen Cima di Presena (3068 m) und Monte Busazza (3325 m) – ist ein winziger Paß: der Passo Segni – die einzige Verbindung in das Val di Sole! Über dem Paß, auf der Cima di Presena sitzen die Alpini, werfen Handgranaten hinunter gegen die Kaiserschützen, gegen die Steirer und gegen den Kommandanten Josef Anton Mayr.
Den Männern ist damals gar nicht bekannt gewesen, daß der Passo Segni der Angelpunkt der Front war: hatten sie doch aufgrund der Kleinräumigkeit einzelner Abschnitte wenig Kontakt untereinander. Aber sie wußten, der Paß muß gehalten werden, wenn auch die Alpini von Norden, vom Presena-Gletscher einen Angriffsstollen vortrieben, dessen Ausgang auf Handgranatenwurfweite unter dem Paß lag. Tag und Nacht lauern, kämpfen – das war das Schicksal der Verteidiger des Passo Segni.

Von den Kämpfen um das Hochjoch (zwischen Menicigolo und Stablelin), auch Passo di Matterot und den Kämpfen um Ronchina-Grat, Cima Zigolon und Passo Segni möchte ich nun Berichte der ehemaligen Teilnehmer bzw. Kommandanten bringen, die mir exclusiv für dieses Buch zur Verfügung gestellt wurden.

Bericht von Dr. Wolfhartstätter über die Kämpfe um das Hochjoch:

»Dort sollten sie (die Neunerjäger; Anm. d. Verf.) auf einer Linie südlich der Cima Zigolon, Passo di Ronchina, Cima Migotti an einer Offensive eingesetzt werden, welche vom Tonale-Paß aus gegen Westen und Süden (Mandronhütte) geführt werden sollte; aber im letzten Augenblick, bevor der Angriff im Morgengrauen beginnen sollte, und die Ausgangsstellungen in der vorhergehenden Nacht bezogen waren, wurde diese Offensive – von der schon wegen der stark befestigten südlichen Flankenstellung der Italiener ein Erfolg kaum erwartet werden konnte – abgesagt.

Die Neunerjäger unter dem Befehl des Kärtners, Oberst Gross, wurden dann auf der Linie der Gratstellung Stablelin – Hochjoch (Passo di Matterot) – ca. 2500 m – Menicigolo eingesetzt, welche von dem südlich anschließenden Monte Stablel beherrscht und flankiert war und das nördliche Ende des südlich des Stablelin sich fortsetzenden Gebirgsgrates bildet. Die Stablelinspitze fällt nach Westen, Süden und Osten in steilen Felswänden ab, so daß diese Spitzen nur vom Hochjoch (über die Nord- bzw. Südflanke) zugänglich sind

und so die Eckpfeiler der Hochjochstellung bildeten; höchstens der Menicigolo ist über die Nordostflanke durch zum Teil schwierige Kletterei erreichbar. Von der italienischen Seite (vom Westen) führt der Zugang zum Hochjoch ohne besondere Schwierigkeiten über einen mit Fels durchsetzten Gletscher. Von der österreichischen Seite führt der Zugang zum Hochjoch über eine unvergletscherte breite Karmulde zu einer ca. 20 bis 30 m hohen fast senkrechten Felswand, welche vom östlichen Rande des Hochjochs in der ganzen Breite des Karkessels in diesen abfällt und in die nur durch ein in die Wand eingebautes System von Leitern überwunden werden konnte. Die Besetzung und das Halten der Hochjochstellung war deshalb wichtig und notwendig, weil von da aus auf der sich über die Gebirgskette nach Süden erstrekkenden Frontlinie, in welcher die Österreicher den Care Alto (3462 m) und den Cavento (3402 m) besetzt hielten, für die Italiener die einzige Möglichkeit war, zur Straße des Genova-Tales und von da nach Tione und Trient durchzubrechen.

Am 15. August 1918 kam es nun um diese Hochjoch-Stellung zu einem bemerkenswerten und in seinem Verlauf und Endergebnis fast unglaublichen Kampfgeschehen:
Schon am frühen Vormittag, bei herrlichem Wetter, kam die Meldung, daß die Italiener die Besatzung des Hochjochs überwältigt haben und über das Leiternsystem in das Kar gelangen und sich dort sammeln.

Vorher war schon die Zigolon-Spitze, aber nicht die Frontstellung am Grat südlich (Ronchina-Grat; Anm. d. Verf.) davon, verlorengegangen. Vom Abschnittskommando und danach vom Korpskommando erhielt Oberst Gross den Befehl, mit den Neunerjägern die Hochjochstellung um jeden Preis zurückzuerobern. Die in wiederholten Verhandlungen von Oberst Gross an die Befehlsstellen gemachten Vorstellungen, daß es unmöglich sei, über die Leitern zum Hochjoch zu gelangen, da es keinen anderen Weg gebe, und daß daher nur die Errichtung einer Riegelstellung östlich der Wand den Vormarsch der Italiener aufhalten könne, waren vergeblich. Es blieb beim Befehl, wobei Artillerieunterstützung für den Gegenangriff angeboten wurde. Oberst Gross berief daraufhin eine Versammlung der Offiziere des Jägerbataillons zur Information und Beratung über die Ausführung dieses Befehls ein. Der Ausgangspunkt hierzu: Es muß jedenfalls ohne Rücksicht auf die schwierige Lage und die mangelnden Erfolgsaussichten der Versuch zur Wiedereroberung der Hochjoch-Stellung gemacht werden. Es kam zu folgender Planung: Es ist eine Frontlinie in der ganzen Breite des Karkessels zu entwickeln, verstärkt durch alle im Frontabschnitt erreichbaren Maschinengewehrabteilungen und erst bei Einbruch der Dunkelheit auf Schußweite vorzugehen, dann ein überfallsartiges Schnellfeuer aus allen Gewehren und Maschinengewehren auf die schon am Fuße der Felswand im Grunde der Talmulde befindlichen Gegner zu eröffnen, mit Geschrei bis zum Handgemenge vorzustürmen; worauf sich das Weitere je nach dem Verhalten der Italiener ergeben müßte.

Eine Artillerieunterstützung wurde abgelehnt, da die zeitliche und örtliche Zusammenarbeit mit den bestehenden Artilleriestellungen zu kompliziert schien, zu befürchten war, daß die Italiener vorzeitig auf den Angriffsplan aufmerksam gemacht würden, vor allem deshalb, weil bei den bekanntermaßen ausgeleierten Geschützen nicht sicher war, ob sie das so schmale Zielgebiet, wie es der Hochjochgrat und der Rand der Karmulde am Fuße der Felswand darstellten, treffen können und nicht eher in die eigenen Reihen schießen.

Wie geplant wurde die Aktion ausgeführt, nachdem vorher durch Patrouillen festgestellt war, daß die am Fuße der Felswand befindlichen Italiener keine Anzeichen eines geplanten Vormarsches erkennen ließen.
Das niemals erwartete geschah: die Italiener flüchteten auf den Angriff hin über die Leitern auf das Hochjoch, ohne diese abzubrechen, als die Neunerjäger hinter ihnen in einer Reihe ebenfalls zum Hochjoch stiegen, und ohne oben auch nur einen Mann am Ausgang der Leiter zu postieren, der die aufsteigenden Neunerjäger hinabgeworfen oder erschossen hätte.

Noch in der Nacht war die gesamte Frontlinie vom Menicigolo bis Stablelin wieder im Besitze der Neunerjäger, nachdem viele Italiener am Fuße der Felswand und auf dem Hochjoch gefallen oder verwundet waren. Die tapferen Verteidiger des Stablelin und des Menicigolo, welche mit einem Maschinengewehr bzw. einem Granatwerfer ausgerüstet waren, haben sich, obwohl sie völlig abgeschnitten und

1918: Drei sensationelle Bilder höchsten Seltenheitswertes, fotografiert von Dr. Hermann Lechner.

Die beiden oberen Bilder beinhalten den Kampfabschnitt um Stablel und Menicigolo der Steirer und Tiroler des Feldjägerbataillones Nr. 9.
Das waren die sogenannten Stellungen: Zeltfetzen, Steinmauern und einige Bretter. Im Toben des Gewitters, im Schneesturm weniger als nichts.

Das untere Bild zeigt ein österreichisches Geschütz in der Presanellagruppe auf dem Ago di Nardis.

Diese Bilder sind unerhörte Dokumente zur Geschichte der alten kaiserlichen Armee.

aussichtslos kämpften, nicht ergeben und zum Erfolg durch Flankenfeuer erheblich beigetragen.
Wie sich dann am nächsten Tag herausstellte, handelte es sich bei der von den Italienern eingesetzten Abteilung um ein Bataillon der als Elite-Gebirgstruppen bekannten Alpini von Edolo, welche als Auszeichnung zwei gekreuzte Skier eingestickt auf dem Rockärmel trugen.
Um so weniger war verständlich, daß der Überraschungssturm auf das Hochjoch überhaupt und fast ohne Verluste der Österreicher gelingen konnte.«

Im vorliegenden Gefechtsbericht von Dr. Wolfhartstätter, dem wohl noch einzigen Lebenden der Hochjoch-Aktion, finden wir den entscheidenden Passus:
»Die tapferen Verteidiger des Stablelin und Menicigolo, welche mit einem Maschinengewehr bzw. einem Granatwerfer ausgerüstet waren, haben sich, obwohl sie völlig abgeschnitten und aussichtslos kämpften, nicht ergeben und zum Erfolg durch Flankenfeuer erheblich beigetragen.«

Wir müssen uns die Situation vorstellen:
Westlich von Menicigolo und Stablelin das Eismeer des Lobbia-Gletschers, beherrscht von den Alpini.
Am Gletscherrand die zwei Felsspitzen, dazwischen das Hochjoch oder Passo di Matterot.
Den Alpini gelingt es, dieses einzunehmen, ja sogar nach Osten in das Kar abzusteigen. Sie beherrschen nun das Hochjoch und die einzigen Nachschubwege für die Tiroler am Stablelin und Menicigolo, die von den Italienern wie eine Insel im Meer umgeben sind. Eine allerdings winzige, eisige »Insel« – nämlich die Gipfel der beiden Spitzen.

Am Stablelin und Menicigolo saßen – eingeschlossen rundum von den Italienern – die Männer der Bergsteigersturmkompanie unter ihrem Kommandanten Josef Anton Mayr (Kaiserschütze), zugeteilt als Alpinoffizier beim Feldjägerbataillon Nr. 9. So war die Situation.

Josef Anton Mayr und seine Kameraden erhielten den Befehl, eine Patrouille auf den Menicigolo zu führen – mit einem Maschinengewehr. Von Pedruc im Genova-Tal kletterten sie über die exponierte Nordostwand des Menicigolo auf den Gipfel. Rundum von Alpini umgeben konnten sie sich trotzdem halten und entscheidend in den Kampf um das Hochjoch eingreifen.

Doch lassen wir nun Dr. Wolfhartstätter wieder weiter berichten:

»So kam es dazu, daß der Verfasser dieses Berichtes mit seinem Freunde Josef Anton Mayr, der am 16. August vom Menicigolo zum Hochjoch herabgestiegen war, ein ebenso überraschendes wie freudiges Wiedersehen feiern konnte, als dieser plötzlich vor ihm stand und ihn trockenen Humors nur mit den Worten begrüßte: ›Ja was tust denn Du da heroben?‹

Eine unvergeßliche, lichte Episode in dem dunklen Kriegsgeschehen.«

Die Hochjochstellung blieb dann bis zum Kriegsende im Besitz der Neunerjäger. Der Durchbruch der Alpini des Bataillons Edolo konnte mit letzter Kraft verhindert werden.

Dieser Bericht Dr. Wolfhartstätters und die nun nachfolgenden Tagebuchauszüge von Josef Anton Mayrs Feldtagebuch sind die einzigen authentischen Quellen zum Kampfgeschehen um Stablel, Stablelin, Menicigolo und dem Passo Segni mit Ronchina-Grat nebst Cima Zigolon. Die im Aufstieg, oft kämpfend zu überwindenden Höhenunterschiede, betrugen 800 bis 1300 Meter, mußten bei jedem Wetter – schwer bepackt – bewältigt werden. Aber in diesen letzten Kriegsmonaten waren die Soldaten auf österreichischer Seite völlig unterernährt, das Durchschnittsgewicht betrug 48 kg, auf 10 Mann kam nur mehr ein Paar Steigeisen, es mangelte an allem und jedem. Angefangen von hochalpiner Ausrüstung, Kleidung bis zur Bewaffnung.

Mit jedem Schuß mußte gespart werden. Trotzdem überraschte das Kriegsende die Männer im Adamello-Presanella-Gebiet in Stellungen, die sie bis zur letzten Minute hielten. Das Ausharren der Österreicher am östlichen Adamello-Hauptkamm im letzten Kriegsjahr mutet wie ein Wunder an.

Von links oben nach rechts unten: Lienzer Standschützen (1915) am Cercen-Paß. Mehrmals zerfetzte der Blitz diese Unterstandshütte mitsamt den Schützen. Kaiserschützen-Bergführer gehen auf Patrouille (1918): Schneereifen, weiße Tarnmäntel, Ski – ein gespenstisches Bild aus den Bergen.

Gasmasken zum Schutz gegen Gas; Schneemäntel als Schutz gegen Sichtung durch den Feind (Monticello Lager 1917/18). Österreichische Skiabteilung (1917). Mit Holzbrücken werden die Spalten im unterirdischen Eisstollensystem überbrückt (im Presena-Gletscher 1917; Bild rechts oben).
Fünf Bilder eines völlig unvorstellbaren Lebens über den Gletschern und in deren Innerem . . .

Doch lassen wir wieder ein Tagebuch sprechen. Die unter dem Eindruck des Krieges geschriebenen Aufzeichnungen sagen mehr aus, als es jede nachträgliche Schilderung könnte.

Feldtagebuch Josef Anton Mayr:

»Alarm in Pinzolo auf den Angriff hin auf Zigolon, Abmarsch um $^1/_2$ 5 Uhr, Marsch mit Rüstung und Skiern. In der Messe beim Unterabschnitt Oberstleutnant Handel-Mazetti: ›Sie werden morgen den Zigolon nehmen, servus.‹ Als Beobachter für einen Paß, den ich gar nicht sehen kann. Haarige Ungewißheit, wo sind noch wir, wo sitzen die Italiener. Abends Angriff der Italiener abwärts von Zigolon abgeschlagen. Marsch durchs Val Ronchina. Prächtige Leistung der Leute, die zwei Nächte am Marsch und ohne Verpflegung sind.

Ankunft auf Passo Segni. Miese Stimmung der Verteidiger. Von allen Seiten unter Feuer, keine anständige Kaverne, in der Luft hängend. Den Paß können sie von zwei Seiten angehen. Es schneit ständig: Wie froh wir sind. Stimmung meiner Leute tadellos, da Vorräte genug da sind. Im Nebel nur MG-Feuer. Gegenüber ist ein unglaubliches Leben von Trägern, Seilträgern etc. Nachmittags kommt der Befehl: Befehl von vorgestern durchzuführen. Führung Fähnrich Mayr.
Anzugehen haben wir die Gratzacken anschließend an uns, eine furchtbare Aufgabe. Ein mehr als Zentner schwerer Stein fiel mir vom Herzen, als eine Stunde später der Bescheid kam: Die Aktion ist zu unterlassen, aber wir müssen den Paß bis zum letzten Mann unbedingt halten. Es ist der wichtigste Punkt der Südwestfront. Ein paar Schritte vor unserem Sattel fängt ein Eisstollen durch den Gletscher an bis zur Cima Presena, die wir bis vor kurzem noch hatten. Das eine Ende des Stollens haben nun die Italiener. Unser Eingang zugeschüttet. . . . oben auf Zigolon sitzen die Feinde, spucken uns einfach auf den Kopf, wenn wir nicht den Nebel zum Verbündeten hätten.

Ich kann mich in die Lage eines zum Tode Verurteilten recht gut hineindenken, der zwischen Furcht und Hoffnung herumgeworfen wird. Dreimal schon ist uns der Befehl zum Angriff auf Presena gegeben worden. Ist es was anderes als unser Todesurteil? . . . das Wetter hat sich aufgeheitert, heute war ein schöner klarer Morgen. Die Schneestürme der letzten Tage waren tief winterlich. Auf dem Weg, der uns Proviant und alles andere nachschiebt, ist der Italiener mit MG eingeschossen. Die letzte Vollmondnacht machte er den Trägern das Leben sauer. Zum wievielten Male ist der Befehl über meine Verwendung nun schon umgewandelt worden! Gestern noch war ich für Ronchina bestimmt. Heute lautet der Befehl so: Fähnrich Mayr mit drei oder vier Patrouillen wird dem Nachbarabschnitt zur Verfügung gestellt und marschiert mit Truppen dieses Nachbarabschnitts von hier über Segni-Paß hinüber. Vor drei Tagen bereitete ich mich auf die unangenehme Aussicht vor, Zigolon zu stürmen. Sonst wäre unser Leben hier sehr angenehm. Die schöne Gegend mit dem prächtigen Fichtenwald, der schäumende Wasserfall der Sarca, die romantischen Felsblöcke im grünen Laubwerk verstreut . . .

Wieder marschieren wir auf Passo Segni. Regen, Schnee, alles durcheinander . . . das erste Stück hinauf ist schrecklich. Gut, daß der Zigolon im Nebel ist, wenn der Italiener diese Karawane sehen würde, danke für die Bescherung.

Gestern abend verließ ein merkwürdiger Zug Pedruc. Man trug zwei Tote auf den Helfenfriedhof hinaus, voran schritt ein Soldat mit dem Grabkreuz, von Grün umwunden. Zwei Jäger mit Gewehr begleiteten jeden der beiden Holzsärge, die ebenso mit grünen Reisern geschmückt waren. Wenige Leute folgten ihren Kameraden nach. Es war schon Dämmerung, als der Zug langsam durch den Wald im Talgrund sich bewegte, still und so einsam schlicht und der Anblick war seltsam und eindrucksvoll!

Herr Fähnrich, sie haben eine schöne Aufgabe: Am Hochjoch sind die Italiener eingedrungen, Menicigolo und Stablelin sind noch in unserer Hand. Sie werden morgen einen Angriff des Jägerbataillons 9 gegen Hochjoch unterstützen. Zu diesem Zweck werden sie mit zwei Sturmpatrouillen, einem MG, nordöstlich Menicigolo und am Grat soweit als möglich gegen diese Spitze herandringen. Das ist lange nicht mein erster Angriffsbefehl und schon gar nicht der unangenehmste. Im Gegenteil kann ich mich eines freudigen Ge-

Hochwinter 1916/17:

Lager unter der Presena-Spitze (Bild links oben). Bei jedem Wetter müssen die Patrouillen die Gletscher abgehen. Denn gerade im Schutz schlechtesten Wetters werden die gefährlichsten Angriffe der Alpini vorgetragen.

Viele Patrouillen kehrten nicht mehr zurück: gefallen im Kleinkrieg der Stroßtrupps und Spähunternehmungen, abgestürzt in die Tiefen der Gletscher. Im Schneesturm verirrt, vor Erschöpfung in tiefen Schlaf gesunken, aus dem man nie mehr erwachte. Der Schnee deckte die toten Männer zu. Spurlos verschwanden sie aus diesem Leben.

Aber noch vor wenigen Jahren gaben die rückgehenden Gletscher die Toten frei.

fühls nicht erwehren, darüber, daß ich das Hochjoch zurückstürmen soll, das ich im Mai als erster bezogen und wo ich mir als Offizier die Sporen, die Silberne Ier Klasse verdiente.
Um 5 Uhr früh gingen vier Mann mit einem MG-Zug von Jäger 9 los, die übrigen Neuner nahm ich mit. Aufgabe: Aufklärung des Grates Kote 2380, des Menicigolo, Absuchen der Wand nach zurückgebliebenen feindlichen Patrouillen und Aufsuchen eines Abstieges in das Tal ohne Benützung des Stablelinweges.

Wir querten grasbewachsene Steilhänge, lagerten auf grünen Felsbändern, die zur Rast zu verlockend waren und freuten uns des herrlichen Sommertages, der auf dieser Höhe doppelt schön war, und des tiefsten Bergfriedens. Unter dem Grat hielten wir uns in der Richtung auf die Spitze zu. Unser Durst steigerte sich. Wir waren ohne Kaffee aufgebrochen, man war zu bald matt. In einer kleinen Rinne tropfte Wasser vom Felsen. Ein herrliches Labsal! Sehr rasch hatten wir die Spitze gewonnen. Da fürchtete ich sehr für unsere Patrouille. Sollte uns der Italiener wirklich alle ungeschoren frei über das letzte Stück hinüberklettern lassen und würde sich der Maschinist am Stablel den Spaß entgehen lassen, uns auf 800 Schritt, wenn es soviel ist, einzeln abzuschießen oder uns zumindest den Weg sehr sauer zu machen. Und die Lobbia, dort gerade vor uns, nur jetzt kein Schrapnell, sonst sind wir fertig. Und schon gar eine Mine, die hebt uns alle vom Felsen ab, an dem wir picken. Aber kein Schuß, Friede überall.

Arg schaut's am Gipfel aus. Arme Besatzung. Die Kaverne abgedeckt, ein Toter drin, der Unterstand in Trümmern, alles über Felsblöcke verstreut, der Feldwachenkommandant tot in der Felsrinne, ein Bild, das wie ein eiskalter Rückenguß wirkt . . .
Zum Hochjoch. Der Weg ist vom Stablel so eingesehen, daß es ganz von der Gunst des Italieners abhängt, ob er uns vorbeiläßt oder nicht Er ist großmütig. Ein Musketier steht am Weg, der sich bei der Verteidigung ganz besonders hervorgetan hat. Ich erkenne mit Mühe in ihm einen alten Bekannten, der mit mir auf den Zinnen und Seite an Seite mit mir im Polarzelt am Stablelin gelegen war. Am denkwürdigen Pfingstsamstag. Aber um Jahre gealtert ist er, ich hätte es nicht für möglich gehalten. ›Ja, der Herr Fähnrich!‹ Ganz aufgelöst ist er heute noch von den Anstrengungen gestern. Die Italiener am Joch eingebrochen, Menicigolospitze fast außer Gefecht gesetzt, Feldwache 2 auf der Flucht und er schießt mit seiner Muskete, was das Zeug hält. Endlich sehen sich die Alpini doch nicht aus und gehen zurück.«

So zog der Krieg vom östlichen Adamello-Hauptkamm quer durch die Val Genova hinüber zu den Steilabstürzen des Presanella-Stockes, dessen Südabstürze, Grate und Hochkare mit einem dichten Netz von Feldwachen durchzogen waren. In einem hufeisenförmigen Sperriegel liegt das Presanella-Massiv vor (nördlich) der Adamello-Gruppe. Sofort zu Kriegsbeginn besetzten die Verteidiger – anfangs nur die wichtigsten Punkte – später alle Gipfel und Grate südlich des Tonale-Passes.

Bereits ab 1916 verlief die Front in der Presanella wie folgt – von Ost nach West:
Cimon di Rocchette (3289 m), Ago di Nardis (3290 m), Monte Botteri (3286 m), Monte Gabbiol (3465 m), Sella di Freshfield, Cima di Vermiglio (3458 m), Cima Presanella (3556 m): diesen Abschnitt – mit Ausnahme der Cima Presanella – sehen Sie im Panorama-Bild als erste, im Vordergrund verlaufende Gipfelkette; zwischen meinem Aufnahmestandpunkt und dieser Gipfelkette liegt im Panoramabild ein schmaler Gletscherstreifen: der oberste Teil des Nardis-Gletschers.

Von der Cima di Vermiglio verlief die Front weiter über Passo di Cercen (3045 m; gehalten von den Lienzer Standschützen), Monte Cercen (3282 m), Cima di Busazza (3325 m), Passo Segni (2875 m), Cima di Presena (3068 m) Cima Zigolon (3041 m), Passo di Presena (3052 m), Maroccaro-Grat, Maroccaro-Paß (2976 m) Cima di Lago Scuro (3160 m), Passo di Casamadre (3045 m), Passo del Castellaccio (2961 m), Punta dell Castellaccio (3028 m), Monticello-Grat (Höhen zwischen 2900 m und 2500 m).

In der Presanella-Front sind zwei Abschnitte zu unterscheiden:
Im Bereich der Cima Presanella, des Monte Gabbiol, des Monte Botterie und der Ago di Nardis befanden sich mehrere österreichische Gebirgsbatterien. Ihre Reichweite war

1917: Wochenlang, monatelang fällt der Schnee, viele Meter hoch. Ununterbrochen müssen die Unterkünfte ausgeschaufelt werden. Nur selten erleichtert ein Schönwetter-Tag diese mühsame Arbeit (österreichisches Lager im Presena-Kessel; oben und Mitte).

Frühsommer 1918: Die Gräber der Toten im Presena-Kessel, unter den Abhängen des Monticello-Grates. Längst sind diese Gräber verfallen, vergessen . . .
Wir wissen nicht, ob hier Österreicher oder Italiener bestattet wurden, denn beide Seiten erwiesen dem toten Gegner in Ehrfurcht und Respekt die letzte Ehre.

beachtlich: immer wieder wurde von hier gegen die Italiener am Corno di Cavento ein sogenanntes »Fernschießen« veranstaltet!

Hauptkampflinie aber war der ganze Kammverlauf vom Monte Cercen bis zum Monticello-Grat. In diesem Kammverlauf wird ununterbrochen vom ersten Kriegstag bis zum letzten Tag gekämpft.

In den ersten Kriegsmonaten versuchen die Alpini mehrmals von Ponte di Legno kommend, durch das Valle Narcanello aufsteigend, über den Maroccaro-Paß in den Presena-Kessel einzudringen. Ab 1916, dem Jahr, in welchem die Alpini auch die Herrschaft über den Mandron-Gletscher antraten, dringen sie nun auch von der Mandronhütte kommend, also direkt von Süden gegen die Verteidiger des Presanella-Hauptkammes vor.

Haupt-Talorte der Alpini für Nachschub, Transport und Aufmarsch waren (westlich des Tonale): Ponte di Legno, Edolo und Temù. Ab 1916 errichteten die Alpini, von Temù aus, durch das Val Temù aufsteigend, am Passo Brizio (zwischen Corno Bianco und Cima Garibaldi) auf 3150 m Höhe ein gigantisches Gletscherlager. Sie nannten es »die Stadt im Gletscher«. Zeitweise waren hier bis zu 3000 Soldaten stationiert. Es gab Lazarette, Feldküchen, Werkstätten, Fotografierabteilungen mit Fotolabors und eine – eigene Tageszeitung: mit Hand gesetzt und verfielfältigt.

Als Fazit der über dreieinhalbjährigen Kämpfe um die Presanella ist festzustellen: Hauptkampfpunkte waren die Cima di Presena und der Presena-Paß – als tiefste Punkte im Kammverlauf, weiters der Große und der Kleine Castellaccio und der gesamte Grat des Monticello.

Letzterer entwickelte sich zum Angelpunkt der Presanellafront, da sich unter dem Monticello-Grat einerseits der Tonale-Paß verbarg, andererseits am Monticello-Grat entlang der Zugang in das Val di Sole (Sulzberg) nach Stavel führte. Bei einem Durchbruch in das Val di Sole wäre den Italienern der Zugang zum Nonsberg und über Madonna di Campiglio in das Rendena-Tal und in den Raum Tione–Trient offengestanden. So entwickelte sich am Hauptkamm der Presanella die zweite Hauptkampflinie innerhalb beider Gebirgsgruppen. Auch der Presena-Gletscher wurde von Eisstollen durchbohrt, von beiden Seiten der Kriegführenden gingen zahlreiche Seilbahnen (meistens Handaufzüge) zu den Höhenstellungen.

Auf der Höhe des Tonale aber lagen sich Freund und Feind auf Schußweite gegenüber, in einem dichten, mehrgliedrigen Stellungssystem, das ständig schwersten Beschießungen durch die Artillerie des Gegners ausgesetzt war.
Haupttalorte der Österreicher für die Presanella-Front waren das Val di Sole (Sulzberg) mit seinen vielen Dörfern, die teilweise schwer in Mitleidenschaft gezogen wurden: Vermiglio schossen die Italiener in Brand. Die Ortschaft wurde ein Raub der Flammen.
Die Evakuierung von Vermiglio verursachte viel menschliches Elend und Leid.

Innerhalb der zahlreichen Gefechte in der Presanella waren die bedeutendsten am Castellaccio, um die Busazza, um die Presena, um den Monticello-Grat. Darauf möchte ich nun näher eingehen.

Die Erstürmung der Busazza (3325 m) im Juni 1918:
Zwecks Flankensicherung des Presena-Kessels sollten auf der Busazza mehrere MG-Stellungen errichtet werden. Unter Leitung von Oberleutnant Wallner erklettern 31 Mann den Westgrat des Busazza im tobenden Schneesturm, der sie vor dem Erkennen durch die Italiener schützt. Im Rasen des Unwetters dringen die Männer völlig überraschend in die wenigen italienischen Feldwachen, die sich rechtzeitig ergeben, so daß es glücklicherweise zu keinem Blutvergießen kommen mußte.

Bei der ersten Begehung des Grates wurden bereits 2 MG und 1000 Schuß Munition mitgeführt. Am selben Tag klettert ein Teil der Männer ab und schafft nochmals 2 MG mit Munition auf den Grat und den Gipfel, der mit zwei Feldwachen besetzt wird. Die Flankensicherung ist perfekt.

Der Kampf um den Kleinen Castellaccio am 14. 9. 1915:

Und wieder dringen starke Alpini-Verbände gegen den

Der Winter erstickte jedes Leben. Unendlich weltfern waren die Höhenstellungen. Das Leben verlief »wie auf einem anderen Stern«.

Unvorstellbar war die psychische und physische Isoliertheit der Männer. Hier zählte nur mehr die Kameradschaft.

Ein willkommener sonniger Tag; im Hintergrund die Cima Busazza (Bild unten).

Eine Berühmtheit erlangende Spezialkonstruktion der österreichischen Artilleristen: Ein Schneedach für ein Geschütz. Die Seitenflächen der pyramidenartigen Konstruktion waren jederzeit aufklappbar. Darunter zum Vorschein kam dann – das bestens eingefettete – Geschütz!

Presena-Kessel vor. Sie erobern den Castellaccio und Teile des Monticello-Grates. »Plötzlich sahen wir statt den Spielhahnstößen der Kaiserschützen, Alpinifedern über der Gratkante auftauchen.« –
Unter Fähnrich Kurz wird nun eine Angriffsgruppe Landesschützen-Kaiserschützen in der Stärke eines Zuges gegen die Ostwand des Castellaccio losgeschickt. Ein weiterer Zug geht über den Monticello-Grat vor und nimmt die Stützpunkte der Alpini.
Oberleutnant Bartl hält die Alpini-Gipfelbesatzung am Castellaccio durch gezieltes MG-Feuer nieder. Währenddessen steigt die Angriffsgruppe Kurz durch die Ostwand auf. Auf ein verabredetes Signal hört das MG-Feuer von Oberleutnant Bartl schlagartig auf. Die Angriffsgruppe Kurz springt aus der Wand in die Gipfelstellung. Im Nahkampf werden die Alpini besiegt. Der Castellaccio ist zurückerobert und bleibt bis zum Kriegsende im Besitz der Österreicher.
Der Gipfel wird stark ausgebaut und entwickelt sich zu einem unangreifbaren Eckpfeiler der Presanella-Front. Ebenso bleibt der Monticello-Grat, der bei dieser Aktion erobert wurde, bis zum Kriegsende im Besitz der Österreicher, allerdings blutigst umkämpft.

Die Rückeroberung des Monticello-Grates im Sommer 1918 durch Peter Scheider:
Im Sommer 1918 gelingt den Alpini, die vom Mandron-Gletscher aus angreifen, einer der größten Erfolge in der Geschichte des Krieges auf Adamello–Presanella: Sie erobern nach härtestem Artilleriebschuß die Cima di Presena, den Monticello-Grat und Teile des inneren Pressena-Kessels mit dem oberen Abschnitt des Presena-Gletschers. Die Stellungen auf Presena wurden zerschossen, die Eisstollen besitzen nun die Alpini, das Presena-Lager mit 300 Tirolern durch einen Volltreffer vernichtet und das gesamte Verteidigungssystem des Monticello-Grates geriet in die Hände der Alpini. Im österreichischen Frontabschnitt klafft zum ersten Male seit drei Jahren eine mörderische Lücke. Die Alpini sitzen über dem Tonale-Paß, spucken gleichsam auf diesen hinunter. In wenigen Tagen werden sie schwere Artillerie in Stellung gebracht haben, der Durchbruch auf den Tonale-Paß, in das Val di Sole und nach Trient ist nur mehr eine Frage von wenigen Tagen.
Alarm für die Tiroler Front!
Juni 1918: Kaiserschützen-Leutnant Peter Scheider, der gebürtige Münchner, greift im Augenblick höchster Gefahr ein. Mit seiner Hochgebirgskompanie 17 und der berühmten Hochgebirgskompanie 28 (Kommandant: Oberleutnant Kaserer) stürmen sie den Monticello-Grat, rollen die Stellungen der Alpini in Form einer »lebenden Feuerstaffel« auf: der Grat ist so schmal, daß jeweils nur zwei bis drei Mann nebeneinander schießend über diesen vorgehen können. Hinter der Tête stürmen in Zweierreihen die anderen Männer der Kompanie nach. Fallen die ersten Männer oder diese müssen nachladen, so treten automatisch die nächsten an deren Stelle. Lebende vor, Tote zurück. Nie hört das Feuer auf, ununterbrochen stürmen die Männer mit höchster Geschwindigkeit über den Grat.
Die Hochgebirgskompanie 17 traf nur mehr mit ihrem Kommandanten Peter Scheider und 35 Mann am höchsten Punkt des Grates, dem Cellogipfel, ein.
Der Grat war zurückerobert, jegliche Durchbruchsmöglichkeit der Alpini in das Tiroler Fronthinterland war unterbunden.
Kaiserschützen-Leutnant Peter Scheider wird mit dem Ritterkreuz des Militär-Maria-Theresien-Ordens ausgezeichnet.
Peter Scheider wurde am 2. Juli 1890 in München als Sohn eines Tischlers geboren. Im Kriege wurde er im Jahre 1916 Offiziersanwärter im Kaiserschützen-Regiment III.
Peter Scheider – der Gebirgssoldat, der Mensch, der Kaiserschütze – wurde zum Symbol des altösterreichischen Gebirgssoldaten.
Der große Tiroler Maler Alfons Walde setzte ihm ein zeitloses Denkmal: Einzigartig ist das Gemälde, das Peter Scheider vor dem Presena-Gletscher in der Uniform eines Kaiserschützen-Leutnants darstellt. Bildhafte Verkörperung für »Spielhahnstoß und Edelweiß«.

Das erste Gletschergefecht in der Geschichte der Menschheit: Presena-Gletscher, 9. Juni 1915.
Innerhalb der von Ost nach West aufgebauten Untergliederung dieses Buches, sind wir nun am letzten Kampfabschnitt der Adamello-Presanella-Front angelangt: am Presena-Gletscher. Gleich zu Kriegsbeginn räumen die Italiener den Passo Paradiso und Monticello-Grat. Dies war ein schwerwiegender Fehler des Alpinikommandos in Edolo. Tiroler Standschützen rücken unverzüglich nach und besetzen als erste Landesverteidiger die aufgegebenen italienischen Stellun-

Unendlich mühsam werden Rohr, Lafette und Munition eines Geschützes emporgeschleppt.
Ein und dasselbe Stellungssystem auf Cima Presena in verschiedenen Ausbaustadien und tief verschneit.
Feindbeobachter mit Scherenfernrohr. Alle Bilder 1915/16; österr. Stellungen.

Über 50 Jahre danach: Stellungsreste der Neunerjäger auf Ronchina. Dahinter v. r. n. l.: Cno. di Cavento, Crozzon di Lares, P. d. Orco, der kleine Zacken des Stablel. Davor die weite Fläche des Lobbia-Gletschers.

gen. Von hier blickt man ideal auf die italienische Tonale-Stellung und in das italienische Aufmarschgebiet bis in die Val Camonica. Die Folgen des eigenen Fehlers wurden den Italienern sehr rasch bewußt. Unverzüglich starteten sie zum Gegenangriff.

Am 9. Juni 1915 steigt das Alpini-Bataillon-Morbegno durch das Val Narcanello von Westen zum Passo Maroccaro. Um 6.45 Uhr des 9. Juni erreichten sie die Paßhöhe und nahmen Gefechtsgliederung ein. Von hier planten sie den Vorstoß über den Presena-Gletscher, der gleichzeitig mit einem Angriff der Alpini-Bataillone Val Camonica und Intelvi über den Tonale erfolgen sollte.

Im Festungswerk Mero am Tonale-Paß sieht Kaiserschützen-Oberleutnant Gustav Linert auf dem Presena-Gletscher im Blick durch sein Fernglas die Massen der italienischen Angreifer. Die Alpini entfalten sich bereits in Skiabteilungen und fahren den Gletscher ab. Die Festungswerke Tonale und Presanella besetzen unverzüglich die Geschützpositionen. Im kleinen Zeltlager der Paradisobesatzung gellt der Ruf »Alarm«. Knappe hundert Mann des Landesschützen-Kaiserschützen-Regimentes II liegen hier. Die Männer springen auf, teilen sich in drei Gruppen: Zwei für die Flankensicherung, eine für den Frontalangriff. Pro Mann stehen nur 120 Patronen zur Verfügung. Nachschub oder Reserve war nicht zu erwarten. Die Männer treten zu einem der einsamsten Kämpfe an, die sie je im Krieg erleben sollten.

Von den Festungswerken beobachten ihre Kameraden das grausame Geschehen, aus großer Entfernung, können nicht helfen. Welle um Welle der Alpini greift den Gletscher herunterrasend an. Die Landesschützen-Kaiserschützen können sich nur gezielte Schüsse leisten. Sie müssen die Alpini auf kurze, sichere Schußdistanz herankommen lassen. Jeder Schuß muß sitzen. Später greifen die Ferngeschütze der Festungswerke Tonale und Presanella in den Kampf ein.

Die Italiener fallen der Reihe nach am Gletscher, der mit Hunderten von Toten bedeckt ist. In die italienische Militärgeschichte ging das verlustreiche Gefecht am Presana-Gletscher als der »Opfergang des Bataillons Morbegno« ein. Als sich die Alpini zurückzogen, hatten die Verteidiger nur mehr 20 Patronen pro Mann. Doch dies wußten die Alpini nicht. Nach Abbruch des Gefechtes bergen die Tiroler die verwundeten Alpini, tragen sie ins Tal und legen sie in die eigenen Lazarette. So hinterließ dieses erste Gletschergefecht in der Geschichte der Menschheit keine Verbitterung.

Der ehemalige Alpinisoldat G. M. Bonaldi, der dieses Gefecht mitmachte, urteilte im Nachhinein darüber:

»Trotz aller Bitterkeit der Niederlage verbleiben von diesem ersten Kampf auf den Gletschern ein unvergänglich edler Eindruck und gleichzeitig ein hehres Zeugnis hoher Menschlichkeit der Bewohner der Berge, auch wenn sie gezwungen waren, gegeneinander zu kämpfen.«

Zum Abschluß des Abschnittes Adamello–Presanella dieses Buches sei dem geneigten Leser noch ein artilleristisches Gustostückerl vorgestellt:

Fernschießen vom Monte Botteri (3286 m) nächst dem Hauptgipfel der Cima Presanella gegen den Corno di Cavento (3402 m) im östlichen Adamello-Hauptkamm!!! Am Monte Botteri befanden sich zwei 7-cm-Muster-99-Gebirgskanonen. »Die Leute der Batterie waren Ungarn, Niederösterreicher und Polen. Eine wunderbare Harmonie herrschte in der Eiseinöde zwischen den drei Nationalitäten. Das Artilleriefeuer war auf kleinsten Distanzen erfolgreich, auf großen Distanzen war es wirkungslos. Aus einem Gebirgsgeschütz wurde gegen Corno di Cavento geschossen. Das Schießen wurde als erfolglos abgebrochen.« (Ein dem Verfasser übermittelter mündlicher Sekundärbericht eines Artillerieoffiziers namens Dorninger.) Dieses Schießen ging – als das angeblich weiteste Artillerieschießen – in die Geschichte des Adamello-Krieges ein. Für Gebirgsgeschütze wurden in diesem Falle bestimmt extreme Entfernungen überwunden. Ganz ähnlich ging es den Italienern mit ihrer berühmten »Canonne 149« auf der Cresta della Croce (3276 m). Unter unsäglichen Mühen wurde sie hinaufgeschleppt, dann stellte sich heraus, daß der Lauf des Rohres nicht richtig eingeschossen wurde. Die Treffergenauigkeit war entsprechend gering. Auf kurze Distanz von wenigen Kilometern aber entfalteten alle Gebirgsgeschütze verheerende Wirkungen. Zur alten Streitfrage wer besser schoß: Die Italiener waren die besseren Artilleristen, hatten schlechtere Waffenschmiede. Die österreichischen Geschütze waren um vieles besser, die Bedienungsmannschaften im allgemeinen nicht so treffsicher wie die Italiener. So machte das eine das andere wett.

Die »Cannone 149» steht heute noch im mittleren Adamello-Hauptkamm.

Steigen Sie hinauf und schauen sie sich das Geschütz an!

26 Tonale – Montozzo – Ortler

1916/17: Österreichische Stellungen auf Punta Albiola. Einmal im Sommer, einmal im Winter. Deutlich erkennbar die Kampfgräben im Schnee, die Unterstände am Höhenkamm.

Innerhalb der von Ost nach West gegliederten geographischen Reihung dieser ersten Gesamtdokumentation des Gebirgskrieges 1915–1918 bin ich am letzten, hochalpinen Kampfabschnitt angelangt. Tonale – Montozzo – Ortler.
Bevor ich näher auf diesen Frontabschnitt eingehe, seien noch einige kurze Vorbemerkungen vorangestellt. Diese mögen eine entsprechende Gesamteinordnung in den Ablauf des Buches erleichtern.

Hätte ich die geographische Reihung der Abschnitte dieser Dokumentation konsequent eingehalten, so müßte das Buch mit dem vorliegenden Abschnitt enden.

Zwei große, weltgeschichtliche Ereignisse fehlen aber noch: die verzweifelten Anstrengungen der öst.-ung. Piave-Offensive 1918 und der Tonale-Offensive 1918 (Unternehmen »Lawine«). Das Geschehen beider großen Offensiv-Anstrengungen kann nicht in einem bestimmten Punkt des hochalpinen Frontverlaufs hervorgehoben werden. Entsprechend der militärischen, logistischen und organisatorischen Vorbereitung beider Offensiven und ihrem tatsächlichen Verlauf, handelte es sich um übergeordnete, überregionale Angriffsunternehmungen: Vorstoß im oberitalienischen Raum, nachfolgende Zangenbewegungen und Vorstoß nach Westen, über den Tonale, mit ebensolchen nachfolgenden Zangenbewegungen gegen die italienische Front. Beide Offensiven gingen in der Not, im fehlenden Nachschub, in der Entkräftung der Soldaten unter.
Beide Offensiven stellen die letzten großen Angriffsunternehmungen der alten kaiserlichen Armee dar.

Die kurze Dokumentation dieser beiden Unternehmen finden Sie daher logischerweise dem Abschnitt »Tonale – Montozzo – Ortler« nachgestellt. Beide Unternehmen leiten über zum bedauerlichen Untergang Altösterreichs. Beide Unternehmungen leiten über zum Ende der hochalpinen Front. Danach folgte der Zusammenbruch. So halte ich es daher auch mit der Gliederung meiner Dokumentation.

Aufgrund der weltgeschichtlichen Bedeutung dieser beiden letzten Offensiven, wird Sie wieder ein Autor von Rang und Namen über alle Details informieren: Oberst im Bundesgrenzschutz a. D. Hans Jürgen Pantenius, dessen Beiträge im Rahmen dieses Werkes Ihnen ja inzwischen vertraut sind. Wieder werden Sie in diesen beiden Beiträgen Schlaglichter – Akzente – Gesamtschau vereint vorfinden.
Dies zur Einordnung des letzten hochalpinen Frontabschnittes, dem wir uns nun genauer widmen wollen.

Noch einmal erleben Sie die Soldaten in Fels und Eis, noch einmal erleben Sie die Treue und Pflichterfüllung jener Männer, die unter allen Umständen ihrem soldatischen Auftrag gerecht wurden!

Ortler – König der Ostalpen zwischen Vinschgau, Val di Sole (Sulzberg), Feltlin und Valfurva! Der Ortler-Hauptgipfel erreicht mit 3902 m fast die Viertausendergrenze: über dreieinhalb Jahre wurde in dieser Höhe gekämpft, gelitten, gelebt. Wenige Meter unter dem Gipfel befand sich der höchste Unterstand dieses Krieges: in einem Eisstollen lebten die Tiroler Kaiserschützen, die Männer vom Edelweiß und Spielhahnstoß. Die Geschütze froren ein, die Waffen erstarrten in arktischer Kälte – aber der Wille zum Ausharren, zur Verteidigung uralten Heimatbodens wurde nie vom Frost, vom Schneeorkan abgetötet. Die Verteidigung der Ortler-Berge ist identisch mit der höchstgelegenen Gebirgsfront dieses Krieges, ist identisch mit der am längsten währenden hochalpinen, höchstgelegenen Kampffront in der Geschichte der Menschheit. Und wieder haben die Soldaten weniger, auserlesener Regimenter in der Kriegsgeschichte der Menschheit dieses Kapitel geschrieben: Tiroler Landesschützen-Kaiserschützen, Tiroler Kaiserjäger, Gendarmerie und die freiwilligen Schützen der Kompanien des Landes im Gebirge (von Ala bis Scharnitz). Ihnen gegenüber gleich tapfere Männer: Alpini und Bersaglieri.

Die Hauptkampflinie verlief vom Tonale kommend über die Feldwachenlinie Montozzo quer über die höchsten Ortler-Gipfel bis zum Stilfser Joch. Hier, an den Flanken von Dreisprachenspitz und Piz Umbrail (3032 m), letzterer bereits Grenzberg zur Schweiz, fand die hochalpine Front – ausgehend von den Julischen Alpen (!) ihr Ende. Ein unermeßlicher, nie vorstellbarer Frontverlauf.

Drei Schwerpunkte kennzeichnen den Frontverlauf:
Tonale – Montozzo und Ortler. Ersterer und letzterer sind bekannt in ihrer geographischen Lage; Montozzo wird nur

1917: Österreichische Feldwachen der Montozzo-Linie. Im Bild oben die Punta San Matteo (höchster Gipfel) mit ihrer Südwand, durch die Wilhelm Licka 1918 angriff.

wenigen Lesern ein Begriff sein. Er sei daher hier kurz näher fixiert:

Zwischen Tonale und Punta San Matteo eingelagert finden wir einen kleinen Paß mit zugehörigem Gipfel und Zugangstal: Forcella di Montozzo, Punta di Montozzo und Valle Montozzo. In diesem Raum errichteten die Österreicher eine – den südlichen Ortlerbergen – vorgeschobene Feldwachen- und Verteidigungslinie, nämlich die sogenannte Montozzo-Linie. Vom Tonale ausgehend erfolgte daher die Staffelung der Fronten in immer höhere Regionen. Die Montozzo-Linie aber bildete eine besonders gefährdete Einbruchsstelle in den hochalpinen Teil der Ortler-Front. So muß in einer Dokumentation auch der Montozzo-Linie Raum gegeben werden.

Im einzelnen aber verlief die Ortler-Front folgend: Tonale-Paß (1883 m), Punte Albiolo (2980 m), Punta di Montozzo (2864 m), Monte Redival (2973 m), Laghetti, Punta Ercavallo (3068 m), Monte Palu (2832 m), Monte Mantello (3537 m), Punta San Matteo (3684 m), Monte Vioz (3644 m), Palon della Mare (3704 m), Monte Cevedale (3778 m), Cevedale-Paß (3269 m), Sulden-Spitze (3376 m) Königsspitze (3859 m), Ortler (3902 m), Trafoier Eiswand (3563 m), Tuckettspitze (3466 m), Kristallspitzen (3480 m), Hintere (3432 m), Mittlere (3313 m) und Vordere Madatschspitze (3184 m), Payerspitze (3433 m), Geisterspitze (3465 m), Hohe Schneid (3431 m), Naglerspitze (3248 m), Monte Scorluzzo (3094 m), Stilfser Joch (2757 m), Dreisprachenspitze (2838 m), Piz Umbrail (3032 m).

Ein wahrhaft eisiger Frontverlauf, meistens über 3500 m Höhe und bis zu fast 4000 m Höhe!
Orientierungsgrundlage: Touristen-Wanderkarte Freytag-Berndt, Blatt 46, Ortlergruppe.

Die Hauptstützpunkte für Nachschub etc. der Ortlerfront der Österreicher lagen im Val di Sole; im Vinschgau, entlang der Stilfser-Joch-Straße; die der Italiener westlich des Tonale, weiters am Gavia-Paß, Santa Catarina, Bormio und westlich der Höhe des Stilfser Joches.
Im Verlauf dieses gewaltigen Frontabschnittes hielten die Italiener nur die Thurwieser Spitze, ferner die Trafoier Eiswand.

Im Reigen des Kampfes von 1915 bis 1918 stehen sechs denkwürdige militärhistorische Ereignisse an vorderster Stelle:

1. Die Rückeroberung der Punta San Matteo 1918 durch Tiroler Kaiserschützen.
2. Die österreichische Inbesitznahme der Königspitze 1917.
3. Die dauernde österreichische Besetzung des Ortler-Hauptgipfels, Frühjahr 1916, mit nachfolgendem Geschütztransport auf den Ortler und Seilbahnbau bis zur Payer-Hütte.
4. Die drei Tage dauernde Besetzung der Trafoier Eiswand im Herbst 1917.
5. Die österreichische Eroberung der Hohen Schneid im Frühjahr 1917 durch einen stellenweise fast senkrecht verlaufenden Eisstollen.
6. Die dauernde österreichische Besetzung des Monte Scorluzzo am Stilfser Joch im Juni 1915.

Große und einmalige Taten sind abgesehen von den einzelnen bedeutenden Gefechten – auf die ich später eingehen werde – zu berichten: Geschütztransporte durch Eiswände, kühnste Eisstollenbauten, Errichtung von Feldseilbahnen über Gletscher und Grate; daneben forderte die Hochgebirgsnatur ihren schrecklichen Tribut durch Lawinen und Blitzschlag.

»Ich verweise auf die ständige (österreichische; Anm. d. Verf.) Besetzung der Königsspitze, die auch im Winter stets besetzt war, und wo wir im Sommer 1918 zwei Maschinengewehre, zwei Infanteriegeschütze und eine Gebirgskanone (6,5 cm) hatten, eine schöne Baracke für 50 Mann und 4 Offiziere. Dann den Geschütztransport über die Nordwand der Kreilspitze (3389 m), also eine Erstbesteigung mit einer 8-cm-Feldkanone . . . am nächsten zu jenen des Feindes waren unsere Stellungen auf der Hohen Schneid 20 bis 30 Schritte entfernt; teilweise in Eistunnels sind eigene und feindliche Tunnels untereinander und übereinander gelaufen. Auf der Königsspitze waren die Stellungen ca. 150 bis 200 Schritte vom Feinde entfernt . . . im allgemeinen waren uns die Italiener an technischen Mitteln und Materialmengen weitaus überlegen. Ihre Seilbahnen, deren sie eine viel größere Zahl als wir besaßen, funktionierten besser. Ihre Artillerie war unserer weitaus überlegen. Unsere hatte zumeist

Hochwinter 1916/17: Kaiserschützen-Feldwache auf Laghetti (oben) und Soldaten-Lager auf Malga Strino gegen Laghetti im Hintergrund (unten). Das Lager auf Malga Strino wurde im März 1916 mehrmals von Lawinen verschüttet.

alte Modelle und kleinere Kaliber, der Feind aber eine Anzahl großer Kaliber. Wenn wir einen Gipfel neu besetzt hatten, dauerte es monatelang, bis wir endlich eine Seilbahn dorthin erbauen konnten, es fehlte uns an Material . . . wir haben alles sprengen müssen, die Barackenplätze usw.; dagegen hatte der Italiener Bohrmaschinen zur Verfügung. Als ich im Rayon I in Spondinig am 30. März 1917 ankam, schneite es schon seit Wochen und mit Ausnahme von einigen Tagen dann noch bis zum 24. April fast ununterbrochen. Von den Schneemassen, die damals in der Ortlergruppe lagen, konnte ich mir früher kaum einen Begriff machen, denn es war ein außergewöhnlich schneereicher Winter! Die Nachschublinie zum Abschnitt 1 und 2 war der Weg zum Stilfser Joch, durch Trafoi, zum Abschnitt 3 von Gomagoi nach Sulden war der Weg. Abschnittskommando war in Sulden. Der Nachschub des Abschnittes 4 ging durch das Martelltal. In Sulden lag damals der Schnee 6 bis 8 m hoch, davon 2 bis 3 m Neuschnee. Es war also natürlich auch außerordentlich lawinengefährlich. Bis Gomagoi konnten noch Schlitten verkehren, aber auch nur mit Mühe, von dort ab jedoch nur Trägerkolonnen. Der Weg nach Trafoi und Sulden von Gomagoi aus war so lawinengefährlich, daß der Nachschub oft tagelang nicht möglich war . . . unser Alpinreferent und gleichzeitiger Kompaniekommandant, Oberleutnant Richard Gerin, tat aber sein Bestes, um die Gefahr auf ein Minimum zu reduzieren. Er vertrat seine Ansicht mit Erfolg, und oft mußte er selbst bei höheren Kommanden, wenn sie zuwenig Erfahrung in Alpinistik hatten, kämpfen, um die Truppen vor unnötigen alpinen Gefahren zu schützen. Unser Rayonkommandant, später Brigadekommandant Oberst Reichsfreiherr von Lempruch, zeigte aber viel alpines Verständnis. Bloß in 1918, als ein junger ambitionierter Generalstäbler die Führung übernahm, gab es viel Entrüstung bei uns Bergführern, als wir beim grünen Tisch ausgearbeitete taktische Befehle erhielten, die alpinistisch direkt unausführbar waren . . . wie schneereich der Winter 1916/17 war, darüber teile ich dir mit, daß im März 1917 binnen zwei Wochen ca. 30 Neuschneelawinen zwischen Sulden und Gomagoi abgegangen sind. Später im Frühjahr verschütteten den Weg in 10 Tagen einmal 18 Grundlawinen. Es kamen im Winter 1916/17 Neuschneelawinen überall selbst dort herab, wo die ältesten Einwohner sich nicht erinnerten, jemals eine Lawine gesehen zu haben. Im selben Winter wurde von Neuschneelawinen die alte Suldner Kirche und ein Haus, das 400–600 m davon entfernt ist, zerstört. Diese Lawinen kamen außerhalb jeder Lawinenrinne herab, obzwar es in der Nähe auch Lawinenrinnen gab . . . es war unmöglich, auszurechnen, wo eine Lawine herunterkommen könnte. In diesem Winter wurde das Hotel Alte Post in Trafoi von einer Neuschneelawine überschüttet, wobei ein Fähnrich und zwei Pferde zugrunde gingen. Damals verschüttete auch zwischen Trafoi und Gomagoi eine Lawine eine Telefonpatrouille von 7 Mann. Die Leichen von fünf Mann konnten erst im Frühjahr geborgen werden . . . die Artilleriemannschaft waren zumeist Böhmen, die Offiziere Böhmen und Polen. So der Kommandant, Oberleutnant Felik, Böhme; Leutnant Hadam, Pole; Fähnrich Nack, Wiener; dann noch ein Böhme und ein Pole. Wir alle verstanden uns recht gut, es herrschte eine sehr schöne Kameradschaft und trotzdem in unserem Abschnitte beinahe alle Nationalitäten der Monarchie beisammen waren, tat jeder mehr als seine Pflicht. Streitereien oder Mißverständnisse kamen nie vor . . . fünf Tage war die Königsspitze in unserem Besitze, da forderte sie die ersten Opfer. Am 30. Mai 1917 marschierte die Ablösung der Besatzungen der drei Stützpunkte des Königsjoches um 5–6 Uhr nachmittags von der Schaubachhütte bei bedecktem Himmel ab. Bei Dämmerung sind die Leute am Königsjoche angekommen, wo sie die Dunkelheit abwarteten, um gegen die Schulter weiter marschieren zu können. Das Königsjoch war gegen Abend schon mit Nebel umgeben. Der Nebel war ziemlich dicht, und ein nicht zu starker Wind blies. Später fing es an zu schneien. Aber kein flockiger Schnee und auch kein Hagel, sondern kleine runde Schneekugeln. Heute erkenne ich schon bei diesem typischen Schneien, daß es aus elektrizitätsgefüllten Wolken stammt, damals aber ahnte niemand etwas. Die Ablösung gelangte gerade auf Obere Schulter, wo die alte Ablösung schon zum Abmarsch von der Eiskaverne bereitstand. Damals stand die Telefonkassette auch noch vor der Kaverne, da drinnen im Eisloche vom Eisplafond das Wasser floß. Munition, Karabiner und Eispickel standen im Schnee geschlagen noch beim Ausgang der Baracke. Es war ungefähr 9–10 Uhr abends . . . ich stand zu dieser Zeit, den vorigen Tag von der Schulterstellung abgelöst, bei der Tür in der Schaubachhütte und schaute mich ums Wetter um, da hörte ich ein Donnern, oberhalb der Tür, bei den Versicherungen der Telefonleitungen schlug eine Flamme heraus. Auf der Königsspitze schlug, ohne jede vorherige sonstige Anzeige als ein wenig Zischen im Telefon,

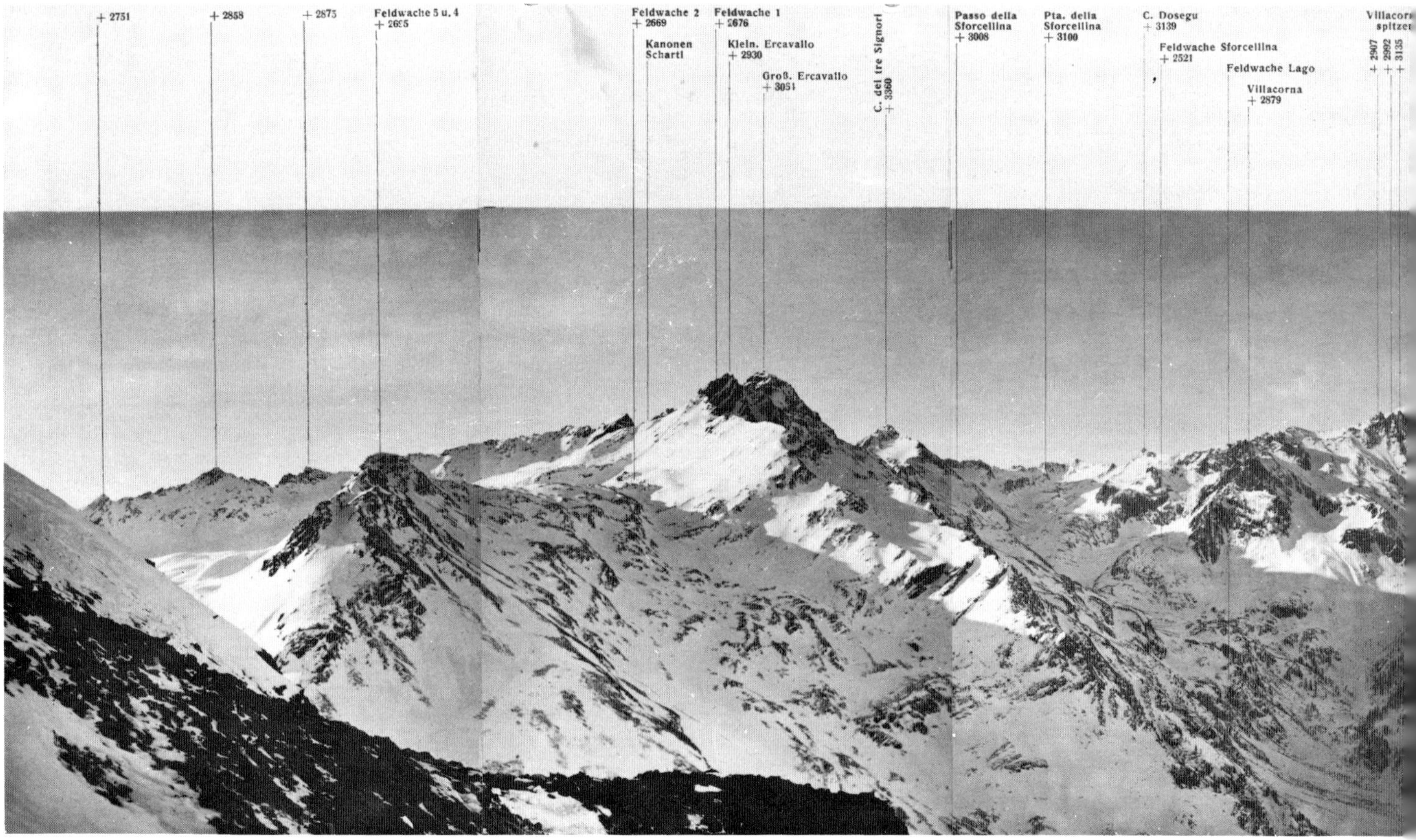

ein Blitz in die Leitung ... der Blitz kam von der Spitze in der Telefonleitung herunter, schlug da zwischen die Leute in Pickel und Munition. Drei brave Bergführer waren sofort tot, sechs andere gelähmt, von denen vier in einigen Monaten aber wieder dienstfähig waren. Nun ging der Blitz weiter. Auf Königsjoch bekam der Telefonist, der im Zelte bei Oberleutnant Gerin wohnte, dann Oberleutnant Gerin, der gerade mit Sulden telefonierte, einen kleinen Schlag, so daß sie einige Stunden, wie wenn sie einen tüchtigen Faustschlag ins Gesicht bekommen hätten, da saßen. Bei Schaubachhütte schlug der Blitz die Versicherungen aus und in Sulden bekam Ingenieur Mittermaier, der mit Oberleutnant Gerin am Telefon sprach, auch noch einen Schlag.
... ich saß im Offiziersraum auf der unteren Pritsche am Telefon und sprach, über mir lag Leutnant Munck und schaute auf mich herab. Im Zimmer brannte noch nicht die Lampe, es war Dämmerung (auf dem Gipfel der Königsspitze Anm. d. Verf.). Draußen war Nebel und seit einigen Minuten schneite es. Wieder dieser kugelartige körnige Schnee, der meiner Ansicht nach bei elektrisch geladenen Wolken typisch ist. Auf einmal bekam ich einen Schlag, ich konnte die Muscheln des Telefons nicht mehr auslassen, der Strom lief durch mich und schüttelte mich; bei meinen Ohren gab es Funken, die das Zimmer beleuchteten. Mit Kraftanstrengung gelang es mir, wahrscheinlich beim Nachlassen der Stromstärke, das Telefon wegzuwerfen. Die Kassette flog auf meinen Kopf, so daß ich einen Schmiß bekam, der heute noch etwas sichtbar ist.

Nun, vom Schrecken erholt, machten wir uns daran, die Drähte sofort von der Kassette herauszunehmen und aus der Baracke zu werfen.

Als die zwei Enden aus der Kassette genommen waren und am Boden lagen, kam ein zweiter Schlag. Diesmal auf meine Füße. Dieser war aber kurz und nun warfen wir die Drähte mit größter Eile aus dem Zimmer. ... wie elektrisch die Königsspitze war, ist kaum vorstellbar. Oft saßen Wolken weit am Horizont noch, und man verspürte schon kleine elektrische Ladungen am Telephon.
Delmar und ich waren als die verflixten Bergfexen in unserem Abschnitte bekannt ... als Rekordzeiten z. B. galten von der Schaubachhütte auf Königsjoch in 1 Stunde und 15 Minuten.

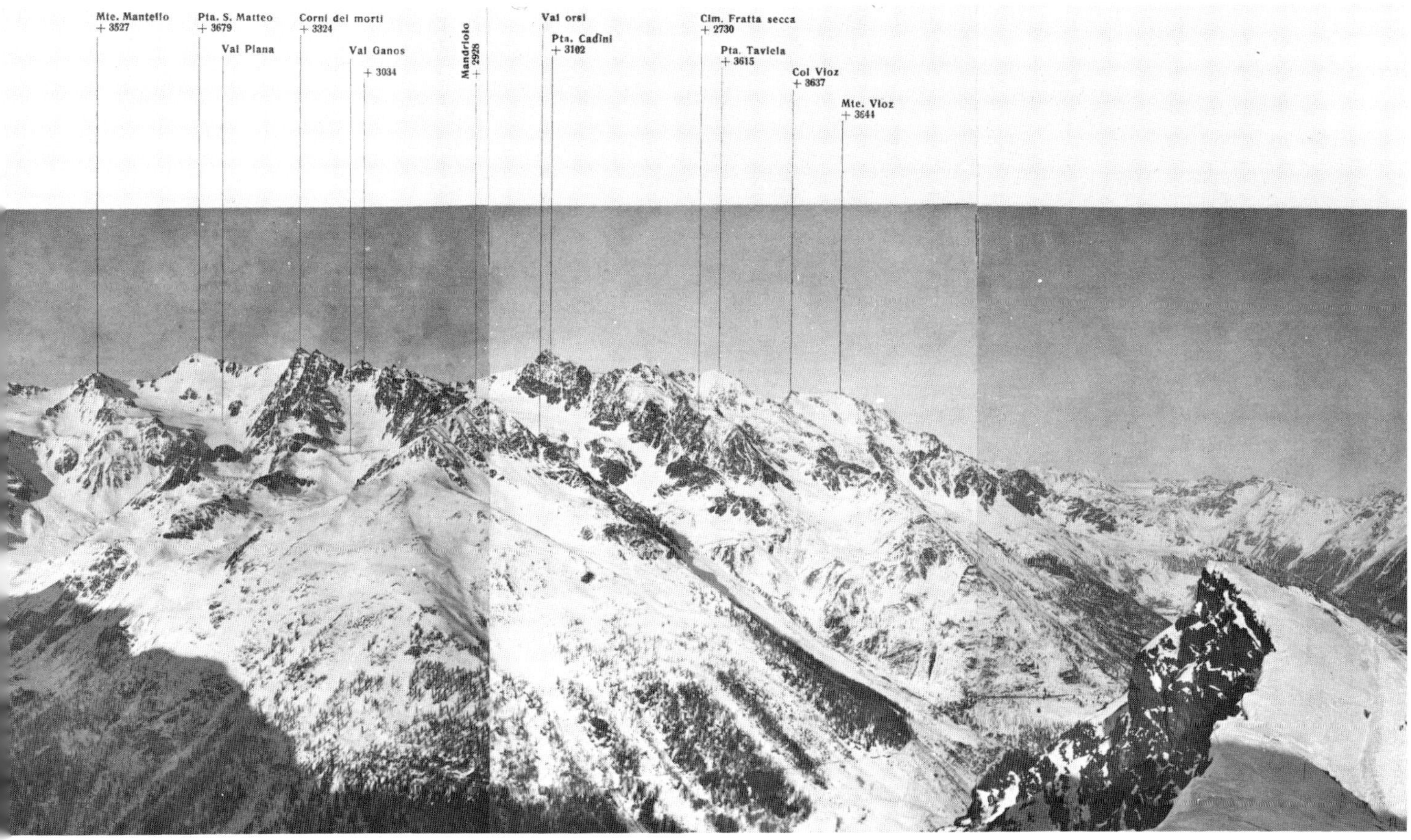

Vom Königsjoch auf die Königsspitze in 44 Minuten. Von der Payerhütte auf Ortler in 1 Stunde und 20 Minuten und noch kürzer!

Skier wurden bei uns an der höchsten Kriegsfront auch recht gut verwendet. Die Mannschaft ging zwar in die Stellungen zumeist zu Fuß, aber nach Neuschneefällen, wenn der Weg nicht ausgetreten war, verwendeten wir die bewährte Methode, daß die ersten vier bis fünf Mann Skier, weitere fünf bis sechs Mann Schneereifen hatten, die übrigen dann noch zu Fuß gingen . . .

Ich wohnte einigen Geschütztransporten bei. Der interessanteste und alpin vielleicht der schwerste, war jener auf die Kreilspitze (3391 m) über deren Nordwand!
Eine ›Erstbesteigung‹, da die Nordwand, die ca. 45 Grad im Durchschnitte hat, oben aber 50–60gradig ist, im Frieden noch unbestiegen war.
Die 8-cm-Feldkanone wurde in Teile zerlegt (Rohr, Lafette, Räder usw.) auf Schlitten von Sulden auf die Schaubachhütte gebracht, von dort in die Firnmulde zwischen Schröterhorn, Nordgrat-, Kreil- und Königsspitze, und vor der Mulde direkt in einer Eisrinne über die Nordwand der Kreilspitze, mit Hilfe von Drahtseilen auf die Spitze selbst gebracht.
Von Sulden bis in die halbe Höhe der Nordwand wurde alles mit Menschenkraft direkt gezogen, von der halben Höhe der Nordwand mittels Drahtseilen.

Am Transporte war die ganze freie Artilleriemannschaft beteiligt, da diese aber bei weitem nicht ausreichte, größtenteils Bergführer und etwas Standschützen auch. Die Geschütztransporte wurden zumeist unter Kommando von Bergführeroffizieren ausgeführt, da die Artilleristen dort keine Bergsteiger waren. Beim Kreilspitzentransport hatten Oberleutnant Gerin, Leutnant Haller und Leutnant Romeiser das Kommando. Dabei geschah auch ein Unglück.
Zwei Bergführer, ausgesuchte Alpinisten, mit Eckenstein-Steigeisen ausgerüstet, sollten von der Kreilspitze das Drahtseil, damit es sich beim Hinunterwerfen nicht verfängt, am Ende haltend, über die Nordwand direkt hinunterziehen, um unten den Schlitten mit dem Rohr darauf binden zu können. Kaum daß sie aber das Drahtseil haltend und außerdem zusammengeseilt 50 bis 60 Schritte hinuntergestiegen waren, rutschte der eine am Eise aus und riß den anderen mit.

Ein und dieselbe österreichische Feldwache auf Ercavallo gegen Corno di Tre Signori: Im Hochwinter 1916/17 (oben) und im Frühsommer 1918 (unten).

Ich sah von der Firnmulde unten die zwei Punkte an der Nordwand nun hinuntersausen. Es war bald der eine, bald der andere voraus, sie verwickelten sich am Seil zu einer Masse und sausten in kolossaler Geschwindigkeit herunter, in Eisrinnen anprallend, über einen Felsabsatz!
Sie stießen dann an das Geschützrad, das schon weiter unten am Hange stand, an, prallten mehrere Meter seitwärts davon und kamen erst unter der Randkluft in der Firnmulde zur Ruhe.

Die Wand, über die sie herunterflogen, war eisig oder hartfirnig, mit Eisrinnen durchzogen und die Höhendifferenz betrug 500 Meter. –

Wir fanden die beiden dicht durch das Seil aneinandergebunden vor. Kein Stückchen Fleisch blieb an ihren Gesichtern und Händen unverletzt! Der eine hatte einen gebrochenen Fuß, der andere eine tiefe Kopfwunde. Sie wurden sofort verbunden, von der Mittelstation des Königsjochaufzuges auf die Schaubachhütte und von dort nach Sulden befördert. Das Unglück geschah um 7.30 Uhr früh und nach 11 Uhr waren beide schon in Spondinig draußen in der Sanitätsanstalt! Vier Monate später machten sie schon wieder Dienst . . .« (Auszüge eines Berichtes des Leutnants Ladislaus von Romeiser, Budapest, an Oberst Czant.)

Dieser Bericht des Leutnants Ladislaus von Romeiser bietet ein für die Kriegszeit auf den Ortler-Bergen aktuelles Spektrum dessen, was meistens mit dem zu banalen Wort »Frontalltag« bezeichnet wird: denn der Frontalltag – also die Zeit zwischen größeren Kampfhandlungen – bestand aus härtestem Nachschubdienst, Eisstollen-Arbeiten, Lawinen, Blitz, Steinschlag und ständigem Dienst in den Feldwachen.

Auch bei diesem Abschnitt dieser Dokumentation möchte ich nochmals betonen, daß es nicht möglich ist, sämtliche Kampfhandlungen zu schildern, sondern nur auf die historisch, militärisch, alpinistisch wichtigsten Kämpfe einzugehen. Dies geschieht nun im folgenden.

Tonale-Paß:
Verbindungsglied und gleichzeitig natürliche Talfurche zwischen den nördlichen Presanella- und südlichen Ortler-Bergen, stellte die Paßhöhe mit ihrer weiten Fläche den tiefsten Punkt der Front zwischen Monte Adamello und Ortler-Hauptgipfel dar. Der Durchbruch der Italiener über die Paßhöhe selbst wurde im vereinten Zusammenwirken des Abwehrfeuers der österreichischen Festungswerke und Verteidigungskräfte auf der Paßhöhe selbst verhindert: waren es zu Kriegsbeginn vorwiegend Tiroler Standschützen, die hier lagen, folgten diesen schon bald aktive Truppen nach. Aber gerade hier – am Tonale-Paß – blieben Tiroler Standschützen bis zum letzten Kriegstag ein überragender Teil der Paßverteidigung.

Noch heute kann man auf der Paßhöhe des Tonale die Granattrichter, eingestürzten Schützengräben sehen – obwohl die Vegetationsdecke die ehemaligen Kampfstätten bereits überzogen hat.

Steht man aber auf dem Passo Paradiso und blickt an einem klaren Tag auf die weite Paßfläche hinab, so erkennt man Tausende von Granattrichtern, die wie Pockennarben die Alm- und Weideflächen überziehen.

»1918: Am 19. Januar wurde endlich die Kompanie (Lienzer Standschützen; Anm. d. Verf.) auf eine zweimonatliche Retablierung zurückgenommen. Die Zeit wurde dazu verwendet, um Monturen herzurichten, Wege instandzuhalten und nicht am wenigsten, um Exerzierübungen vorzunehmen. Auch eine Schulung der Mannschaft bezüglich Gas- und Gasmasken wurde durchgeführt.
Am 20. März mußte die Kompanie wieder in Stellung in die vorderste Linie am Tonale-Paß. Man brauchte nach Aussage des Rayonskommandanten verläßliche Leute, und das waren eben die Standschützen.
In dieser Stellung nun war die Kompanie dem heftigsten Artilleriefeuer ausgesetzt. Es gab Tage, an welchen die Leute mit 300, 400 und mehr Granat- und Schrapnellschüssen bedacht wurden.
Im ganzen wurden im Verlaufe von 5 Wochen über zehntausend Schuß gezählt.
Geradezu auffallend war das Glück und der Schutz von oben, den die Kompanie hatte. Obwohl keine Kavernen vorhanden waren und auch die Unterstände ziemlich schadhaft waren, obwohl die Geschosse von allen Seiten einfielen, zählte die

1918: Kampfgraben zwischen Punta San Matteo und Monte Mantello – Stätte des höchstgelegenen Gefechtes aller Zeiten: Kampfregion der Tiroler Landesschützen-Kaiserschützen!

Kompanie während der ganzen Zeit keinen Verwundeten, geschweige denn einen Toten. Leicht begreiflich atmete alles auf, als endlich die Befreiung aus dieser Hölle gemeldet wurde.«
(Cletus von Pichler)

Nördlich des Tonale-Passes erhebt sich der Doppelgipfel der fast 3000 m hohen Punta Albiola.
Ähnlich wie am Stilfser Joch im Falle des Monte Scorluzzo, ist die militärische Bedeutung der Punta Albiola nördlich des Tonale zu beurteilen: wer den Gipfel beherrscht, beherrscht den Paß, sichert damit die eigenen, bekämpft dadurch die feindlichen Nachschubwege. Die Punta Albiola war daher unter jenen Gipfeln, die in Paßnähe besetzt wurden, von übergeordneter Bedeutung.

Bei Kriegsausbruch 1915 können nur wenige Tiroler Verteidiger die Linie vom Tonale bis Punta Albiola besetzen. Mitte August 1915 erobern Soldaten eines italienischen Infanterieregimentes den obersten Teil des Ostgrates der Punta Albiola. Die Italiener bauen dieses kurze Gratstück aus und stören damit von hier aus den gesamten Nachschub der Österreicher. Diese prekäre Situation wird durch das Eintreffen des Kaiserschützen-Landesschützen-Regimentes Nr. I behoben. Am 23. September 1915 setzt der Angriff gegen die italienischen Stellungen ein, die durch starkes Artilleriefeuer niedergehalten werden. Aus dem II. Bataillon des Kaiserschützen-Regimentes Nr. I werden drei Angriffsgruppen – lauter Freiwillige – gebildet. In den Nächten vor dem eigentlichen Angriff wurden die ehemaligen österreichischen Leitern und Steiganlagen, die durch die Felswände zur Punta Albiola führen, instand gesetzt.

Gegen Mittag des 23. Septembers 1915 dringen die Sturmpatrouillen über die Leitern und Steiganlagen gegen die italienischen Stellungen lautlos vor. Plötzlich verstummt schlagartig das österreichische Artilleriefeuer, die Kaiserschützen dringen im Sprung aus der Wand, im folgenden Nahkampf treten Stutzen und Handgranaten in Aktion, nach kurzer Zeit müssen sich die Italiener ergeben.
Die Punta Albiola wurde noch im Herbst 1915 den Italienern somit wieder entrissen, der Gipfel von den Kaiserschützen besetzt und nachfolgend kriegsmäßig ausgebaut.
Im Rahmen der Verteidigung des Tonale-Passes bildete sie ab sofort den wichtigsten Eckpfeiler, den die Italiener nie mehr zurückerobern konnten.

Von Fucine im Val di Sole führt das Vale di Pejo zu den Südhängen des Monte Vioz. Hier gabelt sich das Tal in einen nördlichen und westlichen Ast: letzterer – das Vale del Monte und das Val Montozzo – stellte den Hauptzugangsweg der Österreicher in das Frontgebiet rund um Ercavallo, Monte Palu, Laghetti und Punta di Montozzo dar.

Diese Gipfel und Jöcher mit Höhen über knapp 3000 m sind ein natürlicher Riegel vor den höchsten Bergen der südlichen Ortler-Gruppe. Im Krieg besetzten die Österreicher sämtliche Hauptgipfel, überzogen die Grate mit einem Netz von Feldwachen und beherrschten damit in Form der sogenannten Montozzo-Linie die südlichen Ortler-Vorberge.
Auf den Seiten 224–225 finden Sie ein umfassendes Kriegspanorama, welches Ihnen den genannten Abschnitt verdeutlicht.
Fotografiert wurde das Panorama von der Fotostelle der k. u. k. Kriegsvermessung Nr. 8 vom Gipfel des Monte Comegiolo im Januar 1918. Der Fotograf, Zugsführer Oskar Kreibich, nahm in Form von zwei Teilbildern den gesamten Kammverlauf vom Monte Vioz bis weit südlich des Ercavallo auf. Die verschiedenen österreichischen Feldwachen, Kanonenstellungen usw. wurden in diesem Panorama vermerkt. Der gesamte Gratverlauf in der linken Hälfte des Panoramas bildete die Hauptkampflinie zwischen Österreichern und Italienern.

Das letzte österreichische Angriffsunternehmen in diesem Abschnitt, das Unternehmen »Lawine«, im Sommer 1918 sollte in den Hochregionen nördlich und südlich des Tonale vorgetragen werden. Von besonderem Interesse ist in diesem Zusammenhang das Montozzo-Gebiet gewesen. In drei Angriffsstößen sollten die Österreicher vorgehen. Bei der tatsächlichen Offensive stellte sich heraus, daß die Italiener wesentlich mehr Gratpunkte und Jöcher besetzt hielten, als man angenommen hatte. Als besonders verhängnisvoll erwiesen sich dabei die zahlreichen, nicht einkalkulierten,

Corno dei tre Signori
Montello (3536 m)

1917: Unterkunft der Tiroler Landesschützen-Kaiserschützen am Monte Vioz. Blickrichtung gegen Osten, zur Brenta.

italienischen Revolverkanonen und leichten Gebirgsgeschütze. Sie nahmen die österreichischen Angreifer unter wirkungsvolles Sperrfeuer, die Höhenzüge des Montozzo mit den italienischen Felsnestern bildeten jenen Sperriegel, an dem der österreichische Angriff endgültig scheitern sollte.

Im August 1918 erfolgt der italienische Großangriff gegen die Höhe des Tonale-Passes und gegen die benachbarten Gipfelregionen. Stoßtrupps der Alpini besetzten die Punta San Matteo (3684 m), den Monte Mantello (3537 m) und den Gletschergipfel (3502 m). Damit rückte das Ziel der Alpini in das Val di Sole vorzudringen erstmals in greifbare Nähe. Vom militärischen Standpunkt aus gesehen bestand höchste Gefahr für die österreichischen Frontabschnitte: Hochgebirgstruppen der Italiener hatten nunmehr die Möglichkeit, die Verteidiger in die Zange zu nehmen. Von besonders schwerwiegender Bedeutung für die Österreicher war der Verlust der Punta San Matteo und der benachbarten Gipfel.

»Zur Wiedergewinnung dieser Höhen zog man die 3. Kompanie des Divisions-Sturmbataillons 22 unter Oberleutnant von Tabarelli zunächst nach Pejo vor. Nach eingehenden Ermittlungen wurde als Angriffsplan festgesetzt, den Angriff in zwei Gruppen, und zwar mit einer Gruppe gegen den Matteo und mit einer zweiten Gruppe gegen den etwa 1 km südwestlich liegenden Mantello durchzuführen. Hierbei hatte die zweite Gruppe die erste auf dem gleichen Wege zu überholen und so dann über den Grat gegen den Mantello vorzustoßen. Zur Führung dieser zweiten Gruppe hatte sich Oberleutnant Licka freiwillig gemeldet. Der einzig mögliche Zugang zu den beiden Punkten schien von dem Monte Giumella über den Kamm in nordwestlicher Richtung zu liegen. Von Punta San Matteo aus führte jedoch nur ein steiler Fels- und später Eisgrat gegen den Mantello. Der Matteo selbst fällt nach Süden und Norden in steilen, vielfach zerrissenen Eiswänden ab. Der Felsgrat ist von Mantello aus beherrscht und war außerdem in direkter Sicht aller ringsum aufgestellten feindlichen Batterien und Maschinengewehrabteilungen. Seinen Abfall bilden beiderseits steile, von Spalten und Brüchen durchzogene Eiswände. Der Eisgrat war messerscharf und fiel ebenfalls gegen beide Seiten fast senkrecht ab. Am 3. September 1918 wurde, nach einem neunstündigen anstrengenden Marsch, in den ersten Nachmittagsstunden von beiden Gruppen der Monte Giumella, rund 800 m östlich des Matteo, erreicht und dort eine Rast eingeschaltet. Um 17.00 Uhr wurden die beiden Eiskavernen bezogen, die als Ausgangspunkt im Gletschereis 200 Schritte nördlich der Giumellaspitze eingesprengt waren. Zur Unterstützung des Angriffs waren 6 Maschinengewehre und vier kleine Gebirgskanonen auf dem Südgrat der Giumella aufgestellt. Um 18.00 Uhr setzte schlagartig das eigene Trommelfeuer ein, das jedoch gegen die übermächtige, vielfach aus schußsicheren betonierten Kavernen wirkende feindliche Artillerie nicht viel ausrichten konnte. Dennoch wurde programmgemäß die Matteo-Stellung erstürmt, rund 50 Gefangene gemacht und 4 Maschinengewehre, zwei Minenwerfer sowie zahlreiches Kriegsmaterial erbeutet.

Oberleutnant Licka war mit der ersten Gruppe bis auf den Kamm vorgegangen. Das jetzt erfolgende Einsetzen der feindlichen Artillerie, besonders aus der rechten Flanke, brachte Licka wieder auf den schon früher von ihm erwogenen Gedanken, den anbefohlenen Angriffsweg durch einen Umweg über die Matteo-Südwand zu vermeiden, wobei bestimmend war, daß der Westgrat des Matteo nur kletternd und ohne die geringste Möglichkeit eines Ausweichens bezwungen werden konnte, was bei dem wirkungsvollen Flankenfeuer keine Aussicht auf einen Erfolg gab.« (Entnommen aus einer »Mitteilung« des Kaiserschützenbundes Wien und Niederösterreich, 1968.)

Soweit zur Vorgeschichte dieser spektakulärsten Aktion in der Geschichte des Hochgebirgskrieges. Von jenem Augenblicke an, da Licka den Angriffsbefehl in seinem Sinne änderte, wurde die Grundlage gelegt für die Rückeroberung der Punta San Matteo – aber auch für sehr große Verluste. Bis heute ist diese Problematik ein harter Diskussionspunkt zu diesem hochalpinen Unternehmen geblieben. Die Verfechter Lickas sind von der Richtigkeit des damals eingeschlagenen Angriffsweges überzeugt, seine Gegner – auch sehr viel in militärischen Kreisen –, sind der Meinung, daß die Grenze des tragbaren Risikos überschritten wurde. Wie immer es sei: Wenn Sie das Panorama auf den Seiten 224/225 betrachten, so sehen sie die Punta San Matteo mit ihrer eisigen Südwand (55 Grad Steil!!!), die exponierte Lage

1917: Österreichische Feldwache auf Palon della Mare (oben) und Geschütz auf Monte Palu im Montozzo-Abschnitt.

der benachbarten Gipfel und die endlos steilen Hochtäler, durch die besagter Angriff vorgetragen wurde. Nach stundenlangem Marsch erreichten die Angriffstruppen die Gletscherregionen, mußten dann über Gipfel, Grate und durch die Südwand der Punta San Matteo noch angreifen. Wenn man bedenkt, daß Licka eine Verantwortung auf sich genommen hatte, die von vielen kommandierenden Offizieren nicht mehr getragen worden wäre – der Angriff durch eine exponierte Eiswand –, so ist es nur zu leicht verständlich, daß das Unternehmen von manchen als Todeskommando, von anderen als größtes Heldenstück in der Geschichte des Gebirgskrieges bezeichnet wurde.

Beide Formulierungen treffen zu. Beide Formulierungen verdeutlichen aber auch den Zwiespalt und die einsame Entschluß-Situation, denen ein Offizier gegenüberstand.

Das Unternehmen Lickas war von Erfolg gekrönt, er ging in die Geschichte des Gebirgskrieges ein: höchstgelegenes Gefecht aller Zeiten, letzte siegreiche Kampfhandlung der alten kaiserlichen Armee; Licka selbst wurde mit dem Ritterkreuz des Militär-Maria-Theresien-Ordens ausgezeichnet. Am Ausgang des Krieges vermochte die Eroberung der Punta San Matteo aber nichts mehr zu ändern. Dem militärischen Erfolg aber steht eine fast unmenschliche Zahl von Gefallenen gegenüber. Doch zurück zum eigentlichen Angriff:

Stufenschlagend arbeiten sich die Angreifer durch die Eiswand vor. Feindliches Artilleriefeuer erfaßt sie. Schon stürzt die Bergführer-Patrouille ab. Weitere Soldaten fallen aus der Eiswand, bleiben schwerverletzt oder tot am Einstieg liegen. Zusätzlich fordern Eis- und Steinschlag – ausgelöst durch feindliches Feuer – viele Opfer. Diese finden sich besonders unter den letzten Männern der Angriffsgruppe.

Die Überwindung der Eiswand unter diesen Umständen mutet nahezu wie ein Wunder an. Aber kurz vor dem Ausstieg eröffnet ein italienisches Maschinengewehr das Feuer gegen die Männer. Licka ganz allein gelingt es, die Besatzung dieses Maschinengewehres niederzumachen. Doch damit nicht genug, mußten sich Licka und seine Kameraden auf dem inzwischen erreichten Eisgrat im Nahkampf vorarbeiten. Ohne jede Deckung kriechen die Kaiserschützen am Grat vorwärts. Mit letzter Kraft gelingt es, angreifende Alpini mit Handgranaten abzuwehren. Stundenlang mußte gegen die Alpini, die in Eisstollen und Kavernen verschanzt waren, gekämpft werden, bis endlich das gesamte Massiv von Mantello-Matteo rückerobert war. Von der Sturmgruppe Lickas fielen sämtliche Offiziere und 40 Mann.

»Der Versuch eines Gegenangriffes unter dem Kommando des tapferen Alpini-Majors Caffaretti wurde von der Besatzung des Matteo und des Mantello glatt abgewiesen. Dafür aber lag das schwerste Vergeltungsfeuer der gesamten italienischen Artillerie noch tagelang auf dem Mantello, dem Matteo und der Giumella. Jeder Verkehr und selbst jede Telefonverbindung war trotz des in ständigem Feuer erfolgenden Leitungsbaues des tapferen damaligen Telefonoffiziers, Fähnrich Sauser (nachmaliger Univ.-Prof. Dr. Dr. et. Mag. Gustav Sauser in Innsbruck; Anm. d. Verf.) fast abgebrochen. Die Verwundeten und Toten lagen in den Eisstollen und konnten nicht abtransportiert werden. Aber die tapferen Männer des Oberleutnants von Tabarelli, des Oberleutnants Licka und des Hauptmanns Molterer hielten durch. Erst am dritten Tag flaute das Feuer ab und verstummte schließlich ganz. Der Gegner hatte trotz seiner erdrückenden Übermacht aufgegeben.« (Zeitgenössischer Bericht eines unbekannten Autors.)

Wettrennen um die Königsspitze: (3859 m):
Im Frühjahr 1917 wurde die Besetzung der Königsspitze vom österreichischen Abschnittskommando beschlossen. Zur selben Zeit müssen auch die Alpini diesen Plan gefaßt haben, denn die Besetzungstruppen beider Seiten erreichten mit einer ganz geringen Differenz von wenigen Tagen den Gipfel bzw. eine Position, 150 Schritte davon entfernt.
Schon Wochen vorher beförderten Träger der österreichischen Besetzungstruppen das Angriffsmaterial in der Nacht auf die Schaubachhütte.

Am 24. Mai 1917 brachen die Besetzungstruppen von der Schaubachhütte auf. In einer sternenklaren Nacht um 1 Uhr trat die ca. 100 Mann umfassende Gruppe ihren beschwerlichen Weg an. Gespenstisch wirkten sie in ihren weißen Schneemänteln.

Mühsam ist der Weg durch die Randmoräne des Suldenferners, steil die Eiswand zum Königsjoch, darunter die gefährliche Randkluft! In der Eiswand unter dem Königsjoche lösten die Männer gefährlichen Steinschlag aus. Eisige Kälte herrschte. Um 3 Uhr in der Früh stand man am Königsjoch, wo Nebel und eisiger Sturmwind aufzogen. Der Hauptteil der Angreifer schlug nun auf der Nordseite des Königsjoches ein bitterkaltes Biwak auf, während eine Vorpatrouille den eigentlichen Gipfelanstieg in Angriff nahm.

Im rasenden Sturm, undurchdringlichem Nebel steigen die Männer unter Freiherr Hilber über die Schulter zum Gipfel hinauf. Knapp unter diesem müssen sie ein Biwak beziehen, da bereits das erste Licht des Tages zu sehen ist. Unbemerkt von den Alpini sollte der Angriff vor sich gehen. So harrte die Vorpatrouille den ganzen Tag über in einem Eisloch auf der Schulter der Königsspitze aus. Acht Mann kauerten auf kleinstem Platz, in Zeltblätter gehüllt in eisiger Kälte.

Am Abend des 25. Mai 1917 brechen weitere Angriffstruppen von der Schaubachhütte auf und Freiherr Hilber steigt aus dem Eisloch heraus und steht kurz darauf auf dem Gipfel der Königsspitze. Im Laufe des nächsten Tages erreichen auch die anderen Angriffstruppen den Gipfel. Überraschend gelingt die Besetzung im Wettlauf mit den Alpini – diese erreichen einen Tag später fast den Gipfel! 150 Schritte von der österreichischen Gipfelbesatzung entfernt nisten sich nun auch die Alpini am Suldengrat ein! Welch waghalsiges Unternehmen wurde hier von Freund und Feind durchgeführt. – Im Verlaufe der nächsten Kriegsmonate bauten die Österreicher die Königsspitze stark aus. Die Gipfelmannschaft bestand aus Bergführern und Tiroler Standschützen. Auf dem Königsjoch wurden im Laufe der Zeit Baracken und Unterkünfte, Stellungen aus Steinen, Sandsäcken und Schutzschilden errichtet. Die Wege über die Gletscher markierten Stangen und Skistöcke. Ein Handaufzug führte von der Schaubachhütte zum Königsjoch, von hier weiter zur Schulter der Königsspitze. Seilsicherungen mit Steiganlagen auf die Königsspitze erleichterten auch bergungewohnten Soldaten den Aufstieg.

Bis Kriegsende 1918 blieb die Königsspitze in österreichischem Besitz, aber auf Sicht und Rufweite lagen sich die Gegner auf über 3800 m Höhe gegenüber.

Der Ortler-Hauptgipfel (3902 m) stellte allein schon aufgrund seiner überragenden Aussichtsmöglichkeiten eine besonders wichtige Position der Tiroler Verteidiger dar. Eine Inbesitznahme des Ortlers durch die Alpini hätte darüber hinaus die gesamte Front gefährdet. Im ersten Kriegsjahr war der Ortler nicht ständig besetzt, aber ein permanenter Kreislauf von auf- und absteigenden Patrouillen sorgte dafür, daß der Gipfel nie ohne Überwachung blieb. Im Hochwinter 1915/16 zählte dieser Patrouillendienst zu den schwierigsten Unternehmen dieses Frontabschnittes. Tagaus, tagein, untertags, in der Nacht lösten die Patrouillen einander ab und quälten sich von der Payerhütte über den tiefverschneiten Grat hinauf und hinunter.

Schon bald hackten die Patrouillen auf dem Ortlergipfel eine kleine Eishöhle aus, wo sie Unterschlupf finden konnten, wenn der Orkan die Männer vom Gipfel herunterzuwehen drohte. Nur bei allerschlechtestem Wetter wurde die Patrouillentätigkeit kurzfristigst unterbrochen.

Aber bereits seit den ersten Monaten des Jahres 1916 blieb eine ständige Tiroler Besatzung auf dem Ortler-Haupt- und -Vorgipfel. Zehn Meter vom Vorgipfel entfernt befand sich ein Eisstollen mit Unterkunftsmöglichkeiten für 30 Mann und Offiziere. In einem zweiten Eistunnel wurden Proviant und Kriegsmaterial eingelagert. Aus den Eistunnels direkt heraus führten kleinere Tunnels in die Stellungen. Am Eingang eines dieser Stollen befand sich eine kleine Tafel mit nachstehendem Gedicht:

Bloß zu friedlich flüchtiger Rast
Lud einst Firn und Eis den Gast
Bis des Feindes Siegesdrang
Drauß dies Dauerheim erzwang.

Auf dem Vorgipfel stand das Vorgipfelgeschütz, das zweite Geschütz befand sich zwischen Vor- und Hauptgipfel, 1918 wurden noch zwei Geschütze auf den Ortlergipfel unter nie vorstellbaren Mühen hinaufgeschleppt: Zerlegt in Rohr, Lafette und Räder, zogen, zerrten, trugen endlose Reihen von Soldaten diese Geschütze durch die Eiswände, über die Grate bis auf den höchsten Punkt Österreich-Ungarns.

Höchster Kampfgraben in der Geschichte der Menschheit auf Ortler-Vorgipfel, gehalten von Tiroler Landesschützen-Kaiserschützen (fast 4000 m Höhe; Bild oben) 1917. Abwehr eines Angriffes, Ortler, gegen Hochjoch (Bild unten).

Juli 1916: Oberleutnant Randa der Photographischen Abteilung der k. u. k.-Heeresgruppe Erzherzog Eugen fotografierte dieses unerhörte Panorama – einmalig in der Geschichte der Ortler-Gruppe – der österreichisch-ungarischen Ortlerfront!

Keine Worte vermögen so sehr die Exponiertheit der hochalpinen Front zu unterstreichen, wie diese fotografische Abbildung der messerscharfen Grate,

35 9
Kl. Eiskögele
Trafoier Eiswand 3553
Große Schneeglocke
Kl. Schneeglocke
Christallospitzen
Trafoierjoch
Geisterpaß
Payersp.
Hintere Madatschsp.
Mittlere Madatschsp. 3309
Nagelerspitze

Standpunkt: **Ortler-Vorgipfel**
aufgenommen: Juli 1916; Bild Nr. 78

vielhundertmetrigen Eiswände und zerrissenen Gletscher mit ihren Spalten – breiter als ein Mehrfamilienhaus.
Alle benannten Gipfel, Grate waren besetzt: mit Feldwachen, Eiskavernen und arktischen Stellungen. In der Tiefe der Gletscher aber herrschte geisterhaftes Leben in den Eisstollen: historische Stätten der alten kaiserlichen Armee!

Dr. Josef Prochaska (Pasubio-Kämpfer, Erbauer des zweiten Eisstollens auf die Trafoier Eiswand, Kommandant der Hochgebirgskompanie Nr. 22) fotografierte diese drei Bilder an der Ortler-Front.

Ein Eistunnel führte in einer Länge von ca. 150 m auf den Hochjochgrat hinunter, spaltete sich hier in zwei weitere Tunnels, an deren Ende sich je ein Maschinengewehr befand. Am Grat verhinderten spanische Reiter, Schutzschilde, einen eventuellen Überraschungsangriff der Alpini.
Die Nachschubmannschaften und Träger für die Ortlergipfelbesatzung nahmen ihren Weg von der Payerhütte aus. Letztere wurde mit Feldseilbahn versorgt. Bergführer und Alpinsoldaten errichteten ab Sommer 1916 Drahtseilanlagen, die den Aufstieg zum Ortlergipfel wesentlich vereinfachten.

Abgesehen von kleineren Patrouillenunternehmungen der Alpini gegen den Ortler-Hauptgipfel über den Hochjochgrat erfolgten am Gipfel selbst keine Kampfhandlungen. Um so mehr trugen beide Seiten häufige Artillerieduelle um den Ortlergipfel aus. Das erste italienische Geschütz lag nur 900 Schritt von den österreichischen Ortlergeschützen entfernt.

Der Kampf um die Trafoier Eiswand (3563 m) zählt zu den unglaublichsten Taten der Ortler-Front:
Auf der Spitze hielten sich die Italiener und konnten um nichts in der Welt vertrieben werden. Auf diesem hervorragenden Aussichtsposten saßen sie wie im Hotel zur »Schönen Aussicht«, beobachteten die österreichischen Nachschubwege zum Stilfser Joch und schossen mit ihrer Artillerie mitten in das Dorf Trafoi.

So reifte auf Seite der Österreicher der Entschluß, mit einem Eisstollen den Weg zum Gegenangriff zu eröffnen.
Über 1500 m war dieser Eisstollen lang, führte über senkrechte Gletscherpartien aufwärts und bildete ein Wunderwerk menschlichen Willens. Doch bis es soweit war, vergingen Monate blutigster Arbeit.
Von März bis September 1917 schufteten die Stollenmannschaften ununterbrochen, Tag und Nacht unter dem Kommando Oberleutnants Bayer.

Lautlos und unbemerkt mußten die Arbeiten im Stollen vor sich gehen, kein Aushub durfte auf der Gletscheroberfläche sichtbar werden. Ein vorzeitiges Entdecktwerden durch die Alpini hätte bedeutet, daß die monatelange Arbeit umsonst gewesen wäre.

An vorderster Stelle im Eisstollen konnten nur ein bis zwei Soldaten der mühseligen Hackarbeit nachkommen. Gebückt, liegend trieben sie den Stollen täglich 8–10 m vorwärts. In den tiefer gelegeneren Teilen des Stollens überschüttete sie das Schmelzwasser im Sommer, am oberen Ende des Stollens herrschte tödliche Eiseskälte. Der Stollen durchzog zahlreiche Spaltensysteme, über deren luftige Abgründe die Soldaten turnen mußten: Sie schleppten den Aushub zu den schauerlichen Tiefen, um ihn dort zu entleeren. Unermeßlich aus der Tiefe gähnte finsterste Nacht. Die seelische und körperliche Belastung der Eisstollenmannschaft grenzte an Unmenschliches. Dazu kam, daß dieser steile Gletscher ständiger Bewegung ausgesetzt war: Die Massen des Eises wanderten!
Am 1. September 1917 drangen die Tiroler Angreifer aus dem Ende des Eisstollens direkt in die italeinische Gipfelstellung ein. Blitzartig überwältigten sie die Alpini und überraschten die Stellungsbesatzung, die in einer Baracke am Gipfel untergebracht war. Die Trafoier Eiswand war zurückerobert – jedoch nur für drei Tage: Mehrere hundert Alpini nahmen im Gegenangriff die 15 Mann der Tiroler Gipfelbesatzung gefangen. Ein einziger Verteidiger flüchtete durch den Eisstollen in dreitägiger seelischer Pein, in völliger Finsternis, ohne Taschenlampe durch die eisige Röhre hinab zu seinen Kameraden.
Im Sommer 1918 sollte ein neuer Angriff gegen die Trafoier Eiswand geführt werden. Man hoffte, daß der Eisstollen noch begehbar sein würde – vergebens. Dr. Josef Prochaska ging unverzüglich mit seiner Hochgebirgskompanie Nr. 22 an die Errichtung eines neuen Stollens. Bis zum Zusammenbruch am 3. November 1918 wurde am Stollen gearbeitet. Der Ausgang des Krieges setzte den Stollenvortrieb still; die Trafoier Eiswand konnte den Alpini – nie mehr – entrissen werden.

Im Frühjahr 1916 setzten sich die Alpini auf der Höhe des Tuckett-Passes (3350 m) fest und waren die Herren der Verbindung zwischen dem Madatsch-Kamm und der Tukkettspitze. Eine militärgeschichtlich sehr interessante Aktion bildet die überraschende Eroberung des Tuckett-Passes durch eine kleine Patrouille von Landesschützen-Kaiserschützen, ohne Offizier!
»Dort erhielten wir den Auftrag, sofort als Verstärkung auf die Madatsch-Spitze abzugehen . . . Oberjäger Ramersdorfer

Bild oben, von links nach rechts – 1918:
Ortler, Thurwieser, Trafoier Eiswand, Schneeglocke, Königsspitze, Cevedale. Der rechte der beiden Gipfelzacken in der Bildmitte ist die Trafoier Eiswand. Durch den steilen Gletscherhang der links vom Gipfel herabzieht und zum Aufnahmestandpunkt des Fotografen streicht, wurde der Eisstollen der Österreicher zum Gipfel hinaufgetrieben.

Mittleres Bild 1918:
Posten auf Madatsch mit Alarmglocke auf Holzgestell links im Bild.

Bild unten – 1918:
Die Madatsch-Stellung am Ortler. Blick auf Ortler, Thurwieser, Trafoier Eiswand, Schneeglocke.

1917: Immer wieder durchzog der Eisstollen auf die Hohe Schneid wundersame Grotten im Inneren des Gletschers.

hielt mit seinen sechs Leuten die Spitze besetzt. Wir kannten noch immer nicht die tatsächliche Stärke der feindlichen Besatzung des Tuckett-Passes . . . während wir sechs Mann nebeneinander aufstiegen, bemerkten wir bald im Eis ein Ausschußloch. Und erkannten dies als eine vorgeschobene Feldwachstellung des Feindes . . . wir umkreisten sie ungehindert, drei Mann rechts, drei Mann links und kamen beim südseitigen Eingang zusammen. Er war mit einem Zeltblatt verhängt. Wir gingen mit gefälltem Bajonett darauf los, und einer von uns riß das Zeltblatt weg. Vor uns standen fünf Alpini, mit angeschlagenem Gewehr. Klotz schoß einmal, traf einen Gegner in die Brust und forderte die restlichen vier zur Übergabe auf.« (Bericht des Unterjägers Bischofer Michael.) Das war der Anfang der Eroberung des Tuckett-Passes. Bischofer und seine fünf Kameraden eroberten dann die anderen Kavernen und nahmen 40 Italiener gefangen. Bischofer und seine Männer legten so den Grundstein für den nachfolgenden kriegsmäßigen Ausbau des Madatsch-Kammes und der Tuckettspitze.

Seit August 1916 hielten die Italiener die Hohe Schneid (3431 m). Die stark zerklüftete Gipfeleiswand der Hohen Schneid ließ von vornherein jeden österreichischen Angriff hoffnungslos erscheinen. So griff man auch hier zum – inzwischen bewährten – Angriffsmittel eines Eisstollens.
Ein gespenstisches Treiben hub an: ohne voneinander zu ahnen, trieben beide Seiten Eisstollen gegeneinander vor! Im Inneren des Gletschers wühlten Kaiserschützen und Alpini gegeneinander.

Der österreichische Angriffsstollen wurde südlich der Naglerspitze begonnen. Der letzte Teil des Stollens war so steil, daß er mit Stufen und Steiganlagen ausgestattet wurde. Auch hier wieder mußten die Stollenarbeiten unbemerkt von den Alpini durchgeführt werden. Die einmal errechnete Stollenrichtung wurde mittels der Bussole unter ständiger Längenmessung beibehalten. In jenen Stollenpartien, die knapp unter der Eisoberfläche verliefen, bohrte man kleine Löcher nach außen, steckte durch diese Markierungsstangen. Vom Naglerspitz und vom Monte Scorluzzo aus wurden diese Markierungsstangen trigonometrisch vermessen und auf Richtigkeit überprüft. So wurde die Einhaltung der Richtung des Stollens laufend geprüft. Diese Prüfung wurde um so schwieriger, je tiefer man in den Gletscher eindrang. Hier konnte man nur mehr mit der Bussole und Längenmessungen die Stollenrichtung überprüfen. Durchschnittlich lag die Temperatur im Stollen bei minus 6 Grad C. Der Sauerstoffmangel, das fast völlige Fehlen jeglicher Belüftungsmöglichkeit, machte den Männern schwer zu schaffen. Über 4000 Kubikmeter Eis wurden aus dem Stollen in die Tiefe geworfen – und zwar nicht nach außen, sondern wegen der Geheimhaltung in Gletscherspalten, die der Stollen querte. Immer wieder stürzte während der Eisarbeiten ein Teil der Eiswände ein: die Mannschaften an vorderster Stelle waren abgeschnitten, lebendig begraben. Mit höchster Eile und unter Aufbietung letzter Kraft wurden die eingestürzten Stollenteile freigelegt. Dahinter waren die eingesperrten Männer. Schrecklich und unvorstellbar, lebendig begraben in ewiger Finsternis. Die Gesamtlänge des Stollens betrug 2 km, in seinem Inneren errichtete man Baracken mit Lagern, einem Herd.
Zwischen 3200 und 3500 m Höhe führte der Stollen hinauf direkt bis unter die Stellung der Italiener.

17. März 1917: Ein Soldat der Alpini stürzt durch die hauchdünne Eisdecke völlig überraschend in das Stollenende. So mußten die Soldaten im Stollen plötzlich und völlig unvorbereitet in die italienische Gipfelstellung eindringen. In einem grauenvollen Nahkampf, gelingt es die Alpini zu besiegen, über ein Dutzend der Alpini stürzt im Nahkampf über die Eiswand in die entsetzliche Tiefe . . . italienische Einsatzreserven dringen nun gegen die wenigen Tiroler Verteidiger vor – trotzdem bleibt der Gipfel nun in österreichischem Besitz. Wenn wir zurückdenken an jene Zeit, so muß es einer der schrecklichsten Augenblicke des Stollenbaues gewesen sein, als plötzlich der Alpino in den Stollen einbrach. Die abgekämpfte, ermattete Stollengruppe mußte so unversehens zum Angriff aus dem Eisloch hinaus vorgehen.

Die Eroberung des Monte Scorluzzo (3094 m), des ersten Dreitausenders der je in der Geschichte des Gebirgskrieges erobert wurde:

Gleich nach Kriegsausbruch besetzten die Italiener den Monte Scorluzzo auf der Höhe des Stilfser Joches. So legen sie bereits zu Kriegsbeginn den Grundstein für ein weiteres Verbleiben in diesem Abschnitt. Vom Monte Scorluzzo aus

1916: Mt. Scorluzzo (links) und Dreisprachenspitze (rechts) am Stilfser Joch (Bild oben). 1915: Die berüchtigte ital. IV. Cantoniera (Straßenmeisterei) mit ital. Drahthindernis; im Hintergrund Piz Umbrail, Schweiz (Bild unten).

können sie weit in das Tiroler Anmarschgebiet hineinsehen und hineinschießen. Als bekannt wird, daß Italien den kriegsmäßigen Ausbau des Gipfels forcieren und schwere Geschütze auf diesem in Stellung bringen wird, ist damit zu rechnen, daß die Situation für die Tiroler Landesverteidigung untragbar wird. In einer epochalen Angriffsaktion gelingt es einer gemischten Gruppe österreichischer Gendarmen, Finanzwachangehöriger, Standschützen und Landesschützen-Kaiserschützen die Italiener vom Gipfel zu vertreiben.

Gendarmerie-Rittmeister Andreas Steiner kommandierte die Angriffsgruppe gegen den Monte Scorluzzo. Ihm und seinen Gendarmen war es zu verdanken, daß der Stilfser-Joch-Abschnitt zum Fundament der Tiroler Landesverteidigung und der Ortler-Front werden konnte.

»Ich sollte nur beobachten, keinen Widerstand leisten und mich im Falle des Vorgehens stärkerer feindlicher Kräfte auf den Stützpunkt Kleinboden, dann Prad zurückziehen . . . am Stilfser Joch fand ich am 1. Juni 1915 29 Mann, davon zwei Gendarmen, ein Finanzwachmann, einige Gendarmerieassistenzmänner, Standschützen, Artilleristen usw. vor. Die Italiener waren ca. 1500 Schritte vor dem Joche und hielten den Monte Scorluzzo, der das Joch um ca. 300 m überhöhte, besetzt . . . entschloß ich mich, wegen der Wichtigkeit des Monte Scorluzzo, diesen gleich am 4. Juni früh in Besitz zu nehmen. Die Stärke der Italiener auf diesem Berge schätzte ich auf zwei Schwärme und ein Maschinengewehr, höchstens aber auf 1 Zug. Der Angriff am 4. Juni 1915 gelang, die Italiener waren überrascht, verließen gleich beim Einsetzen des Artilleriefeuers die Stellung und ich konnte den Berg ohne eigene Verluste besetzen. Bei dieser Aktion haben sich besonders Vizewachtmeister Heinrich Forrer und Josef Schoner des Postens Gomagoi hervorgetan.« (Bericht des Gendarmerie-Rittmeisters Andreas Steiner.) Die Eroberung des Monte Scorluzzo durch Gendarmerie-Rittmeister Andreas Steiner ermöglichte den Ausbau der gesamten Ortler-Front Österreich-Ungarns. Es ist ein Symbol für diesen Krieg, daß ein Häuflein weniger Männer das Schicksal der Front einer ganzen Gebirgsgruppe bestimmte, in dem es das Geschehen in eigene Hände nahm.

Sprechen wir vom Gebirgskrieg, so denken wir an Kaiserschützen, Kaiserjäger, Alpini, Bersaglieri. Wer aber denkt heute daran, daß nicht nur an der Hochgebirgsfront sondern ebenso an allen anderen Fronten Gendarmen aufopferungsvollen Dienst leisteten? Es ist eine Ungerechtigkeit der geschichtlichen Überlieferung, daß die Leistungen der Gendarmerie durch die militärische Geschichtsschreibung bedingt zu sehr in den Hintergrund gedrängt werden. Die Eroberung des Monte Scorluzzo ist ein Beispiel für den Einsatz der Gendarmerie. Sicher, Tiroler Landesschützen-Kaiserschützen waren dabei, als die Gendarmen den Monte Scorluzzo stürmten. Somit schrieben auch sie dieses Kapitel der Geschichte der Eroberung des ersten Dreitausenders, der je im Krieg eingenommen wurde. Gendarmen aber waren es, allen voran Rittmeister Andreas Steiner, die den Weg von der Idee zur Tat beschritten.

Die Losung der Gendarmen hieß:

Für Heimat, Volk und Ehre!
Solange diesen Spruch im Schild
Der Ordnung Hüter tragen,
solange sie dafür, wenn's gilt,
ihr bestes Herzblut wagen,
solange – tost's auch sturmesgleich,
als wollt es schwer Gewittern –
brauchst du, mein Volk in Österreich,
nicht für dein Heil zu zittern.

Dichterworte von Ottokar Kernstock, gewidmet dem 75jährigen Jubiläum (1924) der österreichischen Gendarmerie.

Wir wollen aber der Gendarmen nicht vergessen, sie waren damals und sind heute Teile des Volkes und treten damals wie heute im Augenblicke der Gefahr selbstlos an die vorderste Stelle: Damals im Krieg, nicht nur an der Front, auch im Fronthinterland, beim Schutz der Zivilbevölkerung – heute bei Lawinenkatastrophen, Unglücksfällen zusätzlich zu ihrem gesetzlichen Auftrag. Gendarmen waren es auch, die im Abschnitt der Dreisprachenspitze gegenüber vom Piz Umbrail (3032 m) mit Angehörigen der Schweizer Armee zusammentrafen. »Mein Unterstand befand sich in einer Höhe von 2800 Metern« (Gendarmerie-Rittmeister Andreas Steiner). Die Schweizer hatten am Piz Umbrail zahlreiche Beobachtungsstellungen: aus allernächster Nähe sahen sie jenes Drama, das von den Julischen Alpen ausgehend, am Stilfser Joch sein Ende fand!

27 Tonale-Offensive 1918

Oberst i. BGS a. D. Hans Jürgen Pantenius:
Der Angriff der 1. Infanteriedivision am Tonale-Paß am 13. Juni 1918 (Unternehmen »Lawine«).

»Sinn und Zweck des im Zusammenhang mit der beabsichtigten Offensive am Piave zu sehenden Ablenkungsangriffes am Tonale-Paß war, der Abwehr am Tonale durch weites Zurückwerfen der Italiener bis zur Adda Entlastung zu schaffen und starke Kräfte des Feindes so zu binden, daß sie in der bevorstehenden Piave-Schlacht keine Verwendung finden konnten. Hierzu waren vorgesehen die 1. Infanteriedivision als 1. Treffen mit Ziel Edolo, die 22. Schützendivision als zweite, überschlagende Staffel mit Ziel Bormio. Die Angriffsführung lag in der Hand von Feldmarschalleutnant Metzger. Den eigenen Absichten kam der Gegner mit einem Angriff seiner 5. Infanteriedivision gegen die Presena und den Monticellograt zuvor. Der Angriff traf vor allem die Brigade Ellison und führte insofern zum Erfolg, als die Presena und der Monticellograt verlorengingen. Damit gewann der Gegner einen tiefen Einblick in das Val di Sole und konnte die österreichischen Angriffsvorbereitungen erheblich stören. Hegte man beim Kommando der 10. Armee auch keinen sonderlichen Optimismus, so glaubte man doch wenigstens starke Gegnerkräfte binden zu können. Als Termin wurde der 13. 6. 1918, also zwei Tage vor dem Beginn der Piave-Schlacht festgelegt. Dem Hauptangriff sollte am 12. 6. ein Vorausangriff der südlich des Tonale eingesetzten Brigade Ellison dadurch Entlastung verschaffen, daß der Monticello, der Castellaccio und die Cima di Presena rechtzeitig zurückerobert und die Flankenbedrohung ausgeschaltet wurde. Den Hauptangriff über die 2 Kilometer breite und deckungsarme Paßhöhe sollten die 1. und 2. Infanteriebrigade in 2 Treffen hintereinander führen. Nördlich des Passes im Hochgebirge hatte die Gruppe Hauptmann Kristof mit den Hochgebirgskompanien 21 und 30 von der Punta Albiola her die Gebirgsflanken in Richtung Tonale aufzurollen, die Gruppe des Oberstleutnants Taxis über die Montozzo-Scharte die Sicherung des oberen Val di Viso zu gewährleisten. In der Zwischenzeit hatte der Gegner neue Kräfte herangeführt, um seinen im Mai erzwungenen Einbruch zu erweitern. Der Vorausangriff der Brigade Ellison am 12. 6. 1918 scheitert schon in den Anfängen am Schlechtwetter mit Schneetreiben, an der Lawinengefahr und den übermäßigen Geländeschwierigkeiten. Daraufhin faßte das Kommando der 1. Infanteriedivision den Entschluß, auf alle Nebenangriffe zu verzichten und sich auf den Durchbruch auf der Tonale-Paßhöhe beiderseits der Paßstraße zu beschränken. Die 2. Brigade wird nun südlich neben der 1. Brigade eingesetzt. Die Italiener erwarteten den Angriff in gut ausgebauten Stellungen, sie waren keineswegs überrascht und voll abwehrbereit. Ihre starke Artillerie fügte den angreifenden Verbänden schwere Verluste zu. Nur dem Infanterieregiment 61 gelang der Einbruch im Stützpunkt ›Stachelschwein‹, während das Infanterieregiment 5 schon vor den Hindernissen der 1. Stellung liegenblieb. Auch die südlich der Paßstraße angreifende 2. Infanteriebrigade gewann wenig Boden. Auf dem linken Flügel bei der Brigade Ellison war nach dem Mißerfolg vom Vortag der Angriff wieder in Gang gekommen und brachte den einzigen Erfolg des Tages. Auf dem Monticellorücken war es den beiden vorzüglich geführten Hochgebirgskompanien gelungen, den Monticellograt im kühnen Zugriff zu nehmen und zu halten. Hierbei zeichnete sich Leutnant Peter Scheider vom Tiroler Kaiserschützen-Regiment III als Führer der Hochgebirgskompanie 17 durch persönliche Tapferkeit, Umsicht und Wagemut aus. Für diese Tat wurde er mit dem Ritterkreuz des Militär-Maria-Theresienordens ausgezeichnet.

Der Hauptangriff der 1. Infanteriedivision mußte indessen abgebrochen werden. Gegen die starke Abwehr der 5. italienischen Division war mit den zur Verfügung stehenden Kräften und Mitteln nichts auszurichten. Feldmarschalleutnant Metzger beabsichtigte den Angriff am nächsten Tage unter Einsatz der 22. Schützendivision zu erneuern.
Angesichts der hohen Blutopfer und der gegebenen Umstände verbot das Kommando der 10. Armee jedoch jede Wiederholung.
Damit war das ›Unternehmen Lawine‹ schon am ersten Tage gescheitert.
Die dabei zutage getretenen Begleitumstände unerfreulichster Art mußten für die bevorstehende Offensive am Piave ein warnendes Zeichen sein!«

Piave-Offensive 1918 28

Oberst i. BGS a. D. Hans Jürgen Pantenius:
Die Offensive in Venetien im Juni 1918.

»Die Junischlacht in Venetien 1918 gehört zu den umstrittensten und meistkritisierten militärischen Großunternehmen der k. u. k. Monarchie. Sie beinhaltet zwar nicht den letzten Angriff des alten Heeres, aber seine letzte, große Kraftanstrengung im Ersten Weltkrieg.
Der Gedanke, den Gegner gewissermaßen in Fortführung der so glänzend geführten und erfolgreich am Piave und am Grappa beendeten Isonzo-Offensive nochmals anzugreifen und weitgehend auszuschalten, wurde im Armeeoberkommando schon frühzeitig erwogen.
Es waren vor allem zwei Gründe, die die oberste Heeresführung trotz aller übersehbarer Bedenken zum Angriffsentschluß bewogen. Einmal konnte die Zertrümmerung der Front zwischen Asiago und Piavemündung und das Zurückwerfen der alliierten Großverbände bis hinter die untere Brenta jede weitere Bedrohung der Monarchie an der Südwestfront ausschließen, eine kräftesparendere Dauerstellung gewinnen und freiwerdende Kräfte für den Einsatz im Westen erübrigen helfen. Der zweite wichtige Grund war politischer Natur. Nachdem sich die Monarchie mit ihrem nicht eben sehr geschickt geführten Verhandlungen um einen allgemeinen Frieden in ein schiefes Bild gesetzt hatte, war es nach dem Scheitern aller Bemühungen unerläßlich, der Bündnispflicht mit Gegenleistungen zu genügen. Das Deutsche Reich rang im Westen um die Entscheidung, jeder Beitrag des Bundesgenossen zur Bindung möglichst starker alliierter Kräfte mußte willkommen sein. Doch auch aus Selbsterhaltungstrieb griff Österreich-Ungarns Wehrmacht nochmals zu den Waffen, galt es doch entweder mit einem Waffenerfolg das Kriegsende günstiger zu gestalten oder aber weiter zu hungern, politisch zu zerfallen und sich auf Gnade und Ungnade dem Feind auszuliefern. Gegen jede Art von Offensive sprachen die zunehmende materielle Erschöpfung der Monarchie auf allen kriegswichtigen Gebieten, insbesondere auf dem Ernährungssektor, die beginnende Zersetzung der Wehrmacht in den rückwärtigen Gebieten und bei den Ersatzformationen, die sich bereits in offenen Meutereien äußerten, schließlich die nationalistischen Seperationsbewegungen. Um so positiver ist das Bild der Fronttruppe zu bewerten, die trotz Hunger und negativer Beeinflussung, trotz mangelhafter höchster Führung und unzulänglicher Vorbereitungen auch diese Offensive klaglos durchgestanden hat und dem Feind an keiner Stelle erlaubte, erfolgreich zum Gegenangriff zu gelangen. Der Grundgedanke für die Führung der Operation bestand in einem Angriff der Heeresgruppe Conrad zwischen Piave und Asiago unterstützt von einem gleichzeitigen Angriff der Heeresgruppe Boroevic über den mittleren Piave. Für die 11. Armee kam es also darauf an, die berüchtigte Waldzone (s. Offensive vom Mai 1916; Sieben Gemeinden) in einem Zuge zu überwinden, um in den Raum Bassano–Vicenza–Schio zu gelangen, während die Isonzo-Armee über Treviso in Richtung auf Padua anzugreifen hatte. Für den Angriff der Heeresgruppe Conrad standen sechs Korps und vier Divisionen in Reserve zur Verfügung, für die Heeresgruppe Boroevic bei der 6. Armee 2, bei der Isonzo-Armee vier Korps und zwei Reservedivisionen. Dazu kam eine Heeresreserve von vier Divisionen im Raum hinter der 6. Armee. Am 15. 6. 1918 begann der allgemeine Angriff, er scheiterte im Bereich der 11. Armee bereits am ersten Tage im Gebiet der Sieben Gemeinden. Auch im Angriffsabschnitt Grappa zwischen Brenta und Piave ging es über einen beachtlichen Anfangserfolg der 27. Infanteriedivision hinaus nicht weiter. Der Grappastock war seit Dezember 1917 zur uneinnehmbaren Festung ausgebaut worden, der Verteidiger hielt unerschütterlich stand. Eine hervorragende Waffentat war jedoch der Piaveübergang – bei Nacht – zwischen Falze und Nervesa mit der anschließenden Eroberung des Montello. Dagegen blieb den südlich anschließenden Kräften jeder Erfolg versagt. Unerwartet erfolgreich waren wieder am Unterlauf des Piave das VII. und das XXIII. Korps. Dem VII. gelang es, im Raum Salgareda–Zenson einen 2 km tiefen Brückenkopf zu bilden und eine Kriegsbrücke zu schlagen. Beim XXIII. stand die 10. Infanteriedivision bis zu vier Kilometer westlich des Flusses im Raum Fossalta im tiefgegliederten Abwehrraum des Gegners. Der Kampf um die Erweiterung der Brückenköpfe brachte bis zum 18. 6. nur bescheidene örtliche Gewinne, besonders bei der 10. Infanteriedivision, die bis Meolo gelangte. Der Gegenangriff der italienischen 8. und 3. Armee konnte am Abend des 20. 6. 1918 aufgefangen werden. Am 20. 6. abends mußte der Befehl zur Rücknahme der Kräfte auf das Ostufer gegeben werden. Italien war von der Sorge eines weiteren Angriffes befreit und gewann langsam die Initiative zurück.«

Zusammenbruch

Mehr als dreieinhalb Jahre Hochgebirgskrieg liegen zwischen diesen beiden Bildern: Landesschützen-Kaiserschützen beim Abmarsch in Bozen 1915 am Waltherplatz – und »Heimkehr« am 4. November 1918 in Innsbruck, Leopoldstraße . . .

Die beiden letzten großen Offensiven der kaiserlichen Armee – am Tonale-Paß und entlang des Piave – scheiterten. Sie scheiterten durch die Auszehrung der Angriffstruppen, sie prallten ab an der Masse der englisch-französisch-italienischen Überlegenheit. Das Hochwasser des Piave kam zu all diesen Schwierigkeiten noch dazu.

Ende Oktober 1918 eröffnete Italien – unterstützt durch bedeutende Ententekräfte – im Gebiet des Monte Grappa den Gegenstoß. Am 1. November wird das Trentino in einer umfassenden Offensivbewegung ebenfalls in die Endschlacht miteinbezogen. An allen Fronten bricht das österreichisch-ungarische Heer zusammen. Bereits am 30. Oktober erfolgt das Ersuchen Österreichs um Waffenstillstand. Italien erklärt am 2. November seine Bereitschaft zum Waffenstillstand mit Wirkung ab Mitternacht des 3. November. Aus bis heute nicht geklärten Gründen stellt Italien am 3. November nachmittags fest, daß es erst am 4. November, 3 Uhr nachmittags, die Kampfhandlungen beenden wird. Entsprechend der ersten Vereinbarung – Waffenstillstand ab 3. November, Mitternacht – legten die österreichisch-ungarischen Truppen die Waffen nieder.

So konnte es geschehen, daß sie von den noch unter Waffen stehenden Italienern, gefangen genommen wurden. Denn den österreichisch-ungarischen Truppen wurde mitgeteilt, daß der Waffenstillstand mit Wirkung vom 3. November, Mitternacht, in Kraft treten würde. Für Italien aber war der Moment des Waffenstillstands auf 3 Uhr nachmittags, 4. November festgelegt . . .

So überholten die bewaffneten italienischen Truppen die rückflutenden österreichisch-ungarischen Verbände – diese gerieten als Resultat der von Österreich-Ungarn katastrophal geführten Waffenstillstandsverhandlungen unverschuldet und kampflos in italienische Kriegsgefangenschaft.
»Über der ganzen Waffenstillstandsgeschichte schwebt noch heute ein Geheimnis. Man kann doch nicht annehmen, daß die Offiziere, die man zum Abschluß des Waffenstillstands schickte, so unfähig waren, daß sie kein Protokoll lesen konnten, denn im Protokoll muß ja doch der Beginn des Waffenstillstands verzeichnet gewesen sein. War dies nicht der Fall, dann durfte das Protokoll nicht unterschrieben werden. Sicher ist nur, daß man ›oben‹ verschiedentlich den Kopf verloren hatte. Der Armeewitz, AOK (Armee-Ober-Kommando) heiße ›Alles ohne Kopf‹, war Wahrheit geworden. Beinahe noch sonderbarer benahmen sich die Armeekommandos. Kaum hatten sie die Waffenstillstandsdepesche an die Front abgegeben, machten sie sich, ohne sich um die ihrer Führung anvertrauten Truppen zu kümmern, aus dem Staube. Während in den Abendstunden des 3. November die Truppen ins Ungewisse marschierten oder gefangen wurden, saß das Armeekommando bereits wieder im Posthotel in Landeck beim Schmaus« (Anton von Mörl).

Mehr als 800 000 österreichische Soldaten gerieten durch dieses Verhalten der eigenen Kommandostellen unverschuldet und kampflos in italienische Kriegsgefangenschaft.
Was aber geschah eigentlich mit den Männern der Hochgebirgsfront?

Bis zuletzt hielten sie unbesiegt in den eisigen Stellungen aus, bereiteten sich innerlich auf einen weiteren Hochwinter vor. Zahlreich sind die Berichte, die noch hochalpine Kampfhandlungen am 2. November melden.
Die meisten Soldaten der Hochgebirgs-Stellungen wurden von den höheren Kommanden über den getroffenen Waffenstillstand nicht benachrichtigt. Italienische Soldaten der Nachbarabschnitte teilten den Österreichern in vielen hochalpinen Abschnitten den eingegangenen Waffenstillstand mit . . . Mit den Rufen »ergebt euch, der Krieg ist aus« umringten sie die österreichischen Stellungen und nahmen diese kampflos in Besitz.

So zogen die Tiroler Kaiserschützen – ritterlich von den Alpini begleitet – und ohne entwaffnet zu werden, hinunter in die Täler. Erst hier, wo sich Freund und Feind der Hochgebirgsfront trennen mußten, begann der Weg in die Gefangenschaft. Und noch am 6. November 1918 patrouillierten Alpini und Kaiserschützen in Pinzolo (Val Rendena) gemeinsam in der Nacht, um den Ort vor Plünderern zu schützen.

Der Krieg von den Julischen Alpen bis zur Schweizer Grenze aber war beendet. Seit den ersten Novembertagen 1918 ist auf den Gipfeln, Gletschern und Graten das Donnern der Geschütze, der Peitschenknall der Stutzen verstummt.

Nachwort

Mitternacht ist längst vorbei, aber noch immer taucht der Vollmond unwirklich die Berge in sein bleiches Licht.

Weiß schimmern die Gipfel, dunkel liegen unter den Graten die leise rauschenden Wälder. Ab und zu treibt eine Wolke über das Firmament. Kein Laut ist um uns. Schweigen liegt über dem Tal. Die Zeit steht still. An der Grenze zwischen Finsternis und Licht sitzen meine Frau und ich am Lagerfeuer. Hinter uns steht ein kleines Biwakzelt. Unser Lagerplatz – in der Pala – ist eine Insel der Seligen.

Wächsern steht der Colbricon gegenüber von uns. Geheimnisvoll liegt vor ihm die Höhe des Rolle-Passes. Leise plätschert unser Gespräch dahin, ab und zu lege ich einen Lärchenast nach, Funken sprühen auf und verschwinden in der Nacht.

»Weist Du noch, am Colbricon die Kavernen, die Gratstellung, die Gräben am Sattel? Wie mag das wohl gewesen sein – damals im Krieg? Kannst Du Dir das vorstellen? Was müssen die Männer mitgemacht haben . . .«

Berge – Sterne – Stürme – Biwaks – ein ewiger Reigen der Freiheit, des Glückes, der Einsamkeit: keine Politik, kein Chauvinismus, kein Erwerbsdenken. Gute, stille Gespräche, die in das Dunkel der Seele reichen. Sportliches Leben: Eiseskälte im Morgengrauen, Hitze in den Felswänden, glitzerndes, knirschendes Eis unter unseren Steigeisen. Schwere Rucksäcke, Freude, Anspannung und Müdigkeit und Planung für die nächste alpine Unternehmung. Tat und Traum verschmelzen . . .

So sitze ich am Lagerfeuer und schreibe in mein Bergtagebuch die Zeilen dieses Nachwortes. Denn ich habe mir geschworen »wenn Du alles geschrieben hast, dann gehst in die Pala und schreibst in deiner Welt die letzten Zeilen« – die letzten Zeilen dieses Bergbuches. Ja, es ist ein Bergbuch – aber ein ganz anderes, wie man es heute gewohnt ist. Kein »Heile-Welt-Bergbuch« im kräftigst kolorierten »Mickey-Mouse-Look« mit ewig blauem Himmel, schneeweißen Gletschern und markigen Bergsteigern, die mit roten Strümpfen an gelbem Bergseil hängen – selbstverständlich überhängend.

Ich kann diese Bergbücher in der Art eines Fremdenverkehrsprospektes nicht mehr ertragen. Warum geht nicht einmal einer her und schreibt ein Bergbuch von stillen, verregneten Tagen, illustriert es mit schlichten Schwarzweißfotos und stellt den Bildern Dolomiten-Sagen gegenüber? Warum muß heute alles in schweinchen-rosigen Farben dargestellt werden?

So habe ich dieses Bergbuch geschrieben für alle, die in den Bergen mehr sehen: die Geschichte, die Menschen, das Leben – im Frieden und im Krieg. Und nachdem es vom Krieg in den Bergen handelt, so ist es auch ein Kriegsbuch. Und soll auch eines sein. Allerdings aus meiner ganz persönlichen, privaten Sicht – wie ich die Dinge sehe. Und wem es nicht paßt, daß es ein Kriegsbuch ist, dem kann ich auch nicht helfen. Der soll zurückgehen in seine geschichtslose, festverzinsliche Marketing-Welt – und unglücklich werden.

Und so habe ich dieses Buch geschrieben für die jungen und alten Bergsteiger und für die alten Soldaten, deren Freundschaft mir über alles geht. Und wenn einmal der letzte von diesen ehrlichen, alten Männern, von diesen meinen Freunden nicht mehr lebt, dann wird meine Welt auf ewig um vieles ärmer sein. Aber einige von ihnen werden dieses Buch noch erleben. Und allein deswegen hat es sich ausgezahlt. Nicht nur der Jugend gehört das Leben, auch dem Alter und besonders dann, wenn man es nach einem oder zwei Weltkriegen noch erleben darf.

Ich bin jung, ich stehe an der Schwelle zum Leben, wenn ich daran denke, was neulich ein alter Kaiserschütz' zu mir sagte, als ich ihn über das Ergehen eines Freundes befragte: »Dem gehts gut, aber viel zu machen ist mit ihm nimmer, denn zum Berggehen mit mir (80jähriger) fühlt er sich (84jähriger) zu alt. Derweil wäre er ja noch gar nicht so alt . . .« Denke ich aber an den Gebirgskrieg und seinen tragischen Ausgang, so entsinne ich mich eines Ausspruches Winston Churchills:

»Allen diesen Völkern oder Provinzen, welche das Habsburgerreich bildeten, hat der Gewinn ihrer Unabhängigkeit Qualen eingebracht, die die alten Dichter und Theologen nur für die Verdammten reservierten.«

Pala (Passo di Valles), Bergfrühjahr 1974

Literaturnachweis

Anhang

Bossi-Fedrigotti, Anton Graf: Standschütze Bruggler, Preußisch Oldendorf, 1972

Bucher Alex: Die Deutsche Gebirgstruppe 1939—1945, Dorheim 1971

Burtscher Guido, Dr.: Die Kämpfe in den Felsen der Tofana, Bregenz 1935 (*)

Czant Hermann, Oberst: Alpinismus, Berlin 1926 (*)

Ebner Oswald: Kampf um die Sextner Rotwand, Bregenz 1937

Langes Gunther: Die Front in Fels und Eis, Bozen 1972

Lernet-Holenia Alexander: Die Standarte, Frankfurt am Main, 1958

Lichem von, Heinz:

Gebirgskrieg 1915—1918 — in drei Bänden, Athesia, Bozen, 1980—1982

Adamello-, Presanella-, Baitone-Gruppe; Großer Führer; Bergverlag Rudolf Rother 1978.

Spielhahnstoß u. Edelweiß — Die Geschichte der Kaiserschützen; Leopold-Stocker-Verlag 1977.

Litschauer Gottfried Franz: Österreichische Geschichte, Wien 1965

Lorenz Reinhold: Kaiser Karl, Graz 1959

Mörl Anton von: Standschützen verteidigen Tirol, Innsbruck 1958 (*)

Neubauer Franz: Die Gendarmerie in Österreich 1849—1924, Wien 1925 (*)

Ongari Dante, Dr. ing. Commendatore: Diario di guerra dal Corno di Cavento, Calliano 1969 (*)

Pichler Cletus, Feldmarschalleutnant: Der Krieg in Tirol 1915/1916, Innsbruck 1924 (*)

Röck Christian: Das Fähnlein von Trafoi, Leipzig 1937 (*)

Schemfil Viktor, Generalmajor:

Col di Lana, Bregenz 1937 (*)

Die Kämpfe im Drei-Zinnen-Gebiet, Innsbruck 1955 (*)

Die Kämpfe im Cristallo-Gebiet, Innsbruck 1957 (*)

Stolz Otto, Dr. Univ.-Prof.: Wehrverfassung und Schützenwesen in Tirol von den Anfängen bis 1918, Innsbruck 1960 (*)

Uhlirz Mathilde: Handbuch der Geschichte Österreichs und seiner Nachbarländer Böhmen und Ungarn, Graz 1939 (*)

Viazzi Luciano:

La guerra bianca sull'Adamello, Trento 1965 (*)

Diavoli sulle Tofane, Milano 1971

Zöllner Erich: Geschichte Österreichs, München1966

Die mit (*) gekennzeichneten Werke sind nur mehr antiquarisch erhältlich.

Quellenangaben zu den Beiträgen

von Oberst i. BGS a. D. Hans Jürgen Pantenius:

I. Monte Piano

»Österr.-Ung. Letzter Krieg« Bd. III, Verlag Mi. Wiss. Mitt.; Wien 1936

Gunter Langes: »Die Front in Fels und Eis«, Verl.-Anstalt Athesia, Bozen 1972

II. Die Sperrbefestigungen auf den Hochflächen von Folgaria und Lavarone im ersten Weltkrieg

GM d. R. Ritter v. Steinitz u. GN d. R. Ing. Brosch Edler v. Aarenau: »Die Reichsbefestigungen Österreich-Ungarns zur Zeit Conrad v. Hötzendorf.« Mil. Wiss. Mitt., Wien 1936/37

»Österreich-Ungarns Letzter Krieg« Bd. III/IV

L. Trenker: »Sperrfort Rocca Alta«, Knaur, Bln. 1938

Leithemsperger: »Folgaria-Lavarone pp«, Selbstverlag, Folgaria 1972 (ital.)

III. Die Österr.-Ung. Offensive auf den Hochflächen der Sieben Gemeinden im Mai/Juni 1916

»Österr.-Ungarns Letzter Krieg« Bd. IV

Cletus Pichler: »Der Krieg in Tirol 1915/16«, Verlag Pohlschröder, Innsbruck 1924

E. Wißhaupt: »Die Tiroler Kaiserjäger im Weltkrieg« Bd. II, Verl.-Anst. Franz Göth; Wien 1934

IV. Überblick über die weiteren Offensiven Österreich-Ungarns an der Südwestfront

a) Isonzo/Piave 1917

»Österr.-Ungarns Letzter Krieg« Bd. VI

Deutsches Reichsarchiv – Schlachten des Weltkrieges in Einzeldarstellungen – Bd. 12 a/b

Gerhard Stalling, Oldenburg 1928

b) Tonale 1918

»Österreich-Ungarns Letzter Krieg« Bd. VII

Czant: »Alpinismus«

c) Piave 1918

»Österr.-Ungarns Letzter Krieg« Bd. VII

Peter Fiala: »Die letzte Offensive Altösterreichs.« Harald Boldt Verl., Boppard 1967

Bild-Nachweis

Seite 33: Entnommen aus »Kaiserschützen – Landsturm – Standschützen«, Achensee 1932
Seite 39/61/63/65/67/69/71: Entnommen aus »Der Krieg an Kärntens Grenze« (von Hans Lukas), Graz 1938
Seite 41: Major a. D. Siegfried Weithaler
Seite 45/47: Oberst a. D. Karl-Albrecht von Bezold
Seite 55 r. o. 73/77/79/85/87: Altlandeshauptmannstellvertreter Josef Anton Mayr
Seite 91/93: Entnommen aus »Tiroler Kaiserjäger im Weltkrieg« (von Guido Jakoncig), Innsbruck 1931
Seite 143 u.: Fachlehrer Gottfried Scheiber
Seite 167/169/236/237/239: Dr. Josef Prochaska
Seite 205: Hofrat Dr. Hermann Lechner

Seite 173: Der Besitzer dieser Bilder über die Hinrichtung von Dr. Cesare Battisti möchte anonym bleiben.

Alle anderen fotografischen Abbildungen und Wiedergaben von Dokumenten stammen aus dem Privatbesitz des Verfassers (»Gebirgskriegarchiv Lichem«).

Abkürzungsverzeichnis

AOK. = Armeeoberkommando
FM. = Feldmarschall
FML. = Feldmarschalleutnant
GdI. = General der Infanterie
Glt. = Generalleutnant
GM. = Generalmajor
GO. = Generaloberst
HGr. = Heeresgruppe
ID. = Infanteriedivision
IR. = Infanterieregiment
Lt. = Leutnant
OHL. = Oberste Heeresleitung (Deutsches Reich)
Oblt. = Oberleutnant
SchD. = Schützendivision

Stichwortregister

H

I–J

K

L

M

Q

R

S

SCH

ST

T

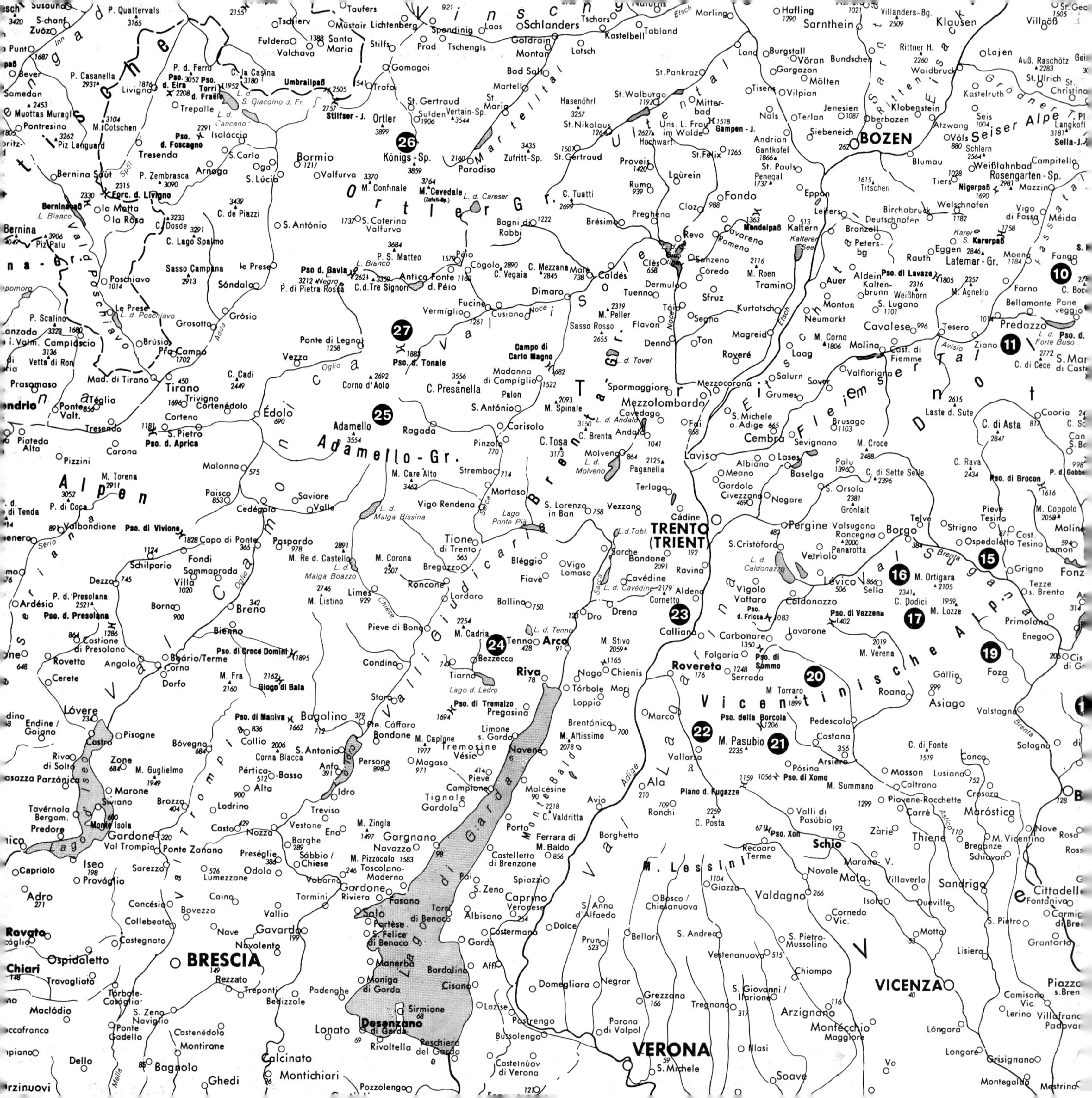

Taufers
Müstair
Lichtenberg
Santa Maria
Schlanders
Tschars
Kastelbell
Tabland
Marling
Hafling
Sarnthein
Klausen
Villnöß
Laas
Spondinig
Prad
Tschengls
Goldrain
Latsch
Montan
Stilfs
Gomagoi
Trafoi
Umbrailpaß
Stilfser - J.
Bad Salt
Martell
St. Maria
St. Gertraud
Sulden
Vertain-Sp.
Ortler
Königs - Sp.
Paradiso
Zufritt-Sp.
St. Pankraz
St. Walburga
Hasenöhrl
St. Nikolaus
Mitterbad
Uns. L. Frau im Walde
Gampen - J.
Hochwart
St. Felix
Proveis
Laùrein
Rumo
Fondo
Preghena
Brésimo
Cloz
Lana
Burgstall
Vöran
Bundschen
Gargazon
Mölten
Tisens
Vilpian
Nals
Terlan
Jenesien
Siebeneich
Klobenstein
Oberbozen
BOZEN
Andrian
Gantkofel
St. Pauls
Penegal
Eppan
Blumau
Völs
Seis
Schlern
Weißlahnbad
Rosengarten - Sp.
Tiers
Nigerpaß
Mazzin
Campitello
Lajen
Kastelruth
St. Ulrich
Christina
Langkofel
Sella - J.
Seiser Alpe
Gröden
Waidbruck
Rittner H.
Villanders - Bg.
Sarntal
Eisack
Titschen
Welschnofen
Birchabruck
Deutschnofen
Vigo di Fassa
Méida
Karerpaß
Karer S.
Eggen
Latemar - Gr.
Moena
Fassa
Fango
Leifers
Branzoll
Petersbg
Kaltern
Kalterer See
Mendelpaß
Cavareno
Romeno
Revo
Sanzeno
Clès
Còredo
Dermulo
Tuenno
Sfruz
Tramin
M. Roen
Auer
Aldein
Kaltenbrunn
Weißhorn
Pso. di Lavazè
M. Agnello
Forno
Bellamonte
Paneveggio
Predazzo
Montan
Neumarkt
S. Lugano
Cavalese
Tesero
Ziano
Pso. di Forte Buso
Kurtatsch
Magreid
Roverè
Ton
Segno
Flavon
Denno
Taio
Noce
Etsch
Salurn
Sover
Molina
Cast. di Fiemme
M. Corno
Laag
Valfloriana
Fleimser Tal
Fiemme
C. di Cece
S. Martino di Castrozza
Dolomiten
Grumes
Mezzocorona
Mezzolombardo
Spormaggiore
Cavedago
Andalo
Lago di Andalo
L. d. Tovel
Campo di Carlo Magno
Madonna di Campiglio
C. Tuatti
Bagni di Rabbi
Malè
Caldés
Dimaro
Cògolo
C. Vegaia
C. Mezzana
Peio
Antica Fonte d. Péio
C. d. Tre Signori
Pso. d. Gavia
P. di Pietra Rossa
L. Bianco
Lago Nero
P. S. Matteo
S. Caterina Valfurva
M. Confinale
M. Cevedale
L. d. Careser
Ortler Gr.
Val di Sole
Valfurva
Bormio
Oga
S. Lúcia
S. Carlo
Arnoga
Isolàccia
Pso. d. Foscagno
Trepalle
Livigno
Pso. d. Eira
Pso. d. Fraéle
Torri d. Fraéle
L. d. S. Giacomo d. Fr.
L. d. Cancano
C. la Casina
P. d. Ferro
P. Casanella
Bever
Samedan
Muottas Muragl
Pontresina
M. Cotschen
Piz Languard
Tresenda
P. Zembrasca
Bernina Suot
Forc. d. Livigno
Berninapaß
L. Bianco
La Motta
la Rösa
C. Dosde
C. Lago Spalmo
C. de Piazzi
S. António
Bernina
Piz Palü
Poschiavo
Le Prese
L. d. Poschiavo
Sasso Campana
Sóndalo
Grósio
Grosotta
Brúsio
Campo
P. Scalino
Campocologno
Vetta di Ron
Prasomaso
Mad. di Tirano
Tirano
Téglio
Sondrio
Ponte in Valt.
Tresenda
Trivigno
Cortenédolo
Corteno
S. Pietro
Pso. d. Aprica
Piateda Alta
Pizzini
Carona
M. Torena
Alpen
Vezza
C. Cadi
Ponte di Legno
Oglio
Vermíglio
Fucine
Cusiano
Pso. d. Tonale
Corno d'Aola
C. Presanella
Palon
S. António
Carisolo
Pinzolo
Édolo
Adamello
Adamello - Gr.
Ragada
Strembo
Mortaso
M. Care Alto
Malonna
Saviore
Valle
Paisco
Cedégolo
Vigo Rendena
L. d. Malga Bissina
Lago Ponte Pià
S. Lorenzo in Ban
Vezzano
C. Tosa
C. Brenta
Molveno
L. d. Molveno
Paganella
Terlago
Cádine
TRENTO (TRIENT)
Lavis
Cembra
S. Michele a. Adige
Fai
Albiano
Meano
Gardolo
Civezzano
Nogare
Lases
Baselga
Sevignano
Brusago
M. Croce
Palu
C. di Sette Selle
S. Orsola
Gronlait
Pergine
Valsugana
Roncegno
Panarotta
Borgo
Telve
Strigno
Pieve Tesino
Ospedaletto
Cast. Tesino
Lamon
Grigno
Tezze s. Brenta
Pso. di Brocon
M. Coppolo
C. Rava
C. di Asta
Laste d. Sute
Caoria
S. Cristòforo
L. d. Caldonazzo
Vetriolo
Lévico
Sella
M. Ortigara
C. Dodici
M. Lozze
Caldonazzo
Pso. di Vezzena
Vigolo Vattaro
Pso. d. Fricca
Lavarone
Carbonare
Folgaria
Pso. di Sommo
Serrada
M. Verena
Primolano
Enego
Foza
Gállio
Asiago
Roana
M. Torraro
Vicentinische Alpen
Pso. della Borcola
M. Pasubio
Vallarsa
Pósina
Pso. di Xomo
Arsiero
Castana
Pedescala
Valstagna
Solagna
C. di Fonte
Conco
Lusiana
Mosson
Caltrano
M. Summano
Piovene-Rocchette
Carrè
Thiene
Maróstica
Crosara
Bassano
Nove
Breganze
Schiavon
M. Vicentino
Rosà
Cittadella
Fontaniva
Sandrigo
Dueville
Villaverla
Malo
Marano V.
Isola
Schio
Valli di Pasúbio
Zàrie
Recoaro Terme
Pso. Xon
Piano d. Fugazze
C. Posta
Valdagno
Cornedo Vic.
Novale
Motta
S. Pietro
Lisiera
Grantorto
VICENZA
Camisano Vic.
Lerino
Villafranca Padovana
Piazzola s. Brenta
Montecchio Maggiore
Arzignano
Chiampo
S. Pietro-Mussolino
S. Giovanni Ilarione
Vestenanuova
S. Andrea
Tregnano
Bosco Chiesanuova
Giazza
M. Lessini
Grezzana
Soave
Longare
Lóngara
Grisignano
Montegalda
Mestrino
Vo
Nlasi
S. Michele
VERONA
Parona di Valpol
Negrar
Domegliara
Pastrengo
Bussolengo
Castelnuovo di Verona
Peschiera del Garda
Lazise
Cisano
Bardolino
Garda
Affi
Costermano
Caprino Veronese
Dolce
S. Anna d'Alfaedo
Prun
Bellori
Spiazzi
Castelletto di Brenzone
Monte Baldo
Ferrara di M. Baldo
Malcésine
Brentónico
M. Altissimo
Avio
Ala
Ronchi
Borghetto
Adige
Val Lagarina
Rovereto
Marco
Nago
Törbole
Loppio
Mori
Chienis
M. Stivo
Arco
Riva
Tenno
L. d. Tenno
Dro
Drena
Calliano
Aldeno
Cornetto
Cavédine
L. d. Cavédine
Ravina
Bondone
Sarche
L. d. Tobl.
Vigo Lomaso
Fiavè
Ballino
Bléggio
Tione di Trento
Breguzzo
Roncone
Lardaro
M. Corona
M. Re d. Castello
L. d. Malga Boazzo
M. Listino
Limes
Chiese
Pieve di Bono
M. Cadria
Bezzecca
Tiarno
Lago d. Ledro
Condino
Storo
Pso. di Tremalzo
Pregasina
Limone s. Garda
Navene
Tremosine
Vésio
Pieve
Campione
Tignale
Gardola
Gargnano
Navazzo
M. Pizzocolo
Toscolano-Maderno
Gardone Riviera
Fasano
Salò
Portèse
S. Felice di Benaco
Manerba
Moniga di Garda
Sirmione
Desenzano di Garda
Rivoltella
Torri di Benaco
Albisano
S. Zeno
Lago di Garda
M. Caplone
Magasa
Valli Giudicarie
Bagolino
Pte. Cáffaro
Bondone
S. Antonio
Anfo
Lago d'Idro
Idro
Persone
Treviso
Vestone
Barghe
Eno
M. Zingla
Sábbio Chiese
Vobarno
Tormini
Vallio
Gavardo
Nuvolento
Prevalle
Bedizzole
Padenghe
Lonato
Calcinato
Montichiari
Pozzolengo
Pso. di Maniva
Collio
Bóvegno
Corna Blacca
Pértica-Basso
Alta
Lodrino
Brozzo
Casto
Nozza
Preséglie
Odolo
Lumezzane
Caino
Bovezzo
Nave
Concésio
Collebeato
Sarezzo
Ponte Zanano
Gardone Val Trompia
Marcheno
Val Trompia
M. Guglielmo
Zone
Marone
Sale Marasino
Siviano
Monte Isola
Lago d'Iseo
Iseo
Provaglio
Capriolo
Adro
Pisogne
Castro
Lóvere
Endine / Gaiano
Riva di Solto
Parzánica
Tavérnola Bergam.
Predore
Sarnico
Rovato
Cologne
Chiari
Ospidaletto
Travagliato
Castegnato
BRESCIA
Rezzato
Castenédolo
Montirone
Ponte Gadello
S. Zeno Naviglio
Tórbole-Caságlia
Maclódio
Roccafranca
Dello
Bagnolo
Ghedi
Orzinuovi
Mella
Boario/Terme
Corna
Darfo
Angolo
Bienno
Breno
Pso. di Croce Domini
M. Fra
Giogo di Bala
Borno
Cerete
Rovetta
Castione di Presolana
Pso. d. Presolana
P. d. Presolana
Ardésio
Dezzo
Schilpario
Vilminore
Pso. di Vivione
Valbondione
Capo di Ponte
Fondi
Sommaprada
Villa
Paspardo
P. di Coca
P. di Tenda
Sério
Valcamonica
Val Camonica
Brenta